DER HISTORISCHE MOMENT

Ein deutsches Lesebuch

DER HISTORISCHE MOMENT

Ein deutsches Lesebuch

IM SIEDLER VERLAG

Konzeption und Auswahl der Texte:
Thomas Karlauf

Gelegentliche Kürzungen
sind durch drei Punkte gekennzeichnet.
Auf den Abdruck
von Anmerkungen wurde verzichtet.

INHALTSVERZEICHNIS

AUF DEM WEG NACH DEUTSCHLAND

Die Wiederkehr der Geschichte

Die Wiederentdeckung der Geschichte hat das geistige Klima während des letzten Jahrzehnts gründlich verändert. Niemand spricht mehr davon, daß wir in das »posthistorische Zeitalter« eingetreten seien, wie das so lange als ausgemacht galt. Die Geschichte hat Besitz vom Bewußtsein ergriffen, und wie die alten Länder in ganz Europa wieder sichtbar werden, so werden auch die Personen und Kräfte greifbar, die alle Geschichte bewegen.

Dieser Wandel des Epochenklimas gilt auch für das Schreiben von Geschichte. Sozialwissenschaft war über Jahrzehnte hinweg die einzige legitime Art, sich dem Gewesenen zu nähern; Strukturgeschichte war an die Stelle von Ereignisgeschichte getreten. Dem übersteigerten Glauben an die Bedeutung des großen einzelnen in der jüngst vergangenen Epoche folgte dessen Mißachtung, ja Verachtung. Die Kunstform der Biographie galt in solchem Maße als abgetan, daß sich in den Augen der Wissenschaft disqualifizierte, wer sich der Geschichte auf diese Weise näherte.

Nicht nur politische Systeme sind aber im zurückliegenden Jahr zusammengebrochen, sondern auch Denkfiguren, die sich jenseits der Politik zur Geltung brachten. In einem der ersten Bücher dieses Verlages schrieb ich vor nahezu einem Jahrzehnt über die Einheit des Landes jenseits der zwei Rumpfstaaten auf seinem Boden, daß dem scheinbar Endgültigen nur noch eine kurze Frist gegeben sei:

»Es gibt Gemeinsamkeiten, die von der Zeit nur vorübergehend zugedeckt werden. Dann reden die Realisten davon, daß die Trennung beider Hälften des Landes endgültig ist, obwohl sie doch in der Geschichte der Völker nur einen Lidschlag dauert. Nur eine kurze Strecke Zeit noch, und ununterscheidbar stehen Rostock und Stralsund neben Lübeck und Bremen. Mächtig zieht dann auf einmal die Geschichte herauf und nimmt Besitz vom Bewußtsein.«

Diese Zuversicht drückte auf andere Weise das Programm dieses Verlages aus, der die Beweger von Geschichte und die Erzähler von Geschichte um sich zu versammeln suchte. Läßt man am Ende dieses Jahrzehnts das Erreichte Revue passieren, so will es scheinen, daß in dieser Zeit Geschichte nicht nur geschehen ist, sondern auch geschrieben wurde. Das Erzählen kehrte in die Historie zurück, und dieser Band, der Paradestücke des in dieser Zeit Verlegten sammelt, führt vor Augen, daß nicht nur die Geschichte wiederhergestellt wurde, sondern auch die Geschichtsschreibung.

WJS

Vom Vergnügen an der Geschichte

VON
HAGEN SCHULZE

1.

Geschichte ist eine ernste Sache. Sie als Wissenschaft zu betreiben heißt lebensnotwendige Bedürfnisse der Gesellschaft zu befriedigen: Wer nicht weiß, was zum Heute geführt hat, kann über das Morgen wenig sagen; wer Maßstäbe für die Gegenwart sucht, findet sie in der Vergangenheit (ob nun die richtigen Maßstäbe oder die falschen); wer die Legenden und Ideologien durchschauen will, muß wissen, »wie es eigentlich gewesen«; wer sich selbst erkennen will, findet sich im Spiegel der Geschichte: Wir sind, was wir geworden sind, und deshalb sind alle Sätze über die Menschen im Kern historische Sätze. Das alles sind wichtige und notwendige Fragen, die zu stellen und zu beantworten die Gesellschaft fordert; interessieren wir uns also für Geschichte, so zum Zwecke der Allgemeinheit; schreiben wir Geschichte, dann leiten uns die Sorgen und Nöte der Gegenwart: Geschichte ist nicht nur ein ernstes, sondern auch ein nützliches Fach.

Solche und ähnliche Antworten erhält man in aller Regel, wenn man Historiker nach dem Sinn ihrer Tätigkeit fragt. Das alles ist auch richtig, und man muß es sagen, um Parlamentsausschüssen und Finanzministern die Existenzberechtigung teurer historischer Institute und Lehrstühle glaubhaft zu machen. Aber im Grunde wissen die Historiker genau, daß diese Antworten nicht ganz stimmen; denn der Nutzen der Geschichte für das Leben ist eines, der eigentliche Grund des Interesses an ihr ein ganz anderes: Das Publikum erwartet von Geschichte hauptsächlich Vergnügen, und im Grunde betreiben auch die Historiker ihr Fach zwecklos, aus Vergnügen.

2.

Geschichte ist nichts anderes als eine späte und künstliche Steigerung der Erzählungen, der Geschichten, wie Reinhart Koselleck gezeigt hat: eine in der Tendenz universale, in strenge Form gefaßte, durch ausgefeiltes Regelwerk zur Wissenschaft geratene Erzählung, das »Es war einmal« einer sich selbst zum Gegenstand gewordenen Menschheit. Der Geschichtsschreiber erzählt wahre Geschichten - wahr, weil sie nach Regeln abgefaßt sind, die ihre Sätze für jedermann überprüfbar machen.

Ein wesentlicher Reiz aller Geschichten besteht aber seit jeher in der Fiktion möglicher Wirklichkeit: Die Geschichte von Rotkäppchen und dem Wolf fesselt alle Zuhörer, die die Wahrheit der Erzählung glauben oder zumindest die Empfindung haben, daß sie wahr sein könnte. Seit Geschichten erzählt werden, ist dies das Erfolgsrezept des Erzählers: so sonderbar die Erzählung auch ist, sie muß wahr sein, in direktem oder übertragenem Sinn, ob wirkliches Ereignis oder symbolische Dichtung.

Daher auch die heutige Spaltung der Literatur in triviale und gehobene. Die eine erhebt nach wie vor den Anspruch auf identifikationsstiftende Wirklichkeitsvermittlung, vom Bänkelsang bis zum Landserheft, und erreicht deshalb zum Leidwesen kulturkritischer Ästheten die Massen. Die »gute« Literatur verlangt dagegen vom Leser den Verzicht auf Identifikation und Wahrheitsannahme und spricht ihn durch formale Komposition, durch »Kunst«, an. Ihre Leserschaft hält sich in Grenzen und wäre wohl noch geringer, wenn nicht der intellektuelle Leser durch ein schlechtes Gewissen gehindert würde, Geschichten aus der niederen Sphäre zum Vergnügen zu lesen, jene, die den reizvollen Schein des möglicher- oder wünschenswerterweise Wirklichen besitzen, ohne die Fiktion durch künstlerischen Anspruch zu adeln: Man denke etwa an die seit Jahrzehnten geführte Diskussion über Nutzen und Nachteil des Kriminalromans oder an die neueren Versuche, die Dienstmädchenliteratur des 19. Jahrhunderts durch die nachträgliche Entdeckung einer uneigentlichen Ästhetik salon- und intellektfähig zu machen.

Das grobe Vergnügen am Wirklichen und das raffinierte Vergnügen am Formalen miteinander in Einklang zu bringen verspricht die Geschichte. Sie bietet den Gebildeten und Nachdenklichen aller Stände Genuß ohne Reue, weil ihre Erzählungen zugleich vergnüglich und intellektuell respektabel sind. Daß daneben auch Sinnstiftung, Gegenwartserhellung, Bildungsbedürfnis ihre Rollen spielen, steht außer Frage. Doch sind das Antriebe einiger weniger Leser; die Massenerfolge, die die historische Literatur seit dem Beginn der modernen Geschichtsschreibung erlebt, erklären sie nicht. Von Droysens Alexanderbuch und Kuglers Geschichte Friedrichs des Großen, ohne die ein bürgerlicher Haushalt im späteren 19. Jahrhundert nicht bestehen konnte, spannt sich der Bogen historiographischer Bestseller bis zu heutigen Verkaufserfolgen wie Gordon Craigs »Deutscher Geschichte 1866-1945« oder Ernst Engelbergs Bismarck-Biographie. Wer diese Bücher erwirbt, tut dies in aller Regel nicht, weil er Kenntnisse über Geschichte sucht. Er erwartet vor allem ein Lesevergnügen, gepaart mit der Gewißheit, seine Mußezeit nicht mit unnützer Unterhaltung zu vergeuden - ein Vergnügen höherer Ordnung, weil so die bürgerliche Arbeits- und Nützlichkeitsethik sich selbst ein Schnippchen schlägt.

3.

Geschichte zum Vergnügen des gebildeten Publikums aufzubereiten wird jedoch üblicherweise von der akademischen Historiographie mit einhelliger Entschlossenheit als standeswidrige Zumutung abgelehnt. Erst kürzlich konnte man in einer brillanten Polemik aus der Feder Eberhard Straubs lesen, es sei nicht Sache der Geschichtswissenschaft, dem Götzen Öffentlichkeit zu huldigen, sondern allein der Wissenschaft zu dienen: in innerweltlicher Askese, über die Quellen gebeugt, die Zeichen der Vergangenheit zu entziffern und zu deuten, unabhängig vom Beifall der Menge und von der Zustimmung der Mächtigen, »in Einsamkeit und Freiheit«.

Das ist richtig und falsch zugleich. Richtig ist es, weil die Formulierung von Sätzen, welche wissenschaftliche Gültigkeit beanspruchen, unter der Forderung nach Objektivität als regulative Idee im Sinne Kants steht. Das heißt: Sosehr sich auch Vorurteile, gegenwartsbezogene Perspektiven, persönliche

Leidenschaften und kollektive Meinungsklimate zwischen den Forscher und die »Tatsachen«, also die historischen Quellen, schieben und so die Sicht auf vergangene Wirklichkeit unvermeidlich verzerren, so ist es doch die Pflicht jedes Historikers, jene Einflüsse auf sein Denken so weit und so streng wie möglich zu kontrollieren und somit jede außerwissenschaftliche Erwartung an die Ergebnisse seiner Forschung zurückweisen. Täte er dies nicht, so handelte er nicht nur unethisch, sondern enttäuschte auch jene Erwartungen, die ja die wissenschaftliche Gültigkeit seines Werkes voraussetzen. Ein Historiker, der auf der Suche nach geschichtlichen Tatsachen und Zusammenhängen anstelle des Ideals der Wahrheit den Beifall der Leser vor Augen hätte, wäre ein Falschmünzer.

Das ist aber nur ein Teil der Aufgaben des Historikers, und daß viele wissenschaftliche Zunftgenossen diesen Teil für das Ganze halten, macht die Beziehung zwischen der deutschen Geschichtswissenschaft und der Öffentlichkeit so problematisch. Denn während die Historiker die Publikumsforderung nach wahren Romanen für einen Angriff auf ihre Standesethik halten, besetzen andere den Markt.

Journalisten, Publizisten, freischaffende Laien erzählen Geschichte zum Vergnügen der Leser, und nur in recht seltenen Glücksfällen findet sich einer unter ihnen, der literarische Begabung mit der Beherrschung des quellenkritischen Handwerks verbindet – der größte historiographische Publikumserfolg der Nachkriegszeit, Joachim Fests »Hitler«, war ein solcher Glücksfall. Die große Mehrheit dagegen begnügt sich damit, mit geschwinder Feder die Arbeiten der akademischen Historiographie zu kompilieren und spannendes Lesefutter mit oft haarsträubenden Fehlern und, schlimmer als das, mit politisch oder ideologisch begründeten Vorgaben zu versehen, ohne daß dem Leser Prämissen und Grenzen solch historisierender Predigt offengelegt würden. Die widrige Gesinnungs- und Denunziationsliteratur eines Bernt Engelmann macht wenigstens keinen Hehl aus der politischen Absicht, während andere ihre Leitartikel hinter dem Schein geschichtswissenschaftlicher Wahrhaftigkeit verbergen. Geschichte als Steinbruch politischer Argumente, das öffentliche Vergnügen am Historischen als Vorwand für die Verbreitung und Verewigung von Legenden und Verfälschungen: Das ist möglich, weil die Historiker sich allzuhäufig ihrer Verpflichtung entziehen, ihre Ergebnisse der Öffentlichkeit auf interessante, das heißt auf wirkungsvolle Weise vorzulegen.

4.

Das war nicht immer so. Die großen Historiker des 19. Jahrhunderts waren sehr wohl imstande, trockenste Quellenerschließungen und fesselnde Geschichtserzählung nebeneinander zu bewältigen; daß der einzige Historiker, der je einen Nobelpreis erhielt, Theodor Mommsen, nicht als Wissenschaftler, sondern als großer Schriftsteller geehrt wurde, sprach damals auch in den Augen seiner Fachkollegen keineswegs gegen Mommsens wissenschaftliche Qualitäten.

Doch seit dem Ende des 19. Jahrhunderts begann die Geschichtswissenschaft, sich vom Genre der sowohl belehrenden als auch unterhaltenden Erzählung des Vergangenen abzuwenden. Der Gründe waren viele: der Zwang zur Spezialisierung, der den Blick des Historikers auf immer kürzere Zeiträume und kleinere Regionen begrenzte und immer dickere Bücher über immer schmalere Themen zur Folge hatte. Sodann die zunehmende Konkurrenz der scheinbar exakteren Wissenschaften, zunächst der Natur-, dann der Gesellschaftswissenschaften, die den Erwerb eines sich von der Sprache von Literatur und Gesellschaft emanzipierenden Wissenschaftsjargons zur Pflicht zu machen schien, um den Anspruch der Geschichtswissenschaft auf formale Wissenschaftlichkeit zu untermauern und den Status des Fachs und seiner Vertreter an den Hochschulen zu verteidigen. Und schließlich war da das abnehmende Prestige der Sprache als Ausweis kultureller Gesittung, als bildungsbürgerliches Band der Kulturnation, das in demselben Maße verging, in dem Bildung, Bürgertum, Kultur und schließlich auch die Nation im Orkus der deutschen Katastrophe verschwanden.

Die fortschreitende Entfremdung der akademischen Geschichtsschreibung vom gebildeten Publikum zeigte sich im Auftreten der »historischen Belletristik«, von Stefan Zweig und Emil Ludwig bis zu Friedrich Sieburg und Richard Friedenthal, die fesselnd, geistreich und vergnüglich über Geschichte schreiben und nachzudenken wußten, dabei aber durchaus in den Grenzen des Überprüfbaren blieben. In den zwanziger Jahren waren sie noch Gegenstand akademischer Aufmerksamkeit; Zweigs »Sternstunden der Menschheit« wurde in Fachzeitschriften rezensiert, und in den Spalten der ehrwürdigen »Historischen Zeitschrift« entspann sich ein Disput über dieses Genre, wenn auch die ablehnenden Meinungen die Oberhand behielten. Lag das daran, daß der Faltenwurf des Gelehrtentalars fehlte, Fußnoten, quellenkritische Anhänge, fachsprachliche Verfremdung? Aber selbst diese Literatur ist selten geworden, denn gerade das leichte und fesselnde Schreiben über Geschichte erfordert langwierige und gewissenhafte Vorarbeiten. Übriggeblieben ist die tiefe Kluft zwischen einer öffentlichkeitsfernen, ausschließlich zur Lektüre durch engere Fachkollegen geeigneten Wissenschaftsliteratur auf der einen und einer meist seichten, kenntnisarmen, auf schnelle Markterfolge hin geschriebenen historischen Populärliteratur auf der anderen Seite, die um so hastiger und effekthascherischer abgefaßt wird, als sie die Konkurrenz durch historische Fernsehserien zu fürchten hat, welche Wirklichkeitsfiktion und Unterhaltung noch perfekter miteinander zu verbinden wissen.

5.

Die Geschichtswissenschaft ist in die Falle ihres Stolzes und ihrer Ängste geraten. Sie hat verdrängt, was Erzieher und Wissenschaftler jahrhundertelang wußten und anstrebten: daß alles Wissen nichts nützt, wenn es nicht weitergegeben wird, und daß die Menschen ohne Faszination und ohne Freude nicht lernen. Das gilt doppelt in einer Zeit, in der die Geschichtswissenschaft nicht mehr Herrschaftswissen für wenige, sondern verfügbares Wissen für alle zu erarbeiten, in der sie den Unterhalt teurer Institute und Lehrstühle vor der steuerzahlenden Öffentlichkeit zu legitimieren hat. Das Fach Geschichte wird auf die Dauer nur dann seine heutige Stellung an den Universitäten halten können, wenn die Historiker viel häufiger als bisher darangehen, den Menschen in geeigneter Weise mitzuteilen, was über unsere Vergangenheit und also auch über Gegenwart und Zukunft im Spiegel der Quellen zu sagen ist. Und nicht allein pures Eigeninteresse sollte die Historiker dazu bringen, sondern auch ihre politische Verantwortung angesichts des Heers von Dilettanten und manchmal auch Demagogen, die sonst allein in der Öffentlichkeit, in Bild, Ton und Schrift, über Geschichte befinden und die Weltbilder beeinflussen.

Wir Historiker haben die Pflicht, unsere Erkenntnisse öffentlich darzulegen, und das heißt, belehrend und vergnüglich zugleich zu schreiben. Das heißt nicht, auf anderes zu verzichten, auf die Quellenerschließungen, die Editionen, die Aufsätze und Diskussionen in den Fachzeitschriften, die hochspezialisierten Monographien, denn der fachwissenschaftliche Diskurs konstituiert erst eigentlich die Geschichte als Wissenschaft. Aber jeder Historiker sollte auch imstande sein, die Summe seiner Erkenntnisse zu ziehen, sie auf dem Markt zu verkünden und dabei die andere Seite seines Fachs zu verkörpern. Denn indem er einen schwierigen, widersprüchlichen, sperrigen Tatbestand aus dem trockenen Quellenbefund in genaue, elegante, fesselnde Sätze kleidet, ist er ebenso Künstler wie Wissenschaftler.

Auch das ist nicht neu, es ist lediglich unter deutschen Fachhistorikern weitgehend in Vergessenheit geraten. Geschichte, erklärt Ranke 1836 in seiner Berliner Antrittsvorlesung, umfasse »zugleich eine Wissenschaft und Kunst«, und begründet dies so: »Die Historie bezieht sich ganz auf Literatur: denn ihre Aufgabe geht dahin, wie die Begebenheiten geschehen sind, wie die Menschen beschaffen waren, von neuem vor Augen zu stellen und das Andenken daran für alle Zeiten zu bewahren.« Geschichte ist wesentlich Literatur, ihr einziges Medium ist die Sprache, und ihre letzte Aufgabe, sind erst die vorbereitenden Stadien der Quellensammlung und -exegese, der Theoriebildung, der Ordnung und Analyse des Quellenmaterials durchschritten, ist die Erzählung *einer* Geschichte als Mosaikstein *der* Geschichte.

Gewiß fällt es uns heute schwerer als den Zeitgenossen Rankes, diese Forderung zu erfüllen: daß der kulturelle Rahmen sich verändert hat, daß vor allem das Prestige der Sprache als Trägerin gesellschaftlichen Wissens weitgehend zerstört ist, kann nicht den Historikern angelastet werden. Doch wird man fragen dürfen, was die Geschichtswissenschaft erreicht hat, indem sie sich einer zunehmend artifiziellen, von den Sozialwissenschaften geborgten Sprache befleißigte und die systematische Problemanalyse zum eigentlichen Zweck erhob. In Wirklichkeit war damit nicht mehr gewonnen als hier und da eine Verfeinerung des methodischen Instruments - zweifellos ein Erfolg, aber bezahlt mit einer noch nie in der Geschichte der Geschichtswissenschaft dagewesenen Publikumsferne und Introversion.

Und trotz aller Versuche, die Historiographie vom Makel der »Narrativität« zu befreien, schleicht sich die Geschichtserzählung stets durch die Hintertür wieder ein. Denn im Prinzip gibt es, wie die Historisten des frühen 19. Jahrhunderts gut wußten, keinen methodologischen Unterschied zwischen der Darstellung eines einzelnen Lebenslaufs und der Analyse einer gesellschaftlichen Struktur: Stets geht es um das Begreifen von Individualitäten. Und deren Veränderung in der Zeit kann nur - wie künstlich auch immer verschlüsselt, wie hermetisch auch immer beschrieben - erzählt werden. Nun verweisen wissenschaftstheoretisch versierte Historiker darauf, daß es ihnen eben nicht mehr darauf ankomme, den Ablauf von Ereignissen zu beschreiben, sondern ihn auf einer höheren Reflexionsstufe zu erklären; die logische Struktur einer wissenschaftlichen Erklärung sei aber eine andere als die einer Erzählung. Das ist richtig, wenn die Maßstäbe der analytischen Wissenschaftstheorie an geschichtswissenschaftliche Aussagen angelegt werden sollen; aber das Streben nach der *einen* Wissenschaft, deren logischen Verkehrsregeln sich alle akademischen Disziplinen zu unterwerfen haben, steht quer zu der historiographischen Erkenntnisweise. So hat denn auch Arthur C. Danto überzeugend dargelegt, daß die Erklärung historischer Erscheinungen mit den formallogischen Instrumenten einer generellen Wissenschaftstheorie nicht zu leisten sei: Auch die historische Erklärung geht in der Form einer Erzählung vor sich - ein Ereignis tritt ein, weil zuvor andere Ereignisse stattgefunden haben. Wir erzählen unentwegt Geschichten, ob wir wollen oder nicht, ob wir uns dessen bewußt sind oder nicht - freilich oft in einer Sprache, die nur wir selbst verstehen.

Wie naiv, wie erfrischend klang da neulich das Bekenntnis eines großen französischen Historikers, des Mediävisten Georges Duby, in seinem Dialog mit dem Philosophen Guy Lardreau, »daß jeder historische Diskurs einen poetischen

Anteil hat, daß er ihn sogar absolut haben muß, daß er einer bestimmten Dosis davon bedarf, um zu guter Geschichtsschreibung zu werden«. Ein Satz, der in Deutschland kaum denkbar ist, in einem Land dagegen, dessen Akademie Naturwissenschaftler, Historiker und Literaten miteinander vereint, eine pure Selbstverständlichkeit. Wie kommt es, daß gerade aus der französischen historiographischen Tradition der »Annales«, die ganz auf Struktur und Abstraktion zielt, eine Fülle vollendet geschriebener, hocheleganter Arbeiten hervorgeht, die eine so fesselnde Lektüre abgeben, daß sie sogar von nichtwissenschaftlichen deutschen Verlagen veröffentlicht werden – wie etwa die Geschichte der Französischen Revolution von François Furet und Denis Richet, Georges Dubys »Zeit der Kathedralen«, Le Roy Laduries »Montaillou« oder Lucien Febvres Luther-Biographie, um nur wenige Beispiele zu nennen.

Die Antwort findet sich in der schönen »Apologie d'histoire« von Marc Bloch, des Vorbilds und Gründers dieser Schule. Ganz am Anfang, vor allen methodischen Überlegungen, fordert er von seinen Schülern, nichts zu schreiben, was nicht mit Vergnügen zu lesen sei: »Wir sollten unserer Wissenschaft ihren Anteil an Poesie nicht entziehen; vor allem sollten wir uns dessen nicht schämen, wie ich es bei einigen erlebe. Es wäre töricht zu glauben, daß sie wegen ihres starken Einflusses auf unser Empfindungsvermögen weniger geeignet sei, auch unseren Verstand zu befriedigen.«

Es ist an der Zeit, daß wir in die Schule der französischen Historiographie gehen, wie diese hundert Jahre zuvor in die Schule der deutschen Geschichtswissenschaft gegangen ist – diesmal nicht, um neue Methoden zu lernen (obgleich auch da manches zu lernen ist), sondern um zurückzufinden zu dem Wissen, daß Wissenschaft und Kunst, Akademikertum und Öffentlichkeit, Geschichte und Vergnügen zusammengehören.

6.

Und es ist ja nicht so, daß die Historiker sich oder ihrer Wissenschaft damit Gewalt antun müßten. Auch wenn sie nicht gerne darüber reden, um dem kleinen kollegialen Terrorismus keine Nahrung zu bieten: betreiben sie nicht selbst ihren Beruf hauptsächlich aus Vergnügen? »Noch vor dem Wissensdrang«, meint auch Marc Bloch, »steht das schlichte Gefallen, noch vor dem zielbewußten wissenschaftlichen Tun die Neigung dazu ... Die Leser der Bücher von Alexandre Dumas sind vielleicht nichts anderes als potentielle Historiker, die nur nicht angeleitet wurden, sich ein noch ungetrübteres und noch volleres Vergnügen zu bereiten, das eigentlich wahre nämlich« – Geschichte als Wissenschaft.

Unser Vergnügen als Fachhistoriker beginnt mit der Auswahl und Formulierung unserer Fragen. Wir haben uns darauf geeinigt, diesen Umstand seriöser zu beschreiben: Wir reden von einem vorwissenschaftlichen Erkenntnisinteresse, das uns in der Wahl unserer Fragen unweigerlich leite. Ob Vergnügen oder Erkenntnisinteresse, die Sache bleibt dieselbe: Wir suchen uns diejenigen Erscheinungen der Geschichte aus, deren Untersuchung uns reizvoll scheint, und vermeiden andere, die des Reizes entbehren; kein Historiker wäre sonst imstande, sich jahrelang mit ein und demselben Thema zu befassen. Wäre dies anders, befaßten sich die Historiker stets mit dem, was irgendein öffentliches, politisches, gesellschaftliches Interesse erfordert, versänke die historische Forschung in den Wellenschlägen kollektiver Stimmungen, wenn sie nicht zur Parteiwissenschaft verdürbe.

Es sind oft gerade jene Historiker, die sich scheinbar sinnlose, abgelegene, skurrile Gegenstände gewählt haben, von nichts geleitet als von zweckloser Leidenschaft, denen wir die Offenheit und Fruchtbarkeit der Geschichtswissenschaft zu danken haben, ja ohne die von Wissenschaft eigentlich nicht zu sprechen wäre; denn »ohne diesen seltsamen, von jedem Draußenstehenden belächelten Rausch, diese Leidenschaft ... hat einer den Beruf zur Wissenschaft *nicht* und tue etwas anderes. Denn nichts ist für den Menschen als Menschen etwas wert, was er nicht mit *Leidenschaft* tun kann« – so Max Weber, der von der Wissenschaft soviel wußte wie von der Leidenschaft.

Fleiß, Beherrschung des Handwerkszeugs, Disziplin, »innerweltliche Askese« – das alles sind notwendige, aber nicht hinreichende Voraussetzungen wissenschaftlicher Erkenntnis. Die Neugier muß hinzutreten, die Lust am intellektuellen Abenteuer, am riskanten Genuß des Apfels der Erkenntnis, an einem Denken, das zu allem führen kann oder auch zu gar nichts: Wer dieses zwecklose Vergnügen an der Wissenschaft nicht besitzt, der folge dem Rat Webers und tue etwas anderes.

Und dann die Begegnung mit den wissenschaftlichen »Tatsachen«, den Quellen. Die reine Authentizität der Überreste des Vergangenen ist faszinierend genug, wie auch der Nichthistoriker weiß, der durch Geschichtsmuseen gegangen ist oder auf historischem Boden die Spuren bedeutender Ereignisse aufgesucht hat. Der rechte Handschuh Friedrichs des Großen mit den abgeschnittenen Fingern, um den Griff in die Schnupftabaksdose zu erleichtern, die Steinplatte, auf der Karl der Große bei seiner Kaiserkrönung kniete, die Guillotine, unter der der Kopf Ludwigs XVI. fiel, das Manuskriptblatt, auf dem Goethe die letzten Zeilen des »Faust« niederschrieb: alles kleine Zeitmaschinen, die den Betrachter jenseits aller kritischer Reflexion in seine geträumte Geschichte entführen, die jenseits allen Wissens die Wahrheit des Vergangenen glauben machen. Das sind Sonntagsfreuden, die Historiker dauernd haben können: Sie brauchen nur ein archivalisches Faszikel aufzuschlagen, und mit dem Aktenstaub steigt der Geist des Verfassers, Politikers, Beamten, Hilfsschreibers empor, der mit seiner Feder vergangene Wirklichkeit in Zeichen setzte, die zu entziffern und »forschend zu verstehen« das Geschäft des Historikers ist.

Damit setzt sich das Vergnügen fort. Wer kennt nicht, hat er jemals in den Akten geforscht, den Augenblick, in dem nach mühevoller Suche in den Papierfluten der Bibliotheken und Archive das eine Stück auftaucht, das unerwartet Zusammenhänge herstellt, ein heterogenes Faktenbündel auf den Begriff, einen schwierigen Sachverhalt auf den Kern bringt - bei dessen Studium wir erkennen, »wie es eigentlich gewesen«. Ranke nennt diese Erkenntnis in der Begegnung mit den Quellen »gleichsam ein(en) Teil des göttlichen Wissens« und fügt hinzu: »Eben nach diesem aber suchen wir mit Hilfe der Geschichte vorzudringen; ganz und gar in dem Streben nach diesem Erkennen bewegt sie sich. Wer möchte da fragen, ob dies nützlich sei oder nicht?«

Was Ranke hier »gleichsam göttliches Wesen« nennt, macht gewiß den Hauptteil des Vergnügens aus, das der Historiker in seinem Fach findet. Jeder Geschichtswissenschaftler ist ein Demiurg: er formt aus den Quellenbröseln eine Welt, indem er seinen Geist (wie Ranke gesagt hat) oder seine Theorie (wie wir das heute schicklicherweise nennen) als Bindemittel benutzt. Die so entstandene Geschichte ist und bleibt durchaus die ihres Schöpfers, ein »kontrollierter Traum« (Georges Duby). Das ist auch der Grund dafür, daß, wie Georges Lefebvre in der Einleitung seiner Rabelais-Biographie bemerkt, die Historiker zwar mehr oder weniger gewissenhaft in der Nutzung ihres Handwerkszeugs, daß ihre Materialien besser oder schlechter sein können, daß ihr Erzeugnis aber immer ein Konstrukt ihrer Phantasie bleibt, weshalb auch kein Werk der Geschichtswissenschaft »wahrer« ist als ein anderes. Diese »Sinngebung des Sinnlosen« (Theodor Lessing) ist wissenschaftlich unbegründbar, Sache der ordnenden Phantasie des Historikers, seiner Interessen, Vorlieben, Freuden und Abneigungen, begrenzt lediglich durch die strenge Forderung nach stetiger Überprüfung an den Quellen und die Gesetze der Logik. Und dennoch ist ohne diesen Akt der Phantasie, der Faszination und des Vergnügens Geschichtswissenschaft nicht möglich.

7.

Deshalb muß man von der Geschichtswissenschaft nicht mehr verlangen, als daß sie das Publikum an ihrem Vergnügen teilhaben läßt. Geschichte ist eine Humanwissenschaft, nicht nur wegen ihres Gegenstandes, sondern auch wegen ihrer Form - der Erzählung, ihres Mediums - der Sprache, ihres Zwecks - die Menschen mit sich selbst bekannt zu machen. Human aber ist es, sein Wissen über die Menschen in klare, schöne Sprache zu kleiden und sie so auf erfreuliche Art zu belehren. Und daß Freude, Faszination und Vergnügen zur Geschichte gehören, wissen wir, die Historiker, selbst am besten.

Hagen Schulze: Vom Vergnügen an der Geschichte. In:
Von Geschichte umgeben. Joachim Fest zum Sechzigsten. 1986

VOM MITTELALTER ZUR FRÜHEN NEUZEIT

Was ist ein Kaiser?

VON
FERDINAND SEIBT

»Mittelalter« ist ein Verlegenheitsbegriff. Darüber sind sich die Historiker ziemlich einig; wie man ihn aber ersetzen könnte, darüber nicht. Man kann den Begriff wohl beibehalten, wenn man nur seine Besonderheit beachtet: Inhaltsarm, wie er ist, sagt er doch eigentlich mehr aus als »Altertum« oder »Neuzeit«. Gerade wegen der scheinbar so unbeholfenen »Mitte«. Das Mittelalter ist nämlich unter den drei großen Geschichtsepochen nach unserer Schulweisheit die einzige, deren Anfang und Ende wir kennen: eine endliche Geschichte! Die Anfänge der Alten Welt liegen dagegen im dunkeln und – begleitet von unseren guten Wünschen – das Ende der Neuzeit auch.

Die Mitte zwischen diesen beiden Epochen stellt man sich manchmal romantisch vor als eine heile Welt. So denke ich nicht. Ich möchte nicht im Mittelalter gelebt haben. Ich bin froh, daß ich nicht mit dem ersten Tageslicht zu harter Arbeit aufstehen muß; ich freue mich des warmen Wassers aus der Wand oder auch schon des kalten, meiner Schuhe und meiner Kleider, eines Stückchens Papier, des behaglichen Zimmers und der Gewißheit, von einem Weg durch den Wald auch wieder lebendig zurückzukommen. Ich freue mich, daß mich am Stadtrand kein Galgen erschreckt und daß die Menschenmassen am Wochenende nur zu einem Fußballspiel drängen.

Ohne das Mittelalter romantisch verklären zu wollen, glaube ich aber doch an die Kraft seiner Geschichte. Natürlich gibt es einen tiefen *Kontrast*, der uns von den Lebensverhältnissen der mittelalterlichen Welt trennt, von ihren Unzulänglichkeiten geradeso wie von ihren Ordnungen, Planungen und Hoffnungen. Aber ich glaube, daß uns andererseits ein feste *Kontinuität* mit dieser Welt verbindet, die sich in vielen Dingen unseres täglichen Lebens erweisen läßt. Unter diesen Voraussetzungen von *Kontrast und Kontinuität* glaube ich nicht an die Einheit des

Mittelalters. Der Begriff entstand, wie gesagt, geradewegs nur aus der Verlegenheit der Historiker, den Raum zwischen Antike und Neuzeit zu überbrücken. Aus den tausend Jahren zwischen dem Untergang des römischen Weltreichs und dem Aufstieg der neueren europäischen Staatenwelt kann aber sinnvoll eine Epoche nur dann gebildet werden, wenn man die politische Landkarte zur Grundlage nimmt. Nicht die nebulose »Wesenheit« einer Epoche, kein fiktiver »mittelalterlicher Mensch«, sondern nur ein sehr handfester Entwicklungsrahmen aus dem Zusammenspiel von Mensch und Raum läßt nach meinem Dafürhalten das Jahrtausend zwischen dem vielberufenen, bis heute nicht eindeutig erklärten Zusammenbruch des alten Rom und der Entfaltung des neuen Europa als ein Ganzes verstehen und zeigen.

Ich muß allerdings erklären, warum ich auf diese Weise zum Primat der politischen Geschichte greife, den man seit Jahrzehnten als eine oberflächliche Betrachtung verurteilt und statt dessen nach »tieferen« Triebkräften des historischen Lebens sucht. Ich rede keinesfalls von einer Vorherrschaft des politischen Lebens im kausalen Sinn. Mir scheint jedoch, daß sich die vielfältigen Beziehungen zwischen Menschen anhand ihrer politischen Gestaltung am leichtesten erkennen und am besten definieren lassen. Welche Vorstellungen sie dabei von der rechten *Ordnung* untereinander entwickelten, welche Möglichkeiten sie erkannten, ihr Dasein vorsorglich zu *planen* oder zu verändern, welche *Hoffnungen* sie mit der Frage nach dem Sinn ihrer Existenz überhaupt verbanden: das alles schlug sich im Mittelalter wie zu jeder Zeit unmittelbar in politischen Gestaltungen nieder. Und es rechtfertigte den Gebrauch von Macht, Macht der einen über die anderen.

Unter diesen Voraussetzungen erscheint mir das Jahrtausend mittelalterlicher Geschichte in Europa zunächst gekennzeichnet durch einen etwa dreihundertjährigen *Vorlauf*, der das östliche Mittelmeerreich der Römer als Kaisertum von Konstantinopel selbständig wachsen und sich festigen ließ, in angeblicher, tatsächlich jedoch abgewandelter Tradition der spätrömischen Antike. Der Westen durchlief inzwischen ein »dunkles Zeitalter«, namentlich, weil um 400 die alten Grenzen des römischen Imperiums geborsten waren und große Verschiebungen oft kleiner, aber militärisch schlagkräftiger Völkerschaften von

Germanen und Slawen diesen Raum bedrängten. Während der expansive Islam seit dem 7. Jahrhundert das alte römische Nordafrika an sich riß und bis auf die Pyrenäenhalbinsel vordrang, fügte sich auf dem Kontinent nach einer Anzahl verfehlter Konsolidierungsversuche das Frankenreich zu einer dauerhafteren Großherrschaft zusammen. Nun lag das neue Machtzentrum nicht mehr in Rom, nicht mehr inmitten des Mittelmeerraums, sondern nördlich der Alpen. Von da aus, vom Frankenherrscher Karl dem Großen, wirkte die endgültige Konsolidierung Europas nach allen Seiten auf die Peripherie. Die stand teils noch unter dem Einfluß der Mittelmeerkultur, teils, wie in England, Skandinavien und Osteuropa, verharrte sie in unterschiedlichen Stadien der alten Wanderbewegung und Reichsbildungen. Die *Konsolidierung* des gesamten Europa vollendete sich dann erst mit jahrhundertweiter Amplitude um die Jahrtausendwende. Von da an haben die Grenzen Europas während des ganzen Mittelalters prinzipiellen Bestand, in West- und Mitteleuropa noch weit länger: Hier wurde um das Jahr 1000 schon der Grund gelegt für das in Nationalstaaten gegliederte Europa der Neuzeit.

Damit habe ich eine wichtige Perspektive meiner Mittelalterbetrachtung vorgeführt und erklärt, warum meine Darstellung um 800 bei Karl dem Großen beginnt. Warum sie letztlich bis zu Karl V. reicht, also bis ins 16. Jahrhundert, will ich am Aufriß von *vier Entwicklungsphasen* skizzieren, die nach meinem Dafürhalten zugleich den Pulsschlag der mittelalterlichen Geschichte verständlich machen können: Der Konsolidierung folgte eine neue, für die Eigenart europäischer Kultur entscheidende Entwicklungsphase. Man kann sie, in gelehrter Mehrdeutigkeit, als *Intensivierung* bezeichnen, weil die agrarische Lebensgrundlage der nordalpinen Welt intensiver genutzt wurde: durch neue oder weiterentwickelte Geräte zur Bodenbearbeitung, durch entscheidende Steigerungen der tierischen Zugkraft, durch eine Vergrößerung der Anbaufläche und des Wirtschaftsvolumens, den Ausbau der Handelsstraßen und, im engsten Zusammenhang damit, durch einen gewaltigen Bevölkerungszuwachs. Städte wurden gegründet, Recht und Verwaltung auf schriftliche Grundlagen gestellt und gedanklich vertieft; vertieft wurde auch das Christentum, das entscheidend mithalf, ein transzendent bezogenes freies Personenbewußtsein zu entfalten. Man hat diese Entwicklungsphase, konzentriert um das 12. Jahrhundert, aber entsprechend der Entfernung vom karolingischen Zentrum, namentlich an der Peripherie im Norden und Osten bis zu hundert Jahren verschoben, immer wieder als den großen Aufbruch Europas bezeichnet.

Der Intensivierung war auch Ausdehnung eigen, *Expansion*, nicht nur im Hinblick auf die Ackerfläche, sondern auch als neue Entwicklungsphase der politischen Organisation im Inneren wie nach außen. Nach außen: Das ist der Ausgriff Europas nach drei Himmelsrichtungen im Zeichen des Kreuzes. Im Innern begannen die konsolidierten Königreiche seit dem 13. Jahrhundert nicht nur um Grenzen, sondern um ein gesamteuropäisches Machtsystem miteinander zu streiten. Diese zunächst etwas paradox anmutende »Expansion nach innen«, der Kampf um Macht und seine Organisation, gliederte den Gesellschaftskörper immer weiter auf. Stände grenzten sich ab, nach unten, um zu herrschen, nach oben, um mitzuregieren. Und innerhalb der am weitesten fortgeschrittenen Besiedlungsräume, in den Städten, rang in generationenlanger Machtbalance das sogenannte Patriziat mit dem städtischen Mittelstand.

Der Expansion folgte die *Krise*. Eine schöpferische Krise, ähnlich wie die vereinfachend so genannte schöpferische Intensivierung des 12. Jahrhunderts, nur mit einem bedeutenden Unterschied: Die Schöpfungskraft des 14. und 15. Jahrhunderts wurde zur spätmittelalterlichen Krise, weil sie zugleich die in vielen Jahrhunderten gewachsene politische Ordnung des Mittelalters sprengte, die Monarchie gefährdete, Stadtrepubliken zum Machtkampf mit Fürsten reizte und Fürsten zu Parvenüs unter Königen werden ließ. Zugleich ging die Pest durch Europa, und das Papsttum verlor die Führung über die reformbegehrende Christenheit. Diese Krisenphase, recht verstanden nicht Depression, sondern zwei, drei Generationen lang eine Folge von ambivalenter geistiger, politischer, künstlerischer und auch wirtschaftlicher Vitalität, »das erste große Zeitalter der europäischen Physik« und die erste Phase der europäischen Revolutionen, mündete schließlich in den Sieg einer erneuerten, zielbewußt zentralisierenden Monarchie. Diese bemächtigte sich der religiösen Reformbewegungen und spaltete die einheitliche Christenheit. Darüber zerbrach 1556 die Politik des letzten universal denkenden Kaisers – Karls V.

Auch der *räumliche Zusammenhang* der mittelalterlichen Welt wurde um diese Zeit gesprengt. Damit meine ich nicht die vielberufene Entdeckung Amerikas, der Nachwelt spektakulärer als der Mitwelt, die den neuen Kontinent erst nach Generationen ihrem politischen und geistigen Horizont einzugliedern verstand. Ich meine vielmehr den Einbruch der Türken nach Südosteuropa, die Eroberung Konstantinopels 1453, den Rückzug Englands vom Kontinent 1475, auf dem es jahrhundertelang in engster, meist kriegerischer Verbindung zu Frankreich gewirkt hatte, die Vereinigung der spanischen Königreiche 1476 und die endgültige Verdrängung des Islam von der Pyrenäenhalbinsel wenig später. Ich meine den Aufstieg Rußlands nach der »Befreiung vom Tatarenjoch« 1480, den Niedergang des Mittelmeerhandels, noch nicht durch Kolumbus, sondern durch die portugiesischen Schiffahrtswege von Westafrika nach Westeuropa, und den endgültigen Zusammenschluß des später so genannten Donauraumes seit 1472 unter polnischer, von 1526 an unter habsburgischer Ägide. Das alles schuf ein neues Europa...

Kann das ganze Mittelalter mit einem Wort umschrieben werden? Soll man es gleichsetzen mit Finsternis und Aberglauben oder mit heiler Welt und Kircheneinheit? Mit dem goldenen Boden des Handwerks oder dem rechtschaffenen Bauernleben? Soll man Ritter, Mönche und die ganze alteuropäische Gesellschaft ins Spiel bringen, die Pracht der Kathedralen und die verfallenen Burgen? In allen diesen und noch manch anderer Antwort steckt gewiß ein Stück Mittelalter. Meine Antwort zielt in andere Richtung.

Man muß, denke ich mir, einen ganz anderen Begriff hervorheben, um erklären zu können, wie sich »Mittelalter« entwickelte und was es einschloß. Ich weiß, daß mein Schlüsselbegriff für das Mittelalter nicht zu den üblichen zählt, aber ich glaube ihn gut verteidigen zu können. Vielleicht erscheint er manchem zunächst wie eine Pointierung aus politischen Vorurteilen. Dagegen will ich zeigen, daß dieser Begriff, gereinigt von unhistorischen Politisierungen, die ganze Welt des Mittelalters in sich schließt. Ich meine das Kaisertum.

Was ist ein Kaiser? Wir haben es vergessen. Es gibt zwar noch Könige, die Mittelalterliches in unserer Gegenwart am

Leben halten. Einen Kaiser aber gibt es nicht mehr. Man begegnet auch kaum mehr Erinnerungen an das Kaisertum, es sei denn, man gerät am 28. Januar, dem Todestag Karls des Großen, in Aachen, in Reims, in Frankfurt, in Mainz, im bayerischen Benediktinerkloster Metten oder in einigen kleineren nordfranzösischen Städten in eine feierliche katholische Messe, deren Gebetstexte staunen lassen. Sie gelten »dem allerfrömmsten Augustus, von Gott gekrönt, dem großen und Frieden bringenden Imperator Karolus, der das Römische Reich regiert, durch Gottes Gnade auch König der Franken und Langobarden«.

Karl der Große ist gemeint. Er wird in dieser merkwürdigen Verbindung von Franken, Langobarden und dem Römischen Reich als himmlischer Fürsprecher angerufen, und wir, Deutsche, Franzosen und Italiener des ausgehenden 20. Jahrhunderts, werden seinem Schutz empfohlen. Die katholische Kirche feiert auf diese Weise seit 1165 das Andenken des ersten Kaisers – seit Barbarossa seinen ältesten Vorgänger im mittelalterlichen Kaiseramt zum Heiligen erklären ließ. Aber schon die Zeitgenossen huldigten dem Frankenherrscher Karl als »dem Großen«, und man nannte ihn bereits den »Vater Europas«, noch bevor er zum Kaiser gekrönt worden war.

So ging Europa zum zweiten Mal nach den Römern eine Verbindung mit dem Kaisertum ein. Dabei wurde eine Herrscherwürde in Anspruch genommen, die in ihrer Selbstdarstellung eine Brücke vom Himmel zur Erde schlug: von Gott gekrönt! Dieses Bewußtsein der himmlischen Fürsorge mit allen politischen Problemen und gesellschaftlichen Konsequenzen, mit der simplen Gleichsetzung von Macht und Recht, doch auch mit einem fundamentalen Vertrauen auf den von Gott Gekrönten gab der ganzen Epoche Struktur, war gleichsam ihr Rahmen.

Das Mittelalter nahm immer wieder Zuflucht zu dieser Selbstrechtfertigung seiner gekrönten Häupter; in der Person seiner Kaiser geradeso wie in der vom Kaisertum zehrenden, dutzendfachen Königswürde der Herrscher »von Gottes Gnaden«. Alle politischen Schwierigkeiten, alle ungelösten Probleme mittelalterlicher Regierungskunst wurden damit überspielt, Rebellen und Ketzer im Namen dieses gekrönten Gottesgnadentums verfolgt. Das Mittelalter beseelte seine Krieger wie seine Priester mit der Gewißheit eines solchen Gottesgnadentums, und als am Ende revolutionäre Widersacher gegen seine Ordnung auftraten, sprengten sie nicht eigentlich die Ordnung der Gesellschaft, sondern die transzendente Legitimation des Kaisertums und aller davon zehrenden Könige.

Am Anfang der Weltordnung dieses Millenniums steht das persönliche Geschick, banalerweise die lange Lebenszeit oder, vornehmer ausgedrückt, Willenskraft und Feldherrngabe eines fränkischen Großen: Karl. Das Papsttum vermittelte Traditionen, schöpfte neu, vermengte die Kaiserwürde mit seinen eigenen politischen Interessen. Die Konstruktion des fränkischen Großreichs, über Generationen gewachsen und beständiger als alle anderen Herrschaftsbildungen der sogenannten Völkerwanderungszeit, wurde zur tragenden Basis. Daraus entstand allmählich das mittelalterliche Europa als politisches System.

Wir wollen diese verschlungene Entwicklung verstehen lernen. Zunächst den Raum: Europa reicht heute nach Auskunft der Geographen von Gibraltar bis zum Ural, vom Nordkap bis nach Sizilien. Karls »Europa« umfaßte nur etwa ein Zehntel dieser Fläche. Es nahm die britischen Inseln aus, von denen irische und später angelsächsische Mönche mit ihrer seit dem 6. Jahrhundert gewachsenen beachtlichen Klosterkultur auf das Festland gekommen waren und das Christentum vom Atlantik bis zum Bayerischen Wald verbreiten halfen. Es schloß auch Skandinavien nicht ein, und das heute so genannte östliche Mitteleuropa erfaßte es nur mittelbar. Karls Europa reichte von den Pyrenäen bis zur Elbe, von den westfriesischen Inseln bis zum Golf von Tarent. Und innerhalb dieses Raumes muß man noch eine Zentralzone abgrenzen von der Peripherie, etwa das heutige Frankreich, die Bundesrepublik, Österreich, die Schweiz sowie Ober- und Mittelitalien bis in die Gegend von Rom. Dieses Zentrum, wiewohl es nicht lange ungeteilt erhalten blieb, entwickelte als Organisationsmodell über die Jahrhunderte hin eine unglaublich prägende Wirkung.

Karls Kaiserreich war zu seiner Zeit nicht das einzige einflußreiche politische Gebilde auf dem Boden des heutigen Europa. Daneben gab es, von der Donau bis an den Euphrat, zeitweilig bis nach Unteritalien, Sizilien, Sardinien, Dalmatien und Venedig greifend, ein noch älteres Kaiserreich, das im wesentlichen das moderne Griechenland und die heutige Türkei umspannte und damit Asien und Europa verband. Dieses Reich lebte von unmittelbarer römischer Kontinuität, hatte in Konstantinopel, dem »zweiten Rom«, seit dem 4. Jahrhundert seine Residenz und bestimmte durch seine politische Macht, seine Mission, seine Wirtschaftskraft und seine festgefügte, in spätantiken Traditionen verhaftete Kultur vom östlichen Mittelmeerraum her auch Osteuropa bis zum russischen Norden. Allerdings haben sich weder die Kaiser noch die Bewohner dieses östlichen Reiches als Europäer bezeichnet. Sie behaupteten vielmehr, »die Römer« zu sein, die wahren Hüter der alten Tradition seit der Teilung des römischen Weltreichs in Ost und West. Jahrhundertelang bestritt niemand diesen Anspruch, nachdem im Westen gegen Ende des 5. Jahrhunderts das Kaisertum untergegangen war.

Karls Reich aber war weder römisch noch europäisch. Es war auf germanischem Fundament erwachsen. Seine Franken waren im 6. Jahrhundert über den Mittelrhein in das römische Gallien eingebrochen und dabei unter Chlodwig (um 465–511) zu einer politischen Großgemeinschaft zusammengewachsen. In dieser Zeit hatten sie sich auch einen neuen Namen gegeben: die Franken, das sind die Freien; wir kennen das Wort noch, zumindest aus der Verbindung frank und frei. Der neue Name des neugegründeten Großstamms verdrängte die ebenfalls selbstgewählten, bisweilen an die alten Götter anschließenden Bezeichnungen der kleinen Gruppen, die es vorher gab. Die freien Franken sollten ihre alten politischen Ordnungen geradeso überwinden wie die alten Namen, nachdem sie der siegreiche Chlodwig geeint und ihnen im unterworfenen Gallien auch eine neue Zukunft gewiesen hatte. Katholisch geworden, erwies sich das Frankenreich als die einzig beständige unter den germanischen Herrschaftsbildungen auf ehemals römischem Boden.

Während der Landnahme wurden die engeren Gefolgsleute und Vertrauten des Erobererkönigs Chlodwig mit Unterherrschaften ausgezeichnet und mit Besitz bedacht. Die ansässigen römischen Grundbesitzer wurden jedoch nicht ohne weiteres vertrieben. Vielmehr verschmolzen römische und germanische Oberschichten im Laufe der Zeit bei wechselweiser Anerkennung ihrer Positionen. Germanische Herrscher regierten oft mit romanischen Ratgebern. Weil die Franken, anders als die meisten anderen Barbarenherrschaften auf römischem Boden, katholisch wurden, gab ihnen die Kirche auch eine besondere gedankliche Ausrüstung für die Legitimation ihrer Herrschaft. Germanisches und Christliches ging dabei ineinander über.

Germanische Häuptlinge waren in dieser Wanderzeit nämlich, aufgrund welcher Legitimation auch immer, als »Volkskönige« hervorgetreten: Sie vermittelten den Menschen das Heil der Götter. Ein solcher Brückenschlag vom Himmel zur Erde durch die Person, richtiger durch die gesamte Sippe, die sich besonderer Nähe zu den Göttern rühmt, entspricht einem religiösen Verständnis, das wir als archaisch empfinden. Als sich die Kirche dieser archaischen Verbindung bemächtigte, um sie aus ihrer eigenen, anspruchsvollen Gedankenwelt zu rechtfertigen und gleichzeitig zu verändern, verwandelte sich die »fränkische Spätantike« (Karl Bosl) zum Mittelalter.

Die politische Führung im fränkischen Großraum, zuerst bei der Königssippe der Merowinger, verschob sich im 8. Jahrhundert zugunsten ihrer obersten Helfer aus Adelskreisen, der sogenannten »Hausmeier«. Meier heißt Verwalter, und alle die vielen Meier und Maier tragen ihre Familiennamen nach großen oder kleinen Verwaltungsaufgaben, meist auf Gutshöfen, mit denen ihre mittelalterlichen Vorfahren einst beauftragt waren. Ein Hausmeier, major domus, war sozusagen der oberste Meier, der erste Amtsträger am Königshof. Kein Wunder, daß Hausmeier bei passender Gelegenheit mit dem König rivalisierten. Unter mehreren Hausmeiern wurde schließlich die Sippe der Karolinger am mächtigsten. Um die Mitte des 8. Jahrhunderts vollzog sie die Legitimierung ihrer tatsächlichen politischen Herrschaft auch formal: Der angelsächsische Mönchsmissionar Bonifatius (um 675–754) hatte die fränkische Kirche romtreu organisiert. Er durfte nun im Auftrag des Papstes den Machtwechsel heiligen. Er salbte den Hausmeier Pippin mit heiligem Öl und machte damit den Statthalter zum König: Die kirchliche Weihe ersetzte das archaische Geblütsheil. Diese Form der Königserhebung wurde seitdem Tradition und begleitet Königskrönungen noch in der Gegenwart. Childerich, der letzte aus der merowingischen Königssippe, wurde nach Prüm ins Kloster verbannt.

Auch in dieser heiklen Frage des Umgangs mit dem geweihten Königsblut wußte die Kirche Rat. Man griff in der Zukunft immer wieder einmal zu diesem Hilfsmittel. Die Klosterhaft ersparte die Ausrottung einer Herrschersippe und lieferte doch das gleiche Ergebnis. Aus frommer Scheu wuchs das Vergessen, und wer solcherart von der Welt schied, hinterließ keine Nachkommenschaft.

Das eine wie das andere verpflichtete, und zwar König und Kirche wechselweise. Das Papsttum hatte die politische Wirklichkeit anerkannt und sich damit als ihr Sachwalter vorgestellt. Es hatte nicht eine regierende Dynastie mit seinem Segen erhöht, sondern es hatte mit seinem Segen Parvenüs approbiert. Das archaische Charisma war durch die kirchliche Salbung ersetzt, der tradierte Volksglaube abgelöst worden durch einen rechtsetzenden sakralen Akt, und dabei hatte die Kirche selbst sich als die Mutter aller politischen Autorität hervorgetan.

Ferdinand Seibt: Glanz und Elend des Mittelalters. Eine endliche Geschichte. 1987

Das Ende der Karolinger

VON
HANS K. SCHULZE

»Karl, den man schon bei Lebzeiten den Großen nannte, er hatte am Abend seines Lebens zur alles überschattenden Macht auch den Glanz der höchsten Herrscherwürde gewonnen und war römischer Kaiser geworden. Wie konnte es anders sein, als daß die Nachwelt ihn für den Erneuerer des vor Jahrhunderten erloschenen Kaisertums der Römer und das ganze weite Gebiet seiner Herrschaft für das wiedererstandene Römerreich hielt? Ein Jahrhundert nach seinem Tode, und dieses eneuerte römische Reich war zerfallen. Von inneren Gegensätzen zerrissen, von äußeren Feinden, Sarazenen im Süden, Normannen, das heißt Dänen, im Norden und Westen bedrängt, hatte es sich in seine Bestandteile aufgelöst. Ein Land nach dem anderen hatte dem angestammten Königshaus den Rücken gekehrt und, wie ein gleichzeitiger Chronist sich ausdrückt, ›Könige aus den eigenen Eingeweiden sich zu setzen unternommen‹. So war ein westliches und ein östliches Frankenreich, ein burgundisches, ein provenzalisches und ein italienisches Königtum entstanden, und die Würde des Kaisers mitsamt der Herrschaft über Rom und den Staat St. Peters war der Zankapfel geworden, den jene sich nacheinander aus der Hand schlugen, gewannen und wieder verloren« (J. Haller).

War es die Agonie der karolingischen Dynastie, die zur Zerrüttung und zum Zerfall des Reiches führte? Waren es die verheerenden Bruderkriege, die unstillbare Machtgier der Könige und das Fehlen jeglicher dynastischer Solidarität trotz mancherlei Bekenntnissen zu Eintracht und brüderlicher Liebe, die das spätkarolingische Jahrhundert in ein so dunkles Licht tauchten? Hellsichtig mahnenden Zeitgenossen erschien die Lage als eine Strafe Gottes für die menschliche Sündhaftigkeit, als Vorbote der kommenden Endzeit, der Zeit des Antichrist. Agonie der Dynastie, sich vollendend in der Spannung zwischen rücksichtslosem Machtstreben, hochfliegenden Plänen, brutalem Vorgehen gegen Schwächere, Versagen vor der Bedrohung durch äußere Feinde, menschlichen Schwächen, Mangel an herrscherlichen Führungsqualitäten und einem unübersehbaren biologischen Verfall des karolingischen Hauses.

Die letzten Karolinger sind von schwerer Krankheit geplagt, von langem Siechtum und bedroht von frühem Sterben, als ginge die physisch-psychische Substanz des Geschlechts zur Neige. Ein großes Sterben überfällt die inzwischen weitverzweigte Sippe; im letzten Drittel des 9. Jahrhunderts sterben mehr als ein Dutzend Könige und Kaiser, die meisten nach sehr kurzer Regierungszeit. Hart suchte das Schicksal vor allem die Nachkommen Ludwigs des Deutschen heim. König Karlmann und Kaiser Karl der Dicke wurden von schwerster Krankheit hinweggerafft, der tüchtige Ludwig der Jüngere starb schon nach kurzer Regierungszeit, und der tatkräftige Arnulf siechte in seinen letzten Lebensjahren fast regierungsunfähig dahin. Sein zwar kriegstüchtiger und kühner, staatsmännisch aber wenig begabter Sohn Zwentibold von Lothringen fand den Tod in der Schlacht. Mit Ludwig dem Kind, dem Typus des Spätlings, dem das Schicksal nur Kindheit und unreife Jugend gewährte, verließen die ostfränkisch-deutschen Nachkommen Karls des Großen fast lautlos die Weltbühne. Nichts Tragisches verbindet sich mit dem Tod dieses Jünglings, der zwar volljährig war und waffenfähig, nicht aber reif für seine hohe Würde und sein schweres Erbe.

Bischof Salomo von Konstanz sah die Zeit Ludwigs des Kindes mit den Augen des Predigers Salomonis und zitierte das warnende Wort der Schrift »Wehe Dir, Land, dessen König ein Kind ist«. Seine Sicht war die Sicht des mittelalterlichen Menschen, der stets voller Hoffnung auf die Person seines Königs blickte, der ihm die Inkarnation von Eintracht und Friede, Schutz und Schirm, Recht und Ordnung war.

Fast zwangsläufig mußte dies auch die Sicht der mittelalterlichen Geschichtsschreibung sein, die alles Geschehen um den König als die Zentralfigur der irdischen Herrschaftsordnung gruppierte und vieles, manchmal fast alles aus dem Handeln des Monarchen erklärte, aus seinen Stärken und Schwächen, Tugenden und Lastern, seinen höchst individuellen Eigenschaften wie Weisheit, Frömmigkeit, Tapferkeit, Tatkraft und Gerechtigkeit oder Feigheit, Torheit, Grausamkeit und Sündhaftigkeit. Hinter aller Geschichte wirkt Gottes unerforschlicher Ratschluß, aber sie vollzieht sich für den mittelalterlichen Menschen im politischen Handeln ihrer Protagonisten. Das Versagen eines Königs in seinem herrscherlichen Tun ist fast immer eine Katastrophe für sein Volk, und eine Abfolge von schwachen, kranken und minderjährigen Königen kann im Mittelalter kein Reich überstehen. Wichtig ist der König nicht nur als Einzelperson, sondern auch als Glied in der Abfolge der Generationen, die erst die Dynastie konstituiert. Es ist die Dynastie, die herrscht und auch das Reich trägt. Reich und Dynastie sind fast untrennbar miteinander verbunden, und so entscheidet auch das Schicksal der karolingischen Dynastie über das Schicksal des Karlsreiches und greift zutiefst in die Geschichte der Völker und Länder ein. Es ist kein bloß zufälliger Zusammenklang, wenn sich die Agonie der Dynastie und der Zerfall des Reiches im gleichen Zeitraum abspielen.

Tatsächlich waren die Herrscher der karolingischen Spätzeit der Herausforderung der Epoche nicht gewachsen. Zwar waren keineswegs alle schwache Charaktere, doch selbst die Tüchtigen verließ das Glück, als ihnen das Schicksal eben alle Trümpfe in die Hand gegeben zu haben schien. Der Nimbus des Siegers, der Karl Martell, Pippin und Karl den Großen umstrahlt hatte, wurde zerstört, der Mythos des Blutes schwand, das »Königsheil« hatte die Dynastie verlassen. Aber auch ein Monarch vom Format Karls des Großen hätte wohl Mühe gehabt, die Probleme zu bewältigen, die im Verlaufe des 9. Jahrhunderts ins Riesenhafte wuchsen. Es waren nicht nur die unheilvollen Wirkungen der Kämpfe innerhalb der Dynastie, das Machtstreben der Kirche und des Adels und die Bedrohung durch äußere Feinde, die das Karlsreich in Chaos und Anarchie stürzten und seine Auflösung herbeiführten, sondern Wandlungen im gesellschaftlichen Sein und Bewußtsein der in dem gewaltigen Imperium Karls des Großen lebenden Völker und Stämme

Die Frage nach Ursachen und Wirkungen, nach primären und sekundären Faktoren ist kaum zu beantworten, wenn ein so epochales Phänomen wie die Dekomposition des Karolingerreiches zur Debatte steht. Das riesige Imperium Karls des

Großen, ohnehin kein Staat im modernen Sinne, sondern eben ein Reich, wie es nur das Frühmittelalter hervorbringen konnte, war auf die Dauer wohl nicht beherrschbar. Karl der Große hatte das offenbar klarer erkannt als Ludwig der Fromme, denn dessen großartige Idee eines hierarchisch gestuften Herrschaftssystems, das in der Ordinatio imperii waltet, kam noch zu früh und konnte den traditionellen dynastischen Teilungsgedanken nicht überwinden. Auf das Konto des dynastischen Teilungsprinzips mit seinen politischen Auswirkungen kommt manches, manches auch auf das der Erschütterungen, die die Einfälle der Normannen, Sarazenen, Slawen und Magyaren ausgelöst hatten.

Aber Zerrüttung und Zerfall hatten ihre tiefsten Ursachen am Ende doch in spannungsreichen Wandlungen im Gesellschaftsaufbau und in der allgemeinen Schwäche der inneren Organisation des Karolingerreiches. In den Zeiten erfolgreicher Expansion war dies durch äußerste Anspannung aller Kräfte überdeckt worden. Die fränkische Aristokratie war mit militärischen Aufgaben vollauf beschäftigt. Die Ausdehnung des Reiches bot ihr gewaltige Aufstiegschancen. Im Dienste des Königs hatte sie Anteil am Reich; Opposition gegen die Karolinger war unnütz und zudem gefährlich. Die fränkische Aristokratie und die Führungsschichten der anderen Völker gingen mit dem Königtum konform. Frondeure waren selten. Erst als die Expansion an ihre Grenzen stieß, verlor sie die reichs- und herrschaftsstabilisierende Wirkung, zeigten sich Risse im Herrschaftsaufbau, Mängel im administrativen System, unbewältigte wirtschaftlich-soziale Probleme und kaum lösbare Spannungen im Verhältnis zwischen Königtum und Kirche.

Das Karolingerreich, in Schüben zusammengefügt im Laufe von drei Jahrhunderten, mit mehrfachen Unterbrechungen von Phasen der Dekomposition, umfaßte Völker und Länder höchst unterschiedlicher Struktur, mit großen Unterschieden in Geschichte und Kultur, Sprache und Sitte, Siedlungsweise und Wirtschaftsleben, Recht, Verfassung und sozialer Schichtung. Gemessen an den Möglichkeiten der Zeit, Entfernungen zu überwinden, war es von einer geradezu abenteuerlichen Größe.

Die wirkungsvolle Beherrschung und Verwaltung des Riesenreiches stieß schon auf Grund der Ausdehnung auf größte

Schwierigkeiten. Die Verbindungen zwischen dem Königshof, der ja zugleich Regierungszentrum war, und den lokalen Amtsträgern waren schwer herzustellen: es dauerte Wochen, bis ein Markgraf, der zur Berichterstattung oder zur Rechtfertigung seiner Amtsführung an den Hof befohlen worden war, wieder in seinem Amtsbezirk eintraf. Die großen Entfernungen, der Zustand und die Unsicherheit der Verkehrswege beeinträchtigten die Funktionsfähigkeit der Administration und vor allem eine wirksame Kontrolle der regionalen Machthaber. Nur zeitweilig und ansatzweise konnte sie durch die Institution der reisenden Königsboten ausgeübt werden. Den überall greifbaren Bemühungen Karls des Großen um die Verbesserung der Verkehrs- und Nachrichtenverbindungen kommt deshalb große Bedeutung zu, auch wenn ihre Wirksamkeit zweifelhaft bleibt. Die beachtlichen Ansätze zur Intensivierung der Schriftlichkeit im Verwaltungs- und Herrschaftssystem gehören zum Teil in diesen Zusammenhang, denn Schriftlichkeit eröffnet zusätzliche Möglichkeiten der Kommunikation. Von einem bürokratischen Schreiberstaat war das Karlsreich freilich meilenweit entfernt.

Wirklich zusammengehalten wurde dieses heterogene Staatsgebilde, das sich zudem über geographisch höchst unterschiedliche Zonen erstreckte, durch die monarchische Spitze in Gestalt des fränkischen Königs, die fränkische Aristokratie als allgegenwärtige Führungselite und das fränkische Reichsheer als wirkungsvolles, herrscherliche Überlegenheit garantierendes Machtinstrument. Mit diesen drei Pfeilern stand und fiel das Karolingerreich, das eben nicht ausschließlich ein Reich der Karolinger, sondern ganz wesentlich auch ein Reich der Franken war. Das fränkische Reichsheer erwies sich so lange als eine überlegene Militärmaschinerie, wie die Initiative zur Kriegführung vom Reich ausging oder im Falle eines feindlichen Angriffs genügend Zeit blieb, den Heerbann aufzubieten und ins Feld zu führen. Wikinger, Sarazenen und später auch Magyaren waren auf diese altfränkische Weise jedoch nicht wirkungsvoll zu bekämpfen, weder durch die Aufbietung des Heerbannes noch mit Hilfe der »Landwehr«, der uralten Verpflichtung aller waffenfähigen Männer zur Abwehr eines ins Land eingedrungenen Feindes.

Hinzu kam, daß die Wehrkraft des Reiches durch die Unterdrückung und Verknechtung der freibäuerlichen Schichten, die bisher große Kontingente für das Reichsheer gestellt hatten, beeinträchtigt wurde. Dieser Verlust an Wehrkraft konnte durch die Entstehung eines vasallitischen Berufskriegerstandes nicht sofort wieder wettgemacht werden. Die Ausbildung vasallitischer Kampfverbände, die unter Führung ihrer kirchlichen oder hochadligen Lehnsherren ins Feld zogen, bewirkte eine Veränderung der Wehrverfassung zuungunsten des Königs, denn er war nun auf die Loyalität der Lehnsherren angewiesen. Der Konflikt zwischen dem von den Grafen geführten Volksaufgebot und den Vasallenverbänden schwelte schon zur Zeit Karls des Großen, der das Dilemma mit Hilfe rechtlicher Regelungen zu beseitigen hoffte, wahrscheinlich mit zweifelhaftem Erfolg.

Die weitere Entwicklung des Lehnswesens brachte einen beträchtlichen Machtzuwachs auf seiten der Lehnsherren, obgleich die Wehrhoheit des Königtums niemals ernsthaft bestritten wurde. Eine andere Frage war es, wieweit schwache Herrscher die Wehrhoheit des Königtums wirklich zur Geltung bringen konnten. Die Wehrverfassung des Reiches verlor jedenfalls im Zuge eines allgemeinen sozioökonomischen und ideologischen Strukturwandels der Gesellschaft ihre alte volksmäßige Grundlage. Diese Entwicklung trug dazu bei, die Machtgrundlagen der fränkischen Monarchie ins Wanken zu bringen.

Die Stellung des karolingischen Königtums wurde erschüttert auch durch die zunehmende Macht des Adels. Die Karolinger waren mit Hilfe der fränkischen Aristokratie emporgestiegen, und das Bündnis hielt, solange der Aufstieg der Dynastie andauerte. Der Adel war, so hat man zutreffend gesagt, Helfer und Gegenspieler der Monarchie zugleich. Es hing immer wieder von der historischen Situation ab, wie die Gewichte verteilt waren. Karl der Große hatte die Aristokratie gezügelt; die Anforderungen, die er an sie stellte, hielten sie in Atem. Die großen Herren aus den vornehmen Familien, die gern als »Reichsadel« oder »Reichsaristokratie« bezeichnet werden, die Männer, die im Königsdienst aufgestiegen waren, sie alle konnte eine Herrscherpersönlichkeit wie Karl der Große an sich binden, wiewohl es auch Widerstrebende gab. Um herrschen zu können, bedurfte der König des Adels, dem er Ämter,

Würden und Lehen verlieh und der in aller Regel auch über reiche, von den Vorfahren ererbte Besitzungen verfügte: »Der Gegensatz von Königtum und Adel, der wie ein roter Faden die gesamte fränkische Verfassungsgeschichte durchzieht, war auch im Karlsreich nicht überwunden, sondern nur überdeckt. Die Adelsmacht konnte nicht beseitigt werden, und die Schaffung einer auf Weisung der Zentralregierung wirklich funktionierenden Verwaltung gelang infolgedessen nicht« (W. Schlesinger).

In der Zeit der Kämpfe zwischen Ludwig dem Frommen und seinen Söhnen, der Epoche der Bruderkriege, der Reichsteilungen und der dynastischen Streitigkeiten wuchsen Macht und Ansehen der Aristokratie auf Kosten der Monarchie. Ämter und Lehen wurden nahezu erblich und entglitten der Verfügungsgewalt der Krone; der Gedanke, daß ein Amt im Namen des Königs und zum Nutzen des Reiches zu verwalten sei, trat zurück hinter der Vorstellung von der Adelsherrschaft kraft eigenen ererbten Rechts.

Mit der Degeneration des Amtsgedankens ging eine Verschleuderung von Reichsgut einher. Um Anhänger zu gewinnen, gingen die Könige sehr großzügig mit den Krondomänen um und schwächten damit die materielle Basis ihrer Herrschaft. Das begann schon unter Ludwig dem Frommen, von dem Thegan, sein sehr wohlmeinender Biograph, berichtet: »So freigebig war er aber, wie man weder in alten Schriften noch in neuerer Zeit gehört hat, daß er die königlichen Güter, welche sein Vater, Großvater und Urgroßvater besessen hatten, seinen Getreuen zum ewigen Besitz gab und Urkunden darüber ausstellte und durch Aufdrücken seines Ringes und mit eigenhändiger Unterschrift bekräftigte. Das tat er lange.« Die Nachfolger Ludwigs des Frommen setzten diese Praxis fort, von der auch die Kirchenfürsten kräftig profitierten, mehr in den westlichen als in den östlichen Reichsteilen.

Natürlich stieg der Einfluß der Aristokratie auch im politischen Leben; die Abhängigkeit der Könige von ihren adligen Gefolgsleuten war groß, und namentlich bei einem Wechsel in der Herrschaft kam die wachsende Adelsmacht zum Tragen. Die Großen der einzelnen Landschaften spielten bei der Königserhebung eine wesentliche, oft ausschlaggebende Rolle. Sie luden ihnen genehme Thronprätendenten ein, die Herrschaft anzutreten, verließen aber ebenso leicht wieder ihren König, um sich einem anderen Anwärter zuzuwenden. Bis zum Ausgang des 9. Jahrhunderts respektierten die Großen bei diesem Wechselspiel immerhin noch das Thronrecht der karolingischen Dynastie, obwohl das Erbrecht der Karolinger im Anspruch des Adels auf Mitsprache und Mitwirkung bei der Thronfolge schwere Konkurrenz erhielt. Das Mitwirkungsrecht der Großen steigerte sich zum Wahlrecht und führte schließlich zur Erhebung nichtkarolingischer Prätendenten und zur Abkehr von der karolingischen Dynastie.

Der Aufstieg des Adels erfolgte fast zwangsläufig und darf keineswegs als eine schlechthin unselige gesellschaftliche Entwicklung gesehen werden. Aber Adelsmacht und Adelsherrschaft, von keiner straffen monarchischen Spitze mehr in ihre Schranken gewiesen, entwickeln nur allzuoft die Tendenz, in eine Adelsanarchie einzumünden. Die Großen nutzen die Freiräume, die ihnen der Verfall der königlichen Gewalt bot, zum rücksichtslosen Vorgehen gegen alle Schwächeren aus. Die Kirchen waren ihren Angriffen preisgegeben, nachdem die Könige nicht mehr ihre schützende Hand über Bistümer und Klöster ausbreiten konnten. Macht- und Amtsmißbrauch gegenüber den niederen Bevölkerungsgruppen waren an der Tagesordnung. Den Unterdrückten blieb kaum etwas anderes übrig, als sich unter den Schutz eines Mächtigeren zu stellen, einen Schutz, der jedoch zugleich Abhängigkeit, wenn nicht Schlimmeres, nämlich Unterdrückung und Ausbeutung bedeutete. Tatkräftige Geschlechter mehrten ihre Macht durch die Kumulation von Grafschaften, Kirchenvogteien und Herrschaftsrechten der verschiedensten Art, sie fanden Gefolgsleute und Anhänger und traten dem Königtum als Führer von Adelsfraktionen entgegen. Aus den Reihen dieser aristokratischen Spitzengruppe stiegen die nichtkarolingischen Könige des ausgehenden 9. und 10. Jahrhunderts empor.

Der Aufstieg der Aristokratie als Klasse sagt noch nichts über das Schicksal des einzelnen und einzelner Familien. Besitzstreben und Machtgier entfesselten Adelsfehden und führten bisweilen zum Untergang ganzer Geschlechter in diesen mit unglaublicher Brutalität ausgefochtenen Kämpfen. Spektakuläre Geschehnisse dieser Art waren die blutige Fehde zwischen den Konradinern und den Babenberger-Popponen, die Hinrichtung der schwäbischen Pfalzgrafen Erchanger und Burchard oder der Untergang des Geschlechts des bayerischen Markgrafen Wilhelm. Neue Familien stiegen empor, denn die Rivalitäten innerhalb der alten karolingischen Machtelite schufen ein günstiges Klima für tatkräftige und skrupellose Männer aus anderen Schichten. Die Emporkömmlinge wurden mit Mißtrauen beobachtet, und es mehrten sich die Klagen über den Hochmut und die Anmaßungen dieser Aufsteiger.

Nicht nur in den inneren Kriegen wurde von der Aristokratie ein hoher Blutzoll gefordert, auch im Kampf gegen den äußeren Feind. In den Schlachten gegen die Ungarn vollzog sich der Untergang ganzer Heere, in heroischer Manier oder auch in feiger Flucht. Allein im ersten Jahrzehnt des 10. Jahrhunderts hat die Aristokratie des ostfränkisch-deutschen Reiches einen gewaltigen Substanzverlust nicht nur durch die Adelsfehden und die Hinrichtungen der Unterlegenen, sondern auch auf den östlichen Schlachtfeldern erlitten. Bei Preßburg wurde 907 das bayerische Heer aufgerieben; unter den Toten waren Markgraf Luitpold, Erzbischof Theotmar von Salzburg, Bischof Udo von Freising und sein Amtsbruder Zacharias von Säben. Ein Jahr später fielen Markgraf Burchard von Thüringen, Bischof Rudolf von Würzburg und Graf Egino an der Spitze eines ostfränkisch-thüringischen Aufgebotes, und 910 melden die Quellen den Tod des Grafen Gebhard, der das königliche Heer in der Schlacht am Lech führte, in der auch viele andere Edle fielen. Die Epoche ging blutig zu Ende. Die Agonie der Dynastie mündete ein in die Agonie des zerfallenden Karlsreiches. Die karolingische Welt wandelte sich in inneren Krisen und äußerer Bedrohung.

Aber das karolingische Erbe wirkte weiter, und so gebührt auch der spätkarolingischen Periode ein Platz in der Weltgeschichte. Von einem »erstaunlichen Jahrhundert« hat Walter Schlesinger gesprochen, einem Jahrhundert, das mit der Kategorie »Verfall« nur sehr unzureichend charakterisiert sei, da es vielmehr »Grundlagencharakter für die Geschichte Europas« besessen habe. Unbestreitbar ging es chaotisch zu in jenem Jahrhundert, aber es war trotz aller Zerstörungen, aller Verluste an materieller und geistiger Substanz doch eine Art von fruchtbarem Chaos, das den Urstoff für neue Gestaltungen lieferte. Neue Perspektiven eröffneten sich; die Zukunft Europas wurde gleichsam zur Disposition gestellt. Im ostfränkisch-deutschen Reich, das in dieser Periode Gestalt gewann, konnte das Königtum so viel von seiner alten Würde bewahren, daß auf den Niedergang am Ausgang des 9. und zu Beginn des 10. Jahrhunderts bald wieder eine Phase des Aufschwungs folgte. Die Demontage des Königtums ging hier nicht so weit wie in anderen Teilen des Karlsreiches, so daß die ostfränkisch-deutschen Herrscher in gewissem Umfang in West- und Mitteleuropa eine hegemoniale Stellung einnehmen konnten. Natürlich ist der Machtzuwachs auf seiten des Hochadels auch hier unübersehbar. Die weltlichen und geistlichen Großen setzten sich politisch wirkungsvoll in Szene, standen aber im großen und ganzen dem karolingischen Königtum loyal gegenüber. Auch die militärische Führung kam unbestritten dem König zu, aber die Kämpfe an den Grenzen boten dem Hochadel die Chance zur Bewährung und vielfach zur Stärkung der eigenen Machtposition. So ist es kein Zufall, daß unter den politisch handelnden Personen die Grenzgrafen und Markherzöge immer deutlicher hervortraten, etwa Thachulf und Poppo im mainfränkisch-thüringischen Grenzraum, die Liudolfinger im östlichen Sachsen, die Hunfridinger in Churrätien oder Leute wie Aribo, Wilhelm, Engilschalk, Luitpold und Arnulf der Böse in den bayerisch-pannonischen Marken.

Im Reichsteil Ludwigs des Deutschen wurde der Zug zur weiteren Aufsplitterung in feudale Herrschaftsbereiche durch die Existenz der Stämme weit stärker abgeschwächt als in den Teilen des großfränkischen Imperiums, in denen es derartig kompakte gentile Verbände nicht gab. Die ostfränkisch-deutschen Stämme der Franken, Bayern, Schwaben, Thüringer, Sachsen und Friesen, zu denen noch die Lotharinger traten, gewannen als Kampfgemeinschaften, Rechtsverbände und auch als politische Mächte an Bedeutung. Die Regeneration der Stämme und das Wiedererwachen ihres gentilen Selbstbewußtseins fanden ihren Ausdruck in der Entstehung einer neuen Führungsspitze in Gestalt des »jüngeren Stammesherzogtums«. Meist in Anlehnung an das Königtum und im Kampf gegen Mitbewerber aus der eigenen Klasse stiegen Familien zu einer hegemonialen Stellung innerhalb ihres Stammes empor und erlangten als Anführer des Stammesaufgebotes den Herzogstitel. Die Stämme, von ihren Herzögen repräsentiert, traten wieder als politisch handlungsfähige Verbände auf und wirkten als stabilisierender Faktor.

Die Teilung des Reiches unter die Söhne Ludwigs des Deutschen beschwor nur kurzzeitig die Gefahr einer Dekomposition in Stammeskönigreiche herauf. Die Spannungen zwischen den gentil-separatistischen Tendenzen und dem allmählich wachsenden Zusammengehörigkeitsgefühl der Stämme wurden zugunsten des ostfränkisch-deutschen Einheitsbewußtseins aufgehoben, während die Idee vom großfränkischen Universalreich immer mehr in den Hintergrund trat, bis sie schließlich ganz erlosch. So gesehen vollzog sich im 9. Jahrhundert nicht nur die Auflösung des Karlsreiches, sondern auch der Aufbruch zu neuen Gestaltungen.

Der Zerfall des Großreiches gab den Völkern den Weg frei zur individuellen Gestaltung ihrer Geschichte; nicht zufällig sind aus diesem Jahrhundert erste und eindrucksvolle Zeugnisse für das Werden der europäischen Nationen und auch für ihre sprachliche Emanzipation überliefert, althochdeutsche, altfranzösische und altslawische Texte. Zu den Völkern, die sich im zerbröckelnden Rahmen des karolingischen Reiches voneinander sonderten, zur romanisch-germanischen Völkergemeinschaft also, traten die nord- und osteuropäischen Völker, die Normannen, Slawen und Magyaren. Aus dem zerfallenden Karlsreich formierte sich die Gemeinschaft der europäischen Nationen: »Denn geschichtlich sind Nation und Europa nicht Gegensätze, sondern Wechselbegriffe: daß es Nationen gibt, ist historisch das Europäische an Europa« (H. Heimpel).

Hans K. Schulze: Vom Reich der Franken zum Land der Deutschen. Merowinger und Karolinger. Siedler Deutsche Geschichte, Band 2. 1987

Die deutschen Städte am Ende des Mittelalters

VON
HARTMUT BOOCKMANN

Deutschland war am Ende des Mittelalters eine durch und durch städtisch geprägte Welt. Auch wenn nur bestenfalls ein Fünftel der Bevölkerung in Städten lebte, auch wenn keine dieser Städte mehr als fünfzigtausend Einwohner zählte, waren es doch die Städte und nicht die Burgen oder Klöster auf dem Lande, in denen sich die Wege der Waren und die Bahnen der Gedanken kreuzten. Selbst wenn auf dem Lande gewerblich gearbeitet wurde – namentlich in Oberschwaben gab es weite ländliche Regionen, wo Barchent in einer geradezu vorindustriellen Weise produziert wurde –, so konnten diese Gewerbegebiete doch nicht ohne städtische Zentren existieren; das typische Landgewerbe, das sich überall fand, war auf die Stadt angewiesen. Wo es auf dem Lande gelungen war, der spätmittelalterlichen Agrarkrisis und vor allem dem jahrzehntelangen Tiefstand der Getreidepreise durch den Anbau neuer Pflanzen oder durch die Umwandlung der Kornfelder in Viehweiden oder Karpfenteiche zu entgehen, war die Nähe städtischer Verbraucher die Voraussetzung für den Wandel in der Landwirtschaft.

Wie groß waren diese Städte? Gelegentlich werden Zahlen genannt – in der Regel von Haushaltungen oder Steuerzahlern, manchmal aber von Personen. Der Nürnberger Rat ließ im Jahre 1430, als die Stadt von den Hussiten bedroht war und für den Fall einer Belagerung der Nahrungsmittelbedarf geschätzt werden mußte, eine Zählung der Erwachsenen vornehmen. Sie ergab 15 499 Personen, die älter als zwölf Jahre waren. Rechnet man die mutmaßliche Zahl von Kindern hinzu, so kommt man auf etwa 20 000 Einwohner.

Damit war Nürnberg eine Großstadt. Um 1500 zählte die größte deutsche Stadt, Köln, etwa 40 000 Einwohner. Nürnberg war im 15. Jahrhundert schnell gewachsen und hatte nun etwa 30 000 Einwohner. Zwischen 20 000 und 30 000 Einwohner hatten Straßburg, Augsburg, Metz, Wien, Prag, Lübeck, Magdeburg und Danzig.

Alle anderen Städte hatten weniger als 20 000 Einwohner, unter ihnen so bedeutende Orte wie Regensburg, Mainz oder Lüneburg. Nach damaligem Verständnis, aber auch noch für die Verhältnisse der Goethezeit – Weimar hatte damals gegen 6000 Einwohner –, waren solche Städte groß, und eine Zahl von etwa 3000 Einwohnern machte eher eine mittlere als eine Kleinstadt aus. Die meisten der etwa viertausend deutschen Städte waren kleiner. In den anderen europäischen Ländern waren die Zahlen ähnlich, auch London zählte nur an die 30 000 Einwohner. Am Ende des Mittelalters näherte sich Paris der Zahl 100 000, während Mailand und Florenz nur wenig größer waren. Deutlich mehr als 100 000 Einwohner hatte im Mittelalter keine Stadt. Überall waren die meisten Städte für die Begriffe des 19. und des 20. Jahrhunderts sehr klein.

Doch auch die kleinen Städte schützte in aller Regel eine Mauer. Die Stadtbewohner waren gegen die normale Form des Krieges, die Fehde und den mit geringen Kräften unternommenen Überfall, gesichert. Größere Städte schützten sogar das vor der Mauer gelegene städtische Umland, das von den Bürgern landwirtschaftlich genutzt wurde und in dem sich häufig auch Gewerbebetriebe wie etwa Mühlen befanden, durch Hecken, Gräben und Türme. Die Überreste solcher städtischen Land-wehren im heutigen Gelände lassen erkennen, daß die wirtschaftlichen Interessen der Stadtbürger über die Mauer hinausreichten, daß die Städte auch dann von teilweise städtischen Zonen umgeben waren, wenn sie ein eigenes Territorium nicht besaßen.

Das Leben hinter der Mauer bewahrte aber nicht nur vor dem Krieg, sondern auch vor dem Hunger. Die Stadtregierungen nötigten die Stadtbewohner zur Vorratshaltung, und sie richteten selbst große Vorratshäuser ein, in denen namentlich Getreide gehortet wurde, das in Notzeiten verbilligt oder bei Bedürftigkeit umsonst ausgegeben wurde. Auf dem Lande drohte im Falle von Mißernten und Teuerungen bis ins frühe 19. Jahrhundert der Hungertod. In den größeren Städten war er dagegen am Ende des Mittelalters besiegt.

Zu den Voraussetzungen dieses Sieges zählte auch die Fülle der Almosen, die in den Städten verfügbar waren. Zu den »guten Werken«, mit denen sich vermögende Christen den Himmel zu verdienen suchten, rechnete man nicht nur Spenden zugunsten der Kirchen und ihrer Ausstattungen, sondern auch Almosen, und oft war das eine mit dem anderen verbunden. Die Spitäler, zu deren Stiftung sich reiche Bürger zusammengetan hatten, dienten nicht nur der Versorgung hilfloser Personen, sondern waren auch Orte, wo für das Seelenheil der Stifter gebetet wurde. Die Altäre, die vermögende Bürger oder städtische Korporationen den Stadtkirchen stifteten, erhielten meistens zusätzliche Kapitalien, aus deren Erträgen kleine Summen an die gezahlt wurden, die am Gottesdienst teilnahmen.

So zogen die Städte Arme oder in Not Geratene in größerer Zahl an, als nach der Meinung der städtischen Obrigkeiten versorgt werden konnten, und deshalb wurde die Armut hier vielfach reglementiert. Die alte Frage, ob man nicht zwischen verschuldeter und unverschuldeter Armut unterscheiden müsse, wurde in den Städten verschärft gestellt. Die Ummauerung der Stadt konnte auch dazu dienen, den Zuzug unerwünschter Armer zu verhindern, so daß die städtischen Almosen nur den eigenen Armen zukamen. Am Ende erlaubte es die Modernität der städtischen Verwaltung, Beihilfen in einer Weise zu vergeben, die an die Rationierung der Lebensmittel in den Kriegen unseres Jahrhunderts erinnert.

Wie den Zuzug der Armen, so kontrollierten die städtischen Obrigkeiten die Zuwanderung überhaupt. Nachdem die durch die Seuchen vor allem in der Mitte des 14. Jahrhunderts verursachten Bevölkerungsverluste in den Städten überall schnell ausgeglichen worden waren, sind die Bevölkerungszahlen wohl nur dort noch gestiegen, wo sich, wie etwa in Nürnberg, die Wirtschaft überdurchschnittlich entwickelte. Obwohl ein nicht unbeträchtlicher Teil der ländlichen Bevölkerung in die Städte drängte, gelang es offensichtlich, diesen Zustrom zu steuern: durch Kontrolle der Stadtgrenzen, durch die Heraufsetzung oder Senkung der Gebühren, die bei der Erlangung des Bürgerrechts zu bezahlen waren, durch den Ausschluß bestimmter Personen vom Bürgerrecht oder der Zugehörigkeit zu einer Zunft. Seit dem Ende des 14. Jahrhunderts mehrten sich die

Bestimmungen, die die Angehörigen bestimmter ländlicher Berufe, wie zum Beispiel Leineweber oder Müller, sowie uneheliche Kinder von der Erwerbung des Bürgerrechts oder dem Eintritt in eine städtische Korporation ausschlossen. In Ostdeutschland, das in diesem Falle schon in Hamburg begann, wurde die Abstammung von nichtdeutschen Eltern zu einem nicht weniger wichtigen Grund des Ausschlusses.

Was machte das Leben in der Stadt so anziehend, und wodurch unterschied es sich von dem, was die Zuwanderer hinter sich ließen? Die Bevölkerungsverluste, welche die Seuchen verursacht hatten, waren in den Städten höher gewesen als auf dem Lande. Nahmen die Zuwanderer also ungesundere Lebensbedingungen in Kauf? Das scheint der Fall gewesen zu sein, dürfte aber das damalige Verhalten wohl nicht bestimmt haben. Ähnlich wie im 19. Jahrhundert, als sich die ländliche Bevölkerung in den Mietskasernenvierteln der Industriestädte zusammendrängte, ähnlich wie heute in Ländern der Dritten Welt, wo das Elend in den Suburbien die Zuwanderung vom Lande doch nicht verhindert, dürften auch im späteren Mittelalter die Gründe für die Abwanderung vom Lande stärker gewesen sein als die an die Stadt gerichteten Erwartungen.

Auch bleibt ungewiß, ob den Zuwanderern die Andersartigkeit des städtischen Lebens überhaupt bewußt wurde. Wie in den Dörfern lebten ja auch in den Städten die Menschen und das Vieh eng zusammen. Und wenn den modernen Betrachter der Umstand irritiert, daß die städtischen Brunnen nicht selten in unmittelbarer Nähe von Abtritten angelegt waren, so ist damit doch wenig über die Qualität des Wassers in den Dörfern gesagt. In gebirgigen Landschaften mag sie gut gewesen sein, aber dort wurden auch die Städte mit nach heutigen Begriffen frischem Wasser versorgt. War das Leben in den spätmittelalterlichen Städten ungesund, war es durch Schmutz und Bakterien gefährdet? Die Überlieferung bietet uns nicht nur Nachrichten über Schmutz und Kot auf den Straßen, sondern auch Vorschriften über die Beseitigung von Unrat und Müll. In den größeren Städten gab es überdies Ärzte und Apotheken, die den Landbewohnern nicht zur Verfügung standen.

Doch dürfte, wer vom Lande in die Stadt drängte, ganz einfach von den Möglichkeiten des Lebens und Arbeitens angezogen worden sein. Auch wenn die Bedingungen für die Erlangung des Bürgerrechts immer mehr erschwert wurden und sich vor allem die Zünfte gegen Zuwanderer wehrten, blieben viele Chancen. Saisonarbeit konnte mit städtischen Almosen kombiniert werden. In den größeren Städten waren vielfältige Hilfstätigkeiten gefragt. Wo Waren umgeschlagen wurden, brauchte man Träger, und wo man dabei Kräne benutzte, bedurfte es der Menschen, welche die Laufräder in Bewegung hielten. Wo Handelsschiffe ihre Anker lichteten, hatte derjenige, der zu einem Risiko bereit war und über einen kleinen Betrag verfügte, die Chance, vom Handel zu profitieren. Aus den Hansestädten wie auch aus den süddeutschen Zentren des Handels gibt es nicht wenige Beispiele dafür, daß sich auch Leute mit geringem Vermögen kleine Anteile an Schiffsladungen oder an Warenbeständen, die über die Alpen gebracht wurden, kauften.

Aber es war nicht nur der Fernhandel, der die Möglichkeit eröffnete, ein kleines Vermögen zu erwerben, das wiederum den Zugang zu einer höheren Schicht eröffnete. Wovon lebten die Stadtbewohner? Soweit sie nicht - wie die meisten - »Ackerbürger« waren, zielte ihre Tätigkeit auf den Austausch zwischen der Stadt und deren nächster Umgebung. Exportgewerbe-Städte mit spezialisierter Produktion, wie zum Beispiel Augsburg oder Braunschweig, waren im späteren Mittelalter die Ausnahme. Und auch sie versorgten in erster Linie ihr Umland und die eigene Einwohnerschaft. Auch in den großen Handelsstädten hatten die Zünfte der Bäcker und der Fleischer die größten Meisterzahlen.

Hinter der Existenzform eines Fleischermeisters konnte sich allerdings auch die Realität eines Viehhändlers verbergen, und derjenige, der in der Meisterliste einer Bäckerzunft als einer von vielen figurierte, die durch die Zunftvorschriften zu weitgehender wirtschaftlicher Gleichheit gezwungen waren, konnte in Wahrheit ein reicher Kornhändler sein. Die Chancen des Handels machten die traditionellen Grenzen immer wieder gegenstandslos.

Versucht man trotzdem, ein idealtypisches Bild städtischer Gesellschaften zu geben, so liegt es nahe, von drei Schichten auszugehen. Die Oberschicht besteht in einem solchen Falle aus den Angehörigen der traditionellen städtischen Führungsgruppe, aus den Nachfahren also vor allem der städtischen Ministerialen, sowie aus Fernhändlerfamilien. Die Mittelschicht wird dann von den Handwerksmeistern gebildet, während zur Unterschicht die nicht im Haushalt der Meister lebenden Handwerkergesellen, die unselbständigen Lohnarbeiter, kleine Krämer und andere gehören, die nur teilweise in die städtische Gesellschaft integriert waren.

Solche Gesellschaftsmodelle lassen sich dort, wo Steuerakten erhalten sind, einigermaßen schlüssig auf die überlieferte Wirklichkeit anwenden. Doch decken sie nur einen Teil dieser Wirklichkeit ab. Sie verbergen, daß die Stadtgesellschaften mobil waren, daß ungeachtet der erwähnten sozialen Schranken aus einem Zuwanderer ein Handwerksmeister werden konnte und daß der Weg vom Zunftbürgertum in die Oberschicht keineswegs versperrt war.

Auch die politische Verfassung der Städte war durch Stabilität wie durch die Möglichkeit der Mobilität bestimmt. Im Falle eines idealtypischen Modells würden die Angehörigen der Oberschicht den Rat besetzen, während die Mittelschicht am Stadtregiment doch insoweit beteiligt wäre, als ihre Angehörigen das Bürgerrecht besäßen und über eng begrenzte Mitbestimmungsrechte verfügten. Die Unterschicht würde dann durch diejenigen gebildet, die kein Bürgerrecht hatten, sondern in der Stadt als einfache Einwohner lebten, also keine Mitbestimmungsrechte besaßen, jedoch trotzdem an das Stadtrecht gebunden waren.

In der Wirklichkeit waren die Grenzen so sichtbar nicht. Wer als Handwerksmeister ein größeres Vermögen erwarb, dem gelang in aller Regel auch der Aufstieg in den Kreis der Ratsfamilien, und wenn nicht er, so wurde doch sein Sohn zum Ratsherrn gewählt. Im allgemeinen folgte der soziale und politische Aufstieg dem wirtschaftlichen. Wo diese Folge unterbrochen wurde, kam es zu gewaltsamen Auseinandersetzungen.

In nicht wenigen Städten wurde im Laufe des 14. und 15. Jahrhunderts die traditionelle Herrschaftsordnung umgestürzt. An die Stelle einer ungeschriebenen Verfassung, der zufolge der Rat aus nur wenigen städtischen Familien beschickt wurde, traten nach gewaltsamen Aufläufen und nicht selten blutigen Kämpfen neue städtische Räte, die ganz oder teilweise aus den Zünften kamen.

Seit dem ausgehenden 19. Jahrhundert hat man in diesen Kämpfen um die städtische Verfassung Bemühungen um eine

Demokratisierung oder ähnliche moderne politische Ziele gesehen. Tatsächlich ging es in den spätmittelalterlichen Städten keineswegs um so etwas wie Demokratie, sondern vielmehr um eine Erneuerung von Oligarchien. Selbst dort, wo es nicht zu gemischten Verfassungen kam, sondern wo neue Verfassungen den Rat ausschließlich aus Zunftmeistern bestehen ließen, erwies sich, daß nicht alle Zunftmeister und nicht alle Zünfte in der Lage waren, die Stadt zu regieren. Überall, wo Machtverhältnisse umgestürzt worden waren, zeigte sich bald, daß nur wenige Familien von den neuen Verhältnissen wirklich profitierten. Auch dort, wo der Umsturz gewaltsam erfolgt war und die Masse der städtischen Bevölkerung Anteil daran gehabt hatte, lief das Resultat der Umwälzungen darauf hinaus, daß vor allem die Familien, die im Laufe der Zeit zwar eine wirtschaftliche Machtstellung errungen hatten, jedoch nicht in die politische Führung der Stadt aufgenommen worden waren, am Ende Anteil an der politischen Macht gewannen oder diese ganz übernahmen. Den unmittelbaren Anlaß für den Ausbruch von Kämpfen um die Macht in den Städten boten in aller Regel neue Abgaben. Die Aufständischen warfen den Stadträten Mißwirtschaft und persönliche Bereicherung vor. Beweisen ließen sich solche Vorwürfe selten. Die Vorteile, welche die Mitglieder städtischer Räte aus ihrer politischen Tätigkeit für das eigene Vermögen zogen, bleiben den modernen Historikern fast ebenso wie den Zeitgenossen verborgen. Wichtiger ist jedoch, daß die städtische Finanznot, die meistens zum Anlaß von Aufständen wurde, ihre Ursache nicht so sehr im Fehlverhalten der Stadtregierungen hatte als vielmehr in der expansiven Außenpolitik, die für die meisten größeren Städte des ausgehenden 14. Jahrhunderts charakteristisch war. Wenn die Städte sich nun als eigenständige politische Faktoren erwiesen, so zog das beträchtliche Kosten nach sich. Die Mauern mußten erhöht, die städtischen Arsenale mußten gefüllt und die in Sold zu nehmenden Kriegsknechte mußten bezahlt werden. Das alles bedeutete eine Erhöhung der Abgaben, gegen die zu polemisieren leicht war. Wo die innerstädtischen Unruhen zur Bildung neuer Stadtregierungen führten, haben diese in aller Regel die expansive Politik ihrer Vorgänger fortgeführt und die städtischen Abgaben keineswegs reduziert.

Zu gewaltsamen Auseinandersetzungen führten nicht selten

auch Versuche einzelner, sich auf Kosten ihrer Standesgenossen Macht zu verschaffen und die eigene Person zum Herrscher über die Stadt zu machen. Auf Dauer ist das jedoch in keiner deutschen Stadt gelungen - die deutschen Städte verwandelten sich, anders als die italienischen, nicht in Signorien. In Rothenburg, in Zürich oder in Augsburg beispielsweise wurden solche Versuche vereitelt. Die Usurpatoren bezahlten ihren Ehrgeiz mit dem Leben: sie wurden hingerichtet oder ermordet. Die regierenden Oligarchien beantworteten das Ausbrechen eines der Ihren aus den traditionellen Herrschaftsstrukturen mit unnachsichtiger Härte und mit schnellen Prozessen, die an ein standgerichtliches Verfahren erinnern.

Die Normen des Zusammenlebens in der Stadt waren nicht nur in dieser Hinsicht streng. Die wichtigste Quelle städtischen Rechts war die Gesetzgebung des Rates, und die griff tiefer in das Leben der Stadtbewohner ein, als die entsprechenden ländlichen Normen. Umfassen dörfliche »Weistümer«, nämlich die schriftlich fixierten Gesetze eines Dorfes, nur jeweils wenige Seiten, so füllen die Ratsgesetze in den größeren Städten ganze Bücher. Das dichte Zusammenleben der Menschen machte Bauordnungen erforderlich, auf die man in Dörfern verzichten konnte, weil dort das Herkommen verhinderte, daß der einzelne seinen Nachbarn durch Bauen behinderte oder sich durch ein allzu repräsentatives Haus über seinesgleichen erhob. In den Städten machte die Arbeitsteilung ein strenges Lebensmittelrecht nötig, während auf dem Lande in der Regel niemand so viele Abnehmer mit Fleisch oder Brot versorgte, daß es eines Schutzes der Verbraucher bedurft hätte. Vor allem aber gab es in den Städten bewaffnete Stadtknechte, also eine Polizei, die imstande war, die Exekution von Urteilen zu erzwingen. Auch hier wirkte die Mauer nach innen. Sie konnte dem Delinquenten die Flucht unmöglich machen und ihn der städtischen Justiz so gewiß ausliefern, wie ein Landrichter der von ihm Verfolgten niemals habhaft werden konnte.

Auf der anderen Seite war die städtische Justiz nicht so blutig, wie das moderne, angesichts von »Folterkammern« zugleich schaudernde und sich erbauende Gefühl meint. Obwohl das Stadtrecht dem hochmittelalterlichen Landfriedensrecht verwandt war und deshalb viele Vergehen, wie zum Beispiel nach unseren Maßstäben nicht besonders schwerwiegende Eigentumsdelikte, mit dem Tode bedrohte, hatte die Rechtspraxis eine altertümliche Gestalt. War das Todesurteil einmal gesprochen, so wurde es im Falle von Bürgern nicht ohne weiteres vollstreckt, sondern meistens durch eine Buße ersetzt. Erst die sich modernisierenden Territorialstaaten setzten an der Wende vom Mittelalter zur Neuzeit die – wie man den Vorgang nennt – von den hochmittelalterlichen Landfrieden kommende Kriminalisierung des Strafrechts konsequent durch, und auch die gerichtliche Wahrheitsfindung mit Mitteln der »peinlichen Befragung«, also durch die Folter statt mit Hilfe des Eides, war im weltlichen Bereich mehr eine Sache der frühneuzeitlichen Staaten als der spätmittelalterlichen Städte.

Dennoch waren die Städte vielfach die unmittelbaren Vorläufer dessen, was in den Staaten vollendet werden sollte. Die Dialektik von Rechtssicherheit und Zwang, von Frieden und obrigkeitlicher Gewalt bestimmte schon das Zusammenleben in den Städten; das Gewaltmonopol der politischen Führung hatte hier seine Anfänge. Die spätmittelalterlichen Städte haben der neuzeitlichen bürgerlichen Gesellschaft in der Tat vorgearbeitet – nur eben auf andere Weise, als die Historiker des 19. Jahrhunderts mit ihren Illusionen über mittelalterliche Bürgerfreiheit vermuteten und hofften. Von ähnlicher Art waren die Erwartungen des 19. Jahrhunderts an eine bürgerliche Kultur in den spätmittelalterlichen Städten. Da die Wirklichkeit solchen Erwartungen nicht entsprach, kam es zu Interpretationen, denen zufolge die Städte wenigstens teilweise die Heimat einer besonderen Bürgerkultur waren. Wehte der bürgerliche Geist nicht sichtbar durch die weiten städtischen Hallenkirchen, während sich die feudale Ordnung gleichzeitig in der Gliederung hochgotischer Kathedralen spiegelte? Dergleichen hat man oft vermutet. Tatsächlich haben die Stadträte Pfarrkirchen erbaut – etwa in Lübeck in Gestalt der Marienkirche –, die dem Bautypus der Kathedrale folgten, während die großräumigen Hallenkirchen des 14. und 15. Jahrhunderts keine städtische Spezialität waren. Die spätgotische Tafelmalerei ist gewiß in den Städten entstanden, aber die Maler haben Bürger und Geistliche, städtische und adlige oder fürstliche Kunden gleichermaßen bedient, und wenn es sich bei ihnen nicht um Handwerksmeister, sondern, wie wir aus Rothenburg oder Korbach zufällig wissen, um Franziskaner-Mönche handelte, gäben die Bilder doch keine Handhabe, eine bürgerliche von der Werkstatt eines geistlichen Malers zu scheiden.

Und die Literatur? Man kann nicht genau sagen, wie weit die Alphabetisierung in den Städten reichte. Doch dürfte im 15. Jahrhundert, da der des Lesens oder Schreibens unkundige Fürst oder Adlige so selten nicht war, ein Ratsherr ohne die Fähigkeit zu lesen und zu schreiben die Ausnahme gewesen sein; auch die meisten Handwerker beherrschten diese Kulturtechniken. Was aber lasen die Ratsherren, die Handwerker und vor allem ihre – in wenigstens ebenso großer Zahl des Lesens kundigen – Frauen? Soweit es sich bei ihrer Lektüre nicht um religiöse Texte oder um eine Literatur handelte, welche der Hauswirtschaft diente, waren es in der Regel Erzählungen und Romane, die im 19. Jahrhundert die romantische Gattungsbezeichnung Volksbücher erhalten haben, Erzählwerke, welche die Stoffe der hochmittelalterlichen Ritterromane weitergaben. Eine wiederum im 19. Jahrhundert entstandene Tradition literaturhistorischer Urteilsbildung sieht in diesen Volksbüchern die Resultate von Verfall und Verfehlung. In den Städten, so lauteten solche Urteile, seien die ritterlichen Stoffe trivialisiert und vergröbert worden, und das schien auch gut erklärlich. Die städtischen Autoren dieser Bücher und ihre Leser hatten die ihnen fremde Welt des Adels so wiedergegeben, daß sie wenigstens einigermaßen in die andersartige städtische Wirklichkeit paßte.

Tatsächlich ist aber auch die klassische Epik um 1200 zu einem beträchtlichen Teil in den Städten entstanden. Gottfried von Straßburg gehörte in ein städtisches Milieu, und wenn man Wolfram von Eschenbach oder dem Dichter des Nibelungenliedes dergleichen nicht zutraute, so erklärt sich das ganz einfach daraus, daß man die Lebensumstände beider Autoren nicht kennt. Auch Walther von der Vogelweide in Wien oder auf der Wartburg ist kein sicherer Zeuge für eine außerstädtische literarische Kultur in der klassischen Zeit. Wien war damals eine der größten Städte, und der Hof der Landgrafen von Thüringen war mit der Stadt Eisenach eng verbunden. Was die Stoffe anlangt, so bleibt die Literatur des 13., 14. und 15. Jahrhunderts sich weithin gleich, zumal es für spezifisch städtische Themen, für den Kaufmann als Helden einer Erzählung etwa, vereinzelte Beispiele nicht erst aus dem 15. Jahrhundert gibt, sondern schon aus der klassischen Zeit der mittelhochdeutschen Literatur.

Im übrigen waren die traditionellen Themen der erzählenden Literatur von der Lebenswirklichkeit städtischer Leser nicht weiter entfernt als von den Lebensformen des Adels. Die spätmittelalterlichen Turniere wurden ja in den Städten veranstaltet, und die Bürger nahmen an ihnen nicht bloß als Zuschauer teil. Die Söhne reicher städtischer Familien ritten mit ins Turnier, zumal sie sich die teuren Ausstattungsstücke im Zeitalter niedriger grundherrlicher Einkommen besser leisten konnten als Adlige. Gegen Ende des 15. Jahrhunderts mehrten sich freilich die Abgrenzungen. Die fränkischen Adligen begannen zum Beispiel, die reichen Stadtbürger von ihren Turnieren auszuschließen und gleichzeitig Ehen zwischen Bürgern und Adligen zu untersagen: wenn schon nicht zwischen bürgerlichen Töchtern und adligen Söhnen, dann doch die umgekehrten Verbindungen, und wenn auch die Heiraten mit Töchtern aus städtischen Familien untersagt wurden, waren doch wenigstens die Ehen mit sehr reichen Mitgiften davon ausgenommen.

Die Grenzen zwischen den sozialen Gruppen wurden im ausgehenden Mittelalter allenthalben dichter. Jene durch unüberwindliche Schranken zwischen den Ständen gegliederte Gesellschaft, die man gemeinhin für mittelalterlich hält, war mehr eine Sache der ersten neuzeitlichen Jahrhunderte. Erst als das Mittelalter zu Ende ging, wurden zwischen Adel und Nicht-Adel formelle Grenzen geschaffen, erst jetzt bedurfte es für die Aufnahme in den Adel einer Nobilitierungsurkunde und eines Wappenbriefs. Erst jetzt forderten die Dom- und Stiftskapitel sowie die Ritterorden von denen, die sie aufnehmen sollten, eine Ahnenprobe, das heißt den urkundlichen Nachweis, daß schon die Vorfahren des Kandidaten adlig gewesen waren.

In ähnlicher Weise grenzten sich nun auch in den Städten die Gruppen voneinander ab. Die Ratsfamilien antworteten sozusagen auf die neuen Schranken, welche sie vom Adel des Umlandes trennten, indem sie ihrerseits Grenzen dort schufen, wo bisher Übergänge möglich gewesen waren. So wurde vielerorts der Kreis der Ratsfamilien geschlossen, entstand also ein Patriziat erst jetzt. In Nürnberg geschah das im Jahre 1521, indem der Rat die Reihe der Familien festlegte, die zum Tanz auf dem Rathaus zugelassen waren. Der Schritt in die Gesellschaft der frühen Neuzeit mit ihren formalen Grenzlinien wurde also auf höchst mittelalterliche Weise getan, indem das geregelt wurde, was am sinnfälligsten war. Dennoch wurde dieses Nürnberger »Tanzstatut« zu einer fundamentalen Verfassungsurkunde.

Hartmut Boockmann: Stauferzeit und spätes Mittelalter. Deutschland 1125–1517. Siedler Deutsche Geschichte, Band 4. 1987

Luther. Streit über den Tod hinaus

VON
HEIKO A. OBERMAN

I

»Verehrter Vater, wollet ihr auf Christum und die Lehre, wie ihr sie gepredigt, beständig sterben?« Ja, heißt es zum letzten Male mit klarer Stimme. Als Martin Luther in der Nacht zum 18. Februar 1546 in Eisleben, fern von zu Haus, im Sterben lag, mußte er sogar im individuellsten und privatesten Akt des Menschen noch einmal öffentlich auftreten. In Anwesenheit eilig herbeigerufener Zeugen rüttelt ihn sein langjähriger Vertrauter, Justus Jonas, jetzt Pfarrer in Halle, am Arm, um den Geist zur letzten Anstrengung zu reizen. Ein »schönes Stündlein« hatte Luther sich schon immer von Gott erbeten: Dem letzten und bittersten Feind, dem Satan, im Vertrauen auf den Herrn über Leben und Tod zu widerstehen, ist gottgeschenkte Befreiung von der Tyrannei der Sünde und verwandelt Agonie in einen kurzen Schlag.

Doch jetzt geht es um weit mehr als um das eigene Schicksal, gottgetrost im Frieden von der Welt zu lassen. Denn gelassene Beständigkeit im Sterben ist seit dem ersten Überlebenskampf während der Verfolgungen durch das antike Rom auch noch im späten Mittelalter das offenbare Merkmal der wahren Gotteskinder, der Bekenner und Märtyrer. Das Sterbebett in der Eislebener Herberge wird zur Bühne – um Luthers Bett stehen nicht nur Freunde, die Gegner lauschen mit.

Bereits im Jahr 1529 hatte sein erster »Biograph«, Johannes Cochläus, den verhaßten Luther in aller Öffentlichkeit auf Latein und Deutsch als den siebenköpfigen Drachen, des Teufels Ausgeburt, dargestellt. Schmähschriften hatten wiederholt über sein elend-verzweifeltes Sterben und seinen gottverlassenen Tod berichtet. Jetzt aber wurde das Ende Wirklichkeit, das die Freunde befürchtet und die Gegner ersehnt hatten. Wer wird es sein, der sein Eigentum beansprucht und heimholt, Gott oder der Teufel?

Während die einfachen Gläubigen sich den Teufelszugriff wörtlich ausmalten, war die aufgeklärte akademische Welt überzeugt, daß der Anfang der Höllenfahrt medizinisch diagnostiziert werden kann, und zwar als Herzschlag: Abrupt und ohne Vorwarnung, ohne daß die Kirche noch ihre letzte Hilfe leisten kann, zerschneidet der Teufel den Faden des ihm verfallenen Lebens. In den ersten Berichten betonen deshalb die Freunde Luthers, Melanchthon voran, daß die Todesursache eben keine plötzliche, überraschende Apoplexie gewesen ist, sondern ein allmähliches Nachlassen der Lebenskräfte: Luther verabschiedete sich vom Leben und gab seinen Geist auf in die Hände Gottes.

Beim Streit um den Tod ging es nicht nur um Luther, um Teufelsbrut oder Gottesgut, sondern zugleich um die Legitimität der Reformation. Luther ist nicht nur ihr Auslöser, der in späteren Jahren angeblich hinter den großen Wellen der Bewegung zurückblieb. Er ist auch ihr geehrter oder verfluchter, immer aber gehörter Dirigent, sei es als Prophet, sei es als Drahtzieher, bis in seine letzten Tage und weit über seinen Tod hinaus. Für Freund und Feind war sein Tod mehr als ein Lebensende. Deshalb greift Justus Jonas, kurz nachdem Doctor Martinus am 18. Februar gegen drei Uhr morgens gestorben war, eigenhändig zur Feder, um von den letzten vierundzwanzig Stunden zu berichten, und zwar nicht zuerst der Witwe, sondern dem Landesherrn, Kurfürst Johann Friedrich, und dann den Kollegen in Wittenberg. Wäre Luther, am 10. November 1483 als Sohn des einfachen Bergmanns Hans Luder geboren, in jungen Jahren verstorben, die Geschichte wäre unbewegt über die Trauer der Eltern hinweggegangen. Jetzt aber ist sein Sterben Staatssache. War er am Tag nach seiner Geburt, dem Martinstag, mit aller Selbstverständlichkeit zur Taufe getragen worden und damit ins Leben der Kirche getreten, so scheiden sich jetzt die Geister, ob er angesichts des päpstlichen Bannspruchs noch als Sohn der Kirche entschlafen sei.

Die letzten Tage hatten Luther noch sehr fröhlich gesehen, so, wie seine Freunde ihn kannten und schätzten. Er hatte eine schwierige Mission mit Erfolg abgeschlossen; Anlaß seiner

Fahrt von Wittenberg nach Eisleben war die Schlichtung eines langwierigen Streits zwischen den beiden Grafen von Mansfeld gewesen, den Brüdern Gebhard und Albrecht. Stundenlang hatte Luther zwischen den Parteien sitzen und sich die schlauen Gründe jener Leute anhören müssen, die er seit seinen Erfurter Tagen als Jurastudent am wenigsten »riechen« konnte: die Verwaltungsjuristen. Schließlich, nach zähen, vierzehn Tage währenden Schlichtungsverhandlungen, war man sich näher gekommen und hatte eine Aussöhnung - auf Zeit - erzielt. Es gab also Grund, fröhlich zu sein. Luther hatte zwar vermutet, daß er in Eisleben sterben werde, wo er auch geboren war. Doch sorgte er sich darum nicht, obwohl ihm ganz sicher war, daß er nicht mehr lange zu leben hätte: »Wenn ich wieder heim gen Wittenberg komme, lege ich mich in meinen Sarg und gebe den Maden einen feisten Doktor zu fressen.« Die spätmittelalterliche Kunst hatte mit ihrer Durchleuchtung des Menschen bis auf sein Skelett jedermann eindringlich daran erinnert, daß Lebenskraft, Schönheit und Reichtum nur einige Atemzüge vom Knochenspiel des Totentanzes entfernt sind. Darum weiß der »feiste Doktor«: nicht als moralische Schauergeschichte, sondern als Lebensrealismus auf der Grenze zur Ewigkeit.

Noch am Vorabend des Todes hatte man, wie so oft zuvor am Wittenberger Tisch, gescherzt und damit zugleich Theologie getrieben: Sehen wir unsere Geliebten im Himmel wieder, Herr Doktor? wurde gefragt. Es ist wohl möglich, lautete die Antwort, daß wir vom Geist so erneuert werden, daß wir wie Adam, der nach seinem Schlaf die neugeschaffene Eva als seine Frau erkannte, einander wiedererkennen. Auch auf der dunklen Gegenseite, in der Hölle, werden Körper und Geist nicht getrennt. Luther erzählt die Geschichte eines Mannes, der von solchem Hunger geplagt wurde, daß er sich dem Teufel verschrieb, um sich endlich einmal satt essen zu können. Als er nun rundum gepraßt hatte, kam der Teufel, um die Schuld einzufordern. Doch der Schuldner erinnerte entrüstet daran, daß der Teufel zu warten habe bis zum Tode, er hätte schließlich nur seine Seele verkauft. Dieser aber hatte seine Antwort parat: Wenn man ein Pferd kauft, erhält man doch die Zügel dazu? Ja, mußte der Mann gestehen. Nun, sagte der Teufel, die Seele ist das Pferd und der Körper die Zügel. Und er packte sich den Mann - mit Leib und Seele.

Luthers Todesahnungen sollten bereits einen Tag später Wirklichkeit werden. Aus seinem Geburtsort ist er nicht mehr lebend in die Stätte seines Wirkens, nach Wittenberg, zurückgekehrt. Noch am Vormittag des 18. Februar fertigte ein Maler jenes Totenbild an, das die entspannten Züge der letzten Stunde bezeugen sollte, um nicht nur dem Familien- und Freundeskreis, sondern vor allem der Nachwelt das Angesicht des seligen Todes auch aus der Ferne beweisen zu können.

Der Leichnam wurde von Stadt zu Stadt von einer Ehrengarde zur anderen geleitet und traf so im Trauerzug nach zwei Tagesreisen in Wittenberg ein, der geistigen Hauptstadt Kursachsens. Überall, wo er aufgebahrt wurde, strömten die Menschen herbei. Erste Gedächtnisreden wurden gehalten, voller Erschütterung, noch ohne die spätere Mischung von wissenschaftlicher Pedanterie und protestantischer Heiligenverehrung.

Dem Trauerzug drei Tage voraus erreichte der von Justus Jonas entsandte Eilbote in der Frühe des 19. Februar Wittenberg. Stadt und Universität waren gänzlich unvorbereitet auf eine solche Nachricht. Philipp Melanchthon, Luthers langjähriger Mitstreiter und Kollege, stand frühmorgens wie üblich während des Semesters im Hörsaal und legte seinen Studenten den Römerbrief des Apostels Paulus aus. Mitten während der Vorlesung wird vom Eilboten die Todesmeldung hereingetragen. Melanchthon kämpft um seine Kontrolle, ist nicht imstande zu reden, berichtet schließlich seinen Studenten stokkend vom Geschehen und bricht am Ende fassungslos in die Worte aus: »Der Wagenlenker Israels ist gefallen« - »Ach, obiit auriga et currus Israel« (2. Könige 2,12). Das ist der entsetzte Schrei des Elisa, als er den Propheten Elia im Feuerwagen gen Himmel fahren sah ...

II

Die Lutherdarstellungen des 19. und frühen 20. Jahrhunderts berichten von einem einfachen Arbeitersohn aus Mansfeld, der durch eifriges Studium in Erfurt und Wittenberg das Dickicht der mittelalterlichen Kirchenlehre zerschlagen und zur Heiligen Schrift zurückgefunden hat. Unerschrocken verteidigte er seine Entdeckung, zog allen Anfeindungen und Drohungen zum Trotz zielstrebig seine Lebensbahn und schlug durch die Kraft seiner Verkündigung die Massen in Bann; so machte er Geschichte.

Vieles an dieser heroischen Deutung von der ungestümen Genialität Luthers hat sein Recht, weil es sich unwiderleglich aufdrängt. Es gibt eine Kette von großen Entscheidungen in Luthers Leben, vom Klostereintritt bis zur schnellen Abfolge der Ereignisse im komplexen Kirchenkampf, die auch von der Nachwelt nur als groß beurteilt werden können. Im Interesse der Christgläubigen aller Welt mußte jeweils neu - und öfters blitzschnell! - entschieden werden, inwieweit mit gutem Gewissen Rücksicht genommen werden könne auf Druck aus Rom, auf Drängen des kurfürstlichen Hofes und - bis etwa 1519 - auf den eigenen Ordensverband der deutschen Augustinerkongregation.

Luther selber aber hat sein Leben und sein Wirken aus einer anderen Perspektive gesehen, die dem modernen Historiker und aufgeklärten Weltbürger ungeläufig, die ihm sogar völlig fremd geworden ist: Er sei geführt, ja getrieben und gestoßen worden. Von der ersten Auseinandersetzung um seine Ablaßthesen bis hin zu seinem letzten Rückblick auf den Weg zur Reformation hat Luther stets darauf bestanden, daß seine »Laufbahn« keiner natürlichen Veranlagung entsprach und keinem eigenen Lebensplan entsprang.

Sich selbst für denkbar ungeeignet zu halten, der Aufgabe eines Reformators gerecht zu werden, war nicht einfach fromme Selbstbescheidung. Tatsächlich hatte der Mönch und Universitätsprofessor über einen doppelten Schatten zu springen, um Massenwirkung erzielen zu können. Die Mönche standen am Anfang des 16. Jahrhunderts in ebenso schlechtem Ansehen wie die Hochschullehrer; als scheinheilig und scheingelehrt standen sie im Wirtshaus und beim Patrizierschmaus gleich »hoch« im Kurs. Sie wurden schon längst nicht mehr nur heimlich verlacht.

Zu einem Volksreformator brachte Luther somit die denkbar ungünstigsten Voraussetzungen mit; so sah es auch der päpstliche Sondergesandte auf dem Reichstag zu Worms 1521, Hieronymus Aleander, der sich dort speziell mit dem Fall »Luther« zu befassen hatte. Luther, so Aleander, besitzt gar keine Fähigkeiten, die Massen zu elektrisieren, und ist für solche Schriften viel zu dumm. Der Mönch ist nur eine vorgeschobene Figur, die dem tatsächlichen Drahtzieher nur den Namen geliehen hat. Nur einer ist zu solch durchschlagender und gefährlicher Romhetze fähig: Erasmus von Rotterdam, als Bibelforscher zugleich hochgelehrt und tiefverdorben.

Auch Luther selbst hat sich als Werkzeug gesehen, aber in ganz anderer Dimension. Nicht Klugheit und eigene Entscheidung bestimmen seinen Werdegang. Gott stößt ihn vielmehr und reißt ihn mit. Über seine Fähigkeiten ist er sich im klaren. An Veranlagung und Bildung sind andere ihm überlegen, an Redekunst und Sprachenkenntnis tatsächlich der große, von Aleander so gefürchtete Humanistenfürst Erasmus. Andersdenkenden gegenüber mangelt es ihm an gelassener Überlegenheit, er wird heftig bis zu grober Unbeherrschtheit, und seine Schriften sind obendrein zu ausschweifend. Nicht nur seine frühen Werke sieht er gern vom Büchermarkt verschwinden. Lesen soll man nicht den Luther, sondern die Heilige Schrift und als theologische Zusammenfassung Melanchthons vorzügliche, beispiellose kleine Dogmatik, die *Loci Communes*, die 1521 zum ersten Mal im Druck erscheinen.

Solche Selbsteinschätzung könnte man noch als Restbestand mönchischer Demut verstehen. Doch steckt in dieser Demut ein harter Kern: Den Dienst am Wort - Luther hat ihn nicht gesucht; das Amt des Hochschullehrers - er hat es nicht gewünscht; der Auftrag als Evangelist - gern hätte er sich dieser Last entzogen. Bereits ins Kloster ist er, von Angst geblendet, nicht aus freien Stücken gegangen; das Doktoratsstudium ist ihm gegen seinen Willen von der Ordensleitung auferlegt worden. Statt zu kämpfen und in Fehden verwickelt zu werden, hätte er sich viel lieber in seiner Studierstube der Forschung und Meditation gewidmet. Immer wieder hat Luther sein Stillhalten angeboten, falls nur das Evangelium freigegeben würde. Immer wieder aber sah er sich auch überwältigt, geführt, wohin er nicht wollte, von einem Gott, der durch Gehorsam und Ungehorsam hindurch die Geschichte lenkt.

Kaum waren die Ablaßthesen in der Öffentlichkeit bekannt geworden, da hatten seine Gegner in Deutschland und Rom seine akademische Anfrage über die Gefahr der Irreführung durch käufliche Ablässe schon als Ketzerei verdammt, und zwar mit Argumenten, die so offensichtlich der Schrift und dem Glauben an Jesus Christus widersprachen, daß nur die eine Deutung möglich war: Die Ketzerjäger sind mit Blindheit geschlagen und gegen Gottes Wort verstockt. Auch sie werden offenbar getrieben und gestoßen.

In dieser öffentlich propagierten Entlarvung lag der Aufbruch zur Reformation. Das ist nicht die mittelalterliche Kreuzzugsparole »Gott will es« - deus vult, sondern »Gott tut es« - deus facit. Luthers Aufdeckung von Macht- und Schriftmißbrauch in der Kurie war so wenig zu unterdrücken und rückgängig zu machen wie die Entdeckungen eines Kolumbus zuvor oder eines Kopernikus später. Denn trotz besseren Wissens zu schweigen, wäre geistlicher Mord gewesen an allen Gläubigen, die in ihrem jahrhundertelang eingeübten Vertrauen in die Autorität der kirchlichen Spitze getäuscht wurden.

Der Ablaßstreit war nur der Anfang; nach jedem neuen Ereignis, nach jeder neuen Wende in den Geschehnissen, die Luthers Leben mit der Reformationsgeschichte bis zum Ende verknüpfen, bekennt er in Tischgesprächen und Briefen immer wieder: »Da bin ich durch Gott gestoßen, da bin ich von den Anfängen bis zum Ergebnis geschleudert worden« ...

III

Als Luther Worms verließ, war er siebenunddreißig Jahre alt - auf der Höhe seiner Lebenskraft. Sein Charakter aber liegt noch nicht für alle offen. Unerwartete Ereignisse haben ihn auf eine politische Bühne gestellt, die oft nur seine Stimme hören, die Person aber verschwimmen läßt. Dazu ist sein Verhalten so sehr von Überzeugungen gelenkt, daß persönliche Eigenschaften und Amtsaufgaben nicht leicht ohne Verzeichnung zu trennen sind. Doch wer ihm selbst begegnen will, muß eine solche Unterscheidung wagen. Als Mönch zur Selbstbeobachtung erzogen, ist seine eigene, kritische Selbstanalyse ein ausgezeichneter Leitfaden für jeden, der Luther nähertreten will. In seinen negativen Urteilen hat er nie übertrieben. Zweierlei hebt er selbst hervor und Zeitgenossen bestätigen es: aufbrausender Zorn und Wortreichtum. Die Wortfülle vermochte er »amtlich« zu entschuldigen, denn seine Sachsen sind eben ungebildet und haben »dicke Köpfe«.

Sein Jähzorn wird teilweise damit entschuldigt, daß er ununterbrochen im Kampfe stand und jeweils »explodierte«, wenn ihm der Druck der Angriffe unerträglich wurde. Die Schattenseiten der Größe Luthers sind hiermit schon berührt. Dieselbe Unbeirrbarkeit und Glaubensüberzeugung, die ihn in Augsburg und Worms auszeichneten, haben die Zahl seiner Freunde und Anhänger begrenzt. Die Ausstrahlung, die von seiner Person ausging, konnte seiner Umgebung zur Last werden. Gewundene Entschuldigungen sind fehl am Platze.

Die Tatsachen sprechen eine deutliche Sprache. Sie müssen allerdings historisch, im Kontext der äußeren Gegebenheiten, verstanden werden. Der Reichstag zu Worms war ein Erlebnis, das sein Leben geprägt und ihn auf Schritt und Tritt verfolgt hat. Luther war der einzige unter den Reformatoren, dessen Bewegungsfreiheit empfindlich eingeschränkt war. Frei bewegen konnte er sich nur in Kursachsen, später in Hessen – und als Herzog Georg gestorben war, kam das Herzogtum Sachsen hinzu. Aber nicht nur der reisende Luther mußte sich in Grenzen halten. Gegen seinen Willen zum Symbol der Reformation geworden, konnte er kein Wort vorbringen, das nicht in aller Welt gehört und gedeutet wurde. »Worms« machte ihn zum Provinzler mit Weltwirkung. So wurde manches böse Wort, das er zu Hause über Tisch hat fallenlassen, in die Ferne getragen – und vielfach zugespitzt.

Als Mensch von Gottes wegen mit dem Teufel zu kämpfen, läßt nicht viel Raum für Nuancen: »Ist Gott für uns, wer mag wider uns sein!« (Röm, 8,31). Das Pauluswort bestimmt zugleich die Begegnungen mit Erasmus, Karlstadt und Zwingli. Viele von Luthers Streitschriften tragen Züge von öffentlichen Teufelsaustreibungen und taugen nicht als Versuche, Andersdenkende zu überzeugen. So ist es wohl kein Zufall und nur scheinbar durch die Rhetorik bedingt, daß Luther den üblichen wissenschaftlichen Vorbehalt »falls ich mich nicht irre« – ni fallor – kaum benutzt, sich dafür aber ausgiebig seiner Lieblingswendung »ganz gewiß« – immo – bedient. Noch heute klingt Luthers Gewißheit im akademischen Sprachgebrauch nach. Wo im Angloamerikanischen die relativierende Formel »I am inclined to believe« (»ich bin geneigt anzunehmen«) benutzt wird, heißt es im Deutschen: »Es ist durchaus klar ...« Auch das ist ein Stück Luthererbe – seine Schattenseite allerdings, und eine Verwässerung obendrein.

Der ungeduldig-scharfe Umgang mit Opponenten wird mit der Reizbarkeit und mit dem vulkanischen Temperament Luthers zusammenhängen. Der beobachtete Sprachgebrauch weist jedoch über die Person hinaus auf die kulturprägende Kraft des Dauerkonflikts zwischen den Konfessionen. Diesen Konflikt hat der Wittenberger nicht nur ausgelöst, sondern von Anfang an auch zu spüren bekommen. Luthers Temperament ist dabei schwer zu ermessen, denn wie gelassen muß man sein, wenn keines der Argumente gehört wird? Bereits seit dem Jahre 1518 steht Luther in der Verteidigung. Der italienische Kurialtheologe Silvester Prierias und der deutsche Professor Johannes Eck haben ihn etwa gleichzeitig angegriffen. Weit entfernt von jeder akademischen Zurückhaltung haben sie ihn gezielt beleidigt, verrissen und verketzert. Mit Ironie und großem dialektischen Geschick gelang es Luther überraschend lange Zeit, die aus Ingolstadt und Rom angeheizte Debatte zu versachlichen. Er vermochte seine Sorge um die Kirche, den Ernst seiner Anfragen an die Tradition und sein eigenes Ringen um Klarheit eindringlich zum Ausdruck zu bringen.

Auf der Leipziger Disputation im Sommer 1519 wurde dann aber der enorme Druck sichtbar, unter dem Luther den nur scheinbar gleichen Wettkampf mit Eck zu bestehen hatte. Niemals war er ebenbürtiger Disputant und bald stand er als Angeklagter da. Anderthalb Tage lang suchte Eck, sobald er nur zu Worte kam, direkt oder indirekt, eindeutig oder unschuldig zweideutig, den Kontrahenten trotz wiederholten Protests als »Hussiten« und »Böhmischen Ketzer« zu diffamieren. Am Nachmittag des 5. Juli bricht es dann bei Luther heraus: Gegen jede Disputationsregel fällt er Eck zweimal ins Wort. Am nächsten Morgen, es ist noch früh um sieben Uhr, kann er die spitzen Pfeile nicht länger ertragen und wechselt spontan zur deutschen Sprache über, um den Nichttheologen sein verletztes Recht zu bezeugen. Bei den reformatorischen Disputationen der Folgezeit werden die Laien von Anfang an den Vorsitz führen: Wahrheitsfindung dieser Art ist zu wichtig, als daß man sie den akademischen Theologen überlassen kann.

Erleichtert und geradezu befreit klingt Luthers Aufruf des Jahres 1520: »Die zeit des schweigens ist vorgangen, und die zeit zu reden ist kommen.« Geschwiegen hatte der Wittenberger nie, doch jetzt tritt er aus der Defensive heraus und geht – jedermann hörbar in der Landessprache - zum Gegenangriff über. Diese Rolle ist Luther auf den Leib geschrieben, sein blitzender, origineller Geist und seine frische anschauliche Sprache kommen jetzt erst eigentlich zur Entfaltung.

In Worms vor dem Reichstag fand er sich zu dem Eingeständnis bereit, daß er mit Opponenten bisweilen zu hart und heftig umgegangen sei. Falls er dabei an Prierias oder Eck gedacht haben sollte, wird auch der Psychohistoriker mit Rückschlüssen auf den Charakter zurückhaltend sein müssen: Selbst sanftmütige Zeitgenossen hätten nicht anders auf die Versuche reagiert, zu richten, statt zu disputieren.

Doch nachdem er das Evangelium entdeckt und die Angriffsziele des Teufels gesichtet hatte, vermochte Luther immer weniger zwischen Gegnern und Andersdenkenden, zwischen diabolischer Verführung und abweichender Meinung zu unterscheiden. Gewiß, die öffentliche Auseinandersetzung mit dem Humanistenführer Erasmus hatte Luther nicht gesucht. Er wartete fast ein Jahr lang, bis gegen Ende 1525, bevor er dessen Angriff erwiderte. Aber schon lange zuvor hatte er sich Freunden gegenüber brieflich abfällig über den »Philologen« geäußert: Wie einst Moses ist Erasmus zwar imstande, das Volk Gottes ein Stück weit zu führen, letztlich aber bleibt er in der Wüste zurück, denn zur Theologie reicht es nicht. Solche Spitzen blieben nicht geheim, das sollten sie auch gar nicht; an einen gemeinsamen Bekannten war diese Wertung gegangen. Erasmus zeigte sich gestochen: Ich bin Mose? Wer, denkt denn dieser Luther, daß er sei: etwa Jesus?

Die Nachwelt kann nur dankbar sein, daß Luther die Auseinandersetzung mit dem Rotterdamer aufgenommen hat. So konnte die Sache des erasmianischen Humanismus klar vom Anliegen der Reformation unterschieden werden: »Die Wahrheit«, schreibt Luther im Mai 1522, »ist mächtiger als die Eloquenz, der Geist größer als das Genie, der Glaube mehr als Bildung.«

Welch eine Gabe, in einem Satz so den Gegensatz zu fassen. Die Gleichsetzung des Humanismus mit sprachlicher Eleganz und Bildung erscheint selbst nach Jahrhunderten nicht schief geraten. Auch dieser Brief kam nicht zufällig in die Hände des Erasmus, obwohl Luther den Gedanken an eine Auseinandersetzung weit von sich weist: »Ich werde Erasmus nicht herausfordern, auch wenn er mich das eine oder andere Mal provoziert.« Doch dieser Beteuerung des Stillhaltens folgt eine gezielte Provokation: Andere kann Erasmus mit seiner Rhetorik »besiegen«, wenn er sich aber entscheidet, mich anzugreifen, »wird er Christus sehen, der weder Hölle noch Himmelsmächte fürchtet... Ich weiß, was in diesem Menschen steckt, wo ich doch Bescheid weiß, wenn es sich um Teufelsgedanken handelt.« Es konnte gar nicht ausbleiben, daß Erasmus sich mit einem unausstehlich überheblichen Zeitgenossen konfrontiert fühlte.

In der bewegten Geschichte der konfessionellen Auseinandersetzungen wurde Kritik gegenüber dem Menschen Luther so oft nur als Waffe gegen die Überzeugung des Reformators benutzt, daß Kenner der Reformationsgeschichte um der Sache willen glaubten, die Person in Schutz nehmen zu müssen. Die Tatsache, daß Luther sich gegen Erasmus ungebrochen mit Christus identifizieren kann, zeigt aber, daß er dann, wenn er die Hand des Teufels im Spiel sieht, weder zwischen Mensch und Meinung noch zwischen Irrtum und Lüge zu unterscheiden weiß. Eben deshalb wird er auch die Auseinandersetzung mit Erasmus gesucht haben, wie seine ständigen Sticheleien bezeugen. Selbst das letzte Angebot des Waffenstillstands, das Luther ihm brieflich unterbreitet hatte, war so gehalten, daß Erasmus gar nicht mehr anders konnte, als den Streit öffentlich zu beginnen. Luther wittert bei ihm den Teufel – der sollte dann auch heraus und sich entlarven ...

Nicht nur seinen Gegnern war Luther eine sperrige und schwierige Gestalt. Als Kollege an der Universität ist er dem begabtesten seiner Zeitgenossen, seinem Griechischlehrer Philipp Melanchthon, oftmals ein Kreuz gewesen. Wiederholt war der jüngere Kollege entschlossen, Wittenberg zu verlassen. Er hat Luthers Jähzorn gefürchtet und unter dessen zeitweiligem Liebesentzug gelitten – eben wegen seines großen Respekts vor dessen Persönlichkeit und Urteilskraft. An Melanchthon ist abzulesen, welch eine mitreißende Ausstrahlung von Luther ausgegangen sein muß. Weil er nie an Luthers Berufung zum »Wagenlenker Israels« gezweifelt hat, blieb jene gemeinsame Basis erhalten, auf der sie sich trotz bestehender Differenzen zu einigen vermochten.

Wie stark der »Wittenberger Erasmus« von Luthers theologischer Urteilskraft abhängig war, zeigte sich jeweils, wenn Melanchthon auf sich allein gestellt war und dann Entscheidungen zu fällen hatte. Ob Luther nun im Exil auf der Wartburg hauste (1521/22) oder neun Jahre später, fern vom Geschehen des Augsburger Reichstags (1530), auf der Veste Coburg Spatzen und Raben Gesellschaft leistete und vollends nach Luthers Tod, immer fehlte dem Jüngeren die versichernde Gegenwart des Älteren. Luthers Sinn für die bedrohliche Macht des Bösen blieb ihm allerdings völlig fremd. Der Teufel erschien ihm nur als gefährliche Macht unter anderen Mächten, die sich in ihren Kreisen aber stören läßt, wenn nur die Politik gescheit genug ist.

In seiner Fähigkeit zur Systematisierung war Melanchthon dem impulsiven Luther bei weitem überlegen. Luther hat es dann auch öffentlich bezeugt, daß ohne Melanchthons systematische Kraft sein Werk am Wortreichtum ersticken und damit verlorengehen würde. Er hat die Sache der Reformation nicht nur vertreten, sondern auch vertretbar formuliert und einprägsam tradiert. Gerade so ist Melanchthon über die Zeiten hinweg zum »Lehrer Deutschlands«, zum »Praeceptor Germaniae« geworden. Der streitbare Luther hat sich vor der wissenschaftlichen Kraft Melanchthons verneigen können, darin unterscheidet sich Luther von den rechtgläubigen Lutheranern.

Heiko A. Oberman: Luther. Mensch zwischen Gott und Teufel. 1982

Der Westfälische Friede

Ein europäisches Konzept

VON
HEINZ SCHILLING

Am Anfang des Zeitalters der Höfe und Allianzen stand der Westfälische Friede. Friedrich Schiller, der ja unter anderem auch Geschichtsprofessor an der Universität Jena war, nannte ihn 1793 auf den letzten Seiten seiner »Geschichte des Dreißigjährigen Krieges« das »mühsame, teure und dauernde Werk der Staatskunst,... das interessanteste und charaktervollste Werk der menschlichen Weisheit und Leidenschaft«.

In dem Moment, als die französischen Revolutionstruppen darangingen, Europa erneut in ein martialisches Chaos zu führen und das Ancien régime im Inferno des Umsturzes untergehen zu lassen, gedenkt der Dichter und Historiker, der die Französische Revolution so begeistert gefeiert hatte, mit höchster Anerkennung jener Friedensordnung, deren Untergang ihm vor Augen stand und der er ansonsten keine Träne nachweinte, weil er in Stuttgart ihre grausamen und despotischen Auswüchse am eigenen Leibe erfahren hatte. Allein, diese Hochschätzung des Friedenswerkes wurde mit Alteuropa zu Grabe getragen. Im 19. und frühen 20. Jahrhundert galt es den Propheten und Apologeten des Nationalstaates als Dokument tiefster Erniedrigung der Deutschen, die um des Friedens willen die nationale Einheit und Unabhängigkeit preisgegeben hätten.

Heute sind wir wieder zu einer positiven Beurteilung im Sinne Schillers zurückgekehrt. Nachdem die im 19. Jahrhundert erstandene Welt des klassischen europäischen Nationalstaates in zwei Weltkriegen versunken ist, haben Politiker und Historiker gelernt, nicht mehr nur in macht- und nationalstaatlichen Kategorien zu denken. So wissen sie die inneren, reichspolitischen und vor allem die äußeren, europäischen Bestimmungen der westfälischen Friedensdokumente wieder zu schätzen. Der

Friede tritt erneut hervor als ein wohlabgestimmtes Ganzes, das in der Mitte Europas die politischen Gewichte neu verteilte, um mit dem Deutschen Reich zugleich dem Kontinent dauerhafte Stabilität zu garantieren.

Sowenig der Dreißigjährige Krieg ein deutscher Krieg war, war der Westfälische Friede allein ein deutsche Friede. Vielmehr war – wie Schiller in geradezu modern anmutender Terminologie feststellt – »durch dreißigjährige Anstrengungen und Leiden von jedem einzelnen Kämpfer« ein Frieden gewonnen worden, dessen »Vorteil oder Nachteil die europäische Gemeinschaft« erntete.

Die Konturen dieses Friedens waren nicht allein auf den Schlachtfeldern festgelegt worden. Sie waren auch ein Produkt der europäischen Geistes- und Religionsgeschichte. Zwei Antriebskräfte waren hier entscheidend – das philosophisch-juristische Friedensdenken und eine neue religiöse Innerlichkeit, der das Konfrontationsgebot der Orthodoxie fremd war.

Die philosophische und juristische Beschäftigung mit dem Frieden war auch auf den Höhepunkten der militärischen Auseinandersetzungen nie eingestellt worden. Im Verlauf des 16. und frühen 17. Jahrhunderts hatte sich als eigener Strang des europäischen Völkerrechts das neuzeitliche Kriegs- und Friedensrecht herausgebildet. Vollender war auch hier der große holländische Jurist, Historiker und Politiker Hugo Grotius. In seinem 1625 erschienenen Hauptwerk »De iure belli ac pacis« hatte er die Summe der im Mittelalter wurzelnden und im spanischen Salamanca fortentwickelten christlichen Naturrechtstradition gezogen und sie zugleich überführt in das rational-säkulare Naturrecht der Neuzeit. Die Zeitgenossen waren sich dieser geistigen Voraussetzung des 1648 geglückten Friedensschlusses bewußt. Vor allem in Münster, am Ort des Geschehens, ehrte man Hugo Grotius, den großen holländischen Völkerrechtler, der 1645 noch vor Beginn der offiziellen Friedensverhandlungen gestorben war, als »geistigen Vater des Friedens«.

Die Neudefinition des Friedens stand zugleich in innerem Zusammenhang mit tiefen Veränderungen in der religiösen Sensibilität und Spiritualität der Christen, und zwar über die Fronten hinweg. Auf beiden Seiten war zu Beginn des mörderischen Ringens der Krieg gutgeheißen, wenn nicht gar gepriesen worden. Er galt als Instrument der göttlichen Fügung, das endlich der eigenen Wahrheit zum Sieg verhelfen würde. Als sich das als Illusion herausstellte und der rein politisch motivierte Kampf der europäischen Mächte immer unverhohlener in den Vordergrund trat, erwachte in den christlichen Lagern eine radikale Kritik am Krieg. Der Umschlag ist besonders augenfällig in der Flugblattpropaganda, die das Kriegsgeschehen vom ersten bis zum letzten Tag begleitete. Hatten anfangs solche Illustrationen und Texte dominiert, die den Gegner diffamierten und zum Entscheidungskampf gegen ihn aufriefen, so war seit Mitte der dreißiger Jahre immer häufiger der leidende Christus dargestellt worden, umgeben von sich streitenden und zur Einigung unfähigen Politikern und Theologen.

Das war eine unmißverständliche Anklage und ein Aufruf zur Umkehr: Die konfessionell motivierte Selbstzerfleischung sei nichts anderes als eine zweite Kreuzigung des Herrn, während wahre Nachfolge Christi Verträglichkeit und Friedfertigkeit fordere. Dieses und eine Vielzahl ähnlich argumentierender Traktate zeigen, daß auch den Tiefgläubigen unter den Christen deutlich vor Augen stand, was die Politiker die alltägliche Erfahrung mit dem Krieg gelehrt hatte, daß nämlich die Religion nur noch als Vorwand für weltliche Machtinteressen diente. Der einzige Ausweg bestand darin, die Weltlichkeit des politischen Geschäfts anzuerkennen und damit einen klaren Trennstrich zwischen Religion und Politik zu ziehen.

Die im Verlauf des Krieges vollzogene Entkonfessionalisierung der Politik bedeutete offenbar nicht die Abkehr vom Christentum überhaupt. Die Säkularisation war auch in dieser Beziehung ein außerordentlich komplexer Prozeß, der mit der innerchristlichen Entwicklung stets verbunden blieb. Die Abkehr vom Glaubenskrieg und von der konfessionellen Instrumentalisierung der Politik, die diesen Glaubenskrieg hervorgebracht hatte, war nicht zuletzt dadurch ermöglicht worden, daß solche Elemente des Christentums in den Vordergrund traten, die nicht konfessionell gebunden, sondern allen Konfessionen gemeinsam waren.

In diesem Zusammenhang spricht man in der Geistes- und Religionsgeschichte vom Pietismus, der seit den ersten Jahrzehnten des 17. Jahrhunderts allenthalben die konfessionelle Orthodoxie verdrängte. Durch ihn erhielt auch der christliche

Friedensbegriff eine neue Prägung. Er war nicht mehr konfessionell gesteuerte Interessensicherung, sondern ein überkonfessioneller Frieden, orientiert an der Idee des zeitlosen Friedens im überirdischen Königreich Christi.

Religiöse Friedenssehnsucht und naturrechtliches Friedensdenken machten Wege frei, die über Generationen hin blokkiert gewesen waren, in Europa wie in der von Europäern eroberten Neuen Welt. Denn im konfessionellen Zeitalter waren »die früheren Ansätze, von einer humanistischen pax christiana her über die Christenheit hinaus die humanitas und die Organisation der Welt zu bedenken«, kaum noch verfolgt worden. Nachdem nun der Konfrontationsideologie durch die neue Innerlichkeit und durch die entschiedene Verweltlichung der Politik die Grundlage entzogen worden war, konnte in der zweiten Hälfte der Frühneuzeit vom »nachkonfessionellen, rationalistischen und säkularisierten Naturrechtsdenken her... eine neue Zuordnung von Frieden und Menschheit« angestrebt werden (H. Lutz).

Vorteile und Handlungsspielräume des Friedenskonzepts mußten sich jedoch zuerst in Europa bewähren, in der Beziehung der christlichen Staaten untereinander. Wie Hugo Grotius für die theoretische Grundlegung entscheidend verantwortlich ist, so ist auch für die Umsetzung in die politische Praxis eines großen Mannes zu gedenken, dessen Wirken den Westfälischen Frieden zutiefst prägte, auch wenn er selbst die Eröffnung des Kongresses nicht mehr erlebte. Die gleiche Bedeutung, die dem holländischen Juristen für die geistigen Voraussetzungen des Friedens zuzumessen ist, gebührt dem französischen Kardinal Richelieu für die praktische Diplomatie und den konkreten Entwurf des Friedens. Sein Europa umspannendes Friedens- und Ordnungskonzept setzte das neuzeitliche Naturrecht in reale Politik um.

Richelieu als europäischer Friedenspolitiker – das ist keine unumstrittene Charakterisierung. Die deutschen Historiker sahen über Generationen hinweg in dem französischen Premierminister nur den machiavellistischen Staatsmann, der allein die »ragione di stato« Frankreichs im Auge hatte und auf Kosten Deutschlands skrupellos durchsetzte. Interessen- und Friedenspolitik waren Mitte des 17. Jahrhunderts jedoch keine Gegensätze. Ein längerfristig stabiles Friedenssystem ließ sich vielmehr nur auf der soliden Basis der einzelstaatlichen Interessen errichten. Richelieu aber begriff als erster und am entschiedensten unter seinen Zeitgenossen das europäische Staatensystem als eine säkular-weltliche Veranstaltung, die nach eigenen, irdischen Gesetzen ablief und in der die Politiker autonom handeln konnten und mußten.

Der Kardinal und Erste Minister Ludwigs XIII. vollzog damit für die zwischenstaatlichen Beziehungen dasselbe, was zum Ende des 16. Jahrhunderts die Gruppe der Politiques – Kronjuristen nach Art des großen politischen Denkers Jean Bodin – für die innere Politik Frankreichs theoretisch und mit der Thronbesteigung Heinrichs IV. auch praktisch vollbracht hatte, nämlich die Sicherung der politischen Ordnung und eines geregelten Zusammenlebens über die Konfessionsgrenzen hinweg. Auf die Staatengesellschaft übertragen, ergab sich daraus das Prinzip regulärer zwischenstaatlicher Beziehungen, unabhängig von der religiösen Ausrichtung der Einzelstaaten.

Ein Unterschied blieb indes bestehen: Im Staat gab es den Souverän, der als Träger der höchsten Staatsgewalt die Entpolitisierung privater Glaubenseinstellungen erzwingen konnte; das internationale System aber kannte nichts dergleichen. Denn der Papst, der einen solchen Anspruch stellte, konnte ihn nicht verwirklichen, solange er als Oberhaupt einer Konfessionspartei agierte. Allein das richtig erkannte Eigeninteresse konnte die Staaten zum Wechsel von der konfessionellen zur säkularen Bestimmung ihrer Politik bewegen. Und hierzu hatten die langen leidvollen Kriegsjahre den entscheidenden Anstoß gegeben, indem sie die Staaten gelehrt hatten, daß das Zusammenleben innerhalb der europäischen Staatenwelt unabhängig von den verfeindeten Konfessionen und Weltanschauungssystemen funktionieren mußte – nach autonomen und säkularen Gesetzen.

Das brachte eine Entlastung von der Verpflichtung auf eine katholische oder protestantische Prinzipienpolitik, was im Falle der altgläubigen Staaten zugleich die Emanzipation von der Kurie bedeutete, welche den Anspruch erhob, die Grundprinzipien katholischer Politik zu bestimmen. Zugleich war es aber auch eine Befreiung von den allgemeinchristlichen Normen im Vollzug der Außenpolitik und damit die endgültige Freisetzung des neuzeitlichen Staatenegoismus, der nur dem eigenen

Interessenstandpunkt verpflichtet blieb – ging es nun um Frieden oder um begrenzten Krieg

Für den Politiker selber erwuchs daraus eine Spannung zwischen seinem privaten Glauben und dem öffentlichen Handeln. Richelieu hat dies in seinen Memoiren scharfsichtig beschrieben. Für die Staaten und die sie nach außen vertretenden Politiker wies er entschieden die Verpflichtung auf christliche Normen zurück. Die Christenpflicht, erlittenes Unrecht zu vergeben, gelte für das Handeln von Privatpersonen; das Handeln von Staaten, sprich Staatsmännern, folge anderen Gesetzen. Denn, so führte der Kardinal theologisch dozierend aus, »das Heil der Menschen verwirklicht sich endgültig im Jenseits, deshalb verwundert es nicht, daß Gott will, daß der einzelne ihm [also Gott, H. Sch.] die Rache überläßt ... Aber die Staaten haben nach dieser Welt keinen Fortbestand, ihr Heil ist jetzt oder gar nicht.«

Diese Argumentation macht deutlich, daß die Säkularisation der Politik nichts mit Atheismus und prinzipieller Ablehnung des Christentums zu tun hat. Der Kardinal verschafft sich die Freiheit zu säkularer, das heißt nicht mehr religiös oder gar konfessionell gebundener Politik, indem er zwischen dem Individuum und der Privatperson einerseits und den Institutionen »Staat« und »Gesellschaft« andererseits unterscheidet. Die Privatperson sieht sich wegen ihrer Hoffnung auf ein ewiges Leben veranlaßt, ihr Handeln an den christlichen Normen auszurichten. Da demgegenüber Staaten rein diesseitig sind, müssen sie ihr »Heil« in dieser Welt suchen. Für sie kann der christliche Sittenkanon nicht gelten.

Eine Generation später sollte Ludwig XIV., der im Innern Frankreichs alles zur Förderung des katholischen Glaubens tat, die machtpolitische Schlußfolgerung aus dieser Erkenntnis ziehen, indem er frei von Skrupeln eines christlich denkenden Monarchen in die Niederlande und in das Reich einfiel, um das »Heil«, das heißt die gebietsmäßige Arrondierung seines Staates, zu erstreiten.

Eine einflußreiche Macht stemmte sich allerdings mit aller Kraft der Säkularisation des Friedens und der internationalen Beziehungen entgegen, nämlich der Vatikan. Der katholischen Hierarchie fiel es bereits schwer, den epochalen Wandel in der religiösen Spiritualität des Kirchenvolkes mitzuvollziehen, der die Entstehung und die Verbreitung des neuen Friedenskonzepts so nachhaltig gefördert hatte. Den theologischen Repräsentanten der anderen Kirchen ging es damit zwar nicht grundsätzlich anders, sie hatten aber kein direktes politisches Mitspracherecht. Bis zum letzten Tag der Münsteraner Verhandlungen beharrte der päpstliche Nuntius Fabio Chigi, Bischof von Nardo, darauf, daß der Frieden nur dann abgeschlossen werden dürfe, wenn bestimmte Interessenpositionen des Katholizismus gesichert wären, die seine Stellung in Deutschland und Europa festigen und stärken würden. Er blieb somit dem älteren konfessionalistischen Friedenskonzept treu, das über Generationen hin den Ausgleich und die Koexistenz der Glaubensgemeinschaften unmöglich gemacht hatte.

Der päpstliche Diplomat folgte dabei direkten Anweisungen des Vatikans. Ihm war sogar bereits ein geheimes Protestbreve mit auf den Friedenskongreß gegeben worden, das er in dem Moment bekanntgeben sollte, in dem sich ein Friedensschluß abzeichnete, der den Katholizismus in Deutschland und Europa beeinträchtigen würde. Chigi hatte lange gezögert, dieses äußerste Mittel anzuwenden, war der Protest doch ein zweischneidiges Schwert: Blieb er ohne Erfolg, so war ein für allemal offenbar, daß die katholischen Staaten sich von ihrem geistlichen Oberhaupt emanzipiert hatten und Politik als ein säkulares Geschäft betrieben, in dem Rom nicht mehr und nicht weniger als jeder andere Allianzpartner zählte, auf dem Schlachtfeld nicht anders als am Verhandlungstisch.

Als dann aber Ende 1647 kein Zweifel mehr bestand, daß die katholischen Vormächte - der Kaiser und Kurbayern nicht anders als die geistlichen Kurfürsten und Fürstbischöfe - alle Bedenken beiseite schieben und die befürchteten Konzessionen machen würden, um den Protestanten endlich über die Gräben hinweg die Hand des Friedens reichen zu können, gab ihnen der Nuntius am 24. Dezember das fast fünf Jahre geheimgehaltene Breve bekannt. Erfolg hatte er damit nicht. Ja, es sollte noch schlimmer kommen - selbst Spanien, das als großer Vorkämpfer für ein einheitlich katholisches Europa in den Krieg eingetreten war, zeigte sich entschlossen, lang aufrechterhaltene katholische Rechtspositionen zu räumen.

Gegen jeden einzelnen der Friedensverträge, deren Abschluß er nicht mehr verhindern konnte, legte der Vertreter des Vatikans Rechtsvorbehalt ein – zuerst gegen den Anfang 1648 geschlossenen spanisch-niederländischen Frieden: »Im Audienzsaal des Minoritenklosters zu Münster, wo der Nuntius Fabio Chigi seine Wohnung genommen hatte, versammelte sich am Montag, dem 18. Mai 1648, um 9 Uhr vormittags eine kleine Gruppe von Geistlichen und Laien, denen sich nach gehaltener Meßfeier der päpstliche Diplomat zugesellte. Vor dem herbeigerufenen münsterschen Notar Hermann Bordewick und sieben Zeugen verlas der Nuntius mit lauter Stimme einen schriftlichen Protest gegen den am 15. Mai ratifizierten spanisch-niederländischen Friedensschluß, übergab diesen Text dann dem Notar und begehrte, er möge über den offiziellen Protest ein oder mehrere publica instrumenta ausfertigen, in die auch das den geplanten Vertrag ablehnende Breve des Papstes vom 20. November 1647 eingesetzt werden solle, dessen Kopie er den spanischen Gesandten Peñaranda und Brun früher zugestellt habe. Chigi protestierte weisungsgemäß, weil durch den Friedensvertrag katholische Landesteile in Nordbrabant und Limburg an die Generalstaaten abgetreten wurden und keine genügenden Garantien für die Erhaltung des katholischen Gottesdienstes in den betroffenen Gebieten vorlagen. Der Notar stellte die gewünschte Urkunde am 3. Juli 1648 aus, wie Chigi eigenhändig bestätigte. Notar und Zeugen wurden unter Eid zur strengsten Verschwiegenheit verpflichtet, das Dokument blieb geheim und wurde den Niederländern nicht bekannt, weil man von seiner Publizität eine Verschlechterung der Lage der niederländischen Katholiken befürchten mußte. Der Protest ist erst durch Gisbert Brom, den Direktor des Niederländischen Historischen Instituts in Rom, im 20. Jahrhundert aufgefunden und 1914 veröffentlicht worden« (H. Lahrkamp).

Gegen die im Oktober 1648 zwischen dem Kaiser, Frankreich und Schweden abgeschlossenen Verträge fand gleich dreimal ein solches Protestzeremoniell statt – am 14. Oktober, als feststand, daß die Unterzeichnung am 24. des Monats erfolgen würde; am 26. Oktober gegen deren Vollzug; dann ein weiteres Mal nach der Ratifikation. Schließlich erschien 1651 in Rom das Breve »Zelo domus Dei«, in dem Papst Innozenz X. nochmals alle Vertragsbestimmungen für ungültig erklärte, die den Rechten der Kirche und des päpstlichen Stuhles zuwiderliefen. Allein, die katholischen Mächte nahmen diese Protestationen nur noch kühl zur Kenntnis. Und kaum jemanden bekümmerte es, daß Nuntius Chigi in den Tagen, als alle Welt den Frieden feierte, seine Klostergemächer nicht verließ, um jeden Anschein von Gratulationsvisiten zu vermeiden. Das Naturrechtsdenken, das im 15. und 16. Jahrhundert nicht zuletzt von katholischen Theologen, voran von den Patres an der spanischen Universität Salamanca, entwickelt worden war, hatte in seiner säkularisierten Gestalt dem Anspruch der Kurie die Grundlage entzogen, als Hüter des wahren Glaubens im internationalen Verkehr die Spielregeln mitzubestimmen.

Leopold von Ranke, der große protestantische Historiker des 19. Jahrhunderts, verurteilte die Haltung der Kurie aufs schärfste. Damit habe des Papsttum »eine Stellung außerhalb der lebendigen und wirksamen Interessen der Welt« bezogen. So rigide wird heute kein Historiker mehr urteilen. Einmal, weil die inzwischen ans Licht geförderten Verhandlungsakten eindeutig belegen, daß auch der päpstliche Nuntius in Münster und Osnabrück seit seiner Ankunft im März 1644 in zahlreichen Gesprächen und Demarchen redlich um tragfähige Abmachungen bemüht gewesen ist und den Friedensschluß dadurch zweifellos gefördert hat. Zum andern, weil die vergleichende Konfessionsgeschichte nachgewiesen hat, daß Mitte des 17. Jahrhunderts auch die protestantischen Theologen – etwa die calvinistischen Puritaner in England – nach wie vor von einer Kriegspflicht des Staates aus religiösen Gründen sprachen und damit in bestimmten Konstellationen ebenfalls ein Friedensverbot vertreten mußten.

Der Protest der Kurie gegen den Westfälischen Frieden war somit kein Ausdruck einer spezifisch katholischen Mentalität. Das konfessionelle Macht- und Positionsdenken, das die Politiker aus Gründen der blanken Selbsterhaltung abgelegt hatten, war bei den Theologen noch weit verbreitet. Der »Vorsprung« des Protestantismus lag lediglich darin, daß seine Theologen bei den Friedensverhandlungen, die auch über religiöse und kirchliche Machtfragen entschieden, nicht selbstverantwortlich mitreden mußten – in Münster und Osnabrück nicht und auch auf den zahlreichen späteren europäischen Friedenskongressen nicht. Der Protestantismus besaß keine staatsähnliche Stellung. Im Gegensatz zu den Kurienkardinälen trugen protestantische

Theologen daher auch keine direkte Verantwortung für die konkreten Absprachen; auf protestantischer Seite lag die Entscheidung allein bei den Staaten und ihren Politikern. Diese waren aber inzwischen entschlossen, das Zusammenleben der europäischen Völker nach weltlichen Konzepten neu zu ordnen, und zwar – wie die Kurie verärgert feststellte – die katholischen Staatsmänner ebenso wie die protestantischen.

Die Päpste haben sich dieser Entwicklung noch über Generationen hin widersetzt. Mitte des 18. Jahrhunderts schien es sich sogar auszuzahlen, daß sie den westfälischen Friedensschluß immer noch nicht voll anerkannt hatten: Als im Siebenjährigen Krieg (1756–1763) das protestantische Preußen und das katholische Österreich gegeneinander antraten, tauchten die alten konfessionellen Schablonen wieder auf, und eine Revision des Friedens schien greifbar nahe. Kaiserin Maria Theresia war von aufrichtigem Glaubenseifer erfaßt, die geliebte katholische Religion zu einem großen Triumph zu führen. Die Kurie erkannte ihre Chance und erneuerte formell den Protest gegen den ungeliebten Frieden, der seit mehr als einem Jahrhundert Reichsgrundgesetz der Deutschen war. »Wollte doch nur Gott«, so lautete die Anweisung an die päpstlichen Diplomaten, »daß die glücklichen Erfolge der katholischen Waffen den Zugang dazu öffnen, die Wiedergutmachung der in den damaligen unglücklichen Zeiten erlittenen Nachteile zu verlangen.«

Natürlich glaubte in Rom niemand ernsthaft daran, das Rad der Geschichte um hundert Jahre zurückdrehen zu können. Es ging darum, die eigene römisch-katholische Interpretation der kirchlichen Bestimmungen durchzusetzen. Aber der letzte militärische Triumph des katholischen Österreich blieb aus: Friedrich II. von Preußen behauptete sich. Damit war die Revision der Reichsverfassung im katholischen Sinn endgültig gescheitert.

Bestehen blieben die Schwierigkeiten der Kurie, sich auf den Boden des nachkonfessionellen weltlichen Staats- und Völkerrechts zu stellen. Rom geriet in immer größere Distanz zur politischen Realität und zum aktuellen Stand der juristischen und politiktheoretischen Diskussion. Über die geistigen und strukturellen Umbrüche hinweg verstanden die Päpste nach wie vor das Friedensamt, das sie beanspruchten und das manche Großmacht ihnen im Prinzip auch zubilligte, als konfessionell gebunden. Allein, der protestantische Teil der Christenheit ließ sich nicht zwingen, die Friedenskonzepte Roms anzunehmen, und die katholischen Mächte konnten nicht daran gehindert werden, ihren eigenen Staatsinteressen zu folgen und mit Protestanten wie mit ihresgleichen Politik zu machen. Die kuriale Diplomatie konzentrierte sich daher auf den katholischen Halbkreis, um diesen in Frieden zu einigen und gegenüber den protestantischen Mächten zu stärken. Damit hatten die Päpste deutlich den neuzeitlichen Staatenpartikularismus anerkannt, gleichzeitig aber ein konfessionell-gegenreformatorisches Minimalprogramm gerettet.

Doch auch mit diesem reduzierten Konfessionalismus stand der Vatikan so sehr dem Geist der Zeit entgegen, daß er sich selbst politische Handlungschancen verstellte. Denn bereits in den dreißiger Jahren des 18. Jahrhunderts hatten französische Diplomaten die Idee entwickelt, den Papst zu einem »père commun« aller Christen zu machen und in Rom eine überkonfessionelle völkerrechtliche Schiedsstelle einzurichten, zu der auch protestantische Mächte Vertrauen schöpfen könnten. Aber es sollte noch Generationen dauern, bevor dieses Konzept von der Kurie aufgegriffen wurde. Erst nachdem die Französische Revolution den christlichen Grundkonsens Alteuropas aufgekündigt hatte und die Mächte eines prinzipiellen Atheismus am Horizont aufgezogen waren, entwickelte im März 1806 der Staatssekretär des damaligen Papstes Pius VII. in einem Schreiben an Napoleon einen göttlichen Friedensauftrag des Papsttums, der nicht mehr aggressiv gegen die Häretiker gerichtet war, sondern auf eine konfessionell neutrale Vermittlungspolitik zwischen den europäischen Mächten abzielte, gleichgültig, welcher Konfession sie angehörten.

Heinz Schilling: Höfe und Allianzen. Deutschland 1648–1763. Siedler Deutsche Geschichte, Band 6. 1989

DURCH DAS 19. JAHRHUNDERT

Der 18. März 1848

VON
WALTER BUSSMANN

Die Zeitgenossen, die die Märzvorgänge in Berlin und Preußen durchaus nicht unvorbereitet trafen, machten gegenüber Westeuropa die verspätete Erfahrung einer Revolution, und gleichzeitig erlebten sie, daß der Militärstaat Preußen mit Erfolg imstande war, einen Dammbruch zu verhindern. Nicht die Revolution des März, sondern vielmehr die vergleichsweise rasche Überwindung der Revolution wurde so zur fortwirkenden Erfahrung der Generation in der Mitte des Jahrhunderts. Das schließt nicht die zentrale Bedeutung der revolutionären Vorgänge aus, und es widerspricht erst recht nicht den folgenreichen Veränderungen, die Preußen im Übergang zum Konstitutionalismus erfuhr.

Gleichwohl: die Interpretation und die Erinnerung waren stärker und bedeutungsvoller als das Geschehen selbst. Die Märztage erzeugten und hinterließen kontroverse Eindrücke. In den Rechtfertigungen wie in den Anklagen von Zeitgenossen lagen die Keime solcher Legendenbildung. Der oft zitierte »Revolutionspessimismus« setzt Mentalitäten voraus, die jeweils andere Vergangenheitsbilder und Zukunftserwartungen erzeugten. Im Mittelpunkt aller zeitgenössischen Beobachtungen und Erinnerungen steht das Verhalten der Armee und vor allem des Königs als des Obersten Befehlshabers dieser Armee.

Das Urteil über Friedrich Wilhelm [IV.] ist nahezu stets negativ ausgefallen. Daß er nicht in der Lage war, die politischen und sozialen Bedürfnisse in einer gewandelten Welt zu erkennen, stellt geradezu einen Gemeinplatz dar, der der Erwähnung kaum bedarf. Eine andere Frage ist, wieweit das Urteil über den Oberbefehlshaber nuanciert werden muß. Das Etikett des »Hamlets« hat sich in der Geschichtsschreibung zäh erhalten. Wenn die Rolle des Kriegsherrn gewürdigt wird, können die militärischen Ratgeber nicht ausgeschlossen werden. Wir müssen bei unseren Überlegungen davon ausgehen, daß seit Friedrich dem Großen der königliche Oberbefehlshaber keine einsamen Beschlüsse mehr zu fassen vermochte.

Der Vormärz enthielt nicht etwa nur jene halkyonischen Tage – wie Ranke meinte –, sondern war auch von düsteren Ahnungen künftiger Katastrophen oder frohen Erwartungen unaufhaltsamen Fortschritts erfüllt. Das Urteil über diese Ära bleibt von der Zugehörigkeit der Mitlebenden und auch der Nachwelt zu sozialen und weltanschaulichen Gruppierungen abhängig. Die Julirevolution hatte gezeigt, daß der Krater der Revolution noch nicht geschlossen war. Politische und soziale Mißstände, zu denen Ernährungskrisen und Epidemien gehörten, gingen wie Wetterleuchten dem Ausbruch der Märzrevolution voraus.

In den vierziger Jahren waren die Ernten überdurchschnittlich schlecht ausgefallen. Es kam zu Hungersnöten, die zu Hungerkrawallen, sogenannten »Kartoffelrevolutionen« führten. Im April 1847 wurden alle Märkte in Berlin davon betroffen. Hinzu kamen Arbeiterunruhen; sie reichten vom Weberaufstand im Juni 1844 über Textilarbeiterunruhen bis zu den Streiks der sich rasch vergrößernden Arbeiterkolonnen. Der »Pauperismus« breitete sich rasch aus und schuf ein revolutionäres Potential. Die Welthandelskrisis des Jahres 1847, die sich in einer Börsen- und Bankkrise zuspitzte, gehörte neben der im engeren Sinne sozialen Frage ebenfalls zur Vorgeschichte der Revolution. Industrieunternehmen standen vor akuten Absatz- und Finanzierungsproblemen, die in kleineren und größeren Unternehmen Massenentlassungen zur Folge hatten. Die Berliner Maschinenfabrik Borsig entließ Anfang März ein Drittel ihrer Beschäftigten.

Ein allgemeiner Verelendungsprozeß bildete sicherlich den Wurzelboden, der einen Revolutionsausbruch begünstigte. Entscheidend blieben indes die politischen Mißstände des Vormärz. Unter ihnen kommt den gespannten Beziehungen zwischen aufstrebenden bürgerlichen Schichten und dem stehenden Heer besondere Bedeutung zu. Die vorherrschende royalistische Gesinnung der breiten Schichten schloß ein bürgerliches Mißtrauen, ein Produkt konkreter Erfahrungen und frühliberalen Denkens, gegen das stehende Heer durchaus nicht aus. Es handelte sich um ein volkstümliches Gefühl, das in Süddeutschland verbreiteter war als in Norddeutschland.

Preußen geriet verhältnismäßig spät in den allgemeinen europäischen Revolutionszusammenhang, der von Frankreich bis an die Grenze des russischen Reiches, von Skandinavien bis nach Süditalien reichte. Preußen war mehr noch als die anderen Staaten ein klassischer Militärstaat, und so war es nur natürlich, wenn sich die Blicke auf das Heer richteten sowie auf den königlichen Oberbefehl. Daß das Militär, also das stehende Heer, mehr noch als andere Institutionen über den Ausgang einer Revolution entscheiden werde, war gleichsam gesichertes Wissen. Ein mehr als dreißigjähriger Friedenszustand hatte diese preußische Armee so gut wie gar nicht verändert. Die Homogenität der Armee war gewährleistet durch ein Offizierskorps von fast ausschließlich adeliger Herkunft. Die Frage nach der Zuverlässigkeit der Truppen wurde zum Schlüssel für alle Diagnosen und Prognosen, die sich auf Preußen bezogen.

Jacob Burckhardt beobachtete das Epochale der Jahrhundertmitte besonders scharf. Er vertrat die Auffassung, »daß eigentlich alles bis auf unsere Tage im Grunde lauter Revolutionsgeist ist, und wir stehen vielleicht erst relativ an den Anfängen oder im zweiten Akt; denn jene scheinbar ruhigen Dezennien von 1815 bis 1848 haben sich zu erkennen gegeben als einen bloßen Zwischenakt in dem großen Drama. Dieses aber scheint eine Bewegung werden zu wollen, die im Gegensatz zu aller bekannten Vergangenheit unseres Globus steht.« Für Ranke dagegen bedeutete die Vergangenheit seit Wiederherstellung des europäischen Gleichgewichtes eine Epoche der Sekurität als Voraussetzung ungestörten wissenschaftlichen Schaffens, wenn diese Auffassung einer verklärten Epoche auch durchaus nicht den Enttäuschungen, die der Vormärz für viele Zeitgenossen enthielt, entsprach.

Wir stoßen in die Mitte des Selbstverständnisses Friedrich Wilhelms vor, sobald wir seine Teilhabe an der Revolutionsfurcht spüren, aber gleichzeitig seine Illusion erkennen, das preußische Königtum von Gottes Gnaden sei stark genug, eine Revolution im preußischen Militärstaat zu verhindern. Seine Verwurzelung im Gottesgnadentum schloß den Gedanken an den Erfolg einer Revolution geradezu aus. In diesen Zusammenhang gehört sein rätselhaftes Wort: »Es gibt Dinge, die man nur als König weiß, und die ich selbst als Kronprinz nicht gewußt habe, und nun erst als König erfahren habe.« Dieses

Gottesgnadentum war für ihn göttliche Begnadung. Dies ist nicht etwa bloß eine besonders extravagante Form reaktionärer Gesinnung, sondern dieser Selbsteinschätzung des Königs lag sein Glaube an Verheißung und Offenbarung zugrunde. Nach dieser Auffassung brauchte der König letztlich gar nicht zu handeln, da er sich dem göttlichen Willen unterworfen fühlte und geführt wurde. Die Frage liegt nahe: Spielte etwa ein politischer Quietismus vor oder bei Entscheidungen eine Rolle?

Das Aufbegehren gegen die bestehende Ordnung breitete sich in Preußen wellenförmig von Westen nach Osten aus. Es ist bemerkenswert, wie manche frühzeitig den Zusammenhang zwischen den Vorgängen in Frankreich und im westlichen Deutschland mit dem Sieg der eidgenössischen Truppen über den Sonderbund und dem Einzug in das Fürstentum Neuenburg erkannten. Die Sensibilität des Königs für die Einsicht in diesen Zusammenhang fällt besonders auf. Bereits seit den ersten Anzeichen einer Ausbreitung der Revolution richtete sich der Blick auf die preußische Armee. Die preußische Regierung rechnete damit, die Armee zu Hilfe rufen zu müssen, aber auch eine Reihe von ausländischen Souveränen und von Oberhäuptern deutscher Mittel- und Kleinstaaten wandte sich in diesem Sinne an Friedrich Wilhelm IV. Leopold I., der König der Belgier, etwa schrieb: »Vielleicht ist ein Krieg kein übles Mittel gegen die Gärung, die jetzt existiert, er würde zum Respekt der Autorität führen.«

Auf ganz andere Weise und in ganz anderem Sinne ist damals auch von der Opposition über einen Krieg nachgedacht worden. Es sind die Linken – vor allem die entschiedenen Liberalen –, die nach dem Vorbild der Radikalisierung der Französischen Revolution einen Krieg geradezu ersehnten, um den Prozeß der Demokratisierung zu beschleunigen. Die Erfahrungen des Sonderbundskrieges, aus dem der Bundesstaat hervorging, haben solche Erwägungen belebt. Den Souveränen dagegen blieben solche Gedanken fremd. Der König der Belgier hoffte, seine »Quasilegitimität« durch einen geradezu ideologischen Anschluß an Preußen und an Rußland in monarchischem Sinne aufbessern zu können. Der König von Preußen mit seiner Armee schien für die bedrohten Souveränitäten ein fester Halt zu sein. So glaubte König Friedrich August II. von Sachsen am

7. März im Brief an den »geliebten Schwager« Friedrich Wilhelm: »Auf meine Truppen kann ich mich gewiß verlassen; Dein Anerbieten in Reserve zu haben, kann mir aber nur zur Beruhigung dienen«, während der Kurfürst Friedrich Wilhelm I. von Hessen-Kassel den preußischen König schon am 16. März darum bat, »zur Wiederherstellung der Ruhe in der Provinz Hanau ein angemessenes Truppenkorps in diese Meine Provinz einrücken zu lassen«.

Die Nachrichten aus Paris kamen erst mit einigen Tagen Verspätung in der preußischen Haupt- und Residenzstadt an. Bei Art und Tempo damaliger Nachrichtenübermittlung erreichten offizielle Informationen aus Paris Berlin, als die Eisenbahnlinie zwischen den beiden Hauptstädten noch nicht vollendet war, im allgemeinen erst nach drei Tagen. Es gab indes auch noch andere Mitteilungen, etwa sich sehr rasch verbreitende Gerüchte aus sogenannter »sicherer Quelle«, so daß man am Abend des 26. Februar 1848, eines Sonnabends, erfuhr, wie aus dem sogenannten Krawall des 22. ein echter Aufstand am 23. geworden war, der den König der Franzosen zu einem Regierungswechsel genötigt hatte. Obwohl die Schienen der Nordbahn bei Paris aufgebrochen waren und der Abgang von Zügen verhindert wurde, waren Kölner und Brüsseler Zeitungen gleichwohl in der Lage, neue Nachrichten über die Pariser Ereignisse zu verbreiten. Bis Sonntag, den 27., abends, wußten die Berliner trotz der Zensurbestimmungen, die eine Publikation von Nachrichten erst nach Ablauf von vierundzwanzig Stunden zuließen, daß in Paris eine Revolution ausgebrochen und die Republik proklamiert worden war.

In sogenannten Lesekabinetten, die offiziell erst 1850 in Deutschland bekannt und heimisch wurden, konnten sich die Bürger mit Nachrichten versorgen. Hasenclever, der der Düsseldorfer Malerschule angehörte, hat in dem Bild vom »Lesekabinett« die Popularität solcher Bildungs- und Unterhaltungseinrichtungen veranschaulicht. In diesen Kabinetten sowie öffentlichen Lokalen, vor allem Biergärten, steigerte sich die Erregung der Berliner. Mit Verspätung, erst am Montag, dem 28. Februar, bestätigte ein »Extrablatt der Allgemeinen Preußischen Zeitung« die Pariser Vorgänge. Der Chronist hat sicherlich übertrieben, wenn er glaubte, feststellen zu können: »In der Entwicklungsgeschichte Berlins begann mit diesem

Tage eine neue Epoche: die gewaltigen Eindrücke des Tages ... machten die Gemüter revolutionär.« Daß die Revolution nicht auf Paris beschränkt bleiben werde, wurde aber sehr rasch deutlich. Ludwig von Gerlach notierte am 6. März »Petitionsstürme durch das ganze westliche Deutschland«. In den ersten Märztagen bereits wurde Militär eingesetzt – so in Köln, wo auf Veranlassung des Regierungspräsidenten von Raumer der Rathausplatz von Militär gesäubert wurde. In Koblenz erließ der Kommandierende General einen Tagesbefehl, der die Einberufung der Reserven ankündigte, angeblich »ausschließlich zur Verteidigung nach außen«; die Rheinprovinz stand längst im Mittelpunkt strategischer Überlegungen. Berlin allerdings war der zentrale Schauplatz, und hier mußte sich das Schicksal der Revolution in Deutschland entscheiden.

Am Berliner Hof und in den Regierungskreisen war man über die Vorgänge der Pariser Februarrevolution durch den preußischen Gesandten, Freiherr Heinrich von Arnim aus dem Hause Arnim-Suckow, besonders gut informiert, der von Paris – wo er Augenzeuge des Geschehens gewesen war – über Brüssel nach Berlin reiste, um dort auf Befehl seines Monarchen Friedrich Wilhelm IV. am 21. März das Außenministerium zu übernehmen. Er hatte ein Programm, über das noch zu sprechen sein wird, zumal »Programme« so besonders charakteristisch in ihrer Realitätsferne für diejenigen waren, die Preußen-Deutschland, vor allem den preußischen Obrigkeitsstaat, im Jahre 1848 in seinen politischen und sozialen Strukturen von Grund auf umgestalten wollten. Unabhängig von den objektiven Bedingungen, von der sogenannten »Befindlichkeit« Preußens, die den Ausbruch einer Revolution zu begünstigen schienen, ist den Akteuren auf der Szene des März und der folgenden Monate kaum wieder eine ebenso bedeutende wie umstrittene Rolle wie in Berlin zugefallen. Zu den preußischen Führungsschichten gehörten der Hof, die maison militaire, die Armee, die Regierenden sowie die Repräsentanten der öffentlichen Meinung in Gestalt parlamentarischer, exakter: ständischer Vertretungen und kommunaler Deputationen sowie schließlich die führenden Vertreter der Kirchen. Im Mittelpunkt des Geschehens stand Friedrich Wilhelm IV.

Dem 18. März 1848 waren Tage nervöser Unruhe voller Zusammenstöße zwischen Bürgern und Militär vorausgegangen, wobei es auf beiden Seiten bereits Verletzte und Tote gegeben hatte. Ressentiments gegen das Militär hatten sich angestaut, und letzteres reagierte auf »Anpöbelungen« von Zivilisten so, wie Soldaten in allen Armeen zu reagieren pflegen – solange ihr Selbstgefühl ungebrochen ist –, nämlich mit der sogenannten »blanken Waffe«. Die spannende Chronik der Ereignisse der Märztage ist schon oft erzählt worden. Es geht darum, die Verantwortlichkeiten zu klären, den historischen Sinn der Vorgänge im Rahmen der preußischen Geschichte zu deuten und eine Antwort auf die Frage nach den Ursachen des Scheiterns der Revolution seit den Märztagen zu suchen.

Unabhängig von allen Details der Stunden und Tage vor und nach dem 18. März dürfte die Unsicherheit, die die Führung der preußischen Staatsgeschäfte gekennzeichnet hat, für den Ausbruch der Kämpfe ausschlaggebend gewesen sein. Wenn in Preußen das Militär je in Frage gestellt wurde, mußte solcher Zweifel folgenreichere Wirkungen haben als im Falle ähnlicher Erscheinungen in mittleren und kleineren Residenzen, wenn auch deren innere Sicherheit ebenfalls auf der Zuverlässigkeit des Militärs beruhte. Symptome der Resignation lassen sich schon vor dem 18. März beobachten. So sagte der Rektor der Berliner Universität, Johannes Müller, in der Geschichte der Naturwissenschaft auf einer Grenzlinie zwischen den Epochen stehend, zu einer Studentenabordnung am 15. März: »Sie werden dem Unheil nicht mehr vorbeugen; es ist unaufhaltsam.«

Metternichs Sturz hat auf die Berliner Vorgänge beschleunigend gewirkt. Seine Worte treffen über den zu beschreibenden Sachverhalt hinaus den Kern des Problems der Selbstaufgabe herrschender Systeme; nämlich, man solle ihm nicht nachsagen, er habe die Monarchie mit sich fortgetragen: »Weder ich noch jemand anderer hat Schultern stark genug, um eine Monarchie fortzutragen. Verschwinden Monarchien, so geschieht es, weil sie sich selbst aufgeben.« Der schwindende Selbstbehauptungswille ist in der Nacht vom 18. zum 19. März sichtbar geworden. Leopold von Rankes Wort charakterisiert die Dinge exakt: »Damals lagen wir alle auf dem Bauch«, sagte Friedrich Wilhelm IV. rückblickend zu Ranke.

Die Vorgänge gleichen der raschen Szenenfolge eines Dramas. Auf die Massenversammlungen im Bereich des Schloßplatzes war man durchaus nicht vorbereitet. Die Proklamation am 18. März, die alle konstitutionellen Forderungen zu erfüllen schien und die eine Wende der deutschen Politik ankündigte, führte über Freudenkundgebungen unerwartet zu Barrikadenkämpfen, die bis in die Nacht zum 19. März dauerten ...

Es waren Bürger unter der Menge, Handwerker, die sich zunächst sonntäglich kleideten, bevor sie zum Schloß eilten, um dem auf den Balkon des Schlosses heraustretenden König ihren Dank für die Einleitung einer neuen Ära darzubringen. Eine Illumination der Stadt wurde vom Magistrat angesagt; die städtischen Behörden wurden empfangen, und die königliche Proklamation wurde an den Straßenecken angeschlagen. Diese Beschreibung eines Zeitgenossen bezieht sich auf ein Uhr mittags. Eine Stunde später wandelte sich die Szene, und es kam zur Konfrontation zwischen Bevölkerung und Militär. Zwischen ein und zwei Uhr empfahlen die zuständigen Offiziere wegen »Zudringlichkeit« einiger lärmender Gruppen, den Schloßplatz räumen zu lassen. Prinz Wilhelm hatte sich schon zuvor dafür eingesetzt, jede aufständische Bewegung mit militärischer Gewalt zu unterdrücken. Die Menge forderte bei steigender Erregung und trotz zweimaligen Erscheinens des Königs auf dem Balkon wiederholt laut: »Militär zurück«.

Der Ruf paßt zu gut zu dem Szenarium dieses Tages, als daß man an der Echtheit der Überlieferung zweifeln könnte. Man darf mit gutem Grunde in diesem Ruf ein Schlüsselwort sehen; in ihm artikulierte sich jenes bürgerliche Programm, das auf den Frühliberalismus Rottecks zurückging; aber die Forderung richtete sich keineswegs gegen die Dynastie der Hohenzollern. Die Einrichtung von Bürgerwehren neben dem stehenden Heer, dem miles perpetuus, auf dem der fürstliche Absolutismus einst begründet worden war, kennzeichnete am markantesten den für einen Moment erreichten historischen Höhepunkt einer bürgerlichen Bewegung. Bürgerwehr bedeutete in der Konsequenz eine allgemeine Volksbewaffnung mit freier Wahl der Offiziere. Man dachte dabei mehr an das Vorbild der französischen Nationalgarde und der schweizerischen Miliz als an die preußische Landwehr von 1814.

Die Räumung wurde mit »sanfter Gewalt«, aber noch ohne Waffengewalt durchgeführt. Daß »die Truppen mit ihrer üblichen Mißachtung der Volksstimmung das Volk zurückdrängten«, ist so aus den Quellen nicht ersichtlich.

Im Verlaufe der Räumung wurden zwei Schüsse unabsichtlich abgefeuert. Sie wurden gewissermaßen das Signal zum offenen Aufruhr. Daß die beiden Schüsse ohne Befehl fielen, kann nicht bezweifelt werden; denn sonst hätten - unabhängig von den Zeugenaussagen - nach jeder militärischen Erfahrung mehr Schüsse fallen müssen. Das in den letzten Tagen angestaute Mißtrauen verwandelte sich in Entschlossenheit, die schließlich zu den Barrikadenkämpfen führte. Ein großer Teil der Bevölkerung war auf seiten der Barrikadenkämpfer, die wahrscheinlich nicht mehr als ein paar tausend zählten. Unter diesen Kämpfern waren Handwerker am stärksten vertreten; sie wurden ergänzt durch Kaufleute und Studenten. Den Aufständischen fehlte ebenso ein klares militärisches Konzept wie den Truppen - ein wiederkehrendes Problem der beiden Revolutionsjahre.

Den militärischen Befehlshabern gelang es während der Nacht vom 18. zum 19. März, das Stadtinnere durch Gardetruppen freizukämpfen, wobei sich die Frage stellte, ob und wie man wirklich jeden Häuserblock einnehmen sollte. Im Verlaufe dieses Kampfes zwischen Bürgern und Soldaten kam es im Gegensatz zu anderen europäischen Revolutionen zu keinen Verbrüderungen. Trotz der militärischen Erfolge stellte sich dem militärischen Befehlshaber die Frage, ob und wie lange er die Stadt halten könne. So erfolgte der umstrittene Befehl zum Rückzug. Am Morgen des 19., also eines Sonntags, erließ der König jene Proklamation »An meine lieben Berliner«, die man als das »Abschiedswort des alten Absolutismus« interpretiert hat. Sie war sein geistiges Eigentum.

Die Kundgebung war ganz in patriarchalischem Tone abgefaßt. Der König beschwor die Berliner: »An Euch, Einwohner meiner geliebten Vaterstadt, ist es jetzt, größerem Unheil vorzubeugen. Erkennt, Euer König und treuester Freund beschwört Euch darum, bei Allem was Euch heilig ist, den unseeligen Irrtum! Kehrt zum Frieden zurück, räumt die Barrikaden die noch stehen hinweg, und entsendet an mich Männer, voll des echten alten Berliner Geistes mit Worten, wie sie sich Eurem König gegenüber geziemen, und ich gebe Euch mein Königliches Wort, daß alle Straßen und Plätze sogleich von den Truppen geräumt werden sollen und die militärische Besetzung nur auf die notwendigen Gebäude, des Schlosses, des

Zeughauses und weniger anderer, und auch da nur auf kurze Zeit, beschränkt werden wird. Hört die väterliche Stimme Eures Königs, Bewohner meines treuen und schönen Berlins ... Eure liebreiche Königin und wahrhaft treue Mutter und Freundin, die sehr leidend darnieder liegt, vereinigt Ihre innigen tränenreichen Bitten mit den Meinigen. Geschrieben in der Nacht vom 18.–19. März 1848.«

... Die Demütigungen, die der König hinnahm, begannen am 19. vormittags, als bereits so gut wie alle Forderungen erfüllt waren. Während der Abzug des Militärs schon im Gange war, drangen Volkshaufen über die Schloßbrücke; auf Wagen wurden die Leichen der gefallenen Barrikadenkämpfer vor das Schloß gebracht. Sie waren mit Lorbeer und Blumen geschmückt; ihre Wunden waren entblößt. Der Abzug der letzten Gardetruppen und die Aufbahrung der Leichen vollzogen sich gleichzeitig. Der König und die Königin, begleitet vom Oheim des Königs, dem Prinzen Wilhelm und dem Grafen Schwerin, betraten den Balkon, um sich vor den Toten zu verneigen.

Die gesamte Szenerie hat offensichtlich einen starken Eindruck auf alle Beteiligten gemacht. Der König machte noch weitere Zugeständnisse. Am 20. März erfolgte eine allgemeine Amnestie politisch Verurteilter. Der Begnadigungsakt betraf auch die zum Tode verurteilten Polen. Das Volk war im Begriff, das Tor des Gefängnisses in Moabit zu sprengen, als die Nachricht von der Begnadigung eintraf. Im Triumphzug wurden die Befreiten, mit Mierowslawski an der Spitze, im Wagen mit polnischer und deutscher Flagge zum Schloß und zur Universität gefahren. Friedrich Wilhelm IV. hat später den folgenden Tag als den »schrecklichsten Tag seines Lebens« bezeichnet.

Gegen Mittag ritt der König in Begleitung der Prinzen und des Ministeriums durch das Eosanderpalais des Schlosses, auf dem Haupte den Helm, die schwarzrotgoldene Binde um den Arm. Diese deutschen Farben schmückten alle, die an dem Umritt teilnahmen. Generale folgten dem Zug und trugen ebenfalls Schleifen mit diesen Farben am Arm. Bürgerwehr, die sich inzwischen gebildet hatte, städtische Deputationen und Studenten gehörten dazu. Der Zug führte über die Schloßbrücke zu Schinkels Wache und Zeughaus über die Behrenstraße bis zur Wilhelmstraße und zurück Unter den Linden bis zur Universität. Der König sprach auf dem Schloßplatz und vor der Universität: »Ich will keine Krone, keine Herrschaft, ich will Deutschlands Freiheit.« Als den König aus der Menge der Zuruf erreichte: »Es lebe der Kaiser von Deutschland«, habe er unwillig abgewinkt.

Es gleicht einem Epilog zu den letzten Tagen, wenn an den Kriegsminister der königliche Befehl erging, die Armee habe neben der preußischen sogleich die deutsche Kokarde anzustecken. Generalleutnant von Rauch, der auf Bitten des Königs am Umritt teilnahm, war genötigt, sich eine »Phantasieuniform« anzuziehen, da ja alle Offiziere im Schloß in Zivil gingen; er kommentierte den ganzen Vorgang mit den Worten: »Es kam mir vor, als wenn alles verrückt geworden wäre.«

Das Begräbnis der in den Straßenkämpfen Gefallenen fand nach einem feierlichen Leichenzug am 22. März in Friedrichshain statt. Am Trauerzug fallen alle Eigentümlichkeiten auf, die zur Mentalitätsgeschichte des Monats gehören. Außerdem sind die sozialen Bestandteile des Trauerzuges aufschlußreich. Nach den Meldungen nicht nur der Spenerschen Zeitung, die am ausführlichsten berichtete, nahmen an den Begräbnisfeierlichkeiten 20 000 bis 60 000 Menschen teil, was allerdings nach anderen Berichten unglaubhaft ist. Der Trauerzug setzte sich aus Bürgern, Studenten, Handwerkern, Beamten, Gelehrten, Schülern und nicht zuletzt Fabrikarbeitern zusammen - durchweg mit der deutschen Kokarde am Kopf. An der Spitze des Zuges seiner Arbeiter schritt Herr Borsig selbst; unter den Bürgern seien auch vier Offiziere und Unteroffiziere bemerkt worden.

Alexander von Humboldt, einer der gesuchtesten Gesprächspartner des Königs, und der Rektor der Berliner Universität, Johannes Müller, eröffneten den Zug der Professoren und Studierenden. Am Zug vom Gendarmenmarkt bis zum Landsberger Tore beteiligte sich auch eine Abteilung Italiener, unter ihnen die Mitglieder der italienischen Oper mit der grün-weiß-roten Nationalfahne, ferner die polnische Legion mit der rot-weiß-roten Fahne - die internationale Solidarität von Liberalismus und Demokratie kam auf solche Weise zum Ausdruck. Die Teilnahme der Geistlichen aller Glaubensbekenntnisse, mit Bischof Neander an der Spitze, verstand sich von selbst. Die Trauerreden oder, wie es hieß, »Weihereden« wurden von

Adolf Sydow, Hofprediger in Potsdam und Prediger an der Neuen Kirche in Berlin, einem Kaplan von St. Hedwig sowie dem Rabbiner Dr. Sachs gehalten.

Der Gendarmenmarkt bildete den Sammelplatz der meisten Abteilungen, und Tausende drängten sich vor der Neuen Kirche, besetzten die große Treppe des Schauspielhauses und die des Französischen Doms. Als der Zug in die Linden einbog, verhielt er vor dem Opernplatz. Auf der Treppe des Opernhauses sang der Domchor den Choral »Jesus meine Zuversicht«, jenen Choral, der in den vorausgegangenen Tagen gelegentlich erklungen war und nicht unerheblich zur Dämpfung der Erregung beitrug. Als der Zug das Schloß, und zwar das zweite Portal, erreichte, trat der König, umgeben von Ministern und Adjutanten, auf den mit schwarz-rot-goldenen Fahnen geschmückten Balkon und verneigte sich, indem er den Helm abnahm, vor den Toten, bis der Zug vorüber war. Die gefallenen Soldaten wurden am 24. März auf dem Invalidenfriedhof beigesetzt. Vorausgegangen war eine peinliche Diskussion, ob ein gemeinsames Begräbnis der Barrikadenkämpfer und der Soldaten sinnvoll sei. Für die militärische Auffassung, daß man »nach jeder Schlacht Freund und Feind in eine Grube senke«, bestand bei der Mehrzahl der Mitglieder der Beerdigungskommission kein Verständnis.

Walter Bußmann: Zwischen Preußen und Deutschland. Friedrich Wilhelm IV. Eine Biographie. 1990

Berliner Profile

VON
HEINRICH LUTZ

Das rasante Wachstum Berlins von einer mittleren Residenz (172 000 Einwohner um 1800) zur größten Industriestadt Mitteleuropas (3 730 000 Einwohner 1910) verlangsamte sich nach 1848 vorübergehend. Wohlhabende Familien hatten 1848 aus Furcht vor der Revolution die Stadt verlassen. Die Reaktion, die Verhängung des Belagerungszustandes und das strenge Polizeiregiment, das während der fünfziger Jahre der Berliner Polizeipräsident Hinckeldey ausübte, minderten den Zuzug vom Land. Auch die Kommunalverfassung und -politik gerieten ganz unter den Einfluß der konservativen Kräfte, besonders nach dem Inkrafttreten der restriktiven Städteordnung von 1853. König Friedrich Wilhelm IV. hatte es nach der Revolution abgelehnt, seine Residenz in Berlin zu nehmen; er blieb in Potsdam. Erst nach 1858, mit dem Beginn der »Neuen Ära« unter dem Prinzregenten Wilhelm, regte sich in Berlin neues politisches Leben. Seither wurden wieder Vertreter der liberalen und demokratischen Richtungen zu Stadtverordneten gewählt.

Ab 1861 wurde Berlin für viele Jahre »die feste Burg« der Fortschrittspartei, sowohl bei politischen wie bei kommunalen Wahlen. Auf dem Deutschen Turnfest 1861 beherrschten die Revolutionsfarben wieder das Stadtbild. Die Einweihung des Denkmals für Friedrich Ludwig Jahn in der Hasenheide wurde zu einer großartigen Demonstration für die nach 1848 unterdrückten freiheitlichen und nationalen Ideen: »Nie ist ein ähnliches Fest gefeiert worden, seit Griechenland unterging«, berichtete Lothar Bucher, der einstige Achtundvierziger und spätere Mitarbeiter Bismarcks. Zeichen des neuerwachten städtischen Selbstbewußtseins war das neue Rathaus mit dem 94 Meter hohen monumentalen Turm. 1864 hielt der Magistrat in dem roten Backsteinbau seine erste Sitzung ab.

Trotz des zunächst verlangsamten Bevölkerungswachstums

kamen in den fünfziger Jahren und zu Anfang der sechziger Jahre urbanistische Entwicklungen zum Zuge, die den künftigen Weg Berlins zur Welt- und Industriestadt wesentlich bestimmten. Kennzeichnend ist der Umstand, daß die eigentlichen Impulse und Entscheidungen nicht von der kommunalen Seite, sondern von der preußischen Regierung kamen. Die große Eingemeindung von 1861 hatte das städtische Areal von 3 510 auf 6 572 Hektar erweitert.

Der nun erforderliche städtische Bebauungsplan beruhte auf umfangreichen Vorarbeiten, die seit 1852 in Hinckeldeys Polizeipräsidium, das der Regierung unmittelbar unterstand, geleistet worden waren. Hinckeldey setzte dabei die gleiche rücksichtslose Energie, mit der er auch die demokratischen und liberalen Gruppen unterdrückte, für Verbesserungen der städtischen Infrastruktur ein. 1851 errichtete er die Berliner Berufsfeuerwehr, die sich bald in organisatorischer wie technischer Hinsicht als vorbildlich erwies und die auch die Straßenreinigung – ein altes Problem der Stadt – erfolgreich in die Hand nahm. Die Modernisierung der Wasserversorgung und der Gasbeleuchtung setzte Hinckeldey gegen das Zögern des Magistrats durch. Fast gleichzeitig veranlaßte er die Gründung eines Vereins, der sich um die Errichtung öffentlicher Wasch- und Badeanstalten für Unbemittelte kümmerte. Um die Verschandelung des Stadtbildes durch das Bekleben der Häuser, Mauern und Bäume mit Plakaten zu unterbinden, erteilte der Polizeipräsident dem Buchdruckereibesitzer Litfaß 1854 das Privileg, Anzeigenflächen zu vermieten; dafür verpflichtete sich Litfaß, 150 Anschlagsäulen aufzustellen (und die obrigkeitlichen Bekanntmachungen kostenlos anzuschlagen). Die Reorganisation der Polizei, der Bau von Strafanstalten und die Anlage von Chausseen, die Verbesserung der Armenpflege und die Einrichtung öffentlicher »Suppenanstalten« gehen auf Hinckeldey zurück. Er fiel 1856 im Duell gegen einen Herrn von Rochow, der sich gegen die Schließung eines geheimen Spielklubs im »Hotel du Nord« (Unter den Linden) verwahrt hatte; dieser Tod verhalf dem durch und durch antiliberalen, aber selbstlos für das Gemeinwohl tätigen Polizeipräsidenten letztlich zu einem ehrenvollen Gedenken: »Und da jede seinem Andenken dargebrachte Huldigung zugleich ein Protest gegen die Junker- und Muckerpartei war, schlossen sich selbst viele der von ihm stets mit erbittertem Haß Verfolgten den bürgerlichen Ehrenbezeugungen an, welche dem Dahingeschiedenen galten« (A. Streckfuß). Auch das war damals Preußen.

Der große Bebauungsplan von 1862, von späteren Generationen als »Mietkasernenplan« beschimpft, weil er mit baupolizeilichen Vorschriften und Straßenlinien das spätere Mietskasernenelend weiter Teile der Stadt programmiert habe, war damals durchaus fortschrittlich. James Hobrecht, der maßgeblich daran mitgearbeitet hatte, trat ausdrücklich für die Beibehaltung des traditionellen »Durcheinanderwohnens« von reich und arm ein. Seine Motive für die Vermeidung reiner Arbeiterviertel waren philanthropisch und zielten auf Klassenausgleich. Und wenn Hobrecht damals von Mietskasernen sprach, meinte er nicht die späteren düsteren Bebauungsformen; er orientierte sich an Mietshäusern, wie Schinkel sie geplant und gebaut hatte: »Nicht ›Abschließung‹, sondern ›Durchdringung‹ scheint mir aus sittlichen und darum aus staatlichen Rücksichten das Gebotene zu sein. In der Mietskaserne gehen die Kinder aus den Kellerwohnungen in die Freischule über denselben Hausflur wie diejenigen des Rats oder Kaufmanns auf dem Wege nach dem Gymnasium. Schusters Wilhelm aus der Mansarde und die alte bettlägerige Frau Schulze im Hinterhause... werden in dem I. Stockwerk [bei den Reichen] bekannte Persönlichkeiten. Hier ist ein Teller Suppe zur Stärkung bei Krankheit, da ein Kleidungsstück, dort die wirksame Hilfe zur Erlangung freien Unterrichts oder dergleichen...«

Männer wie Hobrecht waren keine Romantiker. Auf Reisen nach Hamburg, London und Paris studierten sie die infrastrukturellen Großstadtprobleme sorgfältig. Das Ergebnis dieser Reisen waren der große, zukunftweisende Plan einer Abwasseranlage und das Konzept großer Baublöcke mit ausreichenden Grünflächen und modernen hygienischen Einrichtungen. Der Widerspruch zwischen den moralischen Absichten und der späteren Realität des Wohnungselends rührt eher daher, daß die Vorstellungswelt der Städteplaner von 1862 noch ganz von den Ideen Schinkels geprägt war, dem es gelang, die Residenz »Berlin, wie seine Verehrer sagen, in eine Stadt der Schönheit umzugestalten, jedenfalls aber unserer Residenz im wesentlichen den Stempel aufzudrücken, den sie bis diese

Stunde trägt. Denn auch was nach ihm gebaut worden ist, ist zum guten Teil Geist von seinem Geist... Das Kleinste und das Größte nahmen edlere Formen an.« Gleichzeitig vertrauten diese Männer auf die Macht des Staates bei der Vollstreckung des Gemeinwohls; sie hatten noch keine Ahnung von der Durchsetzungskraft kapitalistischer Privatinteressen und meinten, durch die gesetzliche Fixierung großer Baublöcke eine enge, unhygienische Bebauung verhindern zu können. Die rückwärtige Bebauung von Parzellen mittels mehrerer hintereinanderliegender Höfe war 1862 noch unvorstellbar, und nur deshalb war dagegen kein rechtlicher Schutz vorgesehen.

Auch hier bestimmten sehr widersprüchliche Tendenzen und Realitäten das Bild des nachrevolutionären Berlin: obrigkeitliche Repression und bürgerliche Opposition, staatliche Fürsorge und kapitalistisches Wachstum, Preußentum als Last und Preußentum als Hoffnung. All dies Gegensätzliche wird an den Figuren greifbar, die die Epoche prägten.

Johann Carl Friedrich August Borsig (1804–1854) und sein Sohn Albert (1829–1878) verkörpern den Aufstieg der Berliner Industrie vom Vormärz bis zum Kaiserreich. Der Breslauer Zimmermann kam 1823 in die Hauptstadt, besuchte das damals neugegründete Gewerbeinstitut unter der Leitung von Peter Beuth und gründete 1836/37 eine eigene Gießereiwerkstatt in der Chausseestraße. Schon sein erster spektakulärer Erfolg brachte ihn in Kontakt mit dem Königshaus und der Regierung. 1840/42 gelang ihm die Entwicklung und Konstruktion des Pump- und Maschinenwerkes für die Fontäne in Sanssouci, das bald als Musterstück »vaterländischer Intelligenz und Kunstfertigkeit« gerühmt wurde. 1841 verließ die erste Lokomotive die Borsigsche Fabrik; im Todesjahr des inzwischen zum Kommerzienrat ernannten Unternehmers wurde bereits die 500. Lokomotive gebaut.

Die Revolution stellte Borsig und seinen Betrieb, der damals das größte Maschinenbauunternehmen Berlins war, vor neue Probleme. Im März 1848 nahmen 900 seiner Arbeiter in vorderster Linie am Barrikadenkampf teil. August Borsig taktierte erfolgreich; am 21. März wohnte er der Trauerfeier für die Märzgefallenen im Friedrichshain bei und stiftete für seine vier gefallenen Arbeiter Grabmäler. Am 24. März war er unter den

Teilnehmern des Trauerzugs für die auf der anderen Seite gefallenen preußischen Soldaten. Als Major der Berliner Bürgerwehr organisierte er aus seinen Maschinenarbeitern eine der diszipliniertesten Truppen, die dann zum Instrument der einsetzenden Gegenrevolution wurde. Innerbetrieblich kam er den Forderungen von 1848 entgegen: höhere Löhne, verbesserte Leistungen der schon bestehenden Kranken- und Unterstützungskasse, Reduzierung der täglichen Arbeitszeit um eine Stunde (nur mehr von 6 Uhr bis 18 Uhr). Insgesamt prägte die strenge, patriarchalische Betriebsführung das Betriebsklima. Als schließlich Toiletten für die Arbeiter installiert werden, achtet man auf eine zweckmäßige Ausführung: »Den oberen Rand der Trichter bildet eine stumpfe Eisenkante, so daß keine Gelegenheit zum bequemen Sitzen geboten wird, welches erfahrungsgemäß nur beträchtlichen Zeitverlust herbeiführen würde.«

Beim Tode August Borsigs folgten dem Trauerzug zum Dorotheenstädtischen Friedhof die Honoratioren der Stadt Berlin: Alexander von Humboldt, der Generaldirektor der königlichen Gärten, Peter Lenné, Polizeipräsident Hinckeldey und viele andere. Als Zeichen der Kondolenz des Königshauses nahm der Hofgalawagen seiner Majestät - natürlich ohne Insassen - am Trauerkondukt teil. Albert Borsig übernahm aus den Händen des Vaters einen florierenden Betrieb, den er noch erheblich erweiterte. 1855 wurden 80 Lokomotiven gebaut, 1857 schon 131. Der Umstellung auf Massenproduktion entsprach die Expansion durch den Erwerb und Ausbau von Kohlegruben und Hüttenwerken in Oberschlesien. Zu Anfang der siebziger Jahre beschäftigte die Firma in Berlin 3 500, in Oberschlesien 2 500 Arbeiter und Angestellte. Der repräsentative Ausbau eines Verwaltungsgebäudes (mit Konferenzsaal, Bibliothek, Modellkammer und Archiv) vervollständigte das Bild eines selbstbewußten bürgerlichen Wirtschaftsimperiums.

Die Stellung der Familie Borsig in der gesellschaftlichen Hierarchie und die Lebensformen im damaligen Berlin spiegeln das prunkvolle Wohnhaus und die Gartenanlage am Spreeufer in Moabit. Kein Geringerer als Lenné entwarf die ersten Gartenpläne. Die Festsäle der Villa waren reich geschmückt im aufwendig eklektischen Geschmack der Zeit nach Schinkel. Das vielbestaunte Ensemble von Gewächs- und

Treibhäusern zeigte die Technik im Dienst der Gartenkunst und Botanik. Der Wettbewerb mit den königlichen Gärten lag in der Reichweite des Bürgers. Friedrich Wilhelm IV. soll bei einem Besuch der Anlage gesagt haben: »So wie Sie möchte ich auch wohnen, lieber Borsig.«

Was konnte der Selbstdarstellung dieses erfolgreichen Unternehmens und der werksinternen Gesinnungspflege besser dienen als die Inszenierung von Firmenfesten. 1858 wurde das Fest der 1000. Lokomotive gefeiert, 1862 das fünfundzwanzigjährige Bestehen der Firma. Albert Borsig nutzte die Gelegenheit, die Würdigung des Geschäftserfolges mit dem Lob des industriellen Fortschritts und dem Bekenntnis zu Preußen und zur Einheit Deutschlands zu verbinden. Der erbitterte Verfassungskampf, der Preußen gerade spaltete und über die politische Zukunft des deutschen Bürgertums entschied, wurde immerhin mit einer nachdrücklichen Erwähnung des Königs als des Hüters von Frieden und Verfassung erwähnt. Borsig feierte die Leistung seines Vaters und die nationale Bedeutung der deutschen Industrie:

»Wir Deutschen sind eine gesplitterte Nation, die da ringt nach Einheit, nach gemeinsamer Fahne und Flagge, um sich im Schutze dieser im friedlichen Kampf der Industrie mit andern Ländern messen zu können. Lassen Sie uns hoffen, daß wir das Ziel bald erreichen. Die Lokomotive ist der feurige Vorläufer der Freiheit und Einheit in allen Ländern, sie bringt am leichtesten Bildung, Arbeit und Gesittung zu allen Nationen, sie rückt die Völker näher aneinander, vermittelt den Austausch der weltlichen und geistigen Güter; sie saust über Vorurteile, Zopfwesen, Kleinstaaterei, Pass-Schererei schon jetzt in Deutschland lustig hinweg – möge sie denn die Deutschen zu einer einigen Nation, ihre Industrie zur Großmacht machen ...«

Zu Neujahr 1858 kam neues Leben in das große Haus in der Behrenstraße 66, in dem der preußische Generalstab untergebracht war. *Helmuth von Moltke*, der neuernannte Generalstabschef, richtete sich in der prächtigen Dienstwohnung in der Beletage ein. Seine junge Frau erhielt die schönsten Zimmer, für die Besucher standen »reichlich vorhandene Fremdenstuben« zur Verfügung. Der General nahm für sich ein sparsam ausgestattetes Dienstzimmer auf der anderen Seite des Flurs.

Die eigentlichen Büros des Generalstabs und die Nebenräume für das Personal waren – das entsprach dem damaligen Zusammenhang von Amtssitz und Chefwohnung – im Erd- und im Dachgeschoß sowie im Hofgebäude untergebracht. Marie von Moltke, damals erst dreiundzwanzigjährig, kümmerte sich um Stall und Sattelkammer, vor allem aber um die Einrichtung der Wohnung, wo das Ehepaar nun in hauptstädtischer Weise repräsentieren mußte. Ihr nächstes Geburtstagsgeschenk waren sogenannte »Wiener Stühle« mit geflochtenem Sitz und Rücken, wohl aus der berühmten Thonet-Produktion, die damals als Inbegriff modischer Vornehmheit galten. Jeden Donnerstag wurde »Jour« gehalten. Die Dame empfing, der vielbeschäftigte Hausherr kam erst, wenn alle sich versammelt hatten und man zur Tafel schreiten konnte. Ab 1862 gab Moltke jährlich die großen Königsgeburtstagsdiners für den Generalstab. Er war überhaupt kein Causeur und Gesellschaftsmensch, und die Toasts, die er bei diesen Diners auf den Monarchen und Kriegsherrn ausbrachte, wurden durch ihre lapidare Kürze berühmt.

Moltke war damals schon 58 Jahre. Der Sohn aus mecklenburgischer Familie trat eine militärische Laufbahn im dänischen Dienst an, eine andere Wahl gab es nicht; der Vater hatte kaum Vermögen, sonst hätte Moltke, wie er später erzählte, Archäologie oder Geschichte studiert. Er erbte auch keine Familiengüter, sonst wäre er vielleicht Landwirt geworden. (Erst seit der königlichen Dotation für den Sieg von 1866 besaß er in Kreisau in Schlesien ein Landgut, das er sehr gern aufsuchte.) Auch nach dem Übertritt in die preußische Armee kam er nur langsam vorwärts und mußte sich jeden Schritt selbst erkämpfen; kein einflußreicher Familienclan half ihm. Die überragende Bildung und militärisch-planerische Intelligenz, die ihn auszeichneten, wurden erst nach und nach bemerkt, obwohl schon seine mehrjährige Tätigkeit in der Türkei als Militärberater des Sultans über den Rahmen einer beginnenden Generalstabskarriere hinausgeführt hatte. Auffallende und neue Züge treten in der Biographie des wortkargen, aber schriftstellerisch begabten und technisch versierten Offiziers auf, wo es um seine Beziehungen zum Königshaus und damit zum höfischen Zentrum der Macht geht – schon vor der Revolution und erst recht nach 1848.

Dem in Rom lebenden Prinzen Heinrich von Preußen, einem jüngeren Bruder Friedrich Wilhelms III., diente Moltke 1845/46 als persönlicher Adjutant. Alle Fragen der Betreuung des alten, schon lange bettlägerigen Herrn, dessen Zimmer »mit Urväter Hausrat vom Gesims bis auf die Bettdecke des Prinzen« Moltke an die Zelle des Dr. Faust erinnerte, wurden bis zum Tod des Prinzen im Sommer 1846 taktvoll behandelt und gelöst.

Nach der Revolution, die Moltke in seiner dynastisch-militärischen Dienstauffassung nicht irritierte, sondern bestärkte, führte das Vertrauen des Königshauses ihn in politisch-betreuerische Sonderaufgaben. Der älteste Sohn des Prinzen Wilhelm von Preußen, der spätere Kaiser Friedrich III., sollte – so wünschten es Friedrich Wilhelm IV. und seine konservative Umgebung – dem liberalen Einfluß des Elternhauses entzogen werden. So wurde Moltke 1855/56 als Vertrauensmann des Hofes dem jungen Prinzen Friedrich Wilhelm beigegeben. Er schilderte seiner Frau, wie ihm der König in Sanssouci diesen Auftrag erteilte: »Der König empfing mich im Schlafgemach Friedrichs II. Ein Alkoven mit rothen Damastgardinen enthält das Bette; die Uhr, welche beim Sterben des großen Königs stehenblieb, stand auf einem Konsol an der Wand. Der König saß vor dem Arbeitstisch am Fenster, ziemlich zusammengebückt in einem niedrigen Lehnstuhl. Er ließ mich neben sich niedersitzen, er wolle ganz offen mit mir über die gegenwärtigen Verhältnisse sprechen. Er sagte mir Sachen, die mich ebenso mit Dankbarkeit als mit Beschämung erfüllten. Er wünsche dringend, daß ich die erste Adjutantenstelle bei seinem Neffen annehmen möge...«

Als Begleiter des Prinzen bereiste Moltke dann Europa, besuchte die Höfe in England, Rußland und Frankreich und wurde allen Monarchen vorgestellt: in Schloß Balmoral dem Prinzgemahl Albert, der zu diesem Anlaß einen Kilt trug, »die Beine nicht etwa in Tricot, sondern ganz korrekt bloß«, in Peterhof der Zarin, die ihre deutschen Landsleute scherzend empfing: »Laß sie mal alle einzeln herankommen, denn so weit sehe ich nicht«, im Louvre der Kaiserin Eugénie, an der er die »unübertreffliche Schönheit« von Hals und Armen rühmte.

Im Kreise des monarchischen Europa die Stellung Preußens durch den stillen, aber gewaltigen Ausbau des militärischen

Gehirns, das der Generalstab darstellte, zu heben – das war Moltkes Bestreben, seit er in die Kommandozentrale in der Behrenstraße eingezogen war. Erst unter seiner Leitung wurde der Generalstab die mächtige, direkt dem König unterstellte und auch im Krieg die Operationen leitende Zentrale der preußischen Armee: Moltke bestimmte den Weg aus dem alten System schwankender Zuständigkeiten zur einheitlichen Planungs- und Führungsinstanz der stärksten Militärmacht der Welt, zur »Obersten Heeresleitung« der Zukunft. Gebunden nur durch seine absolute Loyalität gegenüber dem König als oberstem Kriegsherrn, entwickelte er in aller Bescheidenheit eine sehr radikale Kriegstheorie, die noch über die von Clausewitz vertretene Lehre vom absoluten Krieg hinausgeht. Moltke bestreitet – im Gegensatz zu Clausewitz –, daß auch während des Krieges der Primat der politischen Führung gelte. Die Kriegsmaschine soll »im Handeln völlig unabhängig« von der politischen Führung bleiben und »ihr Streben stets nur auf das höchste Ziel richten«. Dazu treten die gesteigerte Wucht des Zusammenstoßes und die entfesselten nationalen Leidenschaften im Zeitalter der modernen Volksheere: »Bei der großen Wucht der kriegerischen Ereignisse unserer Zeit wird, sobald die Kanonen donnern, die Politik mehr als früher in den Hintergrund treten... Jetzt steht von Hause aus alles auf dem Spiel.«

Der radikale Anspruch dieser neuen Kriegstheorie deckte sich keineswegs mit dem, was Bismarck im Sinn hatte, als er seine Kraft gegen den preußischen Liberalismus und für die Festigung Preußens als Militärstaat neuen Stils einsetzte. Bismarck sprach gelegentlich in einer aufflammenden Bitterkeit von dem »Raubvogelprofil« Moltkes, das immer raubvogelartiger werde. Er tat damit der Wesensart und dem Verhalten Moltkes, der nie auf die sanftmachende Wirkung seiner blonden Perücke verzichten wollte, unrecht: Es handelte sich bei Moltkes Kriegstheorie um ein strenges, logisches System, das nur aus den eigenen Voraussetzungen, nicht durch Bismarcks politische Kampfmethoden überwunden werden konnte. Es gibt in Moltkes wiederholten Äußerungen über ein universales Friedensprinzip Ansätze zu einer solchen »Selbstüberwindung« der Kriegstheorie. Aber sie kamen nicht zum Zuge. In dem neuen Preußen, das beide aus der Taufe hoben, blieb das

Verhältnis von Politik und Krieg weiterhin prekär und unbestimmt.

Aufschlußreich ist, wie Moltke als Generalstabschef in den entscheidenden Jahren der Konfrontation das Verhältnis zu Österreich sah. Seine Einschätzung des Kaiserstaates als einer »deutschen Macht«, die im Dienste des Deutschtums große kolonisatorische Aufgaben im Südosten zu erfüllen habe, geht auf seine Erfahrungen in der Türkei zurück und auf die großen verkehrs- und handelspolitischen Entwürfe, die ihn Anfang der vierziger Jahre beschäftigten: Wien als Drehscheibe für ein System von Eisenbahn- und Dampferlinien, die Deutschlands Industrie mit dem Balkan und Orient verbinden.

So trat Moltke nach der Revolution immer wieder für ein Zusammengehen Preußens mit Österreich ein. Sein militärisches Kalkül nahm keinen Anstoß an den inneren Problemen der Monarchie, schätzte die Addition der Streitkräfte und fürchtete – beim Nichtgelingen des »Zusammenbleibens« mit Österreich – den Zweifrontenkrieg. 1865/66 trat er bis zuletzt, nun schon gegen Bismarck, für die »begründeten Ansprüche« Österreichs ein. In einer geheimen Denkschrift vom Frühjahr 1865 kam er zu dem eindeutigen Resultat: »Aus allem geht hervor, welch gewaltiges Gewicht die beiden Deutsch-Großmächte *vereint* in die politische Waagschale Europas werfen.« Anders als für Bismarck war für Moltke die Lösung von 1866 nicht erwünscht.

Berlin, Bellevuestraße 13. Am 1. April 1859 zieht ein neuer Mieter ein, der die Pracht seiner Wohnung begeistert schildert: »...Haut parterre. Vier große Salons, die ineinander gehen, in einer Suite! Erst ein immenser blauer Salon, ...dann Speisesaal, wo ich dreißig Personen bequem setzen kann, und prachtvoll dekoriert. Dann großes Bibliothekszimmer, dann kleineres Arbeitszimmer, dessen Glasfenster auf ein Treibhaus stoßen... Seitwärts Schlafzimmer. Im Souterrain Küche, Keller, Dienerwohnung. Ich kann, wenn ich will, hundert Personen bei mir sehen.«

Der glückliche Wohnungsinhaber ist *Ferdinand Lassalle*, der künftige Gründer des Allgemeinen Deutschen Arbeitervereins, des Vorläufers der Sozialdemokratischen Partei Deutschlands. Als der zweiunddreißigjährige Schriftsteller 1857 aus Düsseldorf nach Berlin übersiedelte, ging ihm der Ruf eines radikalen Umstürzlers wie der eines wohlhabenden, hochmütigen, mit Frauenaffären beschäftigten Weltmannes voraus. Die Herkunft aus einer jüdischen Kaufmannsfamilie, die unter anderem Gasanstalten in Breslau und Prag unterhält, sichert ihm einen sorgenfreien Unterhalt. Seit langem ist er mit der um viele Jahre älteren Gräfin Hatzfeld liiert. Sieben Jahre später, im Sommer 1864, findet er den Tod in einem Wäldchen nahe Genf bei einem Pistolenduell um die junge Helene von Doenniges.

Karl Marx, mit dem er seit 1848 befreundet war, erhielt lange Zeit Geldzuwendungen von Lassalle. 1861 besuchte Marx Lassalle in Berlin. Man hoffte auf eine Amnestie für Marx und seine Rückkehr nach Preußen, plante gemeinsam die Gründung einer radikalen Tageszeitung. Aber es wurde nichts daraus. Bei der Abreise überhäufte Lassalle den Freund mit Geschenken aus den elegantesten Modegeschäften Berlins für die Familie, die in London in den ärmlichsten Verhältnissen lebte. Jenny Marx bedankte sich überschwenglich. Die Unterschiede der Lebensumstände konnten kaum krasser sein.

Die Berliner Jahre Lassalles wurden weit über Preußen hinaus für die Geschichte der internationalen Arbeiterbewegung bedeutungsvoll. In der preußischen Hauptstadt verkehrte Lassalle in den Kreisen des linken Bürgertums, bei der gefeierten Schriftstellerin Fanny Lewald (der Geliebten, späteren zweiten Frau Adolf Stahrs), dem alten Varnhagen von Ense und dem Verleger Franz Duncker. Seine drohende Ausweisung verhinderte das Eingreifen Alexander von Humboldts. Nach Enttäuschungen mit nicht sonderlich erfolgreichen literarischen und philosophischen Werken und nach dem Scheitern phantastischer Revolutionspläne 1860/61 – der Hoffnung auf eine von Italien ausgehende Revolutionierung Deutschlands – stellte der preußische Verfassungskonflikt Lassalle und die wiedererstehende deutsche Arbeiterbewegung 1862 vor eine neue Situation. Hier trafen das Lebensschicksal des radikalen Literaten und die neue Bewegung der unterdrückten sozialistischen Gruppen aufeinander. Lassalle kam zu der Ansicht, daß die Bourgeoisie dem preußischen Militärstaat nicht gewachsen sei; nur die Mobilisierung der breiten Massen könne die Umformung des Staates im Sinne des sozialen Fortschritts bewirken. Jetzt trennt er sich von den bürgerlichen Oppositionskräften und faßt den Plan, »einen Gesamt-Arbeiter-Verein für ganz Deutschland mit dem Zentralort in Berlin zu stiften und mich an die Spitze desselben zu setzen«. Gegen zwei konkurrierende Strömungen hat Lassalle zu kämpfen: gegen die Gruppen um Schulze-Delitzsch, die das Programm einer Selbsthilfe der Arbeiter und eines Zusammengehens mit der bürgerlichen Demokratie vertreten, und gegen die Arbeiterkongreßbewegung, die an die lockeren, föderalistischen Organisationsformen von 1848/49 anknüpft. (Der Einfluß von Marx und Engels tritt in Deutschland erst nach Lassalles Tod deutlicher in Erscheinung.)

Am 23. Mai 1863 wird in Leipzig der Allgemeine Deutsche Arbeiterverein gegründet, Lassalle auf fünf Jahre zu seinem Präsidenten gewählt. Aber die erträumte Massenbasis kommt nicht zustande. Lassalles diktatorischer, ungeduldiger, dünkelhafter Führungsstil stößt auf Widerspruch. Doch eines wird unmittelbar und unwiderruflich erreicht: Seine Reden und Broschüren, seine Agitationsreisen und seine Auftritte vor Gericht leiten eine neue Stufe der politischen und sozialen Bewußtwerdung ein. Das begreift auch Bismarck, der im Frühjahr 1863 den Kontakt zu Lassalle sucht. Seit 1928 im Preußischen Staatsministerium ein altersschwacher Aktenschrank zusammenbrach und seinen vergessenen Inhalt preisgab, wissen wir bis in Einzelheiten hinein Bescheid über die geheimgehaltenen Verhandlungen, die der Ministerpräsident 1863/64 mit Lassalle über die Möglichkeiten einer politischen Zusammenarbeit führte.

Für den Präsidenten des Arbeitervereins ging es nicht, wie für Marx, um die revolutionäre Beseitigung des Staates. Er wollte den Staat – und ganz konkret die preußische Monarchie – umwandeln in einen Staat sozialer Reformen. Nichts könnte eine segensreichere Rolle spielen »als das Königtum, wenn es sich eben entschließen könnte, soziales Königtum zu werden«. Mit Bismarck hat Lassalle demgemäß über das allgemeine Wahlrecht und über Staatskredite für Produktivgenossenschaften verhandelt. Solche Gedanken lagen damals in der Luft. Auch katholische Sozialreformer wünschten die Selbstorganisation der Arbeiter in Produktionsgemeinschaften. Bischof Ketteler wandte sich damals an Lassalle, um dessen Rat und Meinung einzuholen. Ein grundsätzliches Problem aber lag in Lassalles Ablehnung des liberalen Verfassungssystems. Er zielte auf eine cäsaristisch-autoritäre Demokratie.

Der frühe Tod erschwert bis heute das Urteil über Lassalles Person und Wirken, auch über die Tragweite seiner Gespräche mit Bismarck. Sicher gewann seine Konzeption eines staatsfreundlichen Sozialismus tiefe Wirkungen auf die Arbeiterbewegung in aller Welt. Vor allem ist festzuhalten, daß es eben gerade die preußische Monarchie mit ihrer Rechtsstaatlichkeit, ihrer relativen Modernität und ihrem Selbstverständnis von Dienst und Pflicht war, die Lassalle zu der so bedeutungsvollen Vorstellung eines sozialen Königtums, das sich auf die Massen der arbeitenden Bevölkerung stützte, führte.

Heinrich Lutz: Zwischen Habsburg und Preußen. Deutschland 1815–1866. Siedler Deutsche Geschichte, Band 8. 1985

Die Gründung des Deutschen Reiches

VON
ERNST ENGELBERG

Noch während die nord- und süddeutschen Soldaten in Frankreich kämpften, begannen im Herbst 1870 langwierige Verhandlungen vornehmlich mit den Regierungen in München und Stuttgart, um allen Partikularismen zum Trotz doch noch ein nationalstaatlich geeintes Deutschland zustande zu bringen. Bismarck wollte es durch Anschluß der süddeutschen Staaten an den Norddeutschen Bund und Annahme seiner nur geringfügig zu modifizierenden Verfassung erreichen. Süddeutsche Monarchisten und Partikularisten, die angesichts des im Kriege gewachsenen Nationalbewußtseins in die politische Defensive geraten waren, erwogen die verschiedensten Verfassungsprojekte für einen neuen Bund. In Bayern waren natürlich die Vorstellungen einer stark föderalistischen Staatseinheit am ausgeprägtesten. Auch schien den süddeutschen Dynastien die Stunde gekommen zu sein, territoriale Veränderungen und Grenzkorrekturen zu erreichen. In München dachte man daran, die badische Pfalz der links-rheinisch bayrischen zuzuschlagen und den Großherzog in Karlsruhe mit elsässischem Gebiet zu entschädigen. Bismarck ging jedoch auf solchen »Seelenschacher« gar nicht ein.

Die ersten Unterhandlungen mit München, wohin auch der württembergische Minister kam, führte Rudolf Delbrück, engster Mitarbeiter Bismarcks im Bundeskanzleramt. Das war bereits im September 1870; im Oktober beantragte Baden seine Aufnahme in den Norddeutschen Bund – dieses Mal im Einverständnis mit Bismarck und von ihm unter der Hand veranlaßt. Durch die Siege in Frankreich hatten sich die außen- wie auch innenpolitischen Machtverhältnisse in Deutschland so geändert, daß Badens Antrag nicht mehr, wie noch im Frühjahr 1870, die bundesstaatliche Einigung erschwerte. Frankreich war nicht mehr in der Lage, ein Veto einzulegen, und Bayerns Gegenmanöver waren im Herbst kaum mehr zu fürchten. Vielmehr vermochte jetzt Preußen Druck auszuüben, zunächst auf Hessen. Dort herrschte zwar nach wie vor ein preußenfeindlicher Großherzog und neben ihm der nicht anders gestimmte Minister Freiherr von Dalwigk. Aber angesichts des Einheitsstrebens im Lande und des Thronfolgers am Hofe mußte Dalwigk nachgeben und dem Antrag auf Aufnahme in den Norddeutschen Bund zustimmen. Er schrieb an Heinrich v. Gagern, den hessischen Gesandten in Wien: »Wir weichen einer unabwendbaren Notwendigkeit. Graf Beust wird unsere Lage würdigen und uns das Zeugnis nicht versagen, daß wir die Bresche verteidigt haben, bis wir uns zur Rechten und Linken verlassen sahen.« Der Großherzog selber erklärte resignierend, er müsse nun einmal gute Miene zum bösen Spiel machen.

Soweit Bismarck gegenüber den Königen in Stuttgart und München zu Zugeständnissen bereit war, betrafen sie die Reservat- oder Sonderrechte. Oft wird hervorgehoben, daß er keinen Zwang gegenüber den großen Südstaaten anwenden wollte. In dieser scheinbar liberalen Milde zeigte sich aber gerade der autokratische Zug der Bismarckschen Politik. Widerstände der süddeutschen Fürsten brach er nicht mit Hilfe einer nationalliberal und unitarisch gestimmten Volksmeinung, sondern mit den Mitteln der diplomatischen Intrige und auch der Korruption. Doch ganz fremd war ihm der Gedanke an einen Druck von unten gegen die dynastischen Frondeure und intrigierenden »Tintenkleckser« auch wieder nicht. Als sie ihn zu sehr peinigten, schrieb er noch kurze Zeit vor Abschluß der Verfassungsverträge an seinen ältesten Sohn Herbert: »Wenn nicht ein deutsches Unwetter dazwischen fährt, so wird mit diesen Diplomaten und Bürokraten der alten Schule nichts zu Stande kommen, wenigstens in diesem Jahre nicht.«

Die Abkommen mit den süddeutschen Dynastien kamen doch zustande; Preußens Übergewicht war zu stark. Wie es auch juristisch formuliert sein mochte, praktisch traten sie dem Norddeutschen Bund bei, dem man zunächst den Namen Deutscher Bund gab. Nur einige Reservat- oder Sonderrechte im Militär-, Steuer- und Verkehrswesen konnten sich die württembergischen und bayrischen Herrscher erhandeln; allerdings wurde dem partikularistischen Ehrgeiz nicht bei jedem in gleichem Maße stattgegeben. Den Bayern mußte Bismarck am meisten zugestehen; der König behielt seine eigene Armee und damit die gesonderte Ausbildung und Erziehung der Offiziere. Gegenüber Vorhaltungen, er hätte hier zuviel Zugeständnisse gemacht, meinte Bismarck, am Münchener Kadettenkorps dürfe das Deutsche Reich nicht scheitern. Bayern reservierte sich noch sein eigenes Heimat- und Niederlassungsrecht, und wie Württemberg und Baden hatte jedes dieser Länder seine eigene Eisenbahn. Der bayrische Vorsitz im Bundesratsausschuß für auswärtige Angelegenheiten schien beachtlich zu sein, stellte sich aber später als bedeutungslos heraus, ebenso wie das Zugeständnis an die süddeutschen Könige, ihre dynastischen Herrschaftszeichen in Gestalt der Briefmarken zu behalten, auf denen ihre Köpfe oder die ihrer Prinzregenten bis zur Novemberrevolution 1918 zu sehen waren. Doch welche Reichtümer und Hoheitsrechte den Fürsten Nord- und Süddeutschlands nach 1871 auch verblieben, ihre politische Macht war durch die Revolution von oben gebrochen.

Erst nach dem Abschluß der Verfassungsverträge machte Bismarck die Kaiserfrage zum Gegenstand der Verhandlungen mit den süddeutschen Fürsten. Es galt vor allem, den eifersüchtelnden Stolz des Bayernkönigs zu beachten und auszunutzen. Eitle Leute seien »traitabel«, das war stets Bismarcks Meinung gewesen, daher wagte er den Versuch, den schwierigen Bayernkönig an der Spitze des nach Preußen größten deutschen Staates dafür zu gewinnen, Wilhelm I. die Kaiserkrone anzutragen. Bei diesem von Bismarck hinter dem Rücken des Preußenkönigs vorbereiteten Plan half ihm der bayrische Oberst-Stallmeister Graf Holnstein. Die Szenen dieses Intrigenstücks spielten sich vornehmlich in Versailles ab. Dort gab der Bundeskanzler dem hochgestellten Boten gleich drei Schriftstücke für König Ludwig mit. Das amtliche Schreiben war von Superlativen umrahmt, vom Beginn: »Allerdurchlauchtigster Großmächtigster König!« bis zur Schlußformel: »In tiefer Ehrfurcht ersterbe ich Eurer Majestät untertänigster treugehorsamster Diener v. Bismarck«. Die Kernsätze des Schreibens lauteten: »Bezüglich der deutschen Kaiserfrage ist es nach meinem ehrfurchtsvollen Ermessen vor allem wichtig, daß deren Anregung von keiner andern Seite wie von Eurer Majestät und namentlich nicht von der Volksvertretung zuerst ausgehe. Die Stellung würde gefälscht werden, wenn sie ihren Ursprung nicht der freien und wohlerwogenen Initiative des mächtigsten der dem Bunde beitretenden Fürsten verdankte.«

Im Privatbrief appellierte Bismarck an König Ludwig als den Nachfahren der wittelsbachischen Markgrafen im Brandenburg des 14. Jahrhunderts, deren »besonderes Wohlwollen« seine Vorfahren - man denke vor allem an Klaus v. Bismarck - »während mehr als einer Generation« genossen. Damit wurde so etwas wie nie erstorbenes Vasallentum des Brandenburgers gegenüber dem Wittelsbacher ebenso verklärend wie berechnend in Erinnerung gebracht.

Das dritte von Holnstein übermittelte Schriftstück war der Entwurf jenes Briefes, den Ludwig II. an König Wilhelm I. richten sollte - was dann auch tatsächlich mit einigen Änderungen geschah. Mit diesem sogenannten Kaiserbrief kehrte der bayrische Oberst-Stallmeister zum Bundeskanzler ins Hauptquartier nach Versailles zurück.

Der königlich-bayrische Diensteifer wurde von Bismarck ansehnlich vergoldet. Ludwig II. erhielt für seine Privatschatulle geheime Jahresdotationen, die insgesamt etwa den Betrag von vier Millionen Mark erreichten. Graf Holnstein bekam für seine Vermittlertätigkeit eine Provision von, wie man später munkelte, zehn Prozent. Von der Bestechlichkeit des gräflichen Abgesandten aus Bayern wußte Bismarck schon vor Ausbruch des Krieges. Die preußische Gesandtschaft in München hatte ihm berichtet, daß Holnstein als der »bayrische Morny« bekannt sei, womit auf den Halbbruder Napoleons III. angespielt wurde, der als Personifikation monströser Bereicherungssucht galt.

Ohne jede Ahnung, wie Bismarck die Sache eingefädelt hatte, erhielt König Wilhelm den Kaiserbrief. Er war erfreut, daß der Erste der Reichsfürsten ihm den Kaisertitel antrug und damit die Form der Legitimität wahrte. Doch zugleich dämmerte dem Hohenzollern instinktiv, daß mit der Erweiterung der preußischen Hegemonie, des Norddeutschen Bundes zum »Deutschen Reich« und der Ersetzung des prosaischen Titels eines Bundespräsidenten durch den des »Deutschen Kaisers« das traditionelle Preußentum doch Schaden nehmen würde - langsam, aber sicher.

Bismarck aber lag vor allem daran, daß das neu erstehende

Reich durch den Kaisertitel ein Integrationssymbol erhalte. Wie immer in Zeiten historisch bedeutsamer Entscheidungen, hatte der Bundeskanzler mit seinem königlichen Herrn wieder einmal seine Mühsal. So schrieb er am 12. Dezember 1870 seiner Frau: »Mich plagen die Fürsten mit ihrer Geschäftigkeit und auch mein allergnädigster mit all den kleinen Schwierigkeiten, die sich für ihn in der sehr einfachen Kaiserfrage an fürstliche Vorurteile und Kinkerlitzchen knüpfen.«

Der Reichstag des Norddeutschen Bundes hatte wie alle Länderparlamente die neue Reichsverfassung anzunehmen, die im wesentlichen der eben dieses Bundes glich. Die Abänderungen bezogen sich fast ausschließlich auf die Sonderrechte der süddeutschen Fürsten. Außerdem wählte der Reichstag eine Deputation von dreißig Abgeordneten, um eine Adresse an den König zu überreichen mit der »Bitte, daß es Eurer Majestät gefallen möge, durch Annahme der deutschen Kaiserkrone das Einigungswerk zu weihen«. Bevor aber diese »dreißig Kerle« – wie sich das Gefolge unter sich titulierte – ihre untertänigste »Bitte« der Majestät vortragen durften, mußten sie in Versailles zwei Tage warten, bis nämlich die Zustimmungen aller deutschen Fürsten zur Kaiserwürde Wilhelms I. eingetroffen waren. Vorher wollte Wilhelm I., anders als sein Bruder Friedrich Wilhelm IV. 1849, mit den Parlamentariern nicht einmal zusammentreffen. Nach langen Streitereien über Titel, Wappen, Flagge, Benennungen kam endlich die Kaiserproklamation am 18. Januar 1871 zustande – an jenem Tage, da Friedrich I. im Jahre 1701 in Königsberg zum preußischen König gekrönt worden war.

Im Spiegelsaal des Versailler Schlosses Ludwigs XIV. versammelten sich Fürsten, Prinzen, Generale und Offiziere. Abordnungen der Regimenter mit ihren Fahnen waren erschienen; das deutsche Volk fehlte. Die Hofpredigt und die kaiserliche Proklamation, die den Saal erfüllten, sprachen in selbstgerechtem Pathos von der kriegerischen Ruhmessucht Ludwigs XIV., in dessen Prachtschloß sich alle versammelt hatten. Aber es schien, als ob dieser Ort eine geheime Rache an der Versammlung nehmen wollte, die den neuen Kaiser von Gottes Gnaden erkor; denn ein aufmerksamer Generalstabsoffizier notierte: »Der improvisierte Altar stand einer nackten Venus gegenüber, ein allerdings im Schloß von Versailles schwer zu vermeidendes Verhältnis.«

Bis zum letzten Augenblick hatte sich König Wilhelm I. gegen den Titel »Deutscher Kaiser« gewehrt, um durch das Beiwort nicht den Anschein zu erwecken, als ob das Preußische im Deutschen aufgehen solle; »Kaiser von Deutschland« hatte er heißen wollen, da ihm wohl daran gelegen war, über Deutschland zu herrschen, aber zugleich sagen zu können: Preuße bin ich, und Preuße will ich bleiben! Sein Schwiegersohn, der badische Großherzog Friedrich, umging die Schwierigkeiten, indem er kurz vor der Eröffnung der Feier mit Bismarck absprach, den »Kaiser Wilhelm« hochleben zu lassen. Am Ende der Proklamation schritt Wilhelm an seinem Kanzler vorbei, ohne ihn eines Blickes und Wortes zu würdigen, und drückte den anderen Großen des alten Preußen und des neuen Kaiserreiches die Hand. Kam in dieser demonstrativen Szene nur der Ärger des Augenblicks zum Ausdruck? Die Szene in Versailles symbolisierte nicht den ersten Konflikt, in den der Monarch mit seinem Minister geraten war.

An allen historischen Wendepunkten – 1864, 1866, 1870/71 – mußte Bismarck entweder hinter dem Rücken seines Königs handeln oder seinen Widerstand mit nervenaufreibender Mühsal brechen. Das alles war unvermeidlich, weil hier zwei voneinander abhängige Persönlichkeiten wesensverschieden waren. Bismarck hatte stets eine konkrete und situationsbezogene Konzeption erarbeitet; Wilhelm hatte nie eine solche, sondern nur allgemeine Prinzipien, mit denen der harten und komplizierten Wirklichkeit letztlich nicht beizukommen war. Bismarck war auch adels- und preußenstolz, dennoch nüchterner Realpolitiker; Wilhelm dagegen teils sentimental-legitimistischer, teils prestigebedachter Moralist. Recht schwach in seiner Fähigkeit entwickelt, die Dinge zu sehen, wie sie sind, ersetzte König Wilhelm konsequentes Denken durch moralisierenden Eigensinn, der stets durch die Macht der Verhältnisse und mit größter Mühsal gebrochen werden mußte.

Drei Kriege sind unter Bismarcks politischer Leitung von 1864 bis 1870 geführt worden, und keinen hat der spätere »Heldenkaiser« politisch recht verstanden. Er mußte 1864 von Bismarck mit allen diplomatischen Finessen gegen den Augustenburger aufgebracht werden, um mit seinem monarchischen Legitimitätsdenken nicht das ganze politische Konzept zu verderben. Bis zuletzt sträubte er sich 1866 gegen die Auseinandersetzung mit Österreich; so lange, bis Bismarck ihn wieder mit allen Künsten in die Position des Beleidigten und in seiner Ehre Gekränkten hineinmanövriert hatte. Von den Hintergründen der spanischen Thronfolgekandidatur, bei der er von Anfang an widerstrebte, begriff er nichts. Und auch in den dritten Krieg, den politisch denkende Diplomaten schon 1866 voraussahen, ging er unwissend und daher mit dem ihm so nötigen guten Gewissen. Drei Kriege, drei Siege, dreimal gefeiert ein tumber Tor!

Nach der Kaiserproklamation und dem Frankreich auferlegten Vorfrieden gehörte zur endgültigen Konstituierung der Reichseinheit die in der Verfassung vorgesehene Wahl zum Reichstag. Männer unter 25 Jahren und die Soldaten hatten kein Wahlrecht. Dieses Ausschalten aktiver Schichten dämpfte den Wahleifer, so daß nur 50,7 Prozent der Wähler zur Urne gingen. Die festlich gehobene Stimmung, die nach verschiedenen Zeugnissen in der Bevölkerung am Wahltage des 3. März herrschte, bezog sich wohl mehr auf den errungenen Frieden als auf die Reichseinheit, die noch nicht recht ins Bewußtsein gedrungen war.

Die der Bismarckschen Politik am nächsten stehenden Parteien errangen einen sichtbaren Sieg. Die Nationalliberale Partei erhielt 30 Prozent der abgegebenen Stimmen und schickte 175 gewählte Abgeordnete ins Parlament; die Freikonservative Partei (oder Deutsche Reichspartei) mit ihren 8,8 Prozent der Stimmen stellte 37 Abgeordnete. Die linksliberale Fortschrittspartei mit dem gleichen Stimmenanteil von 8,8 Prozent konnte jedoch wegen des Wahlkreis- und Stichwahlsystems 46 Abgeordnete ins Reichsparlament schicken.

Die im wesentlichen im Ostelbischen konzentrierten Konservativen, also die ausgesprochenen Interessenvertreter der Junker, warteten mit 14,1 Prozent der Stimmen und 57 Mandaten auf. Die katholisch-klerikale und partikularistische Opposition konzentrierte sich in der Zentrumspartei, die immerhin schon 18,2 Prozent und fast ein Fünftel der Abgeordneten, nämlich 63, gewann.

Die Nationalliberale Partei hatte zweifellos großbürgerlichen Charakter; ihre Führer waren in verschiedener Weise mit modernen Unternehmungen liiert, wobei zu beachten ist, daß sich besonders in Deutschland schon damals das Bankkapital mit dem Industriekapital zu verflechten begann. Die hervorragendsten Parlamentarier der Nationalliberalen Partei, wie Rudolf von Bennigsen und Eduard Lasker, waren zwar keine Industriellen oder Bankiers, aber praktisch und ideell doch mit dieser Welt des neuen Industriekapitalismus verbunden. Andere Führer der Partei, wie Johannes Miquel, hatten mit der Disconto-Gesellschaft und Ludwig Bamberger mit der Deutschen Bank zu tun, Friedrich Hammacher war Repräsentant der Bergwerksbesitzer aus Rheinland-Westfalen und Victor von Unruh selbständiger Industrieller. Zu den leitenden Köpfen der Freikonservativen Partei gehörten der Schwerindustrielle Ferdinand Stumm aus dem Saargebiet und Wilhelm von Kardorff aus Schlesien.

Waren in der Nationalliberalen Partei und in der linksliberalen Fortschrittspartei neben den unmittelbaren Interessenvertretern des großen und mittleren Kapitals auch noch Repräsentanten des Bildungsbürgertums, so in der Freikonservativen Partei Männer des Hochadels, der Diplomatie und der höheren Staatsbürokratie.

Die alte Konservative Partei aber war gerade durch die Fortschritte der nationalstaatlichen Einigung in eine schwierige Lage geraten. Bereits am 24. September 1870 hatte Moritz von Blanckenburg an seinen Freund von Roon geschrieben, daß er auf einige Tage nach Berlin gekommen sei, um mit den »extremen (preußisch-partikularistischen) Freunden«, den »conservativen Ultras«, Kontakt aufzunehmen. Anders als großbürgerliche Politiker, die in zeitgenössischen Briefen über die werdende Einheit in begeisterten Worten schrieben, meinte Blanckenburg in einem weiteren Brief an Roon vom 8. November 1870: »Finster und traurig denke ich an die politische Zukunft.« Er war, wie seine Parteifreunde, »über den kopflosen Eintritt von Hessen, Württemberg, Baden in den Bund« konsterniert. Diese »conservativen Ultras« fürchteten, daß »die Majorität des neuen Reichstages vollständig verlaskern muß«, also im Geiste des liberalen Eduard Lasker denken und handeln werde – was auch geschah.

Die große Zahl der Stimmen für die Parteien des großen und mittleren Kapitals und der nationalstaatlichen Einigung zeigte noch einmal, daß die demokratische Revolution von unten 1848/49 und ihre letzte, wenn auch geringe Chance von 1866 entscheidende Niederlagen erlitten hatten. Der historische Fortschritt konnte sich danach nur in der Form der Revolution von oben vollziehen. Der königlich-preußische Revolutionär Bismarck war, wie ihm selbst Karl Marx zugestand, Testamentsvollstrecker der Revolution von 1848, zugleich aber auch Bewahrer ihrer Konterrevolution, insofern er die Prärogative der Krone allzeit entschlossen verteidigt hatte.

In dieser Dialektik von Revolution und Konterrevolution steckte sowohl die Negierung des Absolutismus als auch des Liberalismus. In den Jahren von 1866 bis 1871 entstand etwas Drittes, das gleichfalls auf den Begriff gebracht werden muß. Faßt man sowohl die Verfassungsurkunde als auch die Verfassungswirklichkeit ins Auge, dann erweist sich der schon damals entstandene Begriff des Bonapartismus als zutreffende Kennzeichnung der neuen Herrschaftsform. So verschieden einzelne Erscheinungen des Napoleonismus und des preußisch-deutschen Hegemonialsystems waren, sie zeigten doch gleiche Wesenszüge; beide übernahmen objektiv die Aufgabe, den Industriekapitalismus der freien Konkurrenz durchzusetzen, stützten sich vornehmlich auf die Armee und versuchten, somit machtgeschützt, zwischen den sozialen Kräften und politischen Institutionen zu lavieren und sie im Gleichgewicht zu halten. Die Voraussetzung dieser modernen bonapartistischen Diktatur war die Schwäche der einzelnen Klassen. In Deutschland war das ostelbische Junkertum, der grundbesitzende Kern des Adels, schon aus ökonomischen Gründen nicht mehr in der Lage, die ausschließliche Herrschaft im Staate auszuüben. Das Bürgertum hatte in der Revolution von 1848/49 eine solch folgenreiche Niederlage erlitten, daß es sein ökonomisches Erstarken nur noch ausnutzte, um bei den herrschenden Gewalten wirtschafts- und nationalpolitische Konzessionen durchzusetzen. Für die Arbeiterbewegung aber war, trotz aller organisatorischen und politischen Fortschritte, die Zeit der Revolution noch nicht gekommen.

Die soziale und politische Entwicklung des preußisch-deutschen Bonapartismus brachte eine bemerkenswerte Eigenart hervor. Sein Bonaparte hatte, wie sich Engels einmal ausdrückte, drei Köpfe, »wie der alte slawisch-pommersche Götze Triglaw«. In diesem Dreierverhältnis war der König der unvermeidliche Repräsentant, Moltke der gebildete moderne Heerführer, Bismarck der »Majordomus«, der »moderne Richelieu«, wie ihn die Generalstabsoffiziere, die »Halbgötter«, insgeheim mit Bewunderung nannten.

Bismarck hat sich seine Majordomus-Stellung wohl verdient. Unbefriedigt in der Enge seines altmärkisch-pommerschen Junkertums, trieb es ihn schon früh in die Weite der großen Welt hinaus. Bald hatte er erkannt, daß da nicht nur Könige und Hochadlige agierten, sondern auch Bankiers und Industrielle. Mit ihnen war zu rechnen, ihre Interessen mußten berücksichtigt werden, schon weil anders die des Landadels, der Krongewalt und der Armee nicht gewahrt werden konnten. Diese realpolitische Erkenntnis, die ihn von den meisten seiner Standesgenossen abhob, verstand er in einfallsreiche und klug abwägende, in ebenso phantasievolle wie raffinierte Politik umzusetzen, die alle Kräfte seines Wesens forderte: seine Kombinationsfähigkeit und seine kritische Menschenkenntnis, sein dynamisches Naturell, sein Gottvertrauen und den Teufel in seinem Leibe.

Vielgestaltig und oft widersprüchlich erscheint Bismarck in seinem Wirken, das im wahrsten Sinne des Wortes Epoche machte; bald vorsichtig, bald waghalsig, einschmeichelnd und auch drohend. Er konnte schamlos bestechen, und er konnte auch politischen Kontrahenten imponieren. Es war ihm möglich, bedenkenlos zu lügen und dann wieder in einer in der Diplomatie ungewöhnlichen Weise die Wahrheit zu sagen. Nach langem Überlegen und Abwägen verstand er im rechten Augenblick die Dinge zu forcieren. Begabt mit der seltenen Fähigkeit, über sich selbst hinauswachsen zu können, ein Vollblutpolitiker, wurde er der Reichsgründer, weil er konnte, was er wollte, und weil er wollte, was er konnte.

Widersprüchlich wie er selbst war auch sein Werk. Bismarcks Grenzen zeigten sich in der Beschränkung auf die Interessenvertretung des Adels und des Industriebürgertums; der sich entwickelnden Arbeiterbewegung begegnete er mit profundem historischen Unverständnis. Er hat nie wirklich begriffen, daß mit ihr eine neue Kraft in der Geschichte heranwuchs. Die Außenpolitik seines Landes belastete er durch die Annexionen französischer Provinzen, die Armee schließlich stärkte er in einer solchen Weise, daß sie zum Staat im Staate wurde. So bekam das neugegründete preußisch-deutsche Reich einen zwiespältigen Charakter; und es war insgesamt doch ein bedeutender historischer Fortschritt, daß sich die kapitalistische Gesellschaft jetzt ungehemmt von Kleinstaaterei, gefördert durch einen starken Nationalstaat, entwickeln konnte, daß Deutschland nicht mehr Spielball ausländischer Großmächte war. Selbst wenn dem Reichstag die Macht eines bürgerlichen Parlaments fehlte, war er doch als Institution einer klassenzerklüfteten nationalstaatlichen Einheit bedeutungsvoll. Auch die deutsche Arbeiterklasse konnte auf der Basis des geeinten Deutschland ihre Kräfte besser sammeln und den Kampf um eigene politische und soziale Ziele führen; allein schon die Tribüne im Reichstag, die Wahlen, eine eigene Presse selbst unterm Sozialistengesetz, gaben ihr neue Möglichkeiten zur Selbstverständigung und Organisation. Noch war ja nicht entschieden, ob die nationalstaatliche Einigung von 1871 durch eine demokratische Umgestaltung ergänzt und dadurch mit neuem Inhalt erfüllt werden könnte.

Ernst Engelberg: Bismarck. Urpreuße
und Reichsgründer. 1985

Bismarck als Redner

VON
LOTHAR GALL

Der Politiker als Redner – das benennt in unserer Gegenwart zwei Seiten einer Medaille. Die Fähigkeit, vor einem jeweils wechselnden Publikum unterschiedlicher Herkunft, sozialer Zusammensetzung und politischer Ausrichtung wirksam auftreten zu können, bildet, zumindest in den politischen Systemen des Westens, eine wesentliche, wenn nicht die entscheidende Voraussetzung einer politischen Karriere.

Blickt man auf die politische Laufbahn Otto von Bismarcks, so drängt sich auf den ersten Blick der Eindruck auf, daß dies vor einhundertdreißig Jahren auch nicht anders gewesen sei: der im Vorfeld der Revolution von 1848 gerade dreißigjährige hochverschuldete märkische Gutsbesitzer verdankte, so scheint es, seinen für damalige Verhältnisse sensationellen politischen Aufstieg zuerst zu einem der führenden Sprecher der preußischen Konservativen und dann zu einem der ersten Diplomaten seines Landes zunächst vor allem seinem Auftreten als Redner. In Wahrheit liegen die Dinge komplizierter. Sicher: Mit seiner Jungfernrede im sogenannten Vereinigten Preußischen Landtag im Mai 1847, einer scharfen Absage an jeden Kompromiß mit den bürgerlich-liberalen Kräften, erwarb er sich den Ruf eines ebenso wortgewaltigen wie prinzipientreuen Streiters für die bedrohten Rechte der Krone und der alten aristokratischen Führungsschicht. Und mit seiner Verteidigung des für Preußen höchst demütigenden Vertrags von Olmütz, der die bisherige Vormachtstellung des österreichischen Kaiserstaates in Mitteleuropa zumindest äußerlich wiederherstellte, gewann er im Dezember 1850 das Vertrauen aller derjenigen, die die überlieferte Ordnung nur in dem festen Zusammenstehen der drei konservativen Vormächte Mittel- und Osteuropas, Rußlands, Österreichs und Preußens, gesichert sahen; der Lohn war seine Entsendung nach Frankfurt, auf den, wie er triumphierte,

»augenblicklich wichtigsten Posten unserer Diplomatie«, auf den Posten des preußischen Bundestagsgesandten.

Aber gerade der Redner Bismarck provozierte gleichzeitig immer wieder das Mißtrauen, ja, die Skepsis und Ablehnung vieler seiner konservativen Parteifreunde und schon gar seiner künftigen Diplomatenkollegen und Vorgesetzten. Galt doch im konservativen Lager der erfolgreiche Redner geradezu als Gegenbild eines ernsten Politikers und Staatsmanns. Und diese grundsätzlichen Bedenken nährte Bismarck noch zusätzlich durch die Art seines Auftretens, durch den unbekümmerten Appell an Emotionen und materielle Interessen, die Neigung zur Scharfmacherei und zum verbalen Übertrumpfen auch der radikalsten seiner politischen Gegner. Seine Reden erst im Vorfeld und dann während der Revolution von 1848/49 brachten ihn mit einem Schlag ins Rampenlicht der Öffentlichkeit. Gleichzeitig aber belasteten sie ihn auch in den Augen aller derjenigen, auf deren Förderung und Protektion er angewiesen war: der hohen Offiziere, Diplomaten und Beamten im unmittelbaren Umkreis Friedrich Wilhelms IV., für dessen Rechte er so leidenschaftlich eintrat. Der Monarch selber notierte im Herbst 1848: »Roter Reaktionär, riecht nach Blut, später zu gebrauchen«, wobei »später« den Fall äußerster Zuspitzung der Situation meinte, nicht aber wieder beruhigtere Zeiten. In ihnen war für einen demagogischen Heißsporn dieser Art, bei aller anerkennenswerten Gesinnungstreue, kein Platz, jedenfalls nicht in der vordersten Reihe – meinten doch selbst treue Anhänger der Krone und der überlieferten Ordnung in der Bevölkerung: »Wir sind konservativ, sehr, aber nicht Bismarcksch.«

So erwies sich sein Talent als Redner, so unübersehbar es ihn begünstigte, zugleich als eine eher zwiespältige Gabe. Sie begründete seine Karriere und drohte sie in einem Staat gleichzeitig auch wieder entscheidend zu hemmen, dessen führende Vertreter, von Bismarck selber nachdrücklich sekundiert, auf dem unbedingten Vorrang der monarchisch-bürokratischen Kräfte gegenüber den parlamentarischen und demokratischen beharrten.

Mit der ihm eigenen Unbedingtheit hat Bismarck daraus schon früh eine entscheidende Schlußfolgerung gezogen und an ihr, mit wenigen Ausnahmen, konsequent festgehalten:

Keine Parteireden mehr, keine Wahlreden, keine Reden vor Volksversammlungen, Reden sozusagen nur noch in amtlichem Auftrag, in amtlicher Funktion, stets deutlich abgesetzt von der Art des Auftretens erfolgreicher Parlamentarier und Volksredner.

Natürlich spielte bei der Konsequenz, mit der er das durchhielt, auch eine entscheidende Rolle, daß seine politische Laufbahn dann doch wider alles Erwarten, zumindest äußerlich, ganz herkömmlich verlief, als die eines aus der Beamten- und Diplomatenkarriere aufsteigenden Ministers. Aber es wäre doch durchaus denkbar gewesen, daß er sein außerordentliches rhetorisches Talent, etwa in Wahlzeiten, auch außerhalb des Parlaments eingesetzt und mit ihm für die eigene Sache geworben hätte. Darauf hat er nach den Erfahrungen seines Anfangs und in nüchterner Einschätzung seiner politischen Stellung und der Bedingungen ihrer Erhaltung bewußt verzichtet. Und nicht nur das. Er hat auch immer wieder unterstrichen, wie sehr er mit jenen übereinstimme, die im erfolgreichen Redner eine Art Antityp zum seriösen Politiker sahen. Er erhebe, so erklärte er noch in einer seiner letzten Reden, am 26. März 1886 vor dem Reichstag, »nicht den Anspruch, ein Redner und ein Redekünstler zu sein, ich bin Minister, Diplomat und Staatsmann und würde mich für gekränkt halten, wenn man mich einen Redner nennte«.

Das war keine bloße Floskel, Rhetorik gegen die Rhetorik. Es war auch nicht nur die inzwischen zu einer Art Ritual gewordene Abwehr des Vorwurfs seiner alten Kritiker auf der Rechten, er bediene sich auch auf diesem Feld allzu bedenkenlos der Mittel des politischen Gegners und unterschätze dabei die Gefahren der Demagogie, auch die Gefahr, von ihr selbst mitgerissen zu werden. Es war Ausdruck eines lebenslangen Kampfes gegen ein politisches System, dessen Vertreter die Staatsmacht zum Exekutivorgan der Gesellschaft, der politisch organisierten Nation zu machen bestrebt waren, die an die Stelle von Gottesgnadentum und monarchischem Prinzip das Prinzip der Volkssouveränität, der parteienstaatlichen Demokratie zu setzen suchten. An die Stelle von Sachverstand und gewachsener Autorität, von Erfahrung und persönlicher Führung sollte damit, so Bismarck immer wieder, die »Herrschaft des Redners« treten, der Appell an Wünsche und Leidenschaften, die Mobilisierung der Massen zur Durchsetzung höchst eigennütziger Ziele des einzelnen und hinter ihm stehender kleiner Gruppen. Diejenigen, »die durch ihre Beredsamkeit die große Masse, die Majorität der Stimmen für sich gewinnen«, warnte er im September 1878 im Reichstag, »gegen die wird kein Appell sein, das werden die erbarmungslosesten Tyrannen und die anderen Knechte des Tyrannen sein, wie sie je erfunden wurden«. Den Staat und die gesellschaftliche Ordnung, die Traditionen und etablierte Herrschaftspositionen gegen den Ansturm konkurrierender Kräfte zu verteidigen, das war vom ersten Auftreten an das Ziel des Politikers - und des Redners Bismarck.

Gegen die Rede als Zukunftsentwurf, als Verheißung, als mobilisierendes Programm, was bisher das Charakteristikum der politischen Rhetorik in Kontinentaleuropa seit der Französischen Revolution gewesen war, setzte er die Rede als Verteidigung des Bestehenden, der Ordnung, der Überlieferung. Ihr Ziel war in erster Linie die Sicherung von Herrschaft - im allgemeinen wie dann bald, nach seinem Amtsantritt als preußischer Regierungschef und Außenminister im Herbst 1862, auch in persönlicher Hinsicht.

Diese spezifische Akzentuierung und Zielsetzung hat die Reden Bismarcks inhaltlich wie formal entscheidend geprägt. Der Reichtum der rhetorischen Mittel, die Kraft der Bilder, die Variationsbreite zwischen causierendem Parlando, geistreichen Exkursen und dem großen pathetischen Ausbruch - all das, was die Lektüre dieser Reden auch heute noch zum Genuß macht, diente in sorgfältiger Inszenierung bis ins kleinste Detail vor allem einem Zweck: ein politisches Kräfteverhältnis zu schaffen beziehungsweise zu sichern, das mit dem bestehenden System im Innern wie im Bereich der Außenpolitik die eigene Machtstellung begünstigte. Es ging stets aufs neue um Identifizierung, um Identifizierung seiner Person mit dem Staat und dessen grundsätzlichem Herrschaftsanspruch schlechthin. Er sage nicht wie Ludwig XIV.: »L'Etat c'est moi«, so hat er es selbst sechs Jahre vor seinem Sturz in vertrautem Kreis einmal mit brutaler Offenheit formuliert, sondern: »Moi je suis l'Etat.«

Nur ganz wenige haben diese Grundposition, die allem neuzeitlichen Staatsverständnis mit ihrer Ineinssetzung von Amt und Funktion hohnsprach und in letzter Konsequenz zur reinen Willkür innerhalb eines formalen Systems von Verfahrensregeln und Normen zu führen drohte, schon während der politischen Auseinandersetzungen wirklich klar erkannt. Zu ihnen gehörte der Mann, der wohl sein größter parlamentarischer und rhetorischer Gegenspieler überhaupt gewesen ist: der Zentrumsführer Ludwig Windthorst. Nach der großen Rede vom 30. Januar 1872, in der Bismarck der ihm politisch höchst unbequemen Zentrumspartei namens des modernen Staats und der modernen Kultur praktisch den Krieg erklärt hatte, schleuderte Windthorst ihm entgegen: »Der Ministerpräsident ist nicht der Staat.« Alle staatliche Gemeinschaft, alle Möglichkeit zum Ausgleich, zum politischen Kompromiß ende, wenn ein Minister es wage, »seine Gegner auch Gegner des Staates zu nennen«. Werde der politische Gegner der jeweiligen Regierung zum Staatsfeind erklärt, dann seien Freiheit und Verfassung, aber auch die Parole des Schutzes der bestehenden staatlichen und sozialen Ordnung nur noch leere Worte.

Das war sicher, bezogen auf die aktuelle Situation, eine dramatische Zuspitzung. Aber es umschrieb eine Tendenz, die sich nicht zuletzt aus der besonderen Form der Bismarckschen Rhetorik nährte. Indem sie einerseits Staat, Regierung und eigene Person miteinander identifizierte und andererseits an dem Gedanken der Überparteilichkeit des Staates als Institution strikt festhielt, neigte sie dazu, ständig eine Ausnahmesituation, einen innerstaatlichen Systemkonflikt zu suggerieren und jede etwas grundsätzlicher ansetzende Kritik und Opposition für staatsgefährdend zu erklären. Das aber begünstigte ein Freund-Feind-Denken, das die Entwicklung des parlamentarischen Systems entscheidend hemmte und der Anerkennung der Legitimität des Parteien- und Interessenpluralismus einer modernen Gesellschaft im Wege stand.

Damit ist zugleich gesagt, daß Bismarck als politischer Redner zwar fraglos zu den eindrucksvollsten Gestalten der deutschen Parlamentsgeschichte zählt, daß er jedoch auch in dieser Hinsicht eine eher problematische Rolle gespielt hat. Wer heute beklagt, daß in den Parlamenten nur noch zum Fenster hinaus geredet werde, daß von einem wirklichen öffentlichen Dialog kaum noch die Rede sein könne, kann auch dafür in den Bismarckschen Parlamentsauftritten das unmittelbare historische Vorbild finden. Die Volksvertretungen, das preußische

Abgeordnetenhaus und der Reichstag, lieferten ihm vor allem ein Forum, sozusagen die am weitesten sichtbare Tribüne im Land - mehr nicht, jedenfalls in der Regel. Die Unbekümmertheit, mit der er in Debatten das Wort nahm, zu deren Zuhörern er nur sehr kurzfristig gehört hatte und über deren bisherigen Verlauf er höchstens durch Hörensagen informiert war, wirkt auch nach einem Jahrhundert noch überraschend, und es läßt sich die Provokation nacherleben, die solche Auftritte dargestellt haben. Das gleiche gilt für seine Neigung, kurz nach seiner Rede das Parlament wieder zu verlassen: Reaktion, Antwort, Echo erwartet er von anderswoher, nicht von den unmittelbar folgenden Debattenrednern. Insofern fiel ihm der bewußte Verzicht auf öffentliche Reden außerhalb des Parlaments in späteren Jahren kaum noch schwer. Die Öffentlichkeit hörte ihm zu, und die indirekte Form hatte ihre unübersehbaren Vorteile. Zudem ließ sich da manches nachträglich wieder korrigieren und in den Akzenten verändern, ja, zum Ausgangspunkt einer, etwa in der »Norddeutschen Allgemeinen«, dem regierungsoffiziösen Organ, bewußt vom Zaune gebrochenen Pressefehde machen...

So steht in diesen Reden, und das verleiht ihnen ihre besondere Farbe und Faszinationskraft, immer vielerlei nebeneinander, wobei die Akzente sich, entsprechend der jeweiligen Situation, ständig verschieben und verändern. Stets auf das sorgfältigste konzipiert und bis ins kleinste Detail vorausüberlegt und abschattiert - seine Reden, notierte der älteste Sohn noch 1888, »beschäftigen ihn erfahrungsgemäß Tag und Nacht, bis die betreffenden Sitzungen vorbei sind« -, zeigen sie den Sprecher in den unterschiedlichsten Positionen und Attitüden. Hier sind es Reden eines Parlamentariers, dort Appelle an die Nation, das eine Mal spricht, kaum verhüllt, der agrarische Interessenvertreter, das andere Mal der europäische Diplomat, und dann wieder meint man den königlichen Minister Vortrag beim Monarchen halten zu hören. Mit dem Wechsel des heimlichen Adressaten wechselt immer auch die Tonart, und stets wird, jedenfalls im Rückblick, die Einschätzung deutlich, die der Angesprochene im Rahmen der Gesamtkonstellation durch den Redner erfährt. Diese Gesamtkonstellation spiegelt sich ihrerseits bis ins Atmosphärische in den Wendungen wider, mit denen das beschworen wird, was nach Meinung des Sprechenden gegenüber bloßen Illusionen und Ideologien die Realität ausmacht.

Wenn ein Stilmittel, das allerdings weit mehr als ein Stilmittel darstellt, durchgehalten ist, so dieses: die Beschwörung der Realität, des tatsächlich Gegebenen gegenüber ihren angeblichen Verzerrungen in Vorstellungen und Wunschbildern, in kühnen Entwürfen und Zukunftsvisionen, aber auch in nostalgischen Träumereien von einer vorgeblich noch lebendigen Vergangenheit. So betonte er, zum Entsetzen seiner hochkonservativen Freunde, schon in seiner ersten Rede nach Ausbruch der Revolution von 1848: »Die Vergangenheit ist begraben, und ich bedauere es schmerzlicher als viele von Ihnen, daß keine menschliche Macht imstande ist, sie wieder zu erwecken, nachdem die Krone selbst die Erde auf ihren Sarg geworfen hat.« So schob er, voller Hohn gegenüber allen Ideal- und Gefühlspolitikern, in der berühmten Olmütz-Rede vom Dezember 1850 alles beiseite, was sich an außenpolitischen Zielsetzungen nicht strikt aus dem unmittelbaren Großmachtinteresse Preußens ableiten ließ: »Die einzige gesunde Grundlage eines großen Staates, und dadurch unterscheidet er sich wesentlich von einem kleinen Staate, ist der staatliche Egoismus und nicht die Romantik, und es ist eines großen Staates nicht würdig, für eine Sache zu streiten, die nicht seinem eigenen Interesse angehört.« Und so zog er schließlich die geballte Empörung der liberalen Öffentlichkeit auf sich, als er Ende September 1862, eben zum preußischen Regierungschef ernannt, in der Budgetkommission des preußischen Abgeordnetenhauses nüchtern konstatierte: »Nicht durch Reden und Majoritätsbeschlüsse werden die großen Fragen der Zeit entschieden – das ist der große Fehler von 1848 und 1849 gewesen –, sondern durch Eisen und Blut.«

Freilich: Die Realität, die er so eindringlich beschwor, war doch immer seine Realität, und bei aller illusionslosen Nüchternheit und Schärfe der Analyse machte sich stets aufs neue sein leidenschaftlicher Gestaltungswille geltend, die Resolutheit des Tatmenschen, dem das eigene Bild, die eigene Interpretation der Wirklichkeit zur Wirklichkeit schlechthin wird. »Er hat schon Anlage, die Welt und ihr Regiment über seine eigene Anschauung davon zu vergessen«, notierte einer seiner politischen Mentoren, der bei Hof höchst einflußreiche Magdeburger Oberlandesgerichtspräsident Ludwig von Gerlach, in den fünfziger Jahren einmal nachdenklich.

In Verbindung mit der Neigung, die Einschätzung der Realität in anderen Köpfen jeweils an seinem eigenen Bild dieser Realität zu messen und entsprechend zu bewerten, hat dies dazu geführt, daß er stets dann eklatante politische Rückschläge einstecken mußte, wenn er auf grundsätzliche, weltanschaulich fundierte Positionen stieß, die sich nur begrenzt real- und interessenpolitisch ableiten und auflösen ließen - so in den prinzipiellen Auseinandersetzungen mit der entschieden liberalen Parlamentsmehrheit um Rudolf von Virchow nach 1862 und dann in den Kämpfen mit der Zentrumspartei und der Sozialdemokratie. Hier, gegenüber konkurrierenden Bildern und grundsätzlich anderen Interpretationen der Wirklichkeit versagte sein Realitätssinn. Und es ist kein Zufall, daß die entsprechenden Reden, bei aller Aktualität einzelner Probleme und Formulierungen, zu den am stärksten zeitgebundenen gehören. Zugleich enthüllen sie besonders anschaulich das, was man das ideologische Element von Realpolitik, praktisch jeder Realpolitik, nennen kann. Unter dem Gewand unbedingter Nüchternheit und Illusionslosigkeit verabsolutiert sich die eigene Einschätzung der Wirklichkeit und läßt keinen Raum mehr für konkurrierende Einschätzungen und mit ihnen für andere, für werdende Wirklichkeiten - bis hin zu einem Punkt, wo schließlich einem scharfen, oft zynischen Realismus im Detail ein förmlicher Irrealismus hinsichtlich der Zusammenhänge korrespondiert. Das hatte Max Weber vor Augen, wenn er mit Blick auf den alten Bismarck und seine Auftritte auch als Redner von dem »kalten Hauch geschichtlicher Vergänglichkeit« sprach, der von ihm ausging - »als ob ein Geist herniederstiege aus einer großen Vergangenheit und wandelte unter einer neuen Generation durch eine ihm fremd gewordene Welt«.

So wie den großen Realisten, dieses »Genie des Gegenwärtigen«, wie man ihn einmal treffend genannt hat, schließlich die Realität überholte, so sah sich der große Täter zunehmend mit den unvorhergesehenen Konsequenzen der eigenen Taten konfrontiert. Auch das findet in den Reden seinen getreulichen Niederschlag. In einem seither immer wieder zitierten Satz hat Max Weber 1895 in seiner berühmten Freiburger Antrittsvorlesung sehr genau die Meinung der überwiegenden Mehrheit seiner Zeitgenossen wiedergegeben, wenn er erklärte: »Wir müssen begreifen, daß die Einigung Deutschlands ein Jugendstreich war, den die Nation auf ihre alten Tage beging und seiner Kostspieligkeit halber besser unterlassen hätte, wenn sie der Abschluß und nicht der Ausgangspunkt einer deutschen Weltmachtpolitik sein sollte.« Der alte Bismarck hingegen beschwor seine Landsleute stets aufs neue, sich auf keine Abenteuer einzulassen, sich bewußt zu bleiben, daß die kleindeutsche Reichsgründung von 1871 das Äußerste gewesen sei, was man den übrigen europäischen Staaten und Völkern an Machtgewinn habe abringen können. Als er in seiner letzten großen außenpolitischen Rede, Anfang Februar 1888, militante ausländische Presseorgane vor Einschüchterungsversuchen mit dem Satz warnte: »Wir Deutsche fürchten Gott, aber sonst nichts in der Welt«, da jubelte ihm die Nation zu, stickte die Worte auf Wimpel und Kissen, verewigte sie in Metall und Porzellan. Den Nachsatz aber vergaß sie meist ebenso wie die Mahnung, die der Kanzler an anderer Stelle seiner Rede in sehr grundsätzlicher Wendung formulierte. »Die Gottesfurcht ist es schon, die uns den Frieden lieben und pflegen läßt«, hatte er hinzugefügt und gleichzeitig den »Weltpolitikern« ins Stammbuch geschrieben: »Jede Großmacht, die außerhalb ihrer Interessensphäre auf die Politik der anderen Länder zu drücken und einzuwirken und die Dinge zu leiten sucht, die periklitiert außerhalb des Gebietes, welches Gott ihr angewiesen hat, die treibt Machtpolitik und nicht Interessenpolitik, die wirtschaftet auf Prestige hin.« Es gehe für Deutschland zuerst und vor allem anderen um die Sicherung dessen, »was wir mühsam unter dem bedrohenden ... Gewehranschlag des übrigen Europa ins trokkene gebracht haben«, beschwor er fünf Jahre später eine Delegation deutscher Studenten an seinem 78. Geburtstag in Friedrichsruh. Nur dann könnten »Anno 1950, so viele von Ihnen dann noch leben, mit voller Zufriedenheit den Toast ... abermals mit ausbringen: ›Kaiser und Reich, sie leben hoch‹«. Das waren prophetische Worte. Aber die jungen Leute von damals, die schon in das neue Reich hineingeboren worden waren, die in Bismarck den »Eisernen Kanzler«, den großen Vollbringer bewunderten, vermochten darin nicht mehr als Perspektivelosigkeit zu erkennen, Ängstlichkeit und Müdigkeit des Alters, das sich von der Kühnheit und Kraft der sechziger Jahre des

Jahrhunderts inzwischen weit entfernt hatte. »Je länger man zuhörte«, so notierte der junge Harry Graf Kessler nach einem Treffen des »Reichsgründers» mit Studenten, »um so stärker zwang sich einem die Erkenntnis auf, daß, was er sagte, sich an eine Generation wandte, die der Vergangenheit angehörte... Uns, uns Jungen, hatte er offenbar nichts zu sagen... Er bot uns jungen Deutschen als Lebenszweck ein politisches Rentnerdasein, die Verteidigung und den Genuß des Erworbenen; unser Schaffensdrang ging leer aus... Er war, wie schmerzlich in die Augen sprang, kein Anfang, sondern ein Ende, ein grandioser Schlußakkord - ein Erfüller, kein Verkünder!«

»Kein Anfang, sondern ein Ende« - so erscheinen auch heute manchem, wenngleich mit sehr anderer Begründung, Bismarck und sein Werk. Gerade in solcher Distanz, die nicht mehr nach bindenden Testamenten, nach dem verpflichtenden Erbe fragt, sondern weiß, daß dieses Erbe, so oder so, längst vertan ist, wird freilich das über den Augenblick und auch über die geschichtliche Situation Hinausreichende besonders deutlich sichtbar: die Fähigkeit, in der geistigen Durchdringung und generalisierenden Beschreibung eines Problems oder einer bestimmten politischen Konstellation das Besondere hinter sich zu lassen und zu dem zu gelangen, was Thukydides »Ktema es aei« - Besitz für immer, dauernde Einsicht in das Wesen des Politischen selbst, in die Beziehungen von Menschen und Staaten schlechthin, genannt hat. Wer Bismarcks Reden heute liest, der wird mit vielem konfrontiert, was ganz abgetan ist, auch mit mancherlei Ärgerlichem und Abstoßendem - unendlichem Machthunger und oft höhnischer Menschenverachtung, dem Mißbrauch von Hoffnungen und Idealen, dem Geschäft mit gegensätzlichen Erwartungen. Aber untrennbar damit vermischt erscheint wie in den großen Gestalten des Thukydides oder des Tacitus als Produkt eben jener oft abstoßenden Leidenschaft des Politischen immer wieder der die Enge der Gegenwart und der eigenen Person überspringende Gedanke, die Formulierung dessen, was wohl dauern wird, solange Menschen, in Gemeinschaften unterschiedlichster Art organisiert, miteinander leben.

Bismarck. Die großen Reden. Herausgegeben und eingeleitet von Lothar Gall. 1981

Das Erfurter Programm
Marx' später Sieg über Lassalle

VON
INGRID GILCHER-HOLTEY

Die Diskussion, die zur Verankerung des marxistischen Weltbildes im Grundsatzprogramm der deutschen Sozialdemokratie führte, begann noch unter dem Sozialistengesetz. Auf dem Parteitag in St. Gallen (1887), dem dritten im Ausland tagenden Kongreß seit dem Verbot der Sozialdemokratie 1878, setzten die Delegierten eine Kommission zur Überprüfung und möglichen »Revision« der Grundsätze des Gothaer Programms ein. Die Kommission, der mit Auer, Bebel und Liebknecht drei Mitglieder der Reichstagsfraktion angehörten, erhielt den Auftrag, in Erwägung zu ziehen, »ob die vorgeschrittenen industriellen Verhältnisse Deutschlands es nicht angezeigt erscheinen lassen, den Grundsatz der Produktivgenossenschaft aus dem Programm zu streichen und an dessen Stelle die Forderung der Expropriation des Grund und Bodens sowie der Produktionsmittel zu setzen«. Damit war eine der von Anfang an umstrittensten Forderungen des Gothaer Programms erneut zur Diskussion gestellt…

Die zur Überprüfung des Gothaer Programms eingesetzte Kommission kam in den drei folgenden Jahren zu keinem Ergebnis. Als Gründe nannte Liebknecht, der Berichterstatter der Kommission, den Delegierten des Parteitages in Halle (1890) die erschwerten Arbeitsbedingungen unter dem Sozialistengesetz, die angespannte politische Situation bis zum Sturz Bismarcks, aber auch das Desinteresse der Parteimitglieder an theoretischen Fragen. Als aus den Reihen der Delegierten der Antrag gestellt wurde, sofort eine Kommission einzusetzen, die parallel zu den Verhandlungen des Parteitages das Versäumte nachholen und ein neues Programm ausarbeiten solle, wies Liebknecht dies entschieden zurück. »Es könne nicht darum gehen«, so seine Argumentation, »hastig ein neues Programm zu improvisieren.« Nach seiner Auffassung sollte der Vorstand, »soweit die Kräfte seiner Mitglieder reichen«, am Entwurf arbeiten und »allen tüchtigen Kräften in der Partei« Gelegenheit zur Beteiligung geben. Er schlug deshalb vor, den Parteivorstand zu beauftragen, dem nächsten Parteitag einen Revisionsentwurf vorzulegen und diesen drei Monate vor Beginn des Kongresses zu veröffentlichen. Sein Antrag wurde angenommen. Dadurch behielt der Parteivorstand die Kontrolle über die Zusammensetzung der Programmkommission und die Ausgestaltung des Entwurfs. Der Parteitag beschränkte sich auf eine Kritik des alten Programms.

Wilhelm Liebknecht, der das Grundsatzreferat zur Programmdiskussion hielt, richtete seine Kritik am Gothaer Programm vor allem gegen den Mangel an wissenschaftlicher Präzision. Das Programm werde einer Partei, die sich als »Partei des wissenschaftlichen Sozialismus« begreife, nicht gerecht. Den Vorwurf mangelnder Wissenschaftlichkeit richtete Liebknecht insbesondere gegen den Grundsatz »Die Arbeit ist die Quelle allen Reichtums«, gegen die Prämissen vom »freien Staat« und »ehernen Lohngesetz« sowie gegen die Forderung nach »unverkürztem Arbeitsertrag«. Er übte damit Kritik an den lassalleanischen Elementen des Programms, ohne jedoch Lassalle zu nennen oder direkt anzugreifen. In seiner Analyse stützte sich Liebknecht auf Teile der Kritik des Gothaer Programms, die Marx fünfzehn Jahre früher formuliert hatte, ebenfalls ohne den Autor Marx zu nennen oder ihn in Punkten, in denen er nicht mit ihm übereinstimmte, zu kritisieren. Obwohl sich die Diskussion um das neue Programm zur Auseinandersetzung zwischen Marxismus und Lassalleanismus gestaltete, blieb die Gegenüberstellung der beiden Kontrahenten – Marx und Lassalle – in der Partei ein Tabu. Während des gesamten Verlaufs des Kongresses hingen ihre Bilder vereint nebeneinander über der Rednertribüne.

Liebknechts Rede veranlaßte Friedrich Engels, der vor dem Parteitag in Halle noch jegliche Mitarbeit an der Entstehung des neuen Programms abgelehnt hatte, in die Programmdebatte der deutschen Sozialdemokratie einzugreifen. Er veröffentlichte ein bis dahin in Parteikreisen unbekanntes Manuskript aus dem Marx-Nachlaß: die »Randglossen zur Kritik des Programms der deutschen Arbeiterpartei«. Nach Marx' Willen waren die »Randglossen« nicht zur Publikation bestimmt. Es handelte sich um einen Brief, den Marx am 5. Mai 1875 an Bracke zur Einsichtnahme für Geib, Auer, Liebknecht und Bebel gesandt hatte und den er im Juli 1875 zurückforderte. Nachdem Liebknecht Auszüge aus diesem Brief in seiner Rede auf dem Parteitag in Halle »theils ungenirt als sein Eigentum verwerthet, theils dagegen an[ge]kämpft [hatte], ohne es zu nennen«, sah Engels sich als Nachlaßverwalter Marx' verpflichtet, das Marxsche Manuskript zu veröffentlichen. Denn Marx hätte, nach seiner Überzeugung, »dieser Verarbeitung unbedingt das Original entgegengestellt«.

Die Bedeutung der Marxschen »Randglossen« bestand für Engels darin, daß »hier die Stellung von Marx zu der von Lassalle seit dessen Eintritt in die Agitation eingeschlagenen Richtung klar und fest dargelegt« wurde, und zwar »sowohl was die ökonomischen Prinzipien wie die Taktik Lassalles« betraf. Engels hielt es für unbedingt notwendig, daß sich die Sozialdemokratische Partei »über die Stellung Lassalles zu Marx« Klarheit verschaffte. Zu lange hatte die Partei, aus seiner Sicht, die Kritik an Lassalle ruhen lassen. Nachdem infolge der Aufhebung des Sozialistengesetzes der äußere Druck von der Partei genommen war, hielt er den Zeitpunkt für gekommen, »endlich einmal reinen Tisch zu schaffen zwischen Marx und Lassalle«. Er forderte eine direkte und offene Kritik des Lassalleanismus in der Partei, um bei der Formulierung des neuen Programms Fehler des Gothaer Programms zu vermeiden. »Die Legende, die die wahre Gestalt Lassalles verhüllt und verhimmelt«, durfte, aus seiner Sicht, »kein Glaubensartikel der Partei werden«. Die Veröffentlichung der Marxschen Kritik am Gothaer Programm sollte den Parteigenossen in Deutschland »unwiderstehliche Argumente« liefern, »die die Meisten von ihnen vielleicht kaum den Mut gehabt hätten aus eigener Initiative vorzubringen«.

Doch Engels wollte mit der Veröffentlichung der »Randglossen« nicht nur die Kritik der Parteimitglieder auf die lassalleanischen Elemente des alten Programms lenken, sondern auch auf den Autor des Programms, Wilhelm Liebknecht. Es entsprach Engels' Willen, mit der Publikation der Marxschen »Randglossen« Wilhelm Liebknecht als Theoretiker zu diskreditieren, war doch die Marxsche Kritik, wie Engels meinte,

»in erster Instanz gegen ihn gerichtet«. Um sein Ziel zu erreichen, nahm er selbst Konflikte mit der deutschen Partei in Kauf. »Wenn man sich beruhigt haben wird«, schrieb er an Lafargue, »wird man mir dafür danken, daß ich sie daran gehindert habe, noch so ein faules Programm durch Liebk[necht] fabrizieren zu lassen, den Vater des gegenwärtigen.« Zwar rechnete Engels damit, daß die Marxschen »Randglossen« in der Partei »Mißfallen« erregen könnten, dennoch stimmte er die Veröffentlichung des Manuskripts nicht mit dem Parteivorstand ab. Gelegenheit zur Aussprache über die Rede Liebknechts und die vom Parteivorstand eingeschlagene Strategie der indirekten Kritik des Lassalleanismus hätte er, da Bebel, Singer und Liebknecht sich im November 1890 anläßlich seines 70. Geburtstags in London aufhielten, gehabt. Doch nicht ihnen, sondern Kautsky kündigt Engels, zwei Wochen nach seinem Geburtstag, »einen Beitrag aus dem Nachlaß von Marx« an, »ganz was Neues und obendrein höchst zeitgemäßes und aktuelles« für die Programmdiskussion der Partei. Später rechtfertigte Engels das Übergehen des Vorstandes damit, daß er nicht gewohnt sei, um Erlaubnis anzufragen, ob eine Veröffentlichung recht sei. In Wirklichkeit aber ging er davon aus, daß Liebknecht »Himmel und Hölle aufgeboten haben [würde] den Druck zu verhindern«. Um Liebknechts Stellung in der Partei zu untergraben, mußte Engels den Druck des Marxschen Manuskripts am Parteivorstand vorbei organisieren. Karl Kautsky half ihm dabei.

Für Karl Kautsky kam die Marxsche Kritik am Gothaer Programm im Januar 1891 »wie gerufen«. Er gab das Manuskript trotz des Protestes seines Verlegers Dietz, der verlangte, den Artikel vor der Veröffentlichung der Parteileitung zu unterbreiten, sofort in Druck. Er bat Engels lediglich, einige Stellen, die persönliche Angriffe auf Liebknecht enthielten, zu korrigieren. Ganz so unabhängig wie Engels konnte Kautsky jedoch nicht handeln, er mußte die Parteileitung wenigstens informieren. Etwa 14 Tage vor dem offiziellen Erscheinen und 10 Tage vor der Versendung der »Neuen Zeit« berichtete er, obwohl Engels ihn zur Geheimhaltung verpflichtet hatte, August Bebel von der Existenz des Marx-Briefes und seiner Absicht, ihn im nächsten Heft der »Neuen Zeit« zu publizieren. »August«, so seine Rechtfertigung gegenüber Engels, »hätte Grund gehabt, mich der Hinterlist zu zeihn, wenn ich es nicht gethan hätte.« Als er an der Antwort Bebels merkte, daß dieser sich über die Bedeutung des Marxschen Briefes nicht im klaren war, beschloß er, ihm »reinen Wein einzuschenken«, und sandte ihm einen Abzug. Bebel erhielt den Brief Kautskys, las aber die beigefügten Marxschen »Randglossen« nicht sogleich. Als er deren Inhalt wahrnahm, versuchte er, gemeinsam mit Liebknecht, sofort die Auslieferung der »Neuen Zeit« zu stoppen. Das Telegramm erreichte jedoch den Stuttgarter Verlag erst, nachdem dieser die »Neue Zeit« bereits versandt hatte. So erschien im Januar 1891 die Marxsche Kritik am Gothaer Programm in der »Neuen Zeit«, dem theoretischen Organ der deutschen Sozialdemokratie, gegen den Willen des Parteivorstandes. Der Vorstand hätte, wie er in einer Stellungnahme ausdrücklich betonte, eine Veröffentlichung des Manuskripts »in der vorliegenden Form« nicht gebilligt.

In der sozialdemokratischen Reichstagsfraktion schlugen die Wogen der Entrüstung hoch. Stimmen wurden laut, die »Neue Zeit« unter »Censur« zu stellen. Entschieden verwahrten sich die Mitglieder der Fraktion gegen eine »Leitung der Partei vom Ausland her«. Engels wurde wochenlang vom Parteivorstand »boykottiert«, er erhielt keine Briefe. Als August Bebel sein Schweigen brach, berichtete er Engels von »Tausenden der opferwilligsten Genossen, die eine solche rücksichtslose und harte Kritik empörte«...

Im Mai 1891 begann Wilhelm Liebknecht auftragsgemäß mit der Ausarbeitung des Entwurfs eines neuen Parteiprogramms. August Bebel stellte dem Liebknechtschen Entwurf eine eigene Fassung entgegen, die von Liebknecht als Grundlage zur Neuformulierung eines erweiterten Entwurfs verwandt wurde. Dieser neue Entwurf erhielt im Parteivorstand seine letzte Überarbeitung und wurde am 18. Juni 1891 als »streng vertraulich« an die Mitglieder der Reichstagsfraktion sowie an Engels, Kautsky und »andere wissenschaftlich hervorragende Parteigenossen« versandt. Am 20. Juni 1891 beriet die »gesamte Parteileitung« (Vorstand und Kontrolleure) über die Vorlage. Der interne Entwurf des Parteivorstandes unterschied sich, nach Auffassung Engels', vorteilhaft von dem bisherigen Programm der Partei. Überzeugt, daß der Entwurf theoretisch »im ganzen auf dem Boden der heutigen Wissenschaft« stehe, nahm Engels lediglich an einigen Stellen des grundsätzlichen

Teils sprachliche und inhaltliche Präzisierungen vor. Grundsätzliche Kritik übte Engels am praktischen Teil des Programms, vor allem an den politischen Forderungen. Während der Parteivorstand Engels' Vorschläge zur Neuformulierung des grundsätzlichen Teils mit einer Ausnahme billigte, fanden seine politischen Forderungen keine Zustimmung. War Engels davon ausgegangen, daß die Sozialdemokratische Partei »nur zur Herrschaft kommen kann unter der Form der demokratischen Republik«, die für ihn eine spezifische Form der Diktatur des Proletariats war, so erachtete der Parteivorstand die Aufnahme der republikanischen Zielforderung angesichts der Verhältnisse im Deutschen Kaiserreich für unmöglich. Bei Aufnahme dieser Forderung in das Programm wären, so die Argumentation Bebels, »unsere Leute in die Enge getrieben worden, indem man ihnen immer vorhielt: ihr steuert auf die Gewalt«. Die Vorstellungen von der Errichtung der Republik »auf gemütlich friedlichem Weg« hielt Engels jedoch für eine »kolossale Illusion«. Wenn die deutsche Partei dennoch glaubte, sich an der Republik, wie Engels es sah, »vorbeidrücken« zu können, so hielt er die Aufnahme der Forderung nach »Konzentration aller politischen Macht in den Händen der Volksvertretung« für unverzichtbar. Aber auch diese Formulierung lehnte der Parteivorstand ab. »Daß die Forderungen des Programms nicht mit dem Königtum verwirklicht werden«, so Bebel, »darüber täuscht sich niemand.« Verworfen wurde auch Engels' zweite politische Forderung, die nach »Rekonstitution Deutschlands«, d.h. Aufhebung der Kleinstaaterei und Errichtung einer »unteilbaren Republik«. Die Partei, so der Einwand Bebels, betrachte diese Frage als entschieden, niemand diskutiere mehr darüber. Denn »gegen die Kleinstaaterei aufzutreten, haben wir keinen Grund; wir müßten dann preußische Politik machen, und diese hätte weder Zweck noch Erfolg«.

Außer Engels hatte auch Karl Kautsky dem Parteivorstand eine Programmkritik sowie einen neuen Programmvorschlag eingereicht. Doch konnte sich der Parteivorstand, wie Bebel berichtete, für den Kautskyschen Entwurf »nicht erwärmen, er war uns zu breit und nicht packend genug«. Aufgrund der Engelsschen Kritik überarbeitete der Parteivorstand den internen Entwurf. Am 4. Juli 1891, drei Monate vor Zusammentritt des Erfurter Parteitages, stellte der »Vorwärts« die neue Fassung als offiziellen Programmentwurf des Parteivorstandes vor. Karl Kautsky veröffentlichte diesen Entwurf in der »Neuen Zeit« gemeinsam mit dem französischen Minimumprogramm von Le Havre (1880), das von Marx und Engels in Zusammenarbeit mit Guesde und Lafargue entworfen worden war, und dem Hainfelder Programm der österreichischen Sozialdemokratie (1882), an dem er selbst beratend mitgewirkt hatte. Kautsky wählte diese Programme als Vergleichsmaßstab, weil sie seines Erachtens »von den bisher geltenden die besten« waren. In einer vierteiligen Artikelserie, die im August 1891 in der »Neuen Zeit« begann, unterzog Karl Kautsky den Programmentwurf des Parteivorstandes einer ausführlichen Kritik. Am Ende der Artikelserie stand als Resultat der Kritik und Zusammenfassung der Vorschläge ein neuer Programmentwurf, dessen theoretischer Teil der Feder Karl Kautskys entstammte, während der praktische Teil, das sogenannte sozialdemokratische Aktionsprogramm, von Eduard Bernstein, dem Londoner Korrespondenten der »Neuen Zeit«, formuliert worden war. Der Programmentwurf der Redaktion der »Neuen Zeit« wurde am 4. Oktober 1891 im »Vorwärts« veröffentlicht, allerdings in einer von der ursprünglichen Fassung abweichenden Form. Es handelte sich um die »verbebelte Fassung« des Entwurfs der Redaktion der »Neuen Zeit«. Bebel hatte, wie er offen gegenüber Engels bekannte, »den Kautskyschen Programmentwurf in einigen Punkten etwas geändert«, bevor er ihn als Programmvorschlag für den Parteitag drucken ließ.

In der Sitzung der Programmkommission des Erfurter Parteitages machte sich August Bebel zum Fürsprecher des Programmentwurfes der Redaktion der »Neuen Zeit« in der von ihm veränderten Fassung. Er rückte damit von Liebknechts Programmentwurf ab, an dem er selbst mitgearbeitet hatte und in den die Vorschläge Friedrich Engels' eingegangen waren. Ausschlaggebend für die Abkehr Bebels vom offiziellen Programmentwurf des Parteivorstandes war vermutlich das Urteil Engels', der den Kautskyschen Entwurf »für weit besser« hielt »als unseren«. Beeinflußt war die Haltung Bebels aber sicherlich auch von den Veränderungen in den persönlichen Beziehungen zu Liebknecht, die seit der Veröffentlichung der Marxschen »Randglossen« eingetreten waren.

Bebel hatte bis zum Zeitpunkt der Veröffentlichung von der

Existenz der Marxschen Kritik am Gothaer Programm keine Kenntnis gehabt. Die »Randglossen« nebst Begleitschreiben Marx' an Bracke machten ihm bewußt, daß Liebknecht gegen den Willen von Marx die Programmkritik nicht an ihn weitergeleitet hatte. Er versuchte dies zunächst damit zu erklären, daß er zum Zeitpunkt der Entstehung und Versendung der Marxschen »Randglossen« in Haft gewesen sei und der Brief ihn infolgedessen nicht habe erreichen können. Karl Kautsky und Friedrich Engels machten ihn jedoch darauf aufmerksam, daß der Marxsche Brief vom 5. Mai 1875 datiere, Bebel aber das Gefängnis bereits am 1. April 1875 verlassen habe. Liebknecht habe ihm folglich den Brief bewußt unterschlagen, weil er befürchtete, Bebel werde sonst seine Zustimmung zum Gothaer Programm verweigern. Ob dies wirklich das Motiv war, welches das Handeln Liebknechts bestimmte, bleibt unklar. Sicher ist nur, daß Liebknecht einen wichtigen programmatischen Text, von dem er, wie sein Referat in Halle bewies, eine Abschrift, zumindest aber Notizen des Inhalts besaß, sechzehn Jahre vor Bebel verheimlichte. Was er damit in Gotha möglicherweise zu verhindern suchte, trat in Erfurt ein. August Bebel entzog ihm und dem von ihm verteidigten Entwurf seine Unterstützung. Die Folgen für seine Stellung als Theoretiker waren einschneidend, Liebknecht verlor seinen theoretischen Führungsanspruch an Karl Kautsky.

Die vom Parteitag eingesetzte 21köpfige Programmkommission entschied sich mit 17:4 Stimmen für den Entwurf der Redaktion der »Neuen Zeit« und damit gegen den offiziellen Programmentwurf des Parteivorstandes. Karl Kautsky war selbst »erstaunt über die Majorität, die sich gegen ihn [Liebknecht] aussprach«. Er führte seinen Sieg auf die Haltung Bebels in der Programmkommission zurück. Verhalf Bebel einerseits Kautsky zum Durchbruch seiner Konzeption, so wurde er andererseits sein heftigster Widersacher, als es um die endgültige Formulierung des Programms ging. Kautsky bestand in der Programmkommission auf der Streichung des von Bebel in den Entwurf eingefügten Passus, wonach gegenüber der Sozialdemokratie »alle anderen Parteien, weil sie auf dem Boden des Privateigenthums an Produktionsmitteln stehen, eine reaktionäre Masse bilden«. Bebel verteidigte diesen Abschnitt und gab seinen Widerstand erst auf, als Liebknecht, der noch in Halle die »Richtigkeit« und »Wahrheit« der These von der einen reaktionären Masse begründet hatte, Kautsky »sekundirte«. Damit waren die Fronten erneut vertauscht. Kautsky, der seine programmatische Konzeption mit Unterstützung Bebels gegen Liebknecht durchgesetzt hatte, widersetzte sich mit Hilfe Liebknechts dem Eingriff Bebels in seinen Programmentwurf. Mit taktischem Geschick verstand er es, die Friktionen, die zwischen den Parteiführern Bebel und Liebknecht durch die Veröffentlichung der Marxschen »Randglossen« entstanden waren, zu nutzen. Ohne Amt in der Partei und ohne Auftrag der Partei zur Ausarbeitung eines Programms setzte er seine programmatische Konzeption gegen den offiziellen Programmentwurf des Parteivorstandes durch. So verhalf Engels' Revanche für Gotha, die Veröffentlichung der Marxschen »Randglossen« in der »Neuen Zeit«, nicht nur Marx in der Sozialdemokratischen Partei zu einem späten Sieg über Lassalle, sondern auch Kautsky zu einem Sieg über den Parteivorstand.

Ingrid Gilcher-Holtey: Das Mandat des Intellektuellen. Karl Kautsky und die Sozialdemokratie. 1986

Von Bromberg nach Berlin
Jugend um 1900

VON
VICTOR KLEMPERER

Unmittelbar an diese Hochzeitsfeier [der Schwester Hedwig 1890] reiht sich in meinem Erinnern das entscheidende und abschließende Ereignis dieser ersten Epoche [meines Lebens].

Vater ist verreist. Er fährt manchmal zu Trauungen und Beerdigungen in kleine Nachbarorte, ist aber immer abends zurück. Diesmal soll er drei Tage fort sein, seine Abreise ist mit Geheimnis und Erregung umgeben, und Mutter bleibt in einer deutlichen Beklommenheit zurück. Dann kommt ein Telegramm, wird mit höchster Spannung aufgerissen, mit Entzükken verlesen. Die fünf Worte haften in mir für immer wie ein Schicksalsspruch: »Ging gottlob alles gut. Wilhelm.«

Das wichtigste der fünf ist »gottlob«. Es hat Zeiten gegeben, in denen ich es für eine bis zur Gedankenlosigkeit mechanisierte Interjektion des Absenders hielt, auch aufrührerische Zeiten, in denen ich es als eine in Fleisch und Blut übergegangene Heuchelei auffaßte. Beides ist bestimmt unrichtig. Sicherlich hatten eigenes Denken und die positivistische Zeitströmung, dazu die sarkastische Skepsis seiner ältesten Söhne den Kinderglauben meines Vaters schon damals angetastet: Eine individuelle Unsterblichkeit, ein irdisch dekoriertes Jenseits wird es kaum noch für ihn gegeben haben. Doch ebenso gewiß ist das vermenschlichte Bild des persönlichen Schöpfers, des unbegreiflichen und strengen, im Grunde aber doch gütigen alten Herrn irgendwo über den Wolken niemals aus der Vorstellung seines Herzens verdrängt worden und hat ihn immer getröstet. Freilich – und das gibt erst dem frommen Stoßseufzer seines Telegramms die volle Berechtigung –, freilich war sein religiöses Credo, gleich dem der gemäßigten Rationalisten unter den Aufklärern des achtzehnten Jahrhunderts, mit diesem einen Punkt des Glaubens an den persönlichen Gott völlig erschöpft. Die jüdische Religion war ihm lieb, weil sie keinen Wunderglauben von ihm forderte. Was sie ihm aber an äußeren Bindungen, als Festriten und Speisegesetze, auferlegte, das empfand er als sinnlos gewordene Überbleibsel eines früheren Menschheitsstadiums und als lästige Fessel.

Und diese Fessel mußte ihn in Bromberg ungleich ärger scheuern als vordem in Landsberg. Landsberg lag in der Provinz Brandenburg, dort war er der »Prediger Dr. Klemperer« gewesen. Bromberg lag in der Provinz Posen, es hatte wesentlich östlichere Verhältnisse. Hier war er der Rabbiner einer polnisch angehauchten Gemeinde, von den deutschen Mitbürgern abgetrennt, von den Mitgliedern seiner Gemeinde zur Orthodoxie gezwungen und in seiner Orthodoxie überwacht. Ich sehe Vater in der Küche, mit der linken Hand hält er einen Gänsemagen dicht unter die kurzsichtigen Augen, mit der rechten ein stocherndes Taschenmesser, das gewöhnlich zum Köpfen der Zigarren dient. In dem Magen steckt ein Nagel, deutlich blinkt die Spitze durch die Außenwand. Ist der Magen durchbohrt, so gilt die Gans als unrein und darf nicht gegessen werden. Eine armselige Frau wartet ängstlich auf die Entscheidung des Rabbiners. Vater stochert, er besieht den Magen, er besieht die Frau, er entfernt den Nagel, er scheint sehr tief nachzudenken, er entscheidet mit tiefstem Ernst: »Sie dürfen die Gans ruhig auf den Tisch bringen, liebe Frau, Gott hat nichts dagegen.« Und die Frau zieht beglückt ab. Das ist mir eine liebe Erinnerung. Weniger lieb ist mir eine andere. Den ganzen Versöhnungstag über hat der denggläubige Jude zu fasten, nicht nur behaglich bei Fisch und Mehlspeise wie der Katholik, sondern wirklich zu fasten, ohne einen Bissen noch einen Tropfen. Wenn er den ganzen Tag über betend im Gotteshaus verharrt, wird er am ehesten mit seinem Hunger fertig. Vater ist ein kräftiger Mann, ein starker Esser. Er hat an diesem Tag zweimal zu predigen, er hat viele Gebete laut zu sprechen; soll er seine Aufgabe mit wirkungsvoller Eindringlichkeit zu entschiedener Erbauung der Gemeinde durchführen, so muß er gut beisammen, oder um es ganz deutlich zu sagen, so muß er in Form sein. Er nimmt also am Morgen im verschlossenen Zimmer ein nachhaltiges Frühstück zu sich. Nur Mutter darf das wissen – aber natürlich wissen es die Kinder auch. Wie oft habe ich mich in früheren Jahren hierüber sittlich entrüstet! Ich bringe diese Entrüstung längst nicht mehr auf; ich wünschte, ich brauchte keinem Menschen schlimmere Sünden nachzusagen als meinem Vater. Die Orthodoxie der Gemeinde aber bedeutet für ihn nicht nur eine Fessel und innere Qual, sondern auch in steigendem Maße eine Gefahr. Er ist des Liberalismus verdächtig, und seine Söhne, für deren Erziehung er verantwortlich ist, führen in Berlin – das weiß man natürlich – kein frommes Leben. Die Vita vor Georgs Doktordissertation beginnt mit den Worten: »Ich bin als Sohn eines Landgeistlichen geboren.« Das ist eine Verschleierung des Judentums und läßt Schlimmes erwarten. Noch nehmen die Söhne auf Vaters Stellung einige Rücksicht; aber wie lange wird man sich in Bromberg mit dieser bloßen und fadenscheinigen Rücksichtnahme begnügen?

Und nun hatte sich für Vater eine Möglichkeit aufgetan, der äußeren und inneren Bedrängnis zu entkommen. Eine blendende Möglichkeit, aber auch die gefährlichste. In Berlin gab es eine in Deutschland und, wenn ich nicht irre, in der ganzen Welt einzigartige jüdische Kultgemeinschaft. Das war die seit 1840 bestehende jüdische Reformgemeinde, von ihren Mitgliedern und ihren Gegnern meist kurz »die Reform« genannt. Hier hat der Wille zum Deutschtum seinen radikalsten Ausdruck gefunden, hier ist nur der religiöse Kern des Judentums bewahrt, er ganz allein – die Strenggläubigen sagen, hier ist das Judentum vernichtet. Der Gottesdienst findet bis auf wenige Worte in deutscher Sprache, er findet am Sonntag, nicht am Sonnabend statt, die Gebete sind alle deutsch, die Orgel spielt zum deutschen Chorgesang. Die Betenden sitzen ohne Kopfbedeckung, Männer und Frauen beisammen. Der Knabe wird nicht mit dreizehn Jahren unter die Männer der Gemeinde aufgenommen, sondern Mädchen und Knaben werden als Fünfzehn-, Sechzehnjährige gemeinsam am Ostersonntag eingesegnet. Das Fahr- und Schreibverbot der Sabbatheiligung und alle Speisegesetze fallen fort. In nichts, wirklich in gar nichts will man von deutscher Sitte abweichen. Die Reformgemeinde war nur klein, aber sie bestand fast ganz aus Angehörigen der Oberschicht, reichen und gebildeten Großkaufleuten, Ärzten, Anwälten, Wissenschaftlern aller Fächer. Die Gemeinde mußte auch notwendigerweise klein bleiben, ja ich frage mich, wie sie überhaupt ein Jahrhundert existieren konnte, bis sie im Dritten Reich sinnlos wurde und zusammenbrach. Denn es fehlte ihr am natürlichen Nachwuchs, weil die Kinder ihrer Mitglieder sich gar zu oft mit Christen verheirateten oder selber zum Christentum übertraten. So versteht es sich, daß die Reform allen orthodoxen Juden als eine Ketzergemeinschaft erschien; wahrhaftig klaffte ja der Spalt zwischen ihnen und diesen Abtrünnigen breiter als zwischen Protestanten und Katholiken. Offiziell und in einigen administrativen Punkten mochte die Reform ein selbständiger Annex der »Großen jüdischen Gemeinde« in Berlin sein, in Wahrheit war sie doch ein ganz isoliertes Gebilde, das von den übrigen Juden im günstigsten Fall mit Achselzucken betrachtet wurde. Auf dem allgemeinen jüdischen Friedhof im nördlichen Vorort Weißensee gibt es eine Ehrenreihe für die Gräber der Geistlichen: in diese Reihe wurden die Prediger der Reform nicht aufgenommen. Und wenn sie bei Lebzeiten ihr Amt hätten verlassen wollen, so hätten sie nie eine andere Kanzel gefunden.

Bei dieser Kultgemeinschaft also mit dem rein deutschen Kult hatte sich Vater um die Stelle des zweiten Predigers beworben. Bekam er sie, so war sie für ihn die Erlösung aus aller Not und die reine Seligkeit – mindestens konnte er damals nicht wissen, daß es die reine Seligkeit nun doch nicht sein würde; bekam er sie nicht, so war er geächtet und mochte sehen, wie und wo er sich eine neue Existenz aufbaute. Er war aber damals schon über fünfzig Jahre alt, paßte in keinen andern Beruf als den seinen und trug noch Verantwortung für fünf unversorgte Kinder. Sein Leben lang ist mir Vater als ein schwankender, oft allzu opportunistischer Charakter erschienen. Heute weiß ich, wie tapfer er um seines Ideals willen im entscheidenden Augenblick seine bürgerliche Existenz aufs Spiel gesetzt hat. Ich habe in meinem eigenen Leben trotz des bißchen Flandern nichts Ähnliches aufzuweisen. Ich habe im Jahre 1933 unter sophistischer Beruhigung meines klarsehenden Gewissens der Regierung Hitler den Treueid geschworen, ich habe an meinem gemein gewordenen Amt geklebt, bis man mich hinausgeworfen hat – und ich sollte über Vaters Frühstück am Versöhnungstag zu Gericht sitzen?

Er war, wie gesagt, von stattlicher Erscheinung, er war ein prachtvoller Kanzelredner gerade für ein gebildetes Publikum, reich, wenn nicht an eigenen Gedanken, so doch an ungemeiner, geschmackvoll verwendeter Belesenheit, die Worte strömten ihm mühelos, sein tragendes Organ war biegsam und umfassend: So wurde er denn gewählt und telegraphierte sein »Gottlob« aus tiefstem Herzen.

Ist mir dies alles erst nach Jahrzehnten klar geworden, so wurde mir noch am Abend des Telegrammes die Wendung in unserm Leben auf sehr eindringliche Weise verdeutlicht, auf die eindringlichste für ein Kind und wohl auch für die meisten Erwachsenen. Wir gingen, wenn ich Mutter bei ihren Einkäufen begleitete, regelmäßig auch zum Fleischer mit den hebräischen Buchstaben am Schaufenster. Es war ein großer, sauberer Laden; Frau Bukofzer, eine dicke, blasse junge Frau mit herzkrank vorquellenden, übergroßen dunklen Augen, hatte beim Bedienen immer ein freundliches Lächeln für mich, das Fleisch und die Wurst von Bukofzers schmeckten ausgezeichnet. Dennoch verband sich für mich mit diesem Laden ein ständig auftauchendes peinliches Bild aus den ersten Bromberger Tagen. Damals war ich durch einen Zufall für einen Moment in den Hof des Gemeindehauses geraten, als der Kultusbeamte gerade ein paar Hühner schlachtete. Er hob die Tiere hoch, schnitt sie rasch in die Kehle und ließ sie fallen; sie liefen schwankend, flatternd, blutend ein paar Schritte, kippten um, zuckten mit den Flügeln, lagen still, zuckten noch einmal mit den Krallen und lagen endgültig still. Es ging sehr rasch. Ich habe später ganz ähnliches Geflügelschlachten auf einem Bauernhof gesehen, es ist mir auch oft erklärt worden, daß alles Schächten kein grausameres Töten bedeute als das christliche Schlachten. Trotzdem verbindet sich mir von jenem ersten und einzigen Anblick rituellen Schlachtens an mit dem Begriff des Schächtens etwas besonders Widerwärtiges, und darunter litt denn auch ein wenig Bukofzers Geschäft. (Während mir die bluttropfend hängenden Rebhühner und Hasen und die armen Teufel der jämmerlich durcheinanderkrabbelnden Hummer bei Emil Mazur nicht den geringsten Schauder einflößten.) Am Spätnachmittag des Telegrammtages nun – es war schon ganz dunkel – gingen wir nicht wie sonst zu Bukofzer, sondern in eine fremde Straße, in einen fremden Schlächterladen ohne hebräische Buchstaben. Mutter sah sich vorsichtig um, ehe sie eintrat, sie verlangte mit etwas gezwungener Haltung, etwas erregter, deutlich beherrschter Stimme »gemischten Aufschnitt, von jeder Sorte ein bißchen«, sie ging stolz und eilig hinaus. Gleich beim Auspacken in der Küche aß sie ein Stückchen aus dem Paket und gab auch mir davon zu kosten. Es schmeckte kaum anders, weder besser noch schlechter als die gewohnte Wurst. Aber Mutter nahm den Bissen mit einer gewissen Verklärtheit in den Mund. »Das essen die andern«, sagte sie, »und das dürfen wir nun auch essen.« Es war wohl viel bloße Neugier im Spiel, auch Freude am bisher Verbotenen, Trotz und Eitelkeit; aber darunter war es gewiß auch etwas Größeres, was sie damals empfand...

Der Übergang von Bromberg nach Berlin bedeutet für mein Gedächtnis nicht etwa ein allmähliches Dünnerwerden des Nebels, sondern genau das, was ich einmal im Ärmelkanal erlebte: Das Schiff gleitet plötzlich und mirakulös durch die geschlossene Nebelwand, die wie eine dicke, lückenlose, buchstäblich himmelhohe Mauer zurückbleibt, ins vollkommen Klare und Weite.

Von unserm Wohnen in Bromberg weiß ich fast nichts, von unsrer ersten Berliner Wohnung alles, jede Einzelheit intra et extra muros. Ich sagte mir die Adresse mit großstädtischem Stolz in postalischer Exaktheit her: Berlin NW, Albrechtstraße 20. Offenbar war diese Wohnung gemietet worden, weil sie in fast gleichem und gleich geringem Abstand von Vaters und Georgs Amtsstätte lag. Ein paar Straßenzüge vor der Front unseres Hauses befand sich die Charité, ein paar Straßenzüge hinter seiner Rückseite, in der gassenartig schmalen, von der brausenden Friedrichstraße abzweigenden Johannisstraße das Gotteshaus der jüdischen Reformgemeinde.

Gleich an einem der ersten Tage unternahm ich einen einmaligen selbständigen Vorstoß in die Stadt. Der Straßenabschnitt, zu dem unser Haus gehörte, lag bei Tage ziemlich still, denn hier lief die Albrechtstraße als halbe Sackgasse auf die Schumannstraße auf, bot also wenig Durchfahrtsmöglichkeiten. Ich wurde mit meinem großen Reifen heruntergeschickt, blieb aber nicht, wie als selbstverständlich angenommen worden, in der Nähe des Hauses, sondern bog in die Schumannstraße ein und trieb dann, bald auf dem Gehsteig, bald in seiner Nähe auf dem Fahrdamm, den Reifen immer weiter vor mir her. Siegessäule, Brandenburger Tor, Königgrätzer Straße – wieviel besser haben es die Amerikaner mit ihrer fünften Avenue oder hundertundfünften Straße: Sie brauchen sie nicht bei jedem Wechsel der politischen Lage umzutaufen. Es war kaum die Freude an den Monumenten und Bauwerken, auch kaum eine allgemeine Neugier, was mich weiterführte, vielmehr das Entzücken über die eigene Heldenhaftigkeit, mich so selbständig allein in die Riesenstadt zu wagen. Erst am Potsdamer Platz mit seinem stärkeren Verkehr kamen mir Bedenken; ich glaubte genug des Großen vollbracht zu haben, kehrte um und fand auch merkwürdigerweise mühelos den Rückweg. Aber ganz zuletzt, dicht vor der friedlichen und vertrauten Schumannstraße, gab es doch einen bösen Augenblick. Die Luisenstraße entlang kam mit Getöse ein Schlächterwagen gejagt. Schlächterwagen waren die gefürchteten Verkehrssünder des vorigen Jahrhunderts; feurige Pferde, feurige Fahrer; was heute in den Zeitungen »die tägliche Kette der Straßenunfälle« heißt, handelte vor der Autozeit hauptsächlich von ihnen. Ich gab dem Reifen einen erschreckten Schlag und sprang auf den Gehsteig; der Reifen kam unter den Wagen, wurde überfahren und brach an einer Stelle. Daß man ihn leicht hätte flicken können, fiel mir gar nicht ein. Ich ließ ihn liegen und rannte nach Hause. Mutter tadelte zwar, daß ich das schöne Stück im Stich gelassen hatte; aber sie war doch froh über meine Unversehrtheit, und auch sie erfüllte mein im ganzen immerhin glücklich durchgeführtes Unternehmen mit einigem Stolz. Doch mußte ich feierlich versprechen, mich nicht mehr so weit fortzuwagen, bekam auch keinen neuen Reifen, der mich dazu hätte verleiten können.

Es gab in nächster Nähe soviel zu sehen, zu hören, zu spielen, daß ich diesen Verlust nicht sehr bedauerte. Da war das einzige Fenster des typischen langgestreckten Berliner Zimmers. Eßtisch und Büfett standen im Halbdunkel. Das Fenster in der Tiefe der vorderen Schmalseite ging auf den wenig geräumigen Hof und gab eigentlich nur dem darangerückten Nähtischchen Licht. Aber von hier aus ließ sich die Tätigkeit in zwei gardinenlosen Wohnungen des Hinterhauses beobachten. Im Parterre befand sich eine primitive Konfektfabrik. Immer stand ein Mann mit großer Kelle an einem großen Kessel, rührte darin herum, kostete von der Kelle und tauchte sie wieder ein. Und immer saß ein buckliger Gehilfe am Fenster, strich mit feinem Pinsel Glasur oder Farbe auf Pralinés und Bonbons, reihte die fertigen Stücke auf einem Brett aneinander, leckte am Pinsel und malte weiter. Pinseln, Aufreihen, Lecken, Pinseln – das lief so im regelmäßigen Arbeitsgang weiter und weiter. Es war nicht sehr appetitlich, aber ich kann mich nicht erinnern, daß es mir oder Marta und Wally jemals den Pralinégenuß vergällt hätte. Wir kauften ja nicht von da unten, sondern aus feinen Läden. Im ersten Stock ging es gesitteter und lebhafter zu. Dort war die Werkstatt des vielbeschäftigten Militärschneiders Denk, dessen großes Firmenschild über dem Haustor vorn an der Straße hing. Ein halbes Dutzend Gesellen saß, genau wie man es in Kinderbüchern sieht, mit gekreuzten Beinen auf Tischen bei der Arbeit, sie plauderten untereinander, sie warfen den Dienstmädchen an den Fenstern auf unserer Seite oder am Müllkasten unten im Hof Bemerkungen zu. Wie günstig der Meister sich einquartiert hatte, das war von unserm auf die Straße gerichteten Salon aus zu erkennen, einem wirklichen und neu angeschafften Salon mit Seidenfauteuils und Seidensofa, mit einem ovalen polierten Tisch und einer Spitzendecke und silbernen Schale darauf: Gerade gegenüber lag der riesige Hof einer Grenadierkaserne. Hier war den ganzen Tag über Bewegung. Antreten, Abzählen, Stillgestanden, das Gewehr über, präsentiert das Gewehr, Marschieren, Laufen, Hinwerfen, Zielen, Turnen am Reck, am Bock, Klimmzüge am dicken Balken, in Kniebeuge verharren und dabei das Gewehr mit beiden Händen horizontal vorgestreckt; und vor allem: »langsamen Schritt«, den Paradeschritt üben, ganz steif, ganz marionettenhaft, Mann hinter Mann in breitem Abstand, jede Puppe einzeln, und »Zurück an die Mauer!« und »Noch einmal!« und »Noch einmal!«, wenn einer gewackelt hat. Alles konnte ich von oben aufs deutlichste sehen, jedes Kommandowort, jedes Donnerwetter hören. Der langsame Schritt war das schönste, ich habe ihn manchmal im Spiel für mich geübt, ehe ich ihn einige zwanzig Jahre später auf dem Hof der Alphonsschule in München als Vorbereitung für Flandern offiziell erlernte.

An den Fenstern des Salons gab es keine Langeweile. Auch die wenig belebte Straße selber bot etwas für Auge und Ohr. Ein paar Häuser rechts von uns, kurz ehe sie an einem Schulhof vorbei in die Schumannstraße einbog, war die bis dahin gepflasterte Albrechtstraße asphaltiert wie die Schumannstraße selber. Asphalt bedeutete für mich etwas ganz Neues, wurde mir sofort zum Symbol der Großstadt und gewann sofort meine Liebe. Wenn er trocken und hellgrau in der Sonne lag, wenn die roten Sprengwagen ihn erst auf der einen, dann auf der andern Seite dunkel färbten, wenn ihn Regen überströmte und, ganz besonders, wenn sich die Lichter der Laternen und der Wagenlampen in seiner glänzenden Nässe spiegelten: immer gefiel er mir. Diese Liebe zum Asphalt war im ersten Augenblick da; später, in der Zeitspanne, die ich wohl meine Bohemejahre nennen kann, wurde sie zur Leidenschaft. Und nicht nur für das Auge war der Asphalt ein Genuß. In der Schumannstraße lag das Deutsche Theater, und kurz vor sieben begann sich die Albrechtstraße allabendlich mit anrollenden Droschken zu beleben. Sie rasselten an unserm Haus vorbei, und ein paar Sekunden später war das Rasseln der Räder verschluckt und nur das klare fröhliche Klappern der Hufeisen auf der glatten Straßendecke zu hören. Das war jedesmal eine Art musikalischen Genusses, und ich wartete immer auf den Übergang vom Getöse zum Ton (bei Equipagen auf Gummirädern fiel er weg, und deshalb waren sie mir nicht halb so lieb wie die Droschken).

Ständig verfolgt mich die Angst vor dem unechten Nachträglichen, dem Angelesenen, dem von irgendwoher Zugeflogenen, modisch Nachempfundenen. Oft prüfe ich mich dann, indem ich das entscheidende Wort vor mich hin spreche, wie man eine Taste anschlägt, und beobachte, welche Vorstellung als unmittelbare Reaktion in mir auftaucht. Krieg: kein Schlachtenbild; ich arbeite mühselig atmend an der Pumpe eines ersaufenden Geschützstandes. Natur: märkischer Wald oder Ostseeküste. Berlin: Lichter im nassen Asphalt spiegelnd, abbrechendes Rädergerassel und Hufschläge auf Asphalt.

Victor Klemperer: Curriculum Vitae.
Jugend um 1900. 1989

Das ruhelose Reich
Deutschland am Vorabend des Ersten Weltkriegs

VON
MICHAEL STÜRMER

Bismarck starb 1898. Das europäische Mächtesystem weitete sich zum Weltsystem, und der Schlachtflottenbau gab der Weltpolitik der deutschen Machteliten und dem industriellen Aufbruch zur Weltwirtschaft die strategische Schärfe. Als Bismarck tot war, sein System der Sozialdisziplin in der industriellen Massengesellschaft überanstrengt, sein großes Spiel mit den fünf Kugeln der europäischen Großmachtpolitik gelähmt, obsolet geworden durch verschärfte internationale Wettläufe und verengte Peripherien, haben nur wenige dies beklagt. Die Deutschen, Führer und Geführte, stellten eine Leiter an den Himmel. 1914 wurde der Aufstieg mörderisch. 1918 stürzte der Himmel ein.

Der Erste Weltkrieg, so oft vorausgedacht und doch niemals substantiell geplant, so oft beschworen und als widervernünftig verworfen, wurde, was George F. Kennan »the great seminal catastrophe of this century« nannte – Urkatastrophe der Gegenwart. Ein neuer Dreißigjähriger Krieg entbrannte, Totentanz der europäischen Zivilisation, und er sollte Greuel heraufführen von lange vergessenem Ausmaß. In Kauf genommen von allen Mächten als Mittel der Politik, wurde der Krieg 1914 als symbolischer Kraftbeweis herbeigeführt in Handlungszwängen, die zwischen Wien, Berlin und Petersburg entstanden. Der Teufelskreis kalkulierter Risiken schloß sich rasch, und die Folgen wurden unberechenbar. Bittere Ironie, daß Frankreich den Krieg hinnahm, um am Rhein, und Rußland ihn unausweichlich machte, um auf dem Balkan die Landkarte strategisch zu ändern, Berlin und Wien aber zum Krieg trieben, um ihre bedrohte Machtstellung vor dem Verfall und die Karte Europas vor jeder Veränderung zu bewahren. Den Weltkrieg, der daraus entstand, hatte keiner so gewollt, wie er dann wurde. Er begann als europäischer Hegemonialkrieg, der Anlaß bald bedeutungslos. Er endete in der Selbstzerstörung Europas und führte noch die Geburtswehen eines neuen Weltsystems herauf. War der Krieg ein Unfall der europäischen Geschichte? Er wurde durch kalte technische Kalküle ausgelöst, und er versprach noch letzte Auswege, als Konsens und Staatsräson zu bröckeln drohten und alte sozialpsychische Bindungen sich als morsch erwiesen. Jene Kriegsziele, die dem Reich auf alle Zeit wirtschaftliche und militärische Hegemonie sichern sollten, erwuchsen erst aus der Kriegführung, das deutsche Präventivkriegskalkül aber war Folge der antagonistischen Struktur des Friedens. War aber der Große Krieg von 1914, wenn nicht Unfall, doch Anachronismus?

Unzeitgemäß war der Krieg allenfalls in jenem Sinne, den Nietzsche eine Generation zuvor dem Begriff gegeben hatte: eine Provokation der Fortschrittswelten und Erinnerung daran, daß Denken und Handeln des Menschen im zwanzigsten Jahrhundert geprägt bleiben von der Ungleichzeitigkeit des Gleichzeitigen. Dem Homo faber schauderte es schon im vergangenen Jahrhundert vor seinen eigenen Konstrukten, die ihn weiterjagen, wo jeder Weg zurück verstellt bleibt: alle Tradition nur noch Beschwichtigung, alle Restauration nur scheinbar, alles Alte nur noch, bis es gestoßen wird, gegenwärtig.

In der industriellen Massengesellschaft, die das vergangene Jahrhundert der Gegenwart vererbte, blieb der Mensch beides, Triebfeder und Störfaktor: in einem fragilen System der fragilste Bestandteil. Jean-Jacques Rousseau hatte um die Mitte des achtzehnten Jahrhunderts beklagt, es hielten die moralischen Fähigkeiten nicht Schritt mit den technischen Fertigkeiten. Die technische Zivilisation, die aus Aufklärung und Verfall der alteuropäischen Lebensformen entstand, verwirklichte das Versprechen des Fortschritts. Aber als Konterbande enthielt sie auch die Illusion, Moral und Geschichte würden sich analogen Gesetzen zunehmender Rationalität, kumulativer Erkenntnis und zivilisatorischer Daseinsbewältigung beugen. Vergeblich die Warnungen, die im Drama der Französischen Revolution lagen, umsonst die Agonien des Ersten Weltkriegs, des Zweiten und der Zerstörung der liberalen Humanität des neunzehnten Jahrhunderts: die Neigung vieler Historiker, die Verläufe der deutschen Geschichte am vorgegebenen Weltplan zu Rationalität des Daseins und Demokratisierung aller Lebensverhältnisse zu messen und die vergangenen, anderen Wirklichkeiten abzuurteilen, blieb bis heute Erbteil jener Fortschrittsgläubigkeit, die die Angst der Aufklärung vor sich selbst vergaß und die entgegenstehenden Erfahrungen des neunzehnten Jahrhunderts ignorierte. Weder Zufall noch Anachronismus war der Weltkrieg. Er war äußerste, tragische Eventualität der europäischen Zivilisation, und sie hatte lange vor jener düsteren Schlüsselrolle begonnen, welche zwischen Ende Juni und Anfang August 1914 die Kabinette in Berlin, Wien und Petersburg spielten, Treibende und Getriebene.

Die »Stimmung der Gefahr« (K. Jaspers) durchzog das vergangene Jahrhundert; es war sich selbst nicht gute alte Zeit, sondern unheilschwanger, Sturmzeit und Krise. Es drohten Steuerlosigkeit im Gehäuse der Technik, Entwurzelung durch hohes Bevölkerungswachstum und neue, unerprobte Lebensformen. Die lastende Gestalt des künftigen Staates als große, graue Arbeitskaserne wurde früh gesehen und begriffen, die Grenzen seiner Wirksamkeit, wie Wilhelm von Humboldt schrieb, ohne sittliche Begrenzung vorgeschoben. Aufklärung zum Herrschaftsinstrument verbogen, unausweichlich in der Zukunft Verfall und Zerstörung der liberal-konservativen Bürgerkultur, der Retter der Gesellschaft eher ein neuer Cäsar als ein parlamentarischer Vorsitzender. Alexis de Tocqueville sprach Warnungen aus, die erst im zwanzigsten Jahrhundert entschlüsselbar wurden: »Was mich angeht, so bekenne ich, daß ich dem Geist der Freiheit, der meine Zeitgenossen anscheinend beseelt, keineswegs traue; ich sehe die Unruhe der Völker unserer Tage wohl; ich erkenne sie aber nicht deutlich als freiheitlich, und ich fürchte, daß am Ende dieses Aufruhrs, der die Throne schwanken läßt, die Inhaber der Staatsgewalt mächtiger sein werden als zuvor.« Jacob Burckhardt, der Basler Historiker, schaute nach der Reichsgründung auf ein kommendes, ehernes Zeitalter der Kriege und Revolutionen und hoffte, ihm bleibe erspart, es zu erleben.

Ein insistierendes Memento mori begleitete den lärmenden Triumphzug des Fortschritts. Die Kultur des neunzehnten Jahrhunderts enthielt das Versprechen durchgreifender Rationalität der Lebens- und Gesellschaftsformen, und Max Weber sollte es in »Wirtschaft und Gesellschaft« zur umfassenden, gliedernden Theorie der jungen Sozialwissenschaften ausformen. Und sie enthielt noch mehr die Wegweiser der Fluchtbewegung aus der Welt der Reißbretter. Richard Wagners kühne, alle Konventionen wegfegende Musik war über die Andeutung irrationaler Gegenwelten längst hinaus. Die Malerei des Expressionismus entzog sich der Wirklichkeit. Die Anfänge der abstrakten Kunst, noch vor dem Weltkrieg, zielten auf Antithese. In den Sezessionen der Kunst, im Protest der Künstler und in Lust und Angst der *décadence* begann der Boden geplanter und verwalteter Wirklichkeit zu schwanken.

Die Vision künftiger Katastrophen, die alle Politik zwischen Bismarck und Bebel überschattete, riß ihn auf. Beschwichtigungen und Ablenkungen boten sich im militanten Nationalismus, in der Hexenjagd auf »Reichsfeinde« und Minderheiten, im Aufbruch zu überseeischen Horizonten, im materiellen Erfolg und im Anstieg der Realeinkommen. Am Ende stand, da die Industriegesellschaft Antwort auf die Sinnfrage verweigerte, die Hoffnung auf Einheit und Ziel im Kriegerstaat. Angst vor der Revolution? Sie durchzog die deutsche und europäische Geschichte im neunzehnten Jahrhundert. Angst aber noch mehr, der Boden werde versinken. Die technische Zivilisation spottete zuletzt ihres eigenen Schöpfers. Der technische Fortschritt provozierte den romantischen Rückschlag. Dem Triumph der modernen Barbarei eröffnete er die technische Dimension. Der Homo faber, der so viel ins Leben rief, mußte er am Ende auch das tun, was allein zu tun noch übrigblieb – das Werk seiner eigenen Zerstörung? Die immer geträumte und niemals erfüllte Hoffnung auf durchgreifende Rationalität war selbst Teil des Problems, das sie lösen sollte: denn das Spannungsverhältnis der historischen Gegebenheiten zu allen Zukunftsentwürfen des Friedens und des Krieges blieb unaufhebbar.

Das alles galt für die industrielle Zivilisation Europas, am meisten aber für die Deutschen und die Frage ihrer Identität. Nirgendwo kamen Aufstieg der Nation und Durchsetzung der industriellen Lebenswelten zugleich so spät, so schnell und so gründlich. Und nirgendwo war mit der Durchsetzung der technisch-industriellen Massengesellschaft ein so tiefer Umbruch, eine an alle Wurzeln des Daseins greifende Mobilisierung verbunden. Die Auswirkung auf politische Sinn- und Bindungsmechanismen, auf die wirtschaftliche Dynamik, auf Mentalität, Seelenleben und die Gesprächsfähigkeit zwischen den Generationen war im Wortsinne radikal. Ambivalenz wurde Signatur des neunzehnten Jahrhunderts, dem Aufbruch der Abschied zugestellt, dem Fortschrittsglauben die Entfremdung, der Revolution die Trauer um das Vergangene. Tradition blieb noch machtvolles, suggestives Ritual. Preußische Adler hockten auf öffentlichen Gebäuden und evozierten eine Kontinuität, die längst im Bröckeln war. Bunte Kavalleriedefilees, siegestrunkene Kaisermanöver und glanzvolle Stapelläufe täuschten eine Sicherheit vor, die längst verloren war.

Deutschland war eine technisch-industrielle Zivilisation geworden, die die explosiv wachsende Bevölkerung allein in expandierenden Industrien beschäftigen konnte: der agrarische Bereich nahm Arbeitskräfte nicht mehr auf, die Überzähligen wanderten ab oder wanderten aus. Sollte das Reich auf Ausdehnung seiner politischen Einflußsphären verzichten, auf die Kontrolle seiner Rohstoffe, die Sicherheit seines Absatzes? War Weltwirtschaft ohne Weltpolitik denkbar? Das ruhelose Reich als Stillstandsutopie? Eine Regierung, die solches befürworten und durchsetzen wollte, mußte fest im Sattel sitzen. Es war dies die Konzeption Bismarcks.

Die Deutschen zahlten für sie den Preis hoher Auswanderung, niedriger Löhne und der Unwohnlichkeit ihres Hauses, die politisch-moralischen Kosten umfaßten Kulturkampf, Sozialistengesetz und Zerstörung der liberalen Ideale. Die Nachwelt fand an alledem die außenpolitische Vernunft zu preisen und die innenpolitische Härte zu rügen. Hätte man jene Politik der Saturiertheit auch wohlfeil haben können, ohne die Bedingung innerer Beruhigung? Konnte man nach 1870 noch konservative Systempolitik betreiben ohne Ruhigstellung der inneren Dynamik der Industriegesellschaft, des Nationalismus und der Massendemokratie? Das Problem der Bismarckschen Gesamtpolitik lag nicht vorrangig in der Veränderung des europäischen Mächtesystems im Verlauf der Reichsgründung. Die von den Kabinetten befürchtete Revolutionierung Europas blieb lange Zeit noch hypothetisch. Das Problem lag in den inneren moralischen Kosten und in dem Umstand, daß mit steigendem Bevölkerungsdruck auch der Druck auf die Regierung steigen mußte, Prosperität und Vollbeschäftigung im Machtstaat und durch ihn zu sichern. 1889 wurden mit den Massenstreiks im Ruhrkohlenbergbau die Warnzeichen unübersehbar. Sie reichten, um der Ära Bismarck ein Ende zu setzen.

Manche Historiker sehen im deutschen Kaiserreich auch nach Bismarck im Kern nicht viel mehr als ein widerwillig modernisiertes Preußen. Thorstein Veblen beschrieb 1915, als die amerikanische Kreuzzugsbereitschaft auf ein Stichwort wartete, Deutschland als eine Technokratie, die den demokratischen Preis der Modernisierung verweigerte: machtvolle, bis heute wirkende Axiome, die den Weg des Westens als Norm, den der europäischen Mitte als Abirrung darstellten. Ihre Pointe liegt indes nicht im Frieden, sondern im Krieg. Der Anfang des Krieges wäre danach innere Fluchtbewegung der Machteliten gewesen, sein Ausgang ein Götterurteil über die höhere Verfassungsform. In Wahrheit war das Kaiserreich Ergebnis einer »schöpferischen Antirevolution« (H. Rosenberg) und selbst zu Bismarcks Zeiten, da die Elemente der Agrargesellschaft noch überwogen, obrigkeitlich kaum noch regierbar. Die organisierten Interessen, aus den Wellen der wirtschaftlichen Depression von 1873 bis 1895 aufsteigend zu Vetogruppen, spotteten des Anspruchs aufgeklärter Obrigkeit. Das allgemeine Wahlrecht drohte den konstitutionellen Staat zu sprengen, wäre nicht der Instinkt der politischen Parteien zum Bündnis mit der Verwaltung stärker gewesen als das Interesse an gemeinsamen Koalitionen. Zudem stellte sich gegen die repräsentative Komponente der modernen Massendemokratie deren plebiszitäre: Parlamentarismus gegen Cäsarismus, und keine stark genug, um sich durchzusetzen. Eine Massenzivilisation war im Werden, die das überdehnte Gehäuse preußischer Staatstradition aus den Fugen trieb.

Kriegszustand und Ausnahmezustand zwar erinnerten an ältere Ernstfalldispositive. Beide aber blieben im Alltag unwirklich, und gegen Lebensformen und Mentalität der industriellen Massengesellschaft auch untauglich als Verfassungsvorbehalt und letzter Appell an die Souveränität. Zwischen dem cäsaristischen Staatsmann und der wachsenden Sozialdemokratie fand sich für die Entfaltung eines kraftvollen Parlamentarismus verzweifelt wenig Raum und Machtchance. Die politischen Parteirichtungen, Ausdruck zerklüfteter Sozialmilieus, lähmten einander und hatten aufsteigenden Begabungen wenig zu bieten: der Konservativismus eines Stahl, eines Roon, durch den Bund der Landwirte zur nationalistischen Fratze verzerrt, von agrarischer Existenzangst auf die Marktplätze getrieben und auf der Suche nach einem charismatischen Führer; der Liberalismus zum industriellen Interessenstandpunkt erkaltet oder zur Mittelstandsvertretung ernüchtert, konstitutionelle Forderungen ohne Überzeugungskraft wiederholend, altgewordene Gesinnungen einer vergangenen Epoche. Die politische Arbeiterbewegung rat- und bewegungslos, mit unaufhaltsamem Wachstum begabt, träumend vom Neuen Jerusalem und ohne Ahnung des Weges dorthin; in der unbestimmbaren Mitte, entscheidend ohne ausgleichend zu sein, der politische Katholizismus mit der Zentrumspartei als Aktionsausschuß, Machtbeteiligung und katholische Soziallehre balancierend. Der taktische Vorteil, ja die entscheidende Durchsetzungschance des überkommenen und durch Bismarcks Cäsarengestalt im Bezugspunkt veränderten preußischen Machtkartells lag darin, daß die Gegenkräfte einander aufhoben, diszipliniert durch die Geschichte, durch die Reichsgründung und durch die Lage des Machtstaats in der europäischen Mitte.

Ließ sich aber die Sinnfrage der Politik reduzieren auf die Effizienz bürokratischen Vollzugs und militärischer Außensicherung? Waren Zugeständnisse an organisierte Interessen, Sozialstaatlichkeit und Massendemokratie ausreichend, dazu ein zur Unregierbarkeit treibender Pluralismus der gesellschaftlichen Kräfte, um die Legitimität zu sichern, die genossenschaftlichen Kräfte dabei nicht stark genug, um ihre Grundlagen zu verändern? Das deutsche Sonderwegbewußtsein seit der politischen Romantik, gleichermaßen sich distanzierend von der asiatischen Despotie wie von westlicher Mehrheitsherrschaft, hat im Bildungsstaat, in staatlicher Sozialpolitik und in der von den Liberalen stets als Palladium der Freiheit verteidigten Verwaltungsgerichtsbarkeit mehr gesehen als einen Ersatz: haltbaren Zement des nationalen Konsensus.

Was aber war aus dem vorwärtstreibenden Pathos der Menschenrechte geworden? *The pursuit of happiness*, die machtvolle Heilsbotschaft der Aufklärung an die entkonfessionalisierte, säkularisierte Welt des späten achtzehnten Jahrhunderts, war untergegangen zwischen Wiener Kongreß 1814/15 und der

Revolution von 1848/49. Der aufgeklärte Absolutismus, die deutsche Alternative zur bürgerlichen Revolution, hatte sich damals als Sackgasse erwiesen. Der Verwaltungsstaat dehnte sich aus, er war entwicklungsfähig, aber er lähmte die bürgerliche Urteilskraft. Industriewirtschaft, Nationalismus und Massenkonsens wurden unentbehrlich, schleuderten indes den alten Staat in eine neue Gefahrendimension.

Der Verfassungsmythos des Reiches beruhte somit nicht auf der Leitidee mündiger Bürgerschaft, sondern auf dem Vorrang des nationalen Machtstaats und dem Imperativ seiner Behauptung gegen eine gefahrvolle Außenwelt: die Nationalmonumente legten davon Zeugnis ab. Es lag darin eine letzte, tief belastende Auswirkung jenes deutschen Festungskomplexes, der aus der europäischen Machtgeographie kam und aus dem permanenten Protest der preußischen Geschichte gegen sie. Die Grunderfahrung des bedrohten Machtstaats in der Mitte wurde Teil der politischen Kultur, ein Trauma, das zur Prophezeiung wurde und sich selbst erfüllte. Es durchzog die Geschichte des Bismarckreiches von seinen Anfängen bis zu seinem Ende. Denn Deutschland war zu schwach, um Europa zu beherrschen, wie die USA Kontinent und Hemisphäre, und zu stark, um die älteren europäischen Weltmächte nicht mit Mißtrauen zu erfüllen. Entstand hier ein Primat der äußeren Lage für die Gestaltung der inneren Verfassung? Sehr spät, 1911, hat Otto Hintze, Einsichten des Briten Seeley über die innere Freiheit der Seemacht auf die kontinentale Landmacht anwendend, aus der äußeren Bedrohung die Fortdauer des Obrigkeitsstaats zu rechtfertigen versucht. Das war noch einmal mit Bismarck gedacht, der sein grandioses Bündnissystem nicht aus der Logik des Krieges entwarf, sondern aus der Räson des europäischen Friedens, es auf stabile innere Ruhelagen abstützen wollte und dies doch schon nicht mehr vermochte. Primat der auswärtigen Politik? Zugleich doch auch, aus der europäischen Gesamtlage, eine späte, unzeitgemäße Rehabilitierung des Obrigkeitsstaats.

Nach Bismarck war aber alles dies nicht länger haltbar. Nicht wegen mangelnden Genies der Staatsmänner, sondern wegen der aus der Tiefe der gesellschaftlichen Formationen aufbrechenden Konflikte. Der Niedergang der Landwirtschaft und damit der wirtschaftlichen Basis der alten Machtelite, Wachstum der Bevölkerung und zunehmender Druck auf den Staat, Brot und Arbeit zu garantieren, dem industriellen Wachstum günstige binnen- und außenwirtschaftliche Bedingungen zu schaffen, das alles hob des späten Bismarck Versuch, noch einmal Metternich zu sein, aus den Angeln. Das Kaiserreich in der Phase der Hochindustrialisierung ließ sich nicht mehr einer konservativen Stillstandsutopie unterwerfen, der Machtstaat in der europäischen Mitte sich nicht mehr disziplinieren durch die Drohung seines Zerfalls und Untergangs.

Aber nicht nur von innen wurde das System Bismarck in Frage gestellt, auch die europäische Gesamtlage änderte sich. Die Machtwettläufe wirkten auf die Metropolen Europas zurück, Peripherien schrumpften, Weltmacht verlangte Seegeltung, die leeren Räume waren aufgefüllt, das Erbe der Türkei bis zum Balkankrieg 1912/13 weitgehend verteilt. Es entstand aber unterdessen aus der säkularen Religion des Nationalismus, welche sich mit der alten Räson des souveränen Machtstaats verband, eine Zerstörungskraft, die den europäischen Systemzusammenhang zersetzte und die Mächte in antagonistische Bündnisse trieb. War die europäische Halbhegemonie des Reiches noch länger haltbar? Bündnispolitisch durch die Schwäche Österreichs gefährdet, war der Machtstaat noch immer Bedingung für die Sicherung von Konsens und Herrschaft im Innern. Die Abdankung verbot sich als Ziel der Politik. Sie war nur als ihr Ende denkbar. So wuchs die Versuchung, solange es noch Zeit war, die gegnerischen Bündnisse zu sprengen: durch bündnispolitisches *brinkmanship* wenn möglich, durch begrenzte chirurgische Operationen wenn nötig, letztlich aber im Bewußtsein, daß dahinter das Risiko des europäischen Hegemonialkriegs heraufwuchs, ohne mehr als eine Restchance des Sieges. Führung in Kontinentaleuropa oder Untergang des Reiches – mit dieser tödlichen Alternative holten die Geschichte Preußens, die Geographie Mitteleuropas und das Erbe der Reichsgründung die Enkel ein.

Seitdem das europäische Mächtesystem zu Beginn der Neuzeit entstanden war, hatte es stets eine deutschlandpolitische Dimension gehabt. Im zwanzigsten Jahrhundert wurde sie entscheidend. Die Gründung des Nationalstaats stand noch ganz unter der Erfahrung, daß die deutsche Verfassung stets Kernstück des Ius Publicum Europaeum gewesen war. Das galt schon vor dem Dreißigjährigen Krieg. Das Heilige Römische Reich im Herbst des Mittelalters war kein Nationalstaat, sondern vertrat einen gesamteuropäischen Ordnungsanspruch, Hegemonie vom Zentrum aus, der allerdings zu keinem Zeitpunkt der Neuzeit politisch noch durchsetzbar war. Die Reformation teilte Mitteleuropa und gab dem frühmodernen Territorialstaat wider Kaiser und Reich einen letzten, im Glauben verankerten Bezugspunkt. Der Glaubensgenosse wurde Bündnispartner im Kampf um die europäische Mitte. Der Grundsatz »cuius regio eius religio« des Augsburger Religionsfriedens hatte weitreichende politische und moralische Auswirkungen: er spaltete nach innen und verband nach außen. Auch festigte er das Band zwischen Landesherrschaft und Untertanen, weil die Landesherrschaft die Gewissen schützte. Die »gute policey« des achtzehnten Jahrhunderts umfaßte auch das Innenleben der Menschen. Die Mittellage hatte unübersehbare Folgen für Denken und Politik der Deutschen.

Nach dem mörderischen Elend des Dreißigjährigen Krieges – die existentielle Katastrophe des neuzeitlichen Deutschland, ohne deren Begreifen die ganze folgende deutsche Geschichte keinen Sinn ergibt – wurde der deutsche Zustand vollends europäisiert. Das Alte Reich, wo sich Teil-Absolutismen bildeten zur Sicherung des Friedens nach innen und zum Schutz nach außen, wurde Stabilisierungsfaktor Europas: ein Rechts- und Friedensverband, unfähig zu jedem Angriff und doch machtvoll in der Verteidigung. Seine Logik ruhte in sich selbst und im System der Mächte. Noch die Wiener Ordnung von 1815 hat diese europäische Funktion für Deutschland wieder hergestellt, und zwar in der Form des Deutschen Bundes: ein neues Gleichgewicht in Deutschland, das auch das europäische Gleichgewicht noch sichern sollte, abgestützt durch innere Veränderungsverbote und äußere Interventionsvorbehalte der Mächte. Außenseite war »the Repose of Europe« (Castlereagh), Innenseite aber blieb die Stornierung des deutschen Nationalismus, des Liberalismus und der massendemokratischen Strömungen bei aktiver Förderung der wirtschaftlichen Interessen des bürgerlichen Unternehmertums. Was vordem ein Stück kollektive europäische Vernunft zu Lasten der Deutschen gewesen war, wurde nach 1815 restauriert aus dem Geist der Gegenrevolution. Wiederum war Deutschland Drehscheibe der europäischen Machtinteressen.

Die Folgen zeigten sich, krisenhaft zugespitzt, zu Beginn der Revolution von 1848, beeinflußten ihren Verlauf und bedingten weitgehend schon ihr nationalpolitisches Scheitern. Erst die Stornierung des Wiener Mächtesystems durch die europäischen und außereuropäischen Kriege der fünfziger Jahre, bis hin zum amerikanischen Bürgerkrieg, eröffnete dann jene Konstellation, in der die deutsche Einheit herstellbar wurde, innenpolitisch durch Transzendierung der Traditionsfronten von preußischem Konservatismus und moderner Nationalbewegung, außenpolitisch durch duellartige, kurze Kriege. Aber der Nationalstaat kam zusammen, mit dem späten Bismarck zu reden, unter dem »bedrohenden... Gewehranschlag des übrigen Europa«, und keinem deutschen Staatsmann war es gestattet, dieses factum brutum zu vergessen. Was aber folgte daraus? Für die Bismarcksche Denkschule die Saturiertheit Deutschlands, für den deutschen Nationalismus der Jahrhundertwende die Sprengung der Halbhegemonie. Der von Preußen geführte Nationalstaat hatte die alte Europäisierung Deutschlands beendet. Aus Einsicht in die Gefahren der neuen Lage hat Bismarck sie sogleich wieder durch Bündnisse simuliert, indem er Deutschland zum »Bleigewicht am Stehaufmännchen Europa« machte. Was sagen will, er spielte die Rolle des neuen Machtstaats in der europäischen Mitte herunter, um die Nation auf diese Weise vor den europäischen Folgen ihrer raschen Staatsbildung zu bewahren. Für die Erben Bismarcks indes, getrieben von einer expandierenden Industriegesellschaft, war dieser Ausweg verstellt.

Die Frage der inneren Selbstbestimmung aber war nach den Bitternissen von 1848/49 und den Triumphen von 1864, 1866 und 1870 anders gestellt. Die Deutschen zahlten nun noch einmal den Preis des Dreißigjährigen Krieges und der alten Neutralisierung der europäischen Mitte: der bürgerlichen Kultur fehlten Substanz und die Fähigkeit, politisch zu werden. Die Nation war fasziniert vom Machtstaat, richtete sich ein in »machtgeschützter Innerlichkeit« (Th. Mann) und fand in den Maßstäben des europäischen Imperialismus die Basis des Konsensus. Wie hoch der Preis sein würde, das war anfangs nur zu ahnen: die Kassandrarufe Jacob Burckhardts, Friedrich Nietzsches, Theodor Mommsens warnten, später auch die Zeitkritik Max Webers, Friedrich Naumanns und August Bebels. Aber was immer sie bewegte, sie klagten nicht das Mächtesystem an, sondern Preußen und Bismarck und damit - auch - seine Folgen. Lag hier am Ende doch ein deutscher Sonderweg, aus der Mittellage erwachsen und dazu bestimmt, über sie hinauszuführen? Oder aber, wenn der Weg der Hegemonie scheiterte, zurück in die Europäisierung der deutschen Verfassung, Teilung des Landes und Verlust der Einheit in einem durch die europäischen Hegemonialkämpfe radikal veränderten Weltsystem? Niemand konnte dies wohl 1866/70 und 1914 so sicher voraussehen. Aber es bleibt zu konstatieren, daß die Entstehung des deutschen Nationalstaats, ohne doch das Ende unausweichlich zu machen, auch die Bedingungen seines Scheiterns schon umfaßte. Die Früchte des Zorns: waren sie Teil einer Tragödie?

»Geschichte hat nun einmal, was wir uns früher nicht so klarmachten, einen dämonischen Charakter«, schrieb Friedrich Meinecke, als die erste deutsche Republik in der Auflösung begriffen war, 1931, an einen Historikerfreund. »Zuweilen plagt mich der Gedanke, daß der Demiurg, der diese merkwürdige Welt ins Leben rief, selber dämonischen Wesens ist, seligunselig, schön und schrecklich zugleich.« Gehört, wenn alle Ursachen analysiert sind und die Auswirkungen überschaubar werden, die Kategorie des Tragischen zum Stoff der europäischen Geschichte? Die deutschen Fortschrittshoffnungen des neunzehnten Jahrhunderts beruhten auf der Idee, die selbstzerstörerischen Kräfte abendländischer Geschichte seien überwindbar, es gebe den Ausweg in Wachstum, Weltmacht und Sozialreform. Dem zwanzigsten Jahrhundert blieb nicht viel von solchen Täuschungen außer der historischen Erinnerung, daß es sie einmal gab. Alles Tragische, sagte Goethe 1824 im Gespräch zu dem Weimarischen Kanzler von Müller, beruhe auf einem unausgleichbaren Gegensatz. »So wie die Ausgleichung eintritt, oder möglich, schwindet das Tragische.« War für den deutschen Nationalstaat in Europa die »Ausgleichung« möglich?

Der Weg Europas bleibt eine Tragödie zu nennen. Denn dieselben Kräfte von Wagemut und Wettkampf, von Opfer und Begeisterung, von Selbstdisziplin und Sozialorganisation, die Europa im Verlauf der Neuzeit groß gemacht hatten, trieben auch zu seiner Zerstörung. Nicht Zufall war dies und nicht Anachronismus. Die Späterlebenden möchten sich den Glauben erhalten, Hybris und Zerstörung seien vermeidbar gewesen, und vieles hätte auch anders kommen können. Der Weltkrieg, gewiß, er war nicht zwangsläufig, wohl aber jene europäischen Mächtekonflikte, aus denen er entstand, und die moderne Machtstaatidee, die ihn rechtfertigte. Zuletzt spricht vieles dafür, daß »Ausgleichung« nicht denkbar war und daß dieselben Kräfte, die der Stratege und Geschichtsschreiber Thukydides einst den Peloponnesischen Krieg auslösen sah, auch die Agonien Europas heraufbeschworen, in der Mitte Europas aber Krise und Niedergang des ruhelosen Reiches – in den denkwürdigen Worten der athenischen Gesandtschaft an die Spartaner:

Wir folgen nur der menschlichen Natur, wenn wir die Macht, die sich bietet, nehmen und behaupten wollen, besiegt von drei so großen Kräften wie Ehre, Furcht und Interesse. Auch sind wir nicht die ersten, die damit anfingen. Es war immer so, daß der Unterlegene sich dem Mächtigen beugen muß. Wir glauben, dieses Reiches würdig zu sein, und auch Ihr hieltet uns dafür, bis Ihr jetzt, Euren Vorteil berechnend, die Gerechtigkeit gegen uns anruft. Ihr zuliebe hat aber noch niemals jemand eine Gelegenheit zu gewaltsamer Bereicherung verschmäht oder auf seinen Vorteil verzichtet.

Michael Stürmer: Das ruhelose Reich.
Deutschland 1866–1918. Siedler
Deutsche Geschichte, Band 9. 1983

DIE EPOCHE DER
WELT- UND WELTBÜRGERKRIEGE

Aus den Tagen der Revolution

Tagebuchblätter

VON
KÄTHE KOLLWITZ

7. November 1918 Delegation zu Foch wegen Waffenstillstand. Erregung. Gerlach-Versammlung.

Freitag, 8. November 1918 Forderung der Sozialdemokraten: Abdankung des Kaisers. Bis Mittag 12 Uhr.

Vormittags Unter den Linden gewesen. Nichts Besonderes. Zu Haus gewartet und telephoniert. 3 Uhr telephoniert Agaeff an, der Kaiser habe abgedankt.

Abends Verfrühte Nachricht - bis jetzt keine Abdankung.

Sonnabend, 9. November 1918 Heut ist es wahr. Mittags nach 1 Uhr kam ich durch den Tiergarten zum Brandenburger Tor, wo gerade die Flugblätter mit der Abdankung verteilt waren. Aus dem Tor zog ein Demonstrationszug. Ich trat mit ein. Ein alter Invalide trat an den Zug und rief: »Ebert Reichskanzler! - weitersagen!« Vor dem Reichstag Ansammlung. Von einem Fenster herab rief Scheidemann die Republik aus. Dann sprach von der Rampe ein Soldat, konfus und aufgeregt. Neben ihm ein Matrose und ein Arbeiter. Dann trat ein junger Offizier hinzu, schüttelte dem Soldaten die Hand, wandte sich an die Masse, sagte, daß die 4 Jahre Krieg nicht so schlimm gewesen wären wie der Kampf mit Vorurteilen und Überlebtem. Er schwenkte seine Mütze und rief: »Hoch das freie Deutschland!«

Dann nach den Linden zurück. Das Lastauto gedrängt voll mit Matrosen und Soldaten. Rote Fahnen. Hinter dem Brandenburger Tor sah ich, wie die Wache abtrat. Dann in dem Schwarm bis zur Wilhelmstraße und dann noch ein Stück mit.

Soldaten sah ich, die ihre Kokarden abrissen und lachend auf die Erde warfen.

So ist es nun wirklich. Man erlebt es und faßt es gar nicht recht.

Immer muß ich an den [1914 gefallenen Sohn] Peter denken. Ich glaube, wenn er lebte, würde er mittun. Auch er würde seine Kokarde abreißen. Aber er lebt nicht und als ich ihn zuletzt sah und [er] am schönsten aussah, hatte er die Mütze mit der Kokarde auf und sein Gesicht leuchtete. Ich kann ihn mir nicht anders denken.

Die Arbeiterzüge, die vormittag die Stadt durchzogen haben, haben Schilder vor sich hergetragen, auf denen gestanden hat: »Brüder! Nicht schießen!« - doch soll am Kriegsministerium geschossen [worden] sein.

Max Wertheimer erzählte eben am Telephon, das Schönste sei gewesen, wie sie den Vorwärts mit Maschinengewehren umstellt haben. Und aus dem Militärgefängnis einen Leutnant befreit haben, der vor einigen Tagen da eingesperrt gewesen ist, weil er Ordre gegeben hatte nicht zu schießen.

Wie wird [der ältere Sohn] Hans das alles erleben? Statt hier zu sein oder an der Front zu sein in einem Etappen-Lazarett. Wird er mitkönnen? Der Langsame, schwer zu Bewegende, Gewissenhafte und Treue? Wär er hier, könnten wir gemeinsam alles erleben.

Hoyer? Alexander? Den Alexander wird es fortreißen.

Abends kommt Karl nach Haus. Er hebt mich hoch und schwenkt mich rum, ist ganz kriselig vor Freude.

Späterer Abend: Stille auf der Straße. Keine Elektrische. Telephoniere an Sterns. Georg eben nach Hause gekommen. Er war der Meinung, Maria wäre allein Unter den Linden. Sucht sie dort. Maschinengewehrfeuer von Universität aus. Der Mann neben ihm wird verwundet. Maria war dortgewesen aber mit Max. Ein rotes Auto ist die Linden langgefahren und hat aufgefordert zu räumen, weil geschossen würde, und sie sind dann abgebogen.

Von weitem hört man schießen. Das ist am Marstall gewesen.

Konrad hat antelephoniert: »Hier Bürger Schmidt«.

Sonntag, 10. November 1918 Früh die *schlimme* Nachricht, daß Unabhängige und Mehrheitssozialisten sich nicht einigen können.

Zum Schloßfenster heraus, aus dem sonst der Kaiser sprach,

hat Liebknecht gesprochen. Neben ihm hat Hoffmann gestanden.

Vom Reichstagsplatz gekommen, wo der Bund für Vaterland einberufen hatte. Es sprachen am Bismarck-Denkmal verschiedene Männer, auch eine Frau. War es die Stöcker? Sie sprach gut. Mitten während einer Rede hörte man erst einzelne Schüsse fallen, dann ein ganzes Geknatter. Die Tausende stieben auseinander. Sammeln sich wieder, dann von neuem Schießen. So ging es dreimal. Das letzte Mal eine ordentliche Kanonade. Das Feuer kam aus den großen Häusern links vom Reichstag und aus dem Eckhaus Dorotheenstraße. Ich war mit Stan zusammen. Wir rannten immer fort und kamen dann wieder vor. Dann auf Umwegen, weil einzelne Stellen wegen möglichen Beschießens gesperrt waren, nach Haus gekommen. Lily Zadek getroffen. Mit ihr darüber gesprochen, daß die Führer von Revolutionen fast immer Juden gewesen sind. Auch in Rußland sind es Juden.

Die ganze Nacht von Sonnabend zu Sonntag soll Unter den Linden, in der Friedrichstraße und am Marstall geschossen [worden] sein. Königstreue Offiziere haben dort Maschinengewehre versteckt gehalten, Jugendwehr angestellt. Durch unterirdische Gänge sind sie dann geflüchtet, wenn Soldaten die Häuser absuchten.

Sonntag abends. Jetzt ist Karl in der Stadt. Man hört schießen. Georg telephoniert, daß der Arbeiterrat beschlossen hat, morgen wegen Plünderns zu erschießen: eine Reihe Italiener, ferner 42 Minderjährige unter 18 Jahren. Darunter 16 Mädchen. Sterns haben an den Vorwärts und Tageblatt telephoniert. Ich versuche nach dem Zirkus Busch zu kommen, wo die Delegierten der Arbeiter- und Soldatenräte tagen. Komme nur bis Schönhauser Tor. Soldaten zu Pferde treiben die Menge vor sich her und in die Häuser: schließen – es wird geschossen. Ich habe Angst und gehe nicht weiter. Telephoniere an Baake, ob er etwas dagegen tun kann.

Früh sah ich Lastautos durch die Stadt jagen: vorn ein Maschinengewehr, seitlich Soldaten mit bereitem Gewehr.

Karl kommt nach Haus.

Baake telephoniert an und dann an Georg. Georg gibt Nachricht, daß Baake gesagt hat, er wolle sofort alle erforderlichen Schritte tun, daß es nicht dazu kommt.

An den Jungen geschrieben. Wird der in Sorgen herdenken!

Stan kommt am Abend. Wir begleiten sie abends nach der Untergrundbahn am Alexanderplatz. Die Straßen sind voll von heimkehrenden Menschen. Viele mit Kindern. Es ist ruhig. Soldaten mit Karabinern sind an allen Straßenecken als Posten aufgestellt.

In der Nacht wird wieder sehr geschossen.

Montag, 11. November 1918 Einigung der Mehrheitssozialisten und Unabhängigen. Gott sei Dank!

Ferner Veröffentlichung der furchtbaren Waffenstillstandsbedingungen. Nur zu hoffen, daß der Friede bessere Bedingungen bringt.

Karl ist so positiv in seinem Glauben an die Revolution, daß es mir sehr fein ist.

B.Z. am Mittag bringt Solfs Anruf Wilsons, daß er die furchtbaren Waffenstillstandsbedingungen mildere.

Bin über Mittag bei Sterns. Auf dem Rückweg am Bahnhof Alexanderplatz - auch Börse - wieder blödsinnige Schießerei.

Vormittags war alles ruhig. Der würdige Ton der Regierungserlasse an das Volk.

8 Uhr abends: Totenstille auf der Straße.

Notiz in der Zeitung, daß in Lüttich die Soldaten gemeutert hätten, sämtliche Offiziere abgesetzt. Hans!

Der Kaiser, Kronprinz, sollen nach Holland geflohen sein. Hindenburg soll geblieben sein und sich dem Soldatenrat unterstellt haben um das Chaos möglichst zu verhindern. Bravo, alter Hindenburg!

Der Vorwärts schreibt: »Der letzte Schuß im Weltkrieg ist verhallt. Wer ist der letzte Gefallene?«

Appellation der deutschen Sozialisten an die ausländischen Neutralen, um die Waffenstillstandsbedingungen zu mildern.

Der alte Viktor Adler ist tot. Erlebt hat er es noch, den Fuß gesetzt in das gelobte Land.

[6. Dezember 1918] Am 6. sehn wir Matray und Katrine [Stern] tanzen. An dem selben Abend wird in der Stadt geschossen, gibt es ziemlich viele Verwundete und Tote. Noch ist es nicht klar, von welcher Seite eigentlich der Putsch ausging.

Die Radauversammlung des Rats geistiger Arbeiter, in der Kurt Hiller spricht.

Der offene Brief von Walther Rathenau an Oberst House. Ist er dazu inspiriert oder kommt er aus eigener Initiative? Ist Rathenau wirklich so verzweifelt (spricht davon, den Zusammenbruch Deutschlands nicht lange überleben zu werden) oder übertreibt er politischerweise seine Niedergeschlagenheit um zu wirken auf Oberst House? Und steht es tatsächlich so um Deutschland? Man kann es immer noch nicht glauben.

Überhaupt die fürchterliche Zerrissenheit jetzt! Nord- und Süddeutschland fällt auseinander, Westdeutschland löst sich los vom Ganzen und ist von der Entente besetzt. Im deutschen Österreich Hungersnot und Kälte. Bei uns droht dasselbe in einigen Monaten. Die Sozialdemokratie klafft in 3 Teilen auseinander, die bürgerlichen Liberalen, die Konservativen verlangen die Nationalversammlung, die aber erst im Februar tagen soll. Bis dahin haben wir lang die Entente im Land. Frieden - erklärt die Entente - macht sie nur mit Nichtsowjetregierung, und Lebensmittel kriegen wir auch nicht vorher. Ein wahres Chaos. Und man lebt von Tag zu Tag, als wär man noch in Sicherheit. Der Krieg hat die Menschen wohl gelehrt, mit solcher Wurschtigkeit auch schrecklichen Ereignissen gegenüberzustehn. 4 Jahre Krieg, da wird man dickfellig.

8. Dezember 1918 Der Sonntag beginnt. Trübes nebeliges Wetter. Furchtbarer Druck im Gefühl. Eben sage ich mir noch [daß], wenn Wahl zwischen Diktatur Ebert und Diktatur Liebknecht, ich bestimmt Ebert wählen würde. Auf einmal aber fällt mir ein, was die eigentlich Revolutionären doch geleistet haben. Ohne diesen steten Druck von links hätten wir auch keine Revolution gehabt, hätten wir den ganzen Militarismus nicht abgeworfen. Die Mehrheitspartei hätte uns davon nicht erlöst. Sie wollte immer nur evolutionieren. Und die Konsequenten, die Unabhängigen, die Spartakusleute sind auch jetzt wieder die Pioniere. Sie drängen *immer vorwärts*, wie es auch liegt. Auch wenn es Blödsinn ist, auch wenn Deutschland darüber kaputt geht. Man wird sie jetzt knebeln müssen um aus dem Chaos herauszukommen und es besteht ein gewisses Recht dazu. Sieger werden voraussichtlich die Gemäßigten bleiben. Ich selbst würde es wünschen. Nur darf man nicht vergessen, daß die zu Knebelnden das eigentlich revolutionäre Ferment sind, ohne die wir überhaupt keine Umwälzung gehabt hätten. Daß es *tapfere* Menschen sind, die ohne weiteres sich Maschinengewehren aussetzen, daß es *hungernde* entrechtete Leute sind, die immer zu kurz gekommen sind. Daß es vor allem Leute sind, die hätten sie damals schon die Macht von heute gehabt, den Krieg verhindert hätten. Kurz und gut, es sind die Leute des revolutionären Prinzips, dem sie mit Unentwegtheit anhängen. Natürlich haben sie faktisch Unrecht. Faktisch muß man mit den Mehrheitssozialisten gehn. Es sei denn, daß einem der gänzliche Zusammenbruch Deutschlands ganz schnuppe ist.

Der Tag ist zu Ende gegangen ohne Blutvergießen. Gott sei Dank.

Um 11 Uhr waren die 13 Demonstrationsversammlungen der Sozialdemokraten. Um 12 Uhr die der Unabhängigen, um 2 Uhr die der Spartakusgruppe in Treptow. Die Unabhängigen, die wie mir scheint unmöglich zwischen rechts und links sitzen, in den letzten Tagen aber sehr nach links neigen, machten die Treptow-Demonstration zum Teil mit. Von Treptow über Kommandantur nach Reichskanzlerpalais, wo Barth, seine Zigarette rauchend, ihnen Rede stand. Stan war bei allem mit dabei. Die heutige Rote Fahne ist direkt größenwahnsinnig.

Hans und ich waren gestern vormittag in der Freiheitsfeier. Ich kam zu spät, hörte noch Breitscheid (schnarrend harte Kommandostimme) und die beiden Sätze der Neunten Symphonie mit Strauss. Göttlich schön. Zum ersten Mal wieder die Neunte seit Kriegsanfang. Und war wieder weggerissen, emporgerissen aus dem Parteienstaub in reinste Freudenhöhen. Ja, in der Neunten liegt der Sozialismus in reinster Form. Das ist die Menschheit, die hoch wie eine Rose glüht, ihr tiefster Kelch vom Sonnenlicht durchdrungen. Das ist göttlicher Daseinsjubel. Und wie war mir, als die Chöre sangen: »*Ahnest* du den Schöpfer, Welt?«

Hans ist so gut jetzt, teilnehmender am Gespräch wie früher, interessierter. Und immer so liebevoll. Abends, Karl hatte für sich zu tun, lasen wir Shakespeare zusammen und mittags – zur Gans – war Lore Schumann da. Es war nett.

12. Dezember 1918 Ein großer Teil der Truppen ist jetzt zurück. Als ich auf den Bahnhof ging um zu Kaches zu fahren, traf ich in der Prenzlauer Allee noch einen heraufziehenden Zug. Artilleristen. Kanonen, Pferde, Helme, alles bekränzt mit buntem Papier, Tannen und Bändern. Es sah so schön aus, aber es war auch so wehmütig zu sehn. Früher hab ich immer Angst gehabt den Rückzug zu sehn. - Auf dem Alexanderplatz das Getümmel und Gedränge. Lise, auch Hans haben den Zug gesehn. Kinder haben auf den Kanonen gesessen und die Soldaten mit ihren Mädchen auf dem Pferd und [alle sind] zusammen marschiert. Ein Jubel, als ob ein siegreiches Heer zurückkäme. Am Brandenburger Tor sind sie von Ebert begrüßt [worden] als Vertreter der Republik. Bei den spätern Truppen sprach Haase, auch Scheidemann. Haase wohl am besten.

Karl sollte in den Ärzterat gewählt werden. Ich freute mich für ihn der neuen Tätigkeit wegen, aber es wäre *zuviel* Arbeit gewesen neben all der Praxis. So ist er selbst ganz zufrieden, daß er nicht gewählt ist.

Hans sitzt mir gegenüber und liest. Das ist das Grundgefühl, das ich jetzt habe: wie gut es ist, daß er jetzt hier ist. Und nicht in zwei Wochen wieder fort. Nein, er bleibt hier und wir bleiben zusammen - wenn nicht das Schicksal etwas ganz Böses vorhat.

Es ist so ein befriedigtes gestilltes Gefühl: der Junge ist da. Ist gesund, lebt, arbeitet, ist freundlich, gut und liebevoll. Dahinter steht wohl der Peter und der Julius, aber es schmerzt nicht sehr - *einer* ist da, ist zurück und lebt.

Der Peter und der Julius.

16. Dezember 1918 Heute Zusammentritt aller Arbeiter- und Soldatenräte Deutschlands hier im Abgeordnetenhaus. Sie werden bestimmen, ob und wann die Nationalversammlung sein wird.

Gestern abend wieder Stan hier. Sie macht *alles* mit, führt genau Tagebuch und - wie mir scheint - schreibt darüber. Wir sprechen wieder vom Sozialismus. Sie sagt, wirklich erstklassig kommt ihr nur ein Leben vor in äußerstem Reichtum, wie sie es in den letzten Jahren in Florenz und Rom kennengelernt hat. Wo Millionen ein Leben ermöglichen, das *absolut* geschmackvoll und schön ist bis ins Kleinste. Wenn man ein solches Leben nicht haben kann, *dann* Sozialismus, denn dann gäbe es wenigstens die Befriedigung der Gerechtigkeit. Oder Zurückziehn in Einsamkeit und Natur. Indien. Ich widerspreche natürlich, aber ich hab sie immer so sehr gern, die liebe Stan. Wie erinnert sie mich an die Mariclee in dem Roman von der Annette Kolb!

18. Dezember 1918 Alexander Rüstow ist für vier Tage hier. Nur um nachzusehn wie hier politisch alles stünde und Fühlung zu haben zu alten Freunden. Er ist fein wieder. Ganz lebendig in den neuen Arbeitsaufgaben. Auch ganz der Alte in seiner lauten unüberlegten burschikosen Art.

Die Vorgänge bei den Arbeiter- und Soldatensitzungen erregen ihn sehr.

Seit einer Woche etwa arbeite ich wieder. Bin wiedermal bei der Mutter. Mein ich müßte es diesmal schaffen. Wenn ich nicht arbeite, bringe ich es fertig Tage und Wochen zu verbringen, ohne daß es mich sonderlich wurmt. Arbeite ich aber, so ist mir jeder Tag eine Mahnung, daß das Leben kurz ist und daß noch viel zu tun ist. Dann hab ich Gewissensbisse um jeden verbummelten Tag.

Sonntag, 22. Dezember 1918 Hans ist in der Stadt gewesen und erzählt von der Demonstration der Kriegskrüppel. Ein großer langer Zug zum Teil in Wagen. Plakate sind getragen worden: »Wir wollen keine Barmherzigkeit, sondern Gerechtigkeit! Wo ist die Ludendorff-Spende?« Gern hätte ich den Zug gesehn. Es ist scheußlich beschämend für die Beschädigten wie für die Zuschauer, daß die Menschen da ihre Schäden demonstrativ zeigen. Ich denke mir, das ist nur möglich in einer gewaltig zornig wirkenden Demonstration. Sonst ist es scheußlich. – Ich hab jetzt schon zweimal junge kriegsblinde Soldaten mit dem Leierkasten gesehn. Einer steht am Bahnhof Börse. Hat die Mütze zum Einkassieren auf den Leierkasten gelegt und dreht mit dem linken Arm. Mußt an Simplicissimus denken, der vor vielen Jahren das Bild eines 1870er Invaliden brachte, der den Leierkasten dreht und dazu singt: »Was ich bin und was ich habe, dank ich dir, mein Vaterland!«

Diesmal also auch wieder dieselbe Geschichte, und doch hieß es zu Anfang des Krieges, daß der Leierkasteninvalide nie wieder auf der Straße gesehn werden sollte.

24. Dezember 1918 Weihnachten! Und in der Stadt wird mit Kanonen geschossen.

Von 8–11 Uhr wird mit Gasgranaten und Maschinengewehren Schloß und Marstall beschossen. Tote und Verwundete. Mittags heißt es, die Matrosen hätten kapituliert. Doch ist der Ausgang wohl mehr ein Sieg der Matrosen als der Ebertschen Regierung.

Gegen Abend geh ich mit Hans dort vorbei. Marstall, Schloß stark beschädigt. Erregte Gruppen stehn zusammen.

Abends wir drei in Peters Stube. Sein Bäumchen brennt mit seinen 22 Lebenslichtchen. Aber Hans ist bei uns, es ist nicht so schmerzlich.

Hans hat uns ein Album geschenkt, wo er noch Aufnahmen zusammengestellt hat, die wir zum Teil nicht kannten. Auch eine Arbeit hat er auf den Tisch gelegt, seine Gedanken zur Volkshochschule. Von uns hat er den schönen Giorgione, »Das Konzert«, geschenkt bekommen.

Abends sitzen wir dann zusammen, lesen seine Arbeit, sprechen darüber, trinken etwas Wein. Schön ist es mit ihm zusammen zu sein.

Sonntag, 29. Dezember 1918 Die Regierung hat sich gespalten. Die Unabhängigen Haase, Dittmann, Barth sind ausgeschieden, an ihre Stelle treten Noske, Löbe und Wissell.

Heut demonstratives Begräbnis der Matrosen durch Spartakus und Unabhängige. Zu gleicher Zeit gewaltige Demonstration der Mehrheitspartei. Wir gingen vom Friedrichshain aus, wir drei zusammen. Endloser ermüdender Weg am Hain lang, Lothringer – Elsässer – Karlstraße. Endlich Reichstagsplatz. Von da Demonstrationszug durch Brandenburger Tor. Auf der andern Lindenseite hörte man die Spartakisten ununterbrochen ihre Hochrufe [ausbringen]. In dichter Masse Wilhelmstraße entlang, Reichskanzlerhaus vorbei. Immer erneute Hochrufe. Der kleine Junge, der auf einem Fensterbrett saß und die Nationalversammlung hochleben ließ. Am Wilhelmplatz endlich aus dem beängstigenden Gedränge. Hans verloren. Katzenstein getroffen, der hoffnungsvoll ist. In der Elektrischen am Marstall vorbeigefahren. Dort Demonstrationen und Züge der Spartakiden. Alexanderplatz tolles Gedränge.

Hans spricht gegen alle Demonstrationen, ich verteidige sie

als Sinnfälligmachung des sonst sich verlierenden Einzelwillens.

Gestern abend Stan hier. Erzählt, daß sie seit 14 Tagen für Times und Daily Mail berichtet. Daher die Unermüdlichkeit ihres überall Mittuns. Karl spricht den Verdacht aus, daß seit ihrem Hiersein sie Ähnliches tut. Ich spreche dagegen und glaube es auch nicht.

Sie erzählt von dem Gespräch mit Kardorff. Von der geplanten Gegenrevolution von rechts. Daß die Großindustriellen mit Hilfe der Entente hier Ordnung schaffen wollen und daß die Entente, wenn es glückt den alten kapitalistischen Betrieb wieder einzuführen, durch ein Drittel des Gewinns belohnt werden soll.

Aus der Roten Fahne [vom] 29. Dezember 1918: »Leidenschaftlich treibt das Leben, Freude und Ernst, Jubel und Gelassenheit, Kampf und gespanntes Lauern, immer weiter: das bunte und bezaubernde, das hinreißende und gewaltige Schauspiel der Revolution.«

Silvester 1918 Heut abend wollen wir bei Sterns sein. Die 5 verflossenen Silvesternächte waren rückwärts gewandt. Waren voll Schmerz, Trauer, Sehnsucht nach dem Frieden.

Diese Silvesternacht wollen wir nicht für uns verleben. Hans ist da. Mit ihm zusammen wollen wir bei unsern liebsten Freunden, bei Sterns sein, gemeinschaftlich dem nächsten Jahr entgegengehn. Denn jetzt ist alles Zukunft. Zukunft, die wir hell sehen *wollen*, über das nächste Dunkle hinweg. Man will heut nicht allein sein, man will sich Mut machen, will Glauben bekräftigen und ausdrücken.

Dies Jahr hat den Krieg beendet.

Noch ist kein Frieden. Der Frieden wird wohl sehr schlecht werden. Aber es ist kein Krieg mehr. Man kann sagen, dafür haben wir den Bürgerkrieg. Nein, soweit ist es noch nicht trotz allem Schlimmen.

1918 hat den Krieg beendet und die Revolution gebracht. Der entsetzliche, immer unerträglichere Kriegsdruck ist fort und das Atmen ist wieder leichter. Daß wir damit gleich gute Zeiten bekämen glaubte kein Mensch, aber der enge Schacht in dem wir staken, in dem wir uns nicht rühren konnten, ist durchkrochen, wir sehen Licht und atmen Luft.

Das kommende Jahr wird ungeheuer wichtige Geschehnisse bringen. Weiß Gott, wie es heut übers Jahr sein wird?

Dienstag, 7. Januar 1919 Gestern abend bis in die Nachtstunden Kanonenschießen. Karl ging noch in die Stadt. Von einer Kaserne in der Köpenickerstraße her kamen die Schüsse.

Vor dem Schloß gähnende Leere. Findet einen alten Mann, der die [Zeitung] Freiheit ausruft. Sagt leise zum Karl: »Unterm Kaiser wars doch besser.« Dann ruft er wieder laut: »Die Freiheit! Die Freiheit!«

War im Atelier zur Arbeit. Zurück durch die Stadt, weil Stadtbahn gesperrt. Überall Menschenmassen in Erregung. Alexanderplatz sah ich einen Zug von etwa 100 bewaffneten Arbeitern ziehen, einige elende, abgefetzte Soldaten darunter. Die Männer, mager, düster, entschlossen. Anschließend Halbwüchsige.

Haase hat Vermittlungsversuche gemacht, die aber erfolglos sein sollen.

Gestern glaubte man bestimmt, dieser Zustand könnte sich nicht länger hinziehn, so oder so müßte er sich entscheiden, und heute liegt es noch genau ebenso.

Am Abend sagt Hans vor sich hin: Ob man sich für die Regierungstruppen anwerben läßt? Ich frage ihn ob er meint mit der Waffe? Er sagt ja.

Mittwoch, 8. Januar 1919 Ich versuche noch ins Atelier zu kommen, bin aber zu aufgeregt um arbeiten zu können. Gehe bei Sterns an. Es ist so gut, daß Toni Schiller, die ruhig und heiter ist, jetzt bei der Mutter ist. Georg ist nur früh für eine Stunde in der Fabrik gewesen, es wird nur von 9–½10 gearbeitet. Lise noch in München bei Rele, Katrine und Matray Hamburg, Max und Maria in Cawiz [?], Hanna nicht ganz gesund, meist zu Haus. Komme früh nach Haus. Hans kommt, erzählt von Studentenversammlung, in die er Dienstag gehen will. Wir läuten Stan an, die jetzt im Hotel Bauer, Ecke Friedrichstraße/Linden wohnt. Sie meint, daß die Macht sich eher auf Seiten der Regierung neigt. Es gehen Gerüchte, daß Hindenburg Ludendorff in Berlin seien. Alfred Weber fordert die Studenten auf, für die Regierung zu kämpfen, die [Zeitung] Freiheit erklärt dies für Verrat an der Sache der Revolution. Alles was geschieht erfährt man nur aus Freiheit, Roter Fahne oder einem neutralen Nachrichtenblatt. Vorwärts erscheint nicht und kann sich nicht rechtfertigen gegen Vorwürfe der Freiheit, auf die Vermittlungsversuche nicht einzugehn.

Karl geht noch nachts in die Stadt. Er ist furchtbar aufgeregt. Kommt erst 2 Uhr wieder, sagt das Polizeipräsidium würde beschossen. Die ganze Nacht wird mit Kanonen und Maschinengewehren geschossen. Um 3 Uhr krachen in der Nähe Schüsse oder Explosionen. So, denk ich mir, müssen Handgranaten krachen. Ein Proviantdepot in der Saarbrückerstraße soll beschossen [worden] sein.

Donnerstag, 9. Januar 1919 Es wird weiter geschossen.

Das elektrische Licht versagt. Wasserleitung soll gesperrt werden, weil Wasserwerke streiken. Wir haben die ganze Wanne gefüllt.

Abends bringt Karl die Nachricht nach Haus, daß ein Unabhängiger ihm gesagt hat, am folgenden Tage soll ein großer Demonstrationszug [der] Arbeiter aller 3 Richtungen für Einigung sein. Eventuell über die Köpfe der Führer hinweg, wenn die zu keiner Einigung zu bringen seien.

Hans kommt aus der Studentenversammlung. Spricht nicht viel darüber, es scheint aber, daß er zur freiwilligen Meldung nicht - wenigstens noch nicht - entschlossen sei. Die sozialistischen Studenten haben sich ferngehalten. Die Universität soll geschlossen bleiben bis zum Ende aller Unruhen, damit die freiwillig sich Meldenden nicht wieder im Nachteil wären.

Abends setzen Karl, Hans und ich uns hin um in Krapotkins »Französischer Revolution« zu lesen. Bloch am Telephon. Karl spricht mit ihm telephonisch über 1½ Stunden.

Freitag, 10. Januar 1919 Geh wieder ins Atelier. Kaufe einen Roten Vorwärts, in welchem Spartakus zum Kampf bis zum letzten hetzt. Auf Nachhauseweg noch versprengte Trupps Demonstranten mit Plakaten: Einigkeit! Große Mengen auf der Straße, aber nirgends hört man schießen. Hans bringt einen wirklichen Vorwärts mit, in dem von Einigung noch nicht viel zu merken ist. Allzu kriegerischer Ton.

Abends mit Hans in einer Deutsch-Nationalen Versammlung, wo Kardorff spricht.

Sonntag, 12. Januar 1919 Große Demonstrationen aller Parteien geplant. Bin im Atelier und will mich auf dem Rückweg einem Zuge anschließen, der für Einigung geht. Treffe keinen und fahre durch die Stadt zurück. B.Z. wird zum ersten Mal wieder verkauft. Große Freude unter bürgerlichem Publikum über die Erstürmung des Polizeipräsidiums, die heut nacht geglückt ist. Ich bin niedergeschlagen, sehr. Trotzdem ich einverstanden damit bin, daß Spartakus zurückgedrängt ist. Aber ich habe das beklommene Gefühl, daß die Truppen nicht umsonst gerufen sind, daß die Reaktion marschiert. Außerdem ist diese rohe Gewaltanwendung, dies Schießen der Genossen - solcher, die es sein sollten - entsetzlich. In all diesen Tagen hat mich nur eines beglückt: das Flugblatt von Beerfelde.

Montag [13. Januar 1919] Mäßig ruhiger Tag. Vereinzelte Schießereien. Abends mit Hans (Kathrine Laessig, Marquard) in einer Versammlung, in welcher Naumann über Staat und Kirche sprach. Außer ihm noch ein Geistlicher und ein Theologieprofessor. Tendenz für Trennung der Kirche vom Staat. Naumann spricht vom Gemeindeleben, auf welchem sich die Kirche aufbauen soll. Von den außerhalb der Kirche stehenden religiösen Gemeinden, deren Arbeit so notwendig ist für den religiösen Aufbau.

Abends finden wir Stan bei uns vor. Sie ist verstimmt. Spricht von ihrer sie selbst überraschenden Sympathie für die besiegten Spartakusleute. Von Kundgebungen vorm Schloß: »Deutschland, Deutschland über alles!«

Mittwoch, 15. Januar 1919 Heut streiken die Eisenbahner. Gegen Ebert-Scheidemann. Zugleich aus Lohngründen die Untergrundbahn. Mühseliges nach dem Atelier Kommen. Moabit abgesperrt. Die Brücken von Soldaten mit Handgranaten bewacht. Durchsuchung auf Waffen.

Gegenrevolutionäre Strömung deutlich. Zirkus Busch: Hoetzsch, Traub. Schwarz-weiß-rote Fahne wird enthüllt, »Heil Dir im Siegerkranz« und »Deutschland, Deutschland [über alles]!«

Hans abends bei Walter Koch. Ich mit der alten Nähfrau Schumacher. Sie erzählt von ihrer religiösen Gemeinde.

Annie Karbes famoser Brief als Genossin.

Die Freiheit berichtet von gräßlicher Behandlung der gefangenen Spartakiaden.

16. Januar 1919 Niederträchtiger empörender Mord an Liebknecht und Luxemburg.

19. Januar 1919 Sonntag. Wahltag. Zum ersten Mal gewählt. War mit Karl zusammen. Hans war vormittags im Lazarett, ging dann später allein. Auch er zum ersten Mal gewählt.

Hatte mich so sehr gefreut auf diesen Tag und nun er dran ist, von neuem Unentschlossenheit und halbes Gefühl. Für Mehrheitssozialisten gewählt. Nicht für die Person Scheidemann, die zuoberst auf der Liste stand. Aber für Prinzip des Mehrheitssozialismus. Meinem Gefühl nach stehe ich mehr nach links, kann aber nicht unabhängig wählen, schon weil als Kandidat Eichhorn [aufgestellt] ist.

Gestern abend mit Helene Stöcker, Nicolai, einem Rechtsanwalt bei Einstein zusammengewesen zur Begründung einer Liga für Menschenrechte. Protest gegen die rohe Militärdiktatur und die Ermordung der Führer. Alex Bloch.

Sonnabend, 25. Januar 1919 Heut ist Karl Liebknecht begraben und mit ihm 38 andere Erschossene. Ich durfte eine Zeichnung nach ihm machen und ging früh nach dem Schauhause. In der Leichenhalle neben den andern Särgen stand er aufgebahrt. Um die zerschossene Stirn rote Blumen gelegt, das Gesicht stolz, der Mund etwas geöffnet und schmerzhaft verzogen. Ein etwas verwunderter Ausdruck im Gesicht. Die Hände im Schoß nebeneinandergelegt, ein paar rote Blumen auf dem weißen Hemd. Es waren noch mehrere mir fremde Leute da. Karl Hans Stan waren mitgekommen. Stan zeichnete auch. Ich ging dann mit den Zeichnungen nach Haus und versuchte eine bessere zusammenfassende Zeichnung zu machen.

Lise ist in der Stadt gewesen um dem Zuge zu folgen. Das ganze Innere der Stadt abgesperrt. Der gewaltige Demonstrationszug von inneren Straßen abgeleitet – überall Weiße Garde – über Moabit bis Bülowplatz gekommen. Von da sollte es weiter nach Friedrichshain [gehn]. Lise ging nicht weiter mit. Vom Friedrichshain ging der Zug hinter den Särgen.

Wie kleinlich und falsch sind alle diese Maßnahmen. Wenn

Berlin - ein großer Teil Berlins - seine Gefallenen beerdigen will, so ist das keine revolutionäre Angelegenheit. Selbst zwischen den Schlachten gibt es Ruhestunden zum Bestatten der Toten. Es ist unwürdig und aufreizend, Liebknechts Gefolgschaft zum Grabe militärisch zu schikanieren. Und es ist ein Zeichen der Schwäche der Regierung, daß sie das dulden muß.

Während wir noch im Schauhause waren, kam eine alte Proletarierfrau. Ob sie nicht die Leiche noch einmal sehn könnte? Was für eine Summe von Gefühl folgt diesen Särgen. Stan sagt, sie wird jetzt manchmal angesprochen von Leuten aus der Spartakusgruppe. Neulich faßte eine junge Frau ihre Hand: »Wissen Sie noch, wie wir den Vorwärts stürmten?« Eine zersprengte Gemeinde, sagt Stan. Eine verkrochene flüchtende versprengte Gemeinde.

Karl hat den ganzen Zug gesehn. Erschütternd in der Massenhaftigkeit und dem gleichen Ausdruck.

Stan war auf dem Kirchhof. In einem Massengrab sind sie beerdigt. Für Rosa Luxemburg ein leerer Sarg neben Liebknecht. Zietz, Hoffmann, Levi, Breitscheid sprachen. Welche Qual diese ganze öffentliche Angelegenheit für Liebknechts Frau! Sie ist ohnmächtig geworden.

Um das Grab Gedränge. Einer schob den andern weg, zankten sich um die Plätze.

Käthe Kollwitz: Die Tagebücher. Herausgegeben von Jutta Bohnke-Kollwitz. 1989

Im Scheunenviertel

VON
EIKE GEISEL

I

War Paris die Metropole Europas, so Berlin dessen Mietskaserne. Die Geschichte des Scheunenviertels hinter dem Alexanderplatz wäre rasch erzählt, ginge sie in jenem Vergleich restlos auf, hätte es nicht die Ostjuden gegeben. Wir würden in einem durchschnittlichen Kapitel über die Gestehungskosten der Moderne blättern und von der Entwicklung eines Stadtviertels vom Vorhof zum Hinterhof berichten.

Weder die ostjüdischen Flüchtlinge noch die gemischte Gesellschaft, die sie dort vorfanden, hatten im Scheunenviertel freiwillig Quartier bezogen, welches man in der nämlichen Umgebung gut zweihundertfünfzig Jahre zuvor noch selbst aufschlagen konnte. Rund um die vor die Stadttore verlegten Scheunen, Ställe und Lagerschuppen, welche dem Viertel den Namen und bis weit in die Gegenwart manchen Straßen und Gassen, in deren Höfen Vieh gehalten wurde, das schäbige Aussehen eines überlebten Dorfes verliehen haben, zwängten sich seit Beginn des 19. Jahrhunderts jene noch halbbäuerlichen Massen zusammen, wie man sie überall in den Vorhöfen der Industrialisierung antraf. Meist mit roher Gewalt vom Land vertrieben und durch Runkelrüben ersetzt, sammelte sich im Scheunenviertel eine amorphe und gesichtslose Masse von Existenzen an, bis nach Jahrzehnten der stumme Zwang der ökonomischen Verhältnisse aus ihnen das disziplinierte Heer williger und gehorsamer Industriearbeiter geformt hatte. In diesem habituellen Abrichtungsprozeß spielte das Scheunenviertel die Rolle des Vorhofs und der Vorschule, unterstützt vom nahe gelegenen Militär. Die Straßennamen sind deshalb auch Programm: Artilleriestraße, Grenadierstraße, Dragonerstraße.

Wer die Einübung auf die modernen Produktions- und Verkehrsverhältnisse überlebt hatte, war reif für den Großbetrieb und den Umzug in die Mietskaserne; der Ausschuß jedoch nistete sich in die Schlupfwinkel des Quartiers ein und sorgte schon früh dafür, daß Scheunenviertel synonym gebraucht wurde für Elend, Anrüchigkeit und Verbrechen. Es ist die Aufgabe der Polizei, zu Knüppel und Revolver zu greifen, sonst wäre sie keine, und zur Feder nur, wenn sich ein Protokoll nicht vermeiden läßt. Wie um diesen trüben Sachverhalt in einer zufälligen und freundlichen Verkehrung zu bestätigen, gibt es in der Geschichte der Berliner Polizei den Glücksfall eines Beamten, dem der feuilletonistische Kunstgriff mehr lag als der Knüppelschlag. Gewähren wir ihm, dessen aufhellende Skizzen in der Regel den dunklen Bezirken der zwanziger Jahre galten, einen retrospektiven Lokaltermin am Anfang des Jahrhunderts: »Unter Scheunenviertel versteht man die Straßen und Gassen, die sich zwischen Alexanderplatz und dem Rosenthaler Platz von der Lothringer Straße bis zur Stadtbahn um die Münz- bzw. Weinmeisterstraße herumgruppieren. Hier wohnten im alten Berlin die armen Leute, und hier befanden sich schon früh die Quartiere der Armut und die Schlupfwinkel der Verworfenheit. Hier wohnten damals Holzhauer, Torfträger und die ›Unratweiber‹, deren wichtige Tätigkeit mit der Einführung der Kanalisation ein Ende gefunden hat. Dazu natürlich Dirnen und alles mögliche andere Gesindel, das sich hier schreiend herumzankte und -prügelte. Im Jahre 1846 wies Berlin nach einer statistischen Aufstellung ja schon 2 000 Verbrecher, ebensoviel Obdachlose sowie etwa 8 000 Bettler und andere fragwürdige Existenzen auf, und im Laufe dieser Zeit wurden die engen Gassen und die schmuddeligen Häuser des Scheunenviertels immer mehr zum Schlupfwinkel des Verbrechertums.« Es wird nicht so drastisch gewesen sein, wie der biedere Sinn es hier rückblickend entworfen hat. Denn so groß die Anstrengung des kaiserlichen Berlin auch war, einen Platz unter der Sonne zu erwerben, so gering war andererseits die Chance für ein Abonnement der Hauptstadt auf die Hölle: die Verruchtheit hielt sich in Grenzen...

II

Anziehend ist das Elend nur für den, der es nicht teilen muß. »Die Romantik der Unterwelt war unwiderstehlich. Berlin ... enthusiasmierte mich durch seine schamlose Verruchtheit«, schrieb 1923 der junge Klaus Mann, der Gutes gewohnt war.

Anziehend im wörtlichen Sinn ist das Elend aber für den, der keine Wahl hat. So kommen die Ostjuden ins Scheunenviertel, die von draußen zu denen von drunten...

Im Verlauf des Krieges, entweder zwangsverpflichtet oder mit Arbeitsverträgen, die einer Gefangennahme gleichkamen, wurden über fünfunddreißigtausend polnische und russische Juden nach Deutschland transportiert, um dort in der Rüstungsindustrie oder auch beim Ausbau der Berliner S-Bahn zu arbeiten. Nach dem Rückzug der Deutschen, dem Zusammenbruch der Habsburger Monarchie und während der ersten ungewissen Jahre der bedrängten Russischen Revolution brach über ganz Osteuropa eine Flut von Pogromen und Vertreibungen herein; sie waren das Geburtstagsgeschenk der neugegründeten Nationalstaaten oder der wiedererlangten Unabhängigkeit. Zehntausende von Juden, plötzlich obdach-, heimat- oder auch staatenlos, versuchten trotz zeitweiliger Grenzsperre – von Antisemiten lautstark gefordert, von den anderen mit einvernehmlichem Schweigen gebilligt – den rettenden Boden eines Landes zu erreichen, in dem sie ihres Lebens sicher sein konnten und vielleicht auch ein Auskommen finden mochten.

So kommen die Ostjuden nach Berlin und wollen in wenigen Jahren erreichen, wozu ein anderer armer Jude vor rund zweihundertfünfzig Jahren den Grundstein gelegt hatte: den wirtschaftlichen und gesellschaftlichen Aufstieg in die bürgerliche Gesellschaft. Damals war der junge Moses Mendelssohn mit nicht mehr Rechten als denen eines Haustieres am Schlesischen Tor in Berlin angekommen. Nun kommen die Flüchtlinge am Schlesischen Bahnhof an und begeben sich, weil es andere vor ihnen auch so gemacht haben, in das Viertel hinter dem Alexanderplatz. Aber in Berlin treffen sie nicht auf ein aufsteigendes Bürgertum, Aufklärung und Lessing, sondern sie finden dort spätbürgerliche Zersetzung, Antisemitismus und Ludendorff. Rund um die Grenadierstraße lassen sie sich provisorisch nieder, immer in der Hoffnung, doch noch den zweiten, größeren Schritt über den Ozean zu tun. Doch viele bleiben. Wie viele? Die amtliche Statistik von 1925 rechnet folgendes vor: Die Zahl von einhundertsiebentausend ausländischen Juden, die gegen eine Bevölkerung von über sechzig Millionen verschwindend gering ist, erhält auch kein größeres Gewicht, wenn man sie auf die im Deutschen Reich befindlichen Ausländer bezieht, die fast eine Million ausmachen. Gewichtiger wird ihr Anteil, setzt man sie in Beziehung zur jüdischen Bevölkerung in Deutschland, die damals knapp sechshunderttausend Personen umfaßt hat. In Berlin waren von einhundertsiebzigtausend ansässigen Juden mehr als vierzigtausend Ausländer. Wie viele darunter Ostjuden waren, das übertreibt der Polizeipräsident und untertreibt die Jüdische Gemeinde, wie viele davon im Scheunenviertel wohnten, übertreibt das städtische Wohnungsamt und untertreibt das jüdische Arbeiterfürsorgeamt. Jenseits bloßer Vermutungen, welche Zahlen mit problematischer Herkunft nur zulassen, steht unzweifelhaft fest, daß nahezu die Hälfte aller Ausländer in der Innenstadt wohnte, wo auch ein Großteil der Juden wohnhaft war. Und in der Innenstadt lag das Scheunenviertel, ein zwielichtiger Bezirk, in dem die Dunkelziffer regierte. Mag ein Sozialwissenschaftler über der Suche nach exakten Zahlen verzweifeln oder reüssieren, hier soll die Feststellung genügen, daß einige tausend hinter dem Alexanderplatz gewohnt haben.

Wer in alten Adreßbüchern blättert, dem verwandeln sich unter der Hand die Straßenverzeichnisse des Viertels in Transportlisten: Pufeles, Grünbaum, Kahane und Süßmann lauten die Namen; auch die Resultate der Germanisierungslaune österreichischer Beamter kann man finden: Butterfaß, Witzig oder Sternkuker. Kaum ein Haus, das nicht jüdische Mieter mit fremden und der Zunge oft nicht geläufigen Namen hätte, und manchmal auch schon ein Haus, dessen Eigentümer irgendein Samuel Goldfinger ist, hinter dessen Namen das Adreßbuch diskret die Bezeichnung »Ausland« vermerkt. Diesem zufälligen Herrn Goldfinger ist das Glück, welches sein Name verspricht, nur kurze Zeit hold, weil er, der Auserwählte unter Tausenden, während der Inflation seine kostbaren, doch unbeständigen Devisen in die kostbarere und beständige Form eines Mietshauses verwandeln kann. Wenige Jahre später bleibt ihm nur noch der Name, der wie eine Zielscheibe an ihm hängt.

Ihr Zentrum hat die ostjüdische Einwanderung in einer Straße, die, fast vertraut wie in Kolomea oder Przemysl, alles beherbergt, dessen der aus dem Stetl in die Stadt verschlagene Ostjude bedarf, damit die ersten Härten der Fremdheit gemildert würden, in der Grenadierstraße. Auf beiden Seiten der Straße eine Vielzahl von Geschäften, in Kellern und Läden, Bäckereien, Schustereien, mehrere Buchhandlungen, Schlächtereien, Schneidereien, christliches wie jüdisches Kleinhandwerk, eine zweifelhafte Damenkneipe, koschere Speisestuben, Friseure; Absteigen, die sich als Hotels für Durchreisende und Neuankömmlinge präsentieren, Lebensmittelgeschäfte und schließlich ein ambulanter Straßenhandel mit Obst und Gemüse, wie man ihn in vielen Gassen und Straßen des Viertels ohne jüdische Atmosphäre längst kannte. Doch diese Straße, in der Zuckmayer den Schuster Wilhelm Voigt beim jüdischen Kleidertrödler Kracauer die zum »Hauptmann von Köpenick« notwendigen Voraussetzungen erstehen läßt, gewinnt erst dadurch ihren unverwechselbar ostjüdischen Charakter, daß neben dem Gewerbe das Gebet, neben dem Laden die Lehre zum Alltag zählen. Keine Straße, die so viele Betstuben versammelt wie diese, deren jede einer eigenen mitgebrachten Tradition folgt, sich absetzt gegen die nächstliegende, manchmal in Fehde mit der benachbarten liegt und doch zusammen mit allen anderen eine gedrängte Topographie der religiösen Strömungen des östlichen Judentums ergibt: man findet darunter ein »Stibel« des Dombrower Rebbe, dessen chassidische Tradition hier fortgesetzt wird; das Stibel der Anhänger des Seibuscher Raw, ein Radomsker Stibel mit dem Titschiner Rebbe, ein Polcsker Stibel, die Betstätte für die Anhänger von Raw Liebermann, des Kalischer Raw ... – Namen und Orte einer fremden Welt, deren schillernde Vielfalt sich nur dem erschließt, der zu ihr gehört. Dem Außenstehenden, ob Jude oder Nichtjude, ist sie so unverständlich wie einem Europäer, der den afrikanischen Kontinent betritt. Er sieht nur Schwarze: schwarze Mäntel, schwarze Beinkleider, schwarze Hüte und schwarze Bärte.

Am Schabbath und erst recht an den großen Feiertagen verwandelt sich das geschäftige Treiben der Straße, der Lärm der holpernden Karren, das Klopfen und Hämmern aus den Werkstätten und die lautstarke Auseinandersetzung am Verkaufsstand in eine würdevolle Szenerie, wo jeder von seiner besten

Seite sich sehen läßt und gesehen werden will; dann wird die Straße zur Promenade. Während die Religion der assimilierten Juden, nur wenig unterschieden von den christlichen, sich in der prächtigen Synagoge und als Familienfeier äußert, vereinigt die ostjüdische Religiosität das muffige Dunkel einer ärmlichen Betstube und die Intimität der Familie unbekümmert mit der Publizität der Straße. Am Freudenfest der Thora oder bei der Einweihung einer neuen Synagoge strömen die Menschen singend auf die Straße, die Kinder froh, für heute dem Cheder, der Religionsschule, entronnen zu sein. Einmal im Jahr, nach dem Neujahrsfest, bewegt sich ein feierlicher Zug, Familie für Familie aus der Straße, aus dem ganzen Viertel hinaus und hinunter zur Spree, um symbolisch mit Krümeln aus den umgestülpten Taschen alle Sünden ins Wasser zu werfen. Richtig in Aufruhr gerät die Straße jedoch dann, wenn der Besuch eines großen Rabbiners aus Polen angekündigt wird, der mit seinem Gefolge wie ein Fürst empfangen zu werden pflegt, um für eine Zeitlang Hof zu halten.

Zwar gibt es in fast allen anderen Straßen des Viertels weitere Betstuben, Talmudschulen und Synagogen, aber ihnen kommt nur die Rolle von Planeten zu, welche um die Sonne der Grenadierstraße kreisen. In diesen Straßen überwiegen die gänzlich säkularen Einrichtungen und Organisationen: sozialistische Klubs und zionistische Kulturvereine, Parteilokale, Lesehallen, Teestuben und Kindergärten...

III

Der Ostjude ist der Fremde par excellence. Seine Erscheinung erinnert gleichermaßen an die Schandtaten der Epoche wie an ihre verspielten Hoffnungen. Freizügigkeit erscheint an ihm als das Schrecknis der Flucht, Freiheit als Fluch der Vogelfreiheit, Individualität als bedrohliche Abweichung, das Versprechen der freien Assoziation als Gespenst der Staatenlosigkeit, die emphatisch verkündeten Menschenrechte zeigen sich als lächerlicher Plunder.

Von Georg Simmel stammen einige der treffendsten Bemerkungen zur Phänomenologie des Fremden. Nicht zufällig sind sie in einer Zeit formuliert worden, als die xenophobische Ranküne gegen die osteuropäischen, vor der Rache des Zarismus nach der ersten Revolution flüchtigen Juden jenen völkischen Beiklang erhielt, der den Antisemitismus der liberalen Ära schließlich zur paranoiden Weltanschauung ummodeln sollte. Simmel, in den Augen seiner zu kurz gekommenen Neider die anstößige Verkörperung des Glücks, weil ohne Mühsal, war oft genug das Objekt jener inneren Ausbürgerungsversuche, welche vornehmlich an Geist und Geld, an Intellektuellen und Bankiers, erprobt wurden. Sie sollten der Freiheit ohne Verordnung, des Genusses ohne Anstrengung, der Zerstreuung ohne Achselschweiß, des Glücks ohne Macht nicht in Ruhe teilhaftig werden, solange die von Herrschaft Zugerichteten sich selbst den Wunsch nach Glück austrieben. Der Intellektuelle wie der Bankier, von der verstümmelten Wahrnehmung zu oft ausländischen anarchistischen oder plutokratischen Weltverschwörern verzeichnet, gemahnen zweifach an die verleugnete Sehnsucht der abgerichteten Massen. Wo immer inmitten des allgemeinen Unglücks auch nur der Anschein realisierten Glücks aufleuchtet, muß an seinen Trägern gestraft werden, was die Abhängigen sich versagen. Durch die Veräußerlichung zementiert fortwährend die Herrschaft ihre Risse. Andererseits entpuppt sich die in Regie genommene Erfüllung der geheimen Wünsche als konsequente Realisierung der krankhaften Wahrnehmung: die Nazis handelten nicht nur so, als gäbe es wirklich eine jüdische Weltverschwörung, sie versuchten außerdem mit Erfolg, alle den Juden angedichteten Hirngespinste für sich selbst wahr zu machen. Die Vernichtung der Welt wurde nicht länger von einem obskuren Rat der »Weisen von Zion« ausgeheckt, sondern planmäßig vom deutschen Generalstab in Angriff genommen. Solange der dumpfe Groll gegen die Exponenten der Zirkulation drunten gehalten werden muß, weil die Herrschaft ihrer noch bedarf, gibt alles andere, was weniger exponiert, aber doch auffällig genug ist, Anlaß, in jenem sich selbst abzustrafen und auf Kommendes sich einzuüben. Und auffällig sind die Ostjuden.

Die deutschen Juden hatten nach und nach aufgehört, eine durch Gebräuche, Anschauungen und Sitten besondere Gruppe zu sein, was mit einem dem biologistischen Denken des 19. Jahrhunderts entlehnten Begriff, mit Assimilation, bezeichnet wurde. Dieser Prozeß der Angleichung ans falsche Ganze, der die Juden in Deutschland zu oft wahnwitzigen Akten der Selbstverleugnung getrieben hat, ist auch nach der mörderischen Zerstörung der seit je illusionären deutsch-jüdischen Symbiose noch nicht zu Ende. Ossietzkys spöttische Verwandlung des »Centralvereins deutscher Staatsbürger jüdischen Glaubens« in »Centralverein deutscher Staatsjuden bürgerlichen Glaubens« findet in den Ehrenerklärungen, welche die Repräsentanten der Juden für deutsche Politiker im Austausch gegen ein Verdienstkreuz abgeben, eine späte und deprimierende Bestätigung.

Im fremden, doch anpassungswilligen Ostjuden erscheint fast greifbar, was die Zerstörungswut der Gleichgeschalteten auf sich zieht. An jenen ist noch nicht erloschen, was diese an sich selbst abgetötet haben; und im handgreiflichen Angriff auf die Insignien der Differenz, auf Pejes, Bart, Strejmel, Kaftan und Scheitel, dem sadistisch aufgeheizten Vorspiel zur kalt organisierten Deportation, macht der Spießer Ernst mit dem aus seinem Munde schon immer bedrohlich klingenden Satz der Aufklärung, daß die Menschen alle gleich seien. Das hätte er gern. Regungslos und diszipliniert, erlaubt er sich im Pogrom die Regung, damit sie den Ostjuden ausgetrieben würde. Nur im nervösen Händegefuchtel und im schiefnasigen Grimassieren des antijüdischen Witzes kann sich die ohnmächtige Wut eine Karikatur von Ausdrucksfreiheit verschaffen. Die undressierte Mimik des Ostjuden, seine vermittelnden Gebärden, die an den anderen unter dem Zwang der Produktionsverhältnisse längst verstummt sind und als bloßer Reflex wirken, fordern die unvermittelte Motorik heraus: auf die beredsame Gestik der Hände, das Zeichen noch nicht erloschener Angst, reagiert die sprachlose Faust, deren Besitzer keine mehr kennen darf.

Georg Simmel hat in seinem »Exkurs über den Fremden« jene Unstetigkeit, Abweichung und Irritation, welche den populistischen Demokratismus außer Fassung bringt, daß er »Überfremdung« schreit, ehe er zu Taten schreitet, präzise bezeichnet: »Es ist hier also der Fremde nicht in dem bisher vielfach berührten Sinn gemeint, als der Wandernde, der heute kommt und morgen geht, sondern als der, der heute kommt und morgen bleibt - sozusagen der potentiell Wandernde, der obgleich er nicht weitergezogen ist, die Gelöstheit des Kommens und Gehens nicht ganz überwunden hat.« Dieser Fremdheit, welche Simmel mit prophetischem Blick als Essenz jüdischen Daseins begreift, entspringt eine seltene Qualität, von deren Preis die Rede bereits war.

Diese Qualität, so bedeutet Simmel, sei gekennzeichnet durch eine Synthese von Nähe und Ferne, durch reflektierte Distanz, Beweglichkeit und Objektivität. Mit anderen Worten: die Träger derartiger Eigenschaften eignen sich nicht für den öffentlichen Dienst, sondern für die Rolle des Schuldigen, den jener braucht. Schon in einem Spottgedicht von Heine heißt es: »... Ausländer, Fremde sind es meist, die unter uns gesät den Geist der Rebellion ...«

Nicht verwachsen, verwurzelt, verankert, nicht in der Erde festgemauert und auf keiner Grundordnung stehend, demonstriert die Anwesenheit des Fremden in seiner je besonderen Gestalt die eingebüßten Chancen auf Freiheit. Beweglich, weil auf der Hut, gelassen und engagiert zugleich, freischwebend, weil nicht an den Boden gefesselt, und den Horizont der Gesellschaft kühl ausmessend, vertrauenswert, aber nicht vertraulich, blitzen in der Erscheinung des Fremden die Möglichkeit oder der Nachglanz des besseren Lebens auf ...

IV

Wer sich auf die Suche nach den Spuren des Ghettos begibt, stößt immer wieder ins Leere. Nichts ist geblieben, außer der Ärmlichkeit der Häuser. Jede Straße des Viertels wie ein lückenhaftes, unansehnliches Gebiß, jedes Haus ein steinerner Sozialfall. Jede Fassade ein graues löchriges Tor, das keinen Blick auf die Vergangenheit preisgibt. Armselige Verwandte der protzigen Schäbigkeit, welche sich in der Innenstadt breitgemacht hat, kennen diese Häuser nur die nämliche monotone Auskunft: Es hat eine Geschichte gegeben, es gibt keine Geschichte mehr...

Immerhin läßt sich ohne große Mühe die Geschichte des Scheunenviertels als der muffigen Schattenseite der Großstadt, als des Schrottplatzes der vorgeblich goldenen zwanziger Jahre andeuten; es fehlt nicht an Gestalten und Ereignissen in Büchern und Zeitschriften, mit deren Hilfe die tote Szenerie von der Einbildungskraft für einen kurzen Augenblick belebt werden könnte. Außerdem begegnet man bei der Suche nach Geheimnissen der Gegend, die heute keine birgt, ab und an jenen verhärteten Alten, die, den Häusern gleich, darauf vorbereitet zu sein scheinen, auch noch die nächste Katastrophe zu überstehen. Gesichter, die nichts erkennen lassen als gefrorene Dauer. Zum geschwätzigen Mitteilungsdrang der neuen Innerlichkeit bieten die hartgesottenen Rentner das exakte Gegenstück: sie reden sich nichts von der Seele; schon sie besitzen keine mehr. Was man zu Gehör bekommt: durchschnittliche deutsche Lebensläufe. Der ehemalige Wirt einer Kneipe, die ihren Namen erhalten hat nach dem weißen Elefanten der Likörfabrik Mampe und seit bald hundert Jahren im selben Eckhaus bis heute bewirtschaftet wird, erzählt, daß er am Schabbath nach gegenüber oft ein Fäßchen Bier geliefert habe. Gegenüber war das Stibel der Dombrower Chassidim, aber das zu wissen kann man von einem Wirt nicht verlangen. Er macht keinen Unterschied zwischen frommen Juden, die am Schabbes zu Hering und Nüssen sich ein Bier genehmigen, und den Leuten, die bei ihm einkehren, Juden wie Nichtjuden; er kennt nur Kunden, sonst niemand. 1933 beginnt er, Unterscheidungen zu treffen, und wird Parteimitglied. Als eines Tages bei ihm SA-Leute barsch das Bier mit der Bemerkung zurückweisen, aus den Gläsern hätten bestimmt schon Juden getrunken, entgegnet er, sie seien frisch gespült. Mit dieser Geschichte könnte er in Westdeutschland als entschädigungsberechtigter Widerstandskämpfer gelten.

Jedoch das jüdische Element ist nur eines neben den sogenannten wirklichen Elementen. Die Betstube umgeben von Bierschänken, die dunklen Mäntel inmitten dunkler Erscheinungen, Juden in der Nachbarschaft von Luden, nebeneinander die Frommen und die Frechen, Schächter und Schufte, auf derselben Etage Heilige und Huren, Synagogenverein und Ringverein, mit einem Wort: hier präsentiert sich ein ganzes soziales Ensemble, zu einem trüben Amalgam vermengt, in welchem mit Vorliebe das Vorurteil zu fischen pflegt. Von der erzwungenen prekären Nähe ist es nicht weit zur Identifikation von Rabbinern und Schlawinern. Andererseits, und das werden nur verbohrte Philosemiten leugnen, zwingt die Logik der beständigen Entrechtung, wie wir sie als charakteristisch für die Lage der oft staatenlosen Exilanten beschrieben haben, genügend

Ostjuden zu Reaktionen, die dem Vorurteil neue Nahrung zuführen. Vor allem ostjüdischen Charakter jedoch ist das Scheunenviertel, ähnlich der kriminellen Gegend um den Schlesischen Bahnhof, für die Zeitgenossen eine Enklave ihrer eigenen Karikaturen, das Binnenland der Ausgebürgerten. Es erinnert die gute Gesellschaft unangenehm an die eigenen, mühsam verborgenen Triebe, an jenen Naturzustand, von dem der frühe Philosoph der späten bürgerlichen Ordnung, Hobbes, gesagt hat, er sei nur durch eine Art Gewaltvertrag zu überwinden. Deshalb ist das Viertel in ihren Augen vor allen Dingen ein Beweis für die Notwendigkeit der Polizei. Ihr verdanken wir, daß wir eine pointillistische Vorstellung jener Zustände erhalten, in denen, wie Walter Benjamin geschrieben hat, die der Bürgerwelt homogene Welt des Ganoven zu einer Metamorphose sich anschickt, an deren Ende nicht der im Zuchthaus landende Zuhälter, sondern der in Zucht genommene Kleinbürger steht ...

Die rebellische Hörigkeit der Zukurzgekommenen fand in den mit militärischer Disziplin organisierten Rollkommandos ihren vollendeten Ausdruck: dem Betrachter von Photographien, welche Straßenschlachten, Kneipenprügeleien und Veranstaltungsstörungen zeigen, fällt es reichlich schwer zu unterscheiden, wer auf wen eindrischt. Zu einer merkwürdigen Kenntlichkeit haben die kaum unterschiedenen Uniformen sich vermengt. Der Grund dieser Täuschung, die keine ist, liegt in der unterschiedslosen Vergötzung des Volkes, der ersten Stufe, gemeinsame Sache mit dem Mob zu machen. Deshalb war es, aus der Perspektive der Gosse betrachtet, oft reiner Zufall, in welcher Uniform einer zwar nicht sein Recht, sondern nach Selbstdarstellung verlangte. Aus dem Kehricht einer zersetzten Ordnung geformt und vom Odem des nächstliegenden Parteilokals angehaucht, erwachte der Wechselwähler unruhiger Zeiten, der Wanderer in einer Welt zwischen zwei Kaschemmen, der kollektive Tyrann. Auch das Scheunenviertel, immer Hinterhof und politisches Hinterland zugleich, blieb in diesem Prozeß, worin die Politik für eine geraume Zeit gemeinsame Sache mit dem Mob machte, weil sie ihn für das Volk hielt, auf seiner eigenen und damit auf der Höhe der Zeit. Nach der Novemberrevolution Schauplatz der erbitterten Rückzugsgefechte der Revolution, tauchte in den Vorgeplänkeln der Naziherrschaft aus Asylen und Bouillonkellern jenes gemischte Gelichter mit den bekannten Gefühlen auf, das nun, straff organisiert, so lange Angst und Schrecken verbreiten durfte, bis Mord und Totschlag zum Regierungsprogramm erhoben und dessen Durchführung in die Hände unbestechlicher, emsiger und charakterfester Beamter und Angestellter gelegt werden konnte.

Am Abend des 14. Januar 1930 wird die Gastwirtschaft »Bär« in der Dragonerstraße 48 zum Tribunal über einen Abwesenden, und wenig später serviert das Puffmilieu einen großen Märtyrer. In jener Kneipe, Treff der sogenannten Sturmabteilung-Mitte der KPD – die terminologische Anpassung an den Gegner erfolgte nach dem Verbot des Rotfrontkämpferbundes –, beschließt eine Handvoll Männer, die Billardpartie abzubrechen, kurzen Prozeß zu machen und jemandem, wie sie später vor Gericht aussagen, eine »proletarische Abreibung« zu verpassen. Die Zeitumstände und die beteiligten Personen – nebenbei Mitglieder des Ringvereins »Immertreu« – berücksichtigt, handelte es sich bei diesem pädagogischen Kampfbegriff um vorsätzlichen Totschlag. Die Runde hört sich die entrüsteten Klagen einer aufgeregten Zimmerwirtin an, die ihren Untermieter loswerden möchte und genau weiß, warum sie gerade hier ihr Herz ausschüttet: es geht um den abgebrochenen Jurastudenten Horst Wessel, den Anführer eines Nazi-Schlägertrupps, und dessen Braut, eine ehemalige Prostituierte aus der Münzstraße.

Wenige Stunden zuvor war einige Ecken weiter, in der Joachimstraße, ein Kommunist erschossen worden. Und auch deshalb machen die Männer sich umstandslos und eingedenk des Parteileitsatzes »Schlagt die Faschisten, wo ihr sie trefft« auf den Weg in die Große Hamburger Straße. Sie treffen Horst Wessel dort.

Der unter anderen Umständen belanglose Abtritt eines pausenlos marschierenden Vorstadtstrizzis gerät aber in diesem Fall zum wirkungsvollen Auftritt eines hinkenden Gauleiters. Goebbels gewinnt die propagandistische Schlacht mit der Roten Fahne um den Nachweis, wer von beiden, Täter oder Opfer, der abgefeimtere Kerl gewesen sei, spielend, nachdem die Kommunisten ihr angeklagtes Mitglied als »Zuhälter und Polizeispitzel« zum Fraß hingeworfen haben. Hingegen, wie in einer vorweggenommenen Farce auf den Stalinismus, beteuert der des Mordes angeklagte Albrecht Höhler, im Milieu Ali genannt, seine Treue zur Kommunistischen Partei. Es nützt ihm wenig, er ist wegen Diebstahl, Zuhälterei und Meineid kräftig vorbestraft und kommt aus der Mulackstraße. Das Elend kennt keine Klassen, aber immer noch jemanden unter sich. Und die Mulackstraße ist im Scheunenviertel das Unterste – bis man die Juden dazu macht.

Für den großen unverzeihlichen Fehler, die falsche Stammkneipe gewählt zu haben, und für den kleinen, aber gewichtigeren Umstand, daß ein Verbrecher die eigene Ehre findet, indem er vor Gericht die verlorene Ehre der Kommunisten zu retten sucht, für diese Anmaßung, einen Augenblick er selbst zu sein, erschlägt die SA Ali Höhler bei einem Gefangenentransport im Frühjahr 1933 auf bestialische Weise. Zu dieser Zeit sind Horst Wessel und sein SA-Marschlied schon zum unverzichtbaren Bestandteil des nazistischen Öffentlichkeitsrituals avanciert.

Hatte die nationalsozialistische Propaganda, nach dem Grundsatz je lauter desto wahrer, schon immer behauptet, daß die ermordeten Spartakisten Führer der Unterwelt gewesen seien, dann schien es bloß logisch, daß eine wirklich anrüchige Existenz zum Nationalheros aufsteigen konnte. Nur momentane Undurchführbarkeit hielt wohl die Nazis davon ab, gleich alle Straßen, Gebäude und Plätze in Horst-Wessel-Gedenkstätten zu verwandeln; aber am Bülowplatz, wo Demonstranten fast noch den Leichenwagen gekippt hätten, demonstrierten sie perfektionswütig, wie sie sich Deutschland als Sperrbezirk vorstellten, in welchem eine ganze Nation auf den Strich ging: Horst-Wessel-Platz (Bülowplatz), Horst-Wessel-Haus (KPD-Zentrale Karl-Liebknecht-Haus), Horst-Wessel-Straße (Weydinger Straße), Horst-Wessel-Theater (Volksbühne).

Und damit ihre Kinder einst wissen sollten, die Eltern hätten von nichts gewußt, gaben ungefähr eine halbe Million ihren Söhnen den Namen Horst.

Eike Geisel: Im Scheunenviertel. Bilder, Texte und Dokumente. Mit einem Vorwort von Günter Kunert. 1981

Gustav Stresemann

VON
KARL DIETRICH BRACHER

Die jüngere deutsche Geschichte ist nicht reich an politischen Gestalten, die als Alternativen zur Gewaltgeschichte ihre Zeit überdauern und unserer Zeit etwas zu sagen haben. Zu ihnen gehört Gustav Stresemann (1878–1929), dessen Name nach seinem vorzeitigen Tod wohl mehr als irgendein anderer verschwiegen, vermieden und – zumal von den Nationalsozialisten – beschmutzt worden ist. Als es nach 1945 um die »Bewältigung der Vergangenheit«, um ein wahrhaftigeres Geschichtsbild und den Neuaufbau freiheitlich-rechtsstaatlicher Politik nach innen und außen ging, richtete sich der Blick auch auf die Verständigungspolitik der Weimarer Republik, die vor allem die Politik ihres Außenministers Stresemann war.

Sein Leben und Wirken repräsentiert auf geradezu elementare Weise jene Epoche deutscher Schwierigkeiten, in der wir für Europa »das deutsche Problem« wurden. Aber dieses Leben läßt in den Bedrohungen und auch im Scheitern zugleich jene übernationalen Ansatzpunkte erkennen, aus denen schon damals eine europäische Lösung hätte erwachsen können. Dieser historische Aspekt, der weit über das eigentümlich Deutsche in der Erscheinung Gustav Stresemanns hinausweist, widerlegt auch das pauschale Verdikt, das im Gefolge des Zweiten Weltkriegs über die Weimarer Außenpolitik gefällt worden ist, als man sich bemühte, die Vorgeschichte des Nationalsozialismus in einer weitgespannten Ahnenreihe durch die ganze deutsche Geschichte zu begründen. Eine englische Darstellung von 1946 sah in der Weimarer Republik nichts als die »Ouverture to the Third Reich« und ging so weit, das Kapitel über Stresemann (frei nach Clausewitz) mit der Überschrift zu versehen: »A continuation of war by other means.«

Solche Fehlinterpretationen, die wir in der Unsicherheit des Deutschlandbildes in Ost und West bis zum heutigen Tage vorfinden, können sich auch deshalb immer wieder Gehör verschaffen, weil offizielle Stresemann-Darstellungen den Politiker und Staatsmann oft allzu idealistisch aus seinem geschichtlichen und politischen Milieu herauslösen. Im Zentrum der biographischen Deutung steht indessen die Frage nach dem Zeitpunkt und den Ursachen jener Wandlung, die den nationalliberalen, gut kaiserlich-wilhelminischen Politiker zum »Vernunftrepublikaner« und zum Vorkämpfer übernationaler Ordnungsgedanken werden ließen.

Der Sohn eines Altberliner Gastwirts wuchs, ein Deutscher seiner Zeit, in den Glanz der wilhelminischen Welt hinein. Das nationale Selbstbewußtsein des neuen Deutschen Reiches hatte um die Jahrhundertwende über die Grenzen der Bismarckschen Selbstbescheidung hinausgegriffen, die überschwengliche Gründerstimmung war in ein Macht- und Überlegenheitsgefühl eingemündet, das den in den siebziger Jahren geborenen Bürgersöhnen zunächst wenig Anlaß gab, über die gefährlichen Strukturprobleme der wilhelminischen Ordnung und über Fragwürdigkeiten der nachbismarckschen Außenpolitik nachzudenken. Diese nationale Gefühlsgrundlage hat Stresemanns Generation auch nach dem Zusammenbruch der Welt des Kaiserreichs 1918 noch wesentlich bestimmt. Die tätige Anpassung an die Wirklichkeit der parlamentarischen Republik ist nur wenigen gelungen. Auch Stresemann kann sie nicht leichtgefallen sein. Aber freilich war die wilhelminische Wirklichkeit nur die eine Komponente seiner Entwicklung. Es ist bezeichnend für den problemreichen Werdegang des Liberalismus in Deutschland vom innen- zum außenpolitischen Freiheitspathos, wie das Vorbild der revolutionären Bewegung von 1848 auch in die so andersartige Welt des »Zweiten Reiches« hereingenommen wurde. Noch Stresemanns Großvater hatte auf den Barrikaden gekämpft; die Impulse jener mißglückten Revolution mündeten in das Zeitgefühl der Vorweltkriegsperiode und verschmolzen zu einem politischen Idealismus eigener Prägung.

Die Verbindung der romantischen Sehnsucht eines (wie der Sohn Wolfgang Stresemann es einmal ausgedrückt hat) »zu spät auf die Welt gekommenen Achtundvierzigers« mit dem national-imperialen Weltgefühl der Zeit ist denn auch der Kern des Nationalliberalismus gewesen, dem sich der Fünfundzwanzigjährige 1903 anschloß. Freilich ist bedeutsam, daß Stresemann schon sieben Jahre vorher zu der national-sozialen Bewegung Friedrich Naumanns gefunden hatte und auch nach der Trennung von den Linksliberalen der fortschrittlichen Richtung der Nationalliberalen um den Parteiführer Bassermann angehörte. Wie er die antisemitischen Tendenzen der Burschenschaften ablehnte und eine Frau aus jüdischem Hause heiratete, so hat er sich auch in seiner raschen Karriere nach dem volkswirtschaftlichen Studium als ein Mann eigener Gedanken und Initiativen bewiesen: zunächst in Unternehmerverbänden, wo er ein großes Organisationstalent entwickelte, dann, die Wirtschaft als Sprungbrett benutzend, in dem Bereich, dem von Anbeginn an sein eigentliches leidenschaftliches Interesse galt: in der Politik. Von der Wirtschaft in die Politik ging sein Weg, und es blieb eine enge Verbindung: aber wo der Primat liege, war für ihn keine Frage, und als es später galt, eine weithin unpopuläre Außenpolitik durchzusetzen, hat Stresemann in gewiß schmerzlichen Auseinandersetzungen mit dem eigenen Lager diesen Primatsanspruch der Politik durchgekämpft bis zum Ende.

Der rasche Aufstieg des jungen Politikers war durch jenen kraftvollen und entschiedenen Sinn für die Macht getragen, der schon 1906 im ersten Auftreten auf dem nationalliberalen Parteitag in Gotha in Erscheinung trat, als er den Parteifreunden gouvernementale Haltung und mangelnden Machtinstinkt vorwarf. Zugleich freilich hat er die Wahlkampagne, in der er sich einen Platz im Reichstag erkämpfte, durchaus im Geist der äußeren Machtentfaltung Deutschlands, der verstärkten Kolonial- und Flottenpolitik geführt. So bedenklich ihre Folgen waren, so entsprach sie der Einstellung nicht nur expansionshungriger Alldeutscher und rüstungsbedachter Militärs, sondern eines im Grunde doch weltläufig gesinnten Bürgertums in Wirtschaft, Beamtentum und Bildung. Um so eigenwilliger waren die innenpolitischen Vorstellungen, in denen Stresemann seine wirtschafts- und organisationspolitischen Fähigkeiten fruchtbar zu machen und sich zu jenem »Realpolitiker« herauszubilden suchte, als der er später im Sinne staatsmännischer Einsichtsfähigkeit gelten wollte und konnte. Sein Eintreten für den Ausbau der Sozialgesetzgebung, die seit Bismarcks

Abgang ins Stocken geraten war, brachte ihn hierbei auch schon in einen Gegensatz zur Schwerindustrie, der durch Stresemanns begründeten Kampf um die Stärkung eines gesunden Mittelstandes bestimmt wurde und später das Verhältnis zur eigenen Partei und zu den Exponenten wirtschaftlicher Macht so sehr kompliziert hat. Wie Bassermann, so stützte auch er sich auf den linken Flügel der Partei, der durch Hansabund, Bauernbund und nationalliberalen Jugendverein repräsentiert wurde. Er erlitt daher einen empfindlichen Rückschlag, als die Konservativen den aufstrebenden Politiker 1912 aus seinem sächsischen Wahlkreis Annaberg verdrängten; erst im Dezember 1914 brachte ihn eine Neuwahl in den Reichstag zurück, dem er nun freilich als einer der markantesten Parlamentarier bis zu seinem Tode anderthalb Jahrzehnte später angehörte.

Die Aktivität, die Stresemann im Ersten Weltkrieg entfaltet hat, nachdem er die erzwungene Pause 1913 zu einem Studienbesuch Amerikas genutzt und die Leitung des Deutsch-amerikanischen Wirtschaftsverbandes übernommen hatte, war ganz von dem allgemeinen Empfinden der Zeitgenossen bestimmt: von der Überzeugung des gerechten Krieges und einer raschen siegreichen Entscheidung gegen eine vermeintlich aggressive Einkreisung zunächst, dann von einem Willen zum Durchhalten, der über die innenpolitische Einheitsfront des Burgfriedens hinaus den Anspruch auf weitgehende Annexion der eroberten Gebiete und bis zum Schluß die offizielle Siegfriedens-Propaganda vertrat. An diesem Punkt war das politische Deutschland seit 1916 in zwei Lager gespalten, und Stresemann stand gegen jene politischen Kräfte vom Zentrum bis zu den Sozialdemokraten, die schon seit der Friedensresolution von 1917 die Parteiengrundlage der Weimarer Republik vorbereitet haben. Freilich waren die romantisch-nationalen Motive, die den jungen nationalliberalen Parteiführer an der Seite der konservativen Rechten hielten, durch eine Kluft von jenen ungleichen Bundesgenossen um Hugenberg und andere getrennt, die großindustrielle Interessen mit einer sozialimperialistischen Strategie verbanden: der Ablenkung des steigenden Selbstbewußtseins der unteren Schichten auf äußere Erfolge und Gewinne.

Stresemanns Fehleinschätzung der militär- und außenpolitischen Wirklichkeit hat ihm gewiß die kommende Wendung zum einsichtsfähigen Realpolitiker, zum Vorkämpfer friedlicher Revisionspolitik und eines übernationalen Kompromißkurses erschwert. Doch genügt es nicht, einfach einen Bruch der politischen Entwicklung zu konstatieren. Das verbindende Element, der stärkste Antrieb zum politischen Denken stammte vor dem Zusammenbruch von 1918 so gut wie in der Nachkriegsperiode aus jener tiefen, ursprünglich politischen Leidenschaft, ohne die alles Geschick und alle Geschäftigkeit in der Tagespolitik steckenbleibt, ohne die nichts Großes, Fortwirkendes auf der Welt geschieht. Nur so ist es auch zu verstehen, daß Stresemann 1918 ungleich seinen bisherigen Verbündeten klaren Blicks das Ende der wilhelminischen Illusionen erkannt und sich nach den vielfältigen Enttäuschungen der Revolutionswochen und dem Scheitern einer Zusammenfassung aller liberalen Kräfte durch die Gründung der Deutschen Volkspartei mit zäher Energie eine neue Basis für das politische Wirken unter den neuen Verhältnissen geschaffen hat. Der Prozeß der Neuorientierung in diesen entscheidungsschweren Monaten ist auch dadurch gefördert worden, daß Stresemann ganz im Gegensatz zu seiner kriegspolitischen Unterstützung des Ludendorff-Kurses, anders auch als sein Parteichef Bassermann, sich schon im März 1917 gegen das preußische Dreiklassenwahlrecht gewandt und für die Einführung des parlamentarischen Systems eingesetzt hatte. Er bewies damit ein Gefühl für die innenpolitische Entwicklung, das damals noch in starkem Kontrast zu seinen außenpolitischen Illusionen stand.

Die wachsende Einsicht in die Bedeutung und Dringlichkeit innerer Reformen und die scharfe Kritik an der »beinahe absoluten Monarchie« eines unfähigen Kaisers, die an zahlreichen Äußerungen der letzten Kriegsjahre abzulesen ist, bildete denn auch allen Widerständen der eigenen Partei zum Trotz das wichtigste Verbindungsglied im Übergang zur neuen demokratischen Wirklichkeit der parlamentarischen Republik. In diesen entscheidenden Monaten revolutionärer Veränderung und mühsamen Wiederaufbaus erwies Stresemann sich als ein *homo politicus*, in dem sich Leidenschaft und Optimismus mit Manövrierkunst und Kompromißbereitschaft zu einer kraftvollen Synthese der konstruktiven Machteinschätzung und Machtausübung verbanden. Kennzeichnend für diesen Prozeß waren schon vor Kriegsende seine unermüdlichen Appelle an die unwilligen Parteifreunde, die Wirklichkeit zu sehen, etwa wenn er im Oktober 1918 einem renitenten Freund schrieb: »... es hilft mir als Politiker nichts, wenn ich die Menschen in meine Kalkulation einstelle, wie sie sein sollen, anstatt sie so zu nehmen, wie sie sind«; um dann mit der für alles Künftige so bedeutsamen Vorurteilslosigkeit den Eintritt der Sozialdemokratie in die Regierung als absolut notwendig und darum eben politisch gerechtfertigt zu bezeichnen - wie tief auch immer die Kluft bleiben mochte. Es ist hier, in den Schlußwochen der nationalliberalen Existenz, schon dieselbe Bereitschaft zur Überschreitung soziologischer und ideologischer Tabukomplexe, zumal der Sozialistenfurcht, zugleich aber auch dieselbe Konfliktlage mit der eigenen, beharrenden Partei zu erkennen, die dann Stresemanns Verhältnis zu Parlament und Regierungsbildung und seinen krisenreichen Weg zwischen Partei- und Außenpolitik bezeichnet hat.

So bedarf es nicht der Legende von einem tiefen Bruch der Entwicklung, um zu verstehen, daß die neuen Aufgaben einer von den Fehlern und dem Versagen des Kaiserreichs aufs schwerste belasteten Republik ihn rasch bereit und fähig gefunden haben. Wohl hat die Deutsche Volkspartei gemäß ihrer nationalliberalen Erbschaft sich von dem republikanischen Liberalismus der Demokratischen Partei distanziert und weithin an der Monarchie festgehalten. Doch zeigte sich ihr Führer kaum gewillt, über den geschickten Ausgleich der verschiedenen Parteielemente hinaus sich durch prinzipielle Parteidogmen in der politischen Bewegungsfreiheit behindern zu lassen. Das gilt zumal für seine Einstellung zu jenem Zentralproblem deutscher Nachkriegspolitik, dessen Auswirkungen das letzte Jahrzehnt seines Lebens fast ausschließlich gewidmet war: dem Versailler Frieden. Im Unterschied zu der prinzipiellen Ablehnung und moralischen Entrüstung, die von Versailles ausgehend das innere Leben der Weimarer Republik vergiftet und ihre äußere Position zusätzlich erschwert hat, vermochte Stresemann seine Beurteilung in einen größeren Rahmen, auf realistischere Einsicht zu stellen. Charakteristisch ist, wie er dem ins Unfruchtbare, Psychopathische übersteigerten Entsetzen von Volk und Politikern über Versailles das Streben nach einer konstruktiven außenpolitischen Verhandlungs- und Verständigungspolitik entgegensetzte, die als Mittel friedlicher Revision zum Inhalt seines Denkens und Handelns wurde, so wie sie für uns heute im historischen Sinne den Inbegriff dieses Namens Stresemann verkörpert.

Der Weg zum Vernunftrepublikaner war nicht leicht. Die Vergangenheit drängte Stresemann in die Opposition, und es hatte auch taktische Vorteile, daß er zunächst nicht an der Verantwortung für die Liquidation des Krieges beteiligt war. Aber die Jahre des Wartens und Neuorientierens bis 1923 vermitteln ihm zugleich soviel Anschauung und neue Erfahrung, daß jener Entwicklungsprozeß nahezu abgeschlossen war, als Stresemann auf dem Höhepunkt der inneren und äußeren Krise zur Lösung einer entscheidenden Aufgabe an die Spitze der Reichsregierung berufen wurde. Noch in der Krise des Kapp-Putsches (1920) hatte die volksparteiliche Führung sich unentschieden verhalten, auch wenn Stresemann später den »verbrecherischen Wahnsinn« verurteilte. Nach der Ermordung Rathenaus zwei Jahre später (1922) trat er jedoch schon gegen den Willen der eigenen Partei eindeutig und leidenschaftlich für den Schutz der Verfassung ein; es bezeichnet den Durchbruch zur realpolitischen Einsicht und das Bekenntnis zur Republik, wenn Stresemann nun die »Ungerechtigkeit« kritisierte, »diejenigen, die heute Träger dieses Staates sind, verantwortlich machen zu wollen für die Not und das Elend, in dem sich das deutsche Volk befindet«. Im Sommer 1923 schließlich, im Augenblick der äußersten Bedrohung durch wirtschaftlichen Zusammenbruch und Bürgerkrieg, geschah der lang erwartete Schritt in die Regierung selbst: Stresemann hatte den Mut, auf diesem wahrhaften Tiefpunkt Kanzler der Republik zu werden. An der Spitze der ersten Großen Koalition von den Sozialdemokraten bis zur Volkspartei, die er gegen die Vorurteile vieler Parteifreunde durchsetzte, schuf Stresemann mit der Liquidation des sinnlos gewordenen Ruhrwiderstandes, mit der Stabilisierung der Währung und mit der Beseitigung der links- und rechtsradikalen Putschgefahr die Grundlage für jene Periode der Konsolidierung, in der Deutschland nun auch außenpolitisch schrittweise die Bewegungsfreiheit wiederzugewinnen vermochte. Ihr Inhalt und zugleich die Quintessenz des ganzen weiteren Wirkens Stresemanns, der nun das feste Rückgrat im schnellen Wechsel der folgenden Kabinette bildete, war die Überleitung einer auf bloß negative Reparations- und Erfüllungsleistungen beschränkten Vollzugspolitik in eine Politik echter Vereinbarungen, internationaler Gremien und friedlicher Ablösung der Versailler Überbelastungen.

Der Europagedanke wurde ein besonders wichtiges Ferment dieser Entwicklung, der sich Stresemann fortan mit all der optimistischen Leidenschaft und all dem Macht- und Realitätssinn widmete, die sein politisches Wirken seit je getragen hatten. Dabei sollte man heute nicht vergessen, wie anders die Voraussetzungen, wieviel geringer die politischen Erfahrungen waren, die das fernliegende Ziel einer Einigung Europas aus den Wunschvorstellungen einzelner privater Vorkämpfer zum Gegenstand politisch-institutioneller Neuordnung hätten machen können. Selbst heute erleben wir, daß sie nur auf begrenztem Raum und nur schrittweise von der Ebene der wirtschaftlichen Integration aus vorangetrieben werden kann. Um so mehr war die Weimarer Außenpolitik, die noch in die Fesseln enger Bedingungen und feindseliger Isolierung gebannt war, auf den Weg mühsamer Einzel- und Teilbemühungen verwiesen. Zwei Bereiche, denen Stresemann zu Recht den ersten Rang einräumte, standen im Zentrum dieser Bemühungen: das deutsch-französische Verhältnis und der Völkerbund. Nach einer anderen Seite waren die Dinge schon ein Jahr zuvor mit dem Rapallo-Vertrag (1922) in Fluß gekommen: im Verhältnis mit Rußland. Ob und wie diese viel beargwöhnte Doppelorientierung der republikanischen Außenpolitik, die Anerkennung der Westgrenze und zugleich eine friedliche Revision der Ostgrenze, mit dem europäischen Verständigungskurs vereinbart werden konnte, daran scheiden sich heute noch die Beurteilungen. Hier lag ein traditionelles Problem deutscher Außenpolitik: es ist so unhistorisch wie oberflächlich, dies Problem zu bagatellisieren oder gar im Vollgefühl erreichter Integrationserfolge die angebliche Zwiespältigkeit in der West-Ost-Konzeption, eine ungenügende Westorientierung Stresemanns oder gar seine »Schaukelpolitik« zu bemängeln.

Wenn man den Europagedanken ins Auge faßte, dann konnte er damals nicht bei Deutschland oder gar an der Elbe enden und mußte eher die West-Ost-Problematik in Kauf nehmen, als einer westeuropäischen Teillösung den Schein endgültiger Erfüllung zu verleihen. Die Aktualität dieser Problemstellung ist offenbar; es bleibt die deutsche Zwischenlage. Freilich besitzt sowjetische Außenpolitik heute ein ganz anderes Gewicht. Hier endet die Vergleichbarkeit der Situation, nachdem jene furchtbare Vision, mit der Stresemann damals die Anhänger einer allzu betonten Ostorientierung besonders auch in der Reichswehr gewarnt hat, Wirklichkeit geworden ist: die Sowjetunion steht inzwischen, wie er befürchtet hatte, in der alten Reichshauptstadt und an der Elbe, und von einer Option zwischen West und Ost kann ernstlich keine Rede sein.

Wie immer man die vielfältigen Probleme der Weimarer Außenpolitik beurteilen mag: unbestreitbar bleibt die Tatsache, daß Stresemann nicht nur seinen schwierigen Kurs mit unerwartetem Erfolg einzuhalten verstand, sondern dabei auch ein Maß an Verständnis und Bewunderung auf sein Wirken zog, ohne das die raschen Fortschritte noch seiner Nachfolger nicht möglich gewesen wären. Daß es ausgerechnet ein deutscher Staatsmann war (der von der nationalen Rechten kam), dem nur drei Jahre nach der internationalen Vertrauenskrise des Ruhreinmarsches gerade mit dem französischen Kollegen (der politisch von der Linken kam), mit Aristide Briand, 1926 der Friedensnobelpreis verliehen wurde, zeigt die kaum glaubliche Wandlung, die er in wenigen Jahren wie an sich selbst, so auch in der friedlichen Aktivierung der deutschen Außenpolitik zu vollziehen vermochte. Daß er sich seit der Einstellung des Ruhrwiderstandes nun selbst dem diffamierenden Haß der nationalistischen Rechten gestellt hat, ohne noch von diesem Kurs zu lassen, daß er die Zweifrontenstellung nach innen und außen unerschütterlich durchgehalten hat, obgleich die innere Anfeindung in seinem Rücken ihn noch ungleich mehr treffen mußte als einen Mann der Linken, das hebt ihn aus der Kategorie tüchtiger Politiker heraus in die kleine Reihe der Staatsmänner und begründet einen Anspruch auf historische Größe.

Voraussetzung und Grundlage dieser neuen Politik war und blieb, daß Stresemann in endgültiger Distanzierung von der nationalistischen Opposition die unumgängliche Wirklichkeit und Verbindlichkeit der Weimarer Position anerkannte, die er 1923 betont hatte: »Wir haben den Krieg verloren und wissen, daß wir die Folgerungen daraus ziehen müssen. Die heutige

Regierung ist sich dessen voll bewußt, daß sie im Rahmen der Fähigkeit Deutschlands Leistungen zu übernehmen hat.« Nur von dieser Illusionslosigkeit konnte eine Revisionspolitik ausgehen, wollte sie nicht den anderen Weg der Gewalt und des Kriegsrisikos wählen, auf dem zehn Jahre später Hitler alles erreichte Vertrauen verspielt und schließlich das Reich zerstört hat.

Es ist auch heute noch faszinierend zu verfolgen, wie Stresemann von der Position des geschickten Taktikers gegenüber den Alliierten hineinwuchs in die Rolle eines Staatsmannes, der all die persönliche Wärme und politische Leidenschaft, deren er fähig war, für das Ziel der dauerhaften Versöhnung und gleichberechtigten Zusammenarbeit einsetzte, und wie er Deutschland über die Klippen des Mißtrauens von außen und der innenpolitischen Diffamierung erst in den Locarnopakt (1925) und dann auf einen geachteten Platz im Völkerbund führte. Bewundernd hat der englische Außenminister Austen Chamberlain über Briand und Stresemann in Locarno geäußert: »Der Mut, die Sachkenntnis, der Takt, die Rücksichtnahme, die jene beiden Vertreter zweier mächtiger Staaten zeigten –, diese Gaben jener beiden Männer, die dem jahrhundertealten Mißtrauen ein Ende zu machen suchten, hoben die Aussprache zu der höchsten Höhe menschlicher Beredsamkeit und rührten die Herzen aller, die ihnen lauschten.« Und Stresemann selbst hat über den noch neuen Rundfunk der europäischen Bedeutung dieses Ereignisses beredten Ausdruck verliehen: »Der Sinn von Locarno besteht in der Erkenntnis, daß die europäischen Staaten nicht länger gegeneinander wüten dürfen, wenn Europa nicht zugrunde gehen soll. In allen Staaten Europas hat die Not ihren Einzug gehalten und ist eine ernste Mahnerin zur Vernunft geworden… Zwang, Diktate und Gewalt haben es nicht vermocht, ein neues und besseres Europa zu schaffen. Lassen Sie uns versuchen, dieses Ziel auf der Grundlage des Friedens, deutscher Gleichberechtigung und deutscher Freiheit zu erreichen.«

Unbestreitbar war die Revision des deutsch-französischen Verhältnisses durch Locarno, war die Verbesserung des allgemeinen Verhandlungsklimas durch den Einzug in den Genfer Völkerbundpalast binnen kurzer Zeit entschiedener gefördert worden als in all den Jahren zuvor. Auch die Reparationsfrage war durch das Dawes-Abkommen seit 1924 endlich auf eine festere Basis gestellt; nun war wieder wirtschaftspolitische Kalkulation möglich, konnten amerikanische Anleihen den Konsolidierungsprozeß stützen, war ein Verhandlungsklima erreicht, das weitere und bessere Regelungen aus wirtschaftlicher Vernunft absehbar machte. Der vielzitierte »Silberstreifen am Horizont« war sichtbar geworden, er war allem Spott und aller Obstruktion zum Trotz stets gewachsen. Stresemanns historisch gewordene Reden in Genf, sein unermüdlicher Kampf gegen eine nationalistische Anti-Völkerbundhetze auch in den eigenen Reihen, seine unvollendeten Hoffnungen im Verhältnis mit Briand, trotz Enttäuschungen die optimistische Beharrlichkeit, mit der bis zum letzten Tag der von schwerer Krankheit Gezeichnete immer von neuem die deutschen Notwendigkeiten mit den übernationalen Zielen der besten seiner Zeitgenossen zu verbinden strebte – sie haben der Weimarer Außenpolitik ihre oft verkannte Bedeutung, aber auch ihre Tragik verliehen.

Sie kulminierte in den zwei Ereignissen jenes schicksalsschweren Oktober 1929, die nach den Jahren der Hoffnung die Welt in eine Krise von unerhörtem Ausmaß und weltgeschichtlichen Folgen stürzen sollten: In der Nacht vom 2. zum 3. Oktober 1929 wurde der deutsche Außenminister im Alter von einundfünfzig Jahren mitten aus seiner Arbeit gerissen, nachdem er noch wenige Stunden zuvor seiner Fraktion ein Ja zur Regierungspolitik hatte abringen und den Bestand des Kabinetts sichern können; und am Ende desselben Monats leitete der Zusammenbruch der New Yorker Börse den Ausbruch der Weltwirtschaftskrise ein. Gewiß, es bestand kein kausales Verhältnis zwischen den beiden Ereignissen. Aber der politische und geschichtliche Zusammenhang ist uns heute wie schon manchem Zeitgenossen damals offenbar geworden. Wenige Monate danach zerbrach mit der Großen Koalition die letzte parlamentarische Mehrheitsregierung der Weimarer Republik. Ihre auseinanderstrebenden Flügel waren nun nicht mehr durch die Autorität und das Verhandlungsgeschick Stresemanns gebändigt, und zumal die Deutsche Volkspartei folgte einem Sog nach rechts, der endgültig weg von der Republik, in die Nähe der Harzburger Front und zur Kapitulation des Bürgertums vor Hitler führte.

In der Hilflosigkeit der letzten Präsidialkabinette ging denn auch, allen Bemühungen der Nachfolger Brüning und Curtius zum Trotz, die klare Linie Stresemannscher Verständigungs- und Europapolitik verloren. Gewiß zeitigten ihre großen Ansätze noch späte Erfolge: im Sommer 1930 erfolgte die vorfristige Räumung des Rheinlands, die Stresemann Briand abgerungen hatte, und zwei Jahre später fiel Papen der endgültige Verzicht der Alliierten auf Reparationen in den Schoß. Aber in beiden Fällen waren es neue, andersgeartete Herren, die diesen Erfolg einheimsten; sie erwähnten nicht einmal Stresemanns Namen, als sie die Früchte seiner Politik dem aufflammenden Extremismus zum Opfer gaben. Sachlich gesehen waren wesentliche Ziele der Stresemannschen Außenpolitik in dem Augenblick verwirklicht, in dem Hitler an die Macht gelangte. Aber inzwischen war die Republik zusammengebrochen. Daß Hitler dann in schnellem, gewaltsamem Zugriff die sorgsam aufgebauten Grundlagen deutscher Außenpolitik zerstörte, als er durch den Auszug aus dem Völkerbund diese Verhandlungsposition aufgab und durch die Zerreißung des Locarnopakts statt fortschreitender friedlicher Revisionspolitik die Drohung der Waffen gebrauchte - und daß Frankreich und England mit schwachen Einwänden hinnahmen und anerkannten, was sie der verhandlungsbemühten Republik allzu lange verweigert hatten: darin liegen Tragik und Schuld zugleich.

Für die politische und geistige Bewältigung dieser Hypothek freilich sind zuallererst wir selbst zuständig und verantwortlich - auch gegenüber Stresemann. Das Bild dieses Mannes, das zunächst die schwachen Nachfolger verdunkelt, dann die nationalsozialistischen Liquidatoren Deutschlands verzerrt und beschmutzt haben, ist heute noch im In- und Ausland vom Gefühl eigenen Versagens belastet. Es enthält, bei aller Verschiedenheit der Situation, wesentliche Elemente politischen Denkens und Handelns, deren auch ein gespaltenes Deutschland und Europa im weltpolitischen Widerstreit unserer Tage bedarf. Wir finden hier politische Vernunft, realistische Einsichtsfähigkeit, kompromißwillige Zusammenarbeit im nationalen und übernationalen Bereich und einen hoffnungsstarken Willen zum Wesentlichen, dem sich die eingewurzelten Vorurteile nationaler oder ideologischer Art zu beugen haben. Mit begeisterter Zustimmung hatte Stresemann noch wenige

Wochen vor seinem Tode in Genf Briands Plan von den »Wirtschaftlich Vereinten Staaten von Europa« begrüßt und bekannt: »Ich lehne es ab, die wirtschaftliche Vereinigung der europäischen Staaten als eine Utopie zu betrachten.« Der Rückfall in den Nationalismus hat dann alles zugrunde gerichtet. Doch reicht der Gewinn, der uns aus der vergegenwärtigten Erinnerung an diesen Mann erwächst, über die zeitgeschichtlich-politische Dimension hinaus. Denn »für den denkenden Menschen«, so schließt Jacob Burckhardt seine Betrachtung über historische Größe, »ist das Offenhalten des Geistes für jede Größe eine der wenigen sicheren Bedingungen des höheren geistigen Glückes«.

Karl Dietrich Bracher: Geschichte und Gewalt.
Zur Politik im 20. Jahrhundert. 1981

Hitlers Rede vor dem Düsseldorfer Industrieclub am 26. Januar 1932

VON
HENRY A. TURNER

Auch wenn Reichskanzler Brüning am Ziel einer freien Marktwirtschaft festhielt, führten ihn seine Bemühungen, mit den Folgen der Depression fertig zu werden und die wirtschaftliche Erholung zu beschleunigen, zu immer umfangreicheren staatlichen Eingriffen. Eine wachsende Zahl von Unternehmern fühlte sich an die staatlich kontrollierte Zwangswirtschaft während des Krieges und der unmittelbaren Nachkriegszeit erinnert. Brünings vierte und letzte bedeutende Wirtschaftsverordnung, im Dezember 1931 erlassen, erregte sogar bei einigen seiner loyalsten Anhänger in der Großindustrie Anstoß. Zum ersten Mal nahm die Regierung das Notverordnungsrecht des Reichspräsidenten in Anspruch, um eine Reduktion aller von Kartellen oder ähnlichen Verbindungen festgesetzten Preise um zehn Prozent zu erzwingen. Die Verordnung senkte ebenfalls die Zinssätze für Hypotheken und andere langfristige Kredite um 25 Prozent. Dieser Schritt traf einen Großteil der Wirtschaft wie kaum ein anderer Eingriff des Staates. Die Unverletzlichkeit von Verträgen, die eigentliche Grundlage des kapitalistischen Systems, schien tangiert. Die Entscheidung der Regierung, das System der staatlichen Zwangsschlichtung nicht abzuschaffen, löste bei den Großunternehmern noch größeres Entsetzen aus. Dieses Instrument diente zu dieser Zeit ausschließlich der Senkung der Löhne, aber die meisten Führer der Industrie glaubten, sie könnten bei freien Verhandlungen in einer Zeit der Massenarbeitslosigkeit noch stärkere Lohnsenkungen durchsetzen.

Am unverzeihlichsten war jedoch, daß keine der Maßnahmen der Regierung auf die schwindelerregende Abwärtsspirale der krisengeschüttelten Wirtschaft irgendeinen Einfluß zu haben schien. Der Inlandsmarkt für industrielle Güter schrumpfte weiterhin, und die Auslandsnachfrage ging nach der Abwertung des englischen Pfundes im Herbst 1931, die englischen Gütern einen Preisvorteil gegenüber deutschen Waren verschaffte, stark zurück. Firma um Firma schränkte die Produktion ein, rutschte in die roten Zahlen und hörte auf, Dividenden auszuschütten. Die Börsenkurse stürzten ins Bodenlose. Die Arbeitslosigkeit breitete sich unbarmherzig aus und überschritt Anfang 1932 die Sechs-Millionen-Grenze. Mehr als 30 Prozent der Arbeitskräfte konnten nicht mehr für ihren Lebensunterhalt sorgen. Trotz strenger Sparmaßnahmen stiegen die Staatsausgaben wegen der Kosten für die Unterstützung des wachsenden Arbeitslosenheeres; sie überstiegen die Einnahmen und machten Steuererhöhungen notwendig. Als das neue Jahr begann, war das Vertrauen der Wirtschaft in die Fähigkeit der Regierung, mit der Krise fertig zu werden, auf einen besorgniserregenden Tiefstand gesunken.

In dieser bedrückenden Atmosphäre kündigte der Düsseldorfer Industrieclub seinen Mitgliedern an, daß der Führer der größten und am schnellsten wachsenden Oppositionspartei des Reiches, Adolf Hitler, eine Einladung angenommen habe, am 26. Januar 1932 vor dem Club eine Rede zu halten. Diese Einladung beruhte auf einer ungewöhnlichen Verkettung von Ereignissen. Ende 1931 war der Club von seiner lange geübten Praxis abgegangen, Politiker als Gastredner auszuschließen, als er einen Sozialdemokraten, Max Cohen-Reuss, einlud, vor dem Club zu sprechen. Einige Mitglieder nahmen am Auftritt von Cohen-Reuss Anstoß, und Fritz Thyssen, der im geschäftsführenden Ausschuß des Clubs saß, forderte die gleiche Redezeit für einen Sprecher der NSDAP. Thyssen dachte zunächst an Gregor Strasser, der an der Ruhr bereits ziemlich bekannt war. Aber als Thyssen sich in Berlin mit Hitler traf und ihm von seinen Plänen erzählte, gab der Führer der Nationalsozialisten zu erkennen, daß er es vorzog, selbst zu sprechen. Thyssen überbrachte diese Nachricht, und der Ausschuß willigte ein. Es gibt keinen Bericht darüber, was Hitler veranlaßte, vor dem Industrieclub zu sprechen. Möglicherweise wollte er lediglich verhindern, daß Strasser zu prominent wurde. Es ist jedoch wahrscheinlicher, daß seine Bereitschaft, vor einem solchen Publikum zu sprechen, aus der gleichen Besorgnis über das schlechte Image der Partei in Wirtschaftskreisen erwuchs, die ihn dazu geführt hatte, Anfang Dezember 1931 zum ersten Mal eine Pressekonferenz für ausländische Journalisten zu geben.

Bei dieser Gelegenheit hatte Hitler sich bemüht, die in den Kreisen der Wirtschaft verbreitete Sorge zu beschwichtigen, die internationale Kreditwürdigkeit Deutschlands könne durch Erklärungen anderer Nationalsozialisten, eine von der NSDAP geführte Regierung werde keinerlei Auslandsschulden anerkennen, weiteren Schaden nehmen. Während eine nationalsozialistische Regierung es ablehnen werde, Deutschlands Reparationsverpflichtungen anzuerkennen, so versicherte Hitler den Reportern, würde sie sich nicht in private Schulden bei ausländischen Kreditgebern einmischen. Die Äußerungen von Hitlers Auslandspressechef Ernst Hanfstaengl gegenüber einem amerikanischen Diplomaten, kurz vor der Rede vor dem Industrieclub, weisen ebenfalls auf die Besorgnis Hitlers über das Bild der NSDAP in der Wirtschaft hin. Hanfstaengl hatte erklärt, die Partei müsse schnellstens für eine Beteiligung an der Regierung akzeptabel werden und deshalb liege eine der Hauptaufgaben darin, Anerkennung bei der wirtschaftlichen Elite des Landes zu finden, selbst auf die Gefahr hin, unter den Arbeitern Anhänger zu verlieren.

Als ein schlecht bewahrtes Geheimnis erregte Hitlers Auftritt vor dem Industrieclub einiges Aufsehen. Die Nachfrage unter den Mitgliedern des Clubs nach Eintrittskarten war so unerwartet stark, daß die Vorstandsmitglieder das übliche Recht der Mitglieder aussetzten, Gäste mitzubringen. Um die erwarteten Zuhörer unterzubringen, reservierte der Club den Großen Ballsaal des Düsseldorfer Park-Hotels. Normalerweise traten die Gastredner in einem kleineren Raum auf. Um am Abend der Rede ins Hotel zu gelangen, mußten die Clubmitglieder Spießruten laufen: Alarmiert von der sozialdemokratischen und der kommunistischen Presse, hatte sich im Laufe des späten Nachmittags vor dem Hotel eine feindselige Menschenmenge versammelt, die antinationalsozialistische und antikapitalistische Parolen schrie, Flugblätter verteilte und sich mit der Polizei und Gegendemonstranten raufte. Um Schäden durch Wurfgeschosse zu verhindern, ordnete die Hotelleitung an, daß im Parterre und im ersten Stock die Rolläden heruntergelassen wurden, was dem Gebäude das Aussehen einer belagerten Festung verlieh. Während die Polizei eingriff, um vor dem

Hotel die Ordnung aufrechtzuerhalten, traf Hitler mit dem Auto nahezu unbemerkt an einem Seiteneingang ein, kurz vor dem angekündigten Beginn seiner Rede, der auf sechs Uhr am Abend festgesetzt war. Er begab sich zu Hermann Göring und Fritz Thyssen auf eine im Ballsaal improvisierte Rednertribüne. Die Zahl der Gäste übertraf bei weitem die Erwartungen des Vorstands. Ungefähr 650 Zuhörer, mehr als zwei Drittel aller Clubmitglieder, waren gekommen. Alle Plätze waren besetzt, und einige Zuhörer mußten stehen. Wer zu spät kam, konnte nicht mehr in den überfüllten Ballsaal gelangen und mußte die Reden über Lautsprecher in einem angrenzenden Raum verfolgen.

Nachdem der Düsseldorfer DNVP-Bürgermeister einige einführende Worte gesprochen hatte, ließ Hitler eine zweieinhalbstündige Rede vom Stapel. Wie in früheren Reden vor vergleichbarem Publikum oder wie in der Schrift, die er 1927 für Emil Kirdorf geschrieben hatte, ließ er seine Zuhörer über seine Ziele im unklaren. Er sprach das Wort »Jude« kein einziges Mal aus, erwähnte das Fünfundzwanzig-Punkte-Programm seiner Partei mit keinem Wort und verbarg seine Pläne zur Eroberung von »Lebensraum« in Rußland. Ein Großteil seiner Rede lief auf einen didaktischen Vortrag über die Determinanten menschlicher Existenz hinaus, die er mit Beispielen aus der Geschichte belegte. Ohne sich allzulange mit den Problemen von 1932 auseinanderzusetzen, legte er seine Auffassung über den Primat der Politik und die Bedeutung der geistigen Verfassung eines Volkes dar. Die Deutschen dürften nicht anderen Nationen die Schuld an ihrer Misere geben. Das Heilmittel sei auch nicht in der Außenpolitik zu finden. Vielmehr müßten sich die Deutschen selbst um sich kümmern.

Als er auf Deutschlands schlechte Lage einging, vermied Hitler es, die Wirtschaftspolitik des Kaiserreichs anzuprangern, wie er es in den zwanziger Jahren getan hatte. Statt dessen versuchte er sich als Deuter der Depression. Verständnisvoll, wenn auch nicht immer verständig, sprach er von der weltweiten Überproduktion, der verstärkten internationalen Konkurrenz um Märkte, der wachsenden Arbeitslosigkeit und dem sich ausbreitenden Protektionismus. Er bot jedoch keine zusammenhängende Erklärung für die Wirtschaftskrise, sondern beschrieb sie lediglich als einen weiteren jener Kämpfe um wirtschaftliches Überleben, die von Zeit zu Zeit aufträten wie schwere Epidemien: »Immer dann, wenn bestimmte Beziehungen der Völker entsprechende Lagen schufen, mußte eine Erkrankung dieser Völker um sich greifen und die Gesamtlage beeinflussen.« Angesichts einer Entwicklung von solchem Ausmaß entspreche das Herumflicken der Regierung Brüning an der Wirtschaft dem vergeblichen Versuch, eine Krankheit durch die Behandlung ihrer Symptome zu heilen.

Hitler erklärte seinen Zuhörern, die letztendliche Ursache für Deutschlands Misere liege überhaupt nicht im Bereich der Wirtschaft, sondern in dem der Politik. Nur wenn Deutschland als Nation wieder stark werde, könne es erfolgreich im internationalen Machtkampf bestehen, der immer bestimmt habe und immer bestimmen werde, wer in der Geschichte zu den ökonomischen Gewinnern und wer zu den Verlierern gehöre. Nur ein starker Staat könne eine starke Wirtschaft garantieren.

Anschließend präsentierte Hitler seine bekannte Formel für Deutschlands Rettung. Bis die Nation den einheitlichen Willen wiedererlangt habe, den sie zu Bismarcks Zeit gezeigt habe, werde sie schwach und verletzlich bleiben. Um diese Einheit zu erreichen, müßte der fremde, zerstörerische Marxismus ausgerottet werden, der Deutschland in ein patriotisches und ein internationalistisches Lager gespalten habe. Nur ein mächtiger neuer Glaube könne diese Aufgabe erfüllen. Allein der Nationalsozialismus besäße diesen Glauben. Wenn Deutschlands Stärke durch einen einheitlichen Willen erst wiederhergestellt worden sei, werde es auch seine Wirtschaftsprobleme lösen – sei es durch Exportsteigerung, Entwicklung des heimischen Marktes oder Erwerb neuen »Lebensraums«. Wie so oft vor ähnlichem Publikum hatte Hitler mit wirtschaftlichen Fragen begonnen, um dann mit der Vision eines politischen Allheilmittels zu enden.

Während Hitler sich darüber ausschwieg, welche konkreten Maßnahmen eine nationalsozialistische Regierung ergreifen würde, gab er sich große Mühe, sich bei seinen Zuhörern anzubiedern. In sozialdarwinistischen Begriffen sprach er sich für Privateigentum und ungleiche Verteilung der Erträge aus. Dabei handle es sich zwar nicht um selbstverständliche Prinzipien. Vielmehr bedürften sie einer moralischen Rechtfertigung. Dies stelle jedoch keine Schwierigkeit dar, wenn man glaube –

woran er für sich keinen Zweifel ließ –, daß die Befähigung der Individuen unterschiedlich sei. Die Löhne gleichzumachen oder das Eigentum dem Willen aller zu unterwerfen liefe darauf hinaus, den Unfähigen und Gleichgültigen die gleiche Stimme zuzugestehen wie den befähigsten und vorzüglichsten Individuen, was nur zu sozial verheerenden Ergebnissen führen könne. Weil sich die Fähigkeiten und Kenntnisse der einzelnen unterschieden, blieben Privateigentum und unterschiedliche Löhne und Gehälter auf der Grundlage des individuellen Verdienstes unersetzliche Prinzipien für eine gesunde Wirtschaft.

Abrupt an diesem Punkt zur Politik übergehend, verspottete Hitler die Weimarer Republik, indem er behauptete, die Demokratie beruhe auf dem diametral entgegengesetzten Prinzip, daß alle Menschen gleich seien und daß die Politik keine besonderen Fähigkeiten erfordere. Er warnte, ein solcher Widerspruch zwischen den der Wirtschaft und den der Politik eines Landes zugrunde liegenden Prinzipien könne auf Dauer nicht gutgehen. Nur durch die Vernichtung des zerstörerischen Prinzips der Demokratie und durch die volle Anerkennung der individuellen Fähigkeiten könne das deutsche Volk in allen Lebensbereichen die Herrschaft der Fähigsten erreichen und so sein enormes Potential verwirklichen. Im neuen Deutschland, so versicherte er seinen Zuhörern, würden Verantwortung des einzelnen, Autorität und Gehorsam und nicht das Gewicht der bloßen Zahl die Form der Gesellschaft bestimmen, im wirtschaftlichen Bereich wie in allen anderen.

Als er zum Ende seiner langen Rede kam, tat Hitler sehr bescheiden. Er sei nicht zu ihnen gekommen, erklärte er den im Park-Hotel versammelten Männern, um ihre Stimmen oder irgendwelche Unterstützung für die NSDAP zu erbitten. Er beschwor dann jedoch das Schreckgespenst des Bolschewismus, um Sympathien für seine Bewegung zu wecken: Ohne die Tapferkeit und die Selbstaufopferung Hunderttausender idealistischer uniformierter Nationalsozialisten, so prahlte er, wären Deutschlands Straßen für keinen Bürger mehr sicher. Ohne das Blut, das seine SA-Männer vergossen hätten, hätte die perverse neue Religion, die von Asien aus Europa überflute, bereits gesiegt und Deutschland auf eine niedrigere Lebensstufe herabgedrückt.

Stolz zitierte er Trotzki, nach dessen Aussagen der Nationalsozialismus die einzig wirkliche Barriere gegen den Bolschewismus sei. Er beschrieb die NSDAP als die mächtigste Volksbewegung in der deutschen Geschichte. Trotz seiner einfachen Herkunft habe er sie gegen den Widerstand der öffentlichen Meinung, der Presse, der Regierung – und der Wirtschaft aufgebaut. Der Triumph der NSDAP, der ausschließlich mit legalen Mitteln zustande kommen werde, würde das mit Füßen getretene Land grundlegend verwandeln. Er schloß seine Rede, indem er die Hoffnung auf ein neugeschaffenes, mächtiges Deutschland beschwor, das unbarmherzig gegen Feinde im In- und Ausland vorgehen werde, aber bereit sei, mit allen in Frieden und Freundschaft zu leben, die diese Bereitschaft teilten.

Nachdem der amtierende Vorsitzende des Industrieclubs, Karl Haniel, Hitler für seine Rede kurz gedankt hatte, las Fritz Thyssen einige vorbereitete Anmerkungen vor. Nach Augenzeugenberichten stellte er sich voll hinter Hitlers Aussagen. Offensichtlich in der Absicht, keine Zweifel an seiner Ergebenheit zu lassen, beendete Thyssen seine Ausführungen mit einem unpassenden »Heil, Herr Hitler!« Ernst Poensgen erinnerte sich später, daß Albert Vögler – wie Thyssen und Poensgen ein Vertreter der Vereinigten Stahlwerke und Mitglied der Ruhrlade – sich dann erhoben habe, um eine Frage an Hitler zu richten und eine Diskussion in Gang zu setzen. Aber Thyssen ignorierte Vögler und schloß die Versammlung abrupt. Hitler, der die Einladung des Clubs, zum obligatorischen Abendessen zu bleiben, abgelehnt hatte, zog sich kurz in ein Hotelzimmer zurück, wo er vor seiner Abfahrt noch eben mit dem Düsseldorfer Bürgermeister zusammentraf. Göring blieb zum Abendessen des Clubs, an dem etwa 500 Mitglieder teilnahmen.

Die Reaktion auf Hitlers Rede bei denen, die an der Versammlung vom 26. Januar 1932 im Park-Hotel teilgenommen hatten, wurde sogleich zum Gegenstand von Auseinandersetzungen und ist es seitdem immer geblieben. Da der Club keine Journalisten zugelassen hatte, gaben Zeitungsberichte nur Eindrücke aus zweiter Hand oder vom Hörensagen wieder. Ihre Einschätzungen gingen weit auseinander. Linksgerichtete Zeitungen schrieben, Hitlers Zuhörer hätten mit einmütiger Begeisterung auf seine Worte reagiert. Andererseits charakterisierte die katholische *Kölnische Volkszeitung* die Aufnahme der Hitler-Rede als »sachlich kühl«. Nach Meinung der liberalen Berliner *Vossischen Zeitung* waren die Zuhörer »auffallend zurückhaltend«. Eine andere liberale Tageszeitung, das *Berliner Tageblatt*, stellte eine geteilte Aufnahme fest. Besonders prominente Unternehmer hätten Zweifel gezeigt.

Selbst unter den Augenzeugen herrschte keine Übereinstimmung darüber, wie Hitlers Rede gewirkt hatte. Ein Beamter der preußischen politischen Polizei, der durch die Bitte des Clubs um Polizeischutz Zutritt erlangt hatte, berichtete, Hitlers Worte hätten einen tiefen Eindruck auf die Zuhörer gemacht, die mit starkem Applaus reagiert hätten. Hitler könne sich der Loyalität des Publikums sicher sein. Einem anderen Augenzeugen, dem Bürgermeister der Industriestadt Duisburg-Hamborn, fiel dagegen auf, daß der Applaus für Hitler nur bei Äußerungen aufkam, in denen Hitler allgemeine nationale Ziele bekräftigte, die von zahllosen Deutschen geteilt wurden, nicht aber, wenn er charakteristisch nationalsozialistische Ansichten vortrug. Der außerordentlich findige und gewissenhafte Journalist Konrad Heiden, der später die erste seriöse Hitler-Biographie schrieb, zitierte Ohrenzeugen, denen zufolge nur etwa ein Drittel der Versammlungsteilnehmer Thyssens »Heil, Herr Hitler!« gebilligt habe. Die Reaktion der Mehrheit auf die Rede sei lauwarm oder gar negativ gewesen.

Die Versuche, der Stärke des durch Hitlers Worte ausgelösten Beifalls eine tiefere Bedeutung beizulegen, haben nur begrenzten Wert. Im Gegensatz zu der damals wie heute vorherrschenden Auffassung rekrutierte sich der Industrieclub nicht nur aus Deutschlands industrieller Elite. Der Club war eine große Einrichtung, die als bequemer Treffpunkt für nahezu tausend Persönlichkeiten aus ganz Deutschland diente, die auf die eine oder andere Weise mit der Industrie in Verbindung standen. Darunter waren nicht nur die Repräsentanten der größten Industriebetriebe, sondern auch ihre weniger bedeutenden Untergebenen, die Leiter mittlerer oder sogar kleiner Unternehmen, Verkaufsvertreter, Funktionäre von Wirtschaftsverbänden und Firmenanwälte. Der Charakter des Clubs blieb weit hinter dem zurück, was sein Name versprach. Er bot seinen Mitgliedern im Park-Hotel Einrichtungen zum Essen, Kartenspielen und Kegeln ebenso wie einen Lesesaal.

Jedes Jahr im Sommer fand ein Clubausflug zu einem malerischen Ort auf dem Lande statt. Am Martinstag nahmen die Mitglieder an einem traditionellen Gansessen teil. Die einflußreichsten Persönlichkeiten der Industrie wie etwa die Männer der Ruhrlade beteiligten sich an diesen Aktivitäten nicht – schon aus Zeitmangel. Wie eigentlich jeder von gewissem Format in industriellen Kreisen blieben sie jedoch Mitglied und besuchten gelegentlich Vorträge von Gastrednern.

1932 bekam auch der Industrieclub den Druck der Wirtschaftskrise zu spüren. Aus Rücksicht auf die finanzielle Lage vieler seiner Mitglieder senkte der Vorstand die Mitgliedsbeiträge von 200 Reichsmark jährlich auf 150 Reichsmark für das Jahr 1931 und dann auf 100 Reichsmark für 1932. Das Park-Hotel, an dem der Club finanziell beteiligt war, konnte nur fortbestehen, indem der Service drastisch reduziert wurde. Die Räumlichkeiten verschiedener anderer Gebäude, die dem Club gehörten und vermietet wurden, um seine Einnahmen zu ergänzen, waren 1932 unvermietet geblieben; dies hatte im Vorstand Sorgen um die Solvenz des Clubs ausgelöst. Die Mitglieder, so klagte er in seinem Bericht für 1932, machten die Sache nicht einfacher, wenn sie seltener im Park-Hotel aßen und nur die preiswerten Gerichte bestellten. Die Wirklichkeit des Düsseldorfer Industrieclubs von 1932 blieb weit hinter der Aura von Exklusivität und Reichtum zurück, die dieser Einrichtung üblicherweise zugeschrieben wird.

Da die offizielle Teilnehmerliste nicht überliefert ist, gibt es über die Zusammensetzung des Publikums an diesem Abend nur widersprüchliche Aussagen. Die Anwesenheit von Ernst Poensgen, Fritz Thyssen und Albert Vögler von den Vereinigten Stahlwerken sowie Karl Haniel von der Gutehoffnungshütte ist gut dokumentiert. Auch Ernst Brandi vom Bergbauverein soll teilgenommen haben. Polizeibeobachter bemerkten auch einige andere Persönlichkeiten. Aber die Polizei wies ausdrücklich auf die auffällige Abwesenheit einiger der bekanntesten Persönlichkeiten der Wirtschaft hin: Carl Duisberg von der IG Farben, Gustav Krupp von Bohlen und Halbach, Vorsitzender des Reichsverbandes der Deutschen Industrie, Paul Reusch von der Gutehoffnungshütte und Fritz Springorum von den Hoesch Stahlwerken fehlten. Ebenso Paul Silverberg, der prominente Bergbauunternehmer. Andererseits fiel der Polizei die Anwesenheit einer großen Anzahl kleiner Eisenwarenhersteller aus der Region Berg und Mark auf, deren Reihen der Nationalsozialismus, wie oben gezeigt, infiltriert hatte ...

Bedenkt man die Disparität und Größe des Auditoriums, erhält die Verschiedenartigkeit der Reaktion eine größere Bedeutung als die Häufigkeit, der Umfang oder der jeweilige Anlaß des Beifalls. Zwei gutinformierte Augenzeugen berichten unabhängig voneinander, der Applaus sei vor allem von den jungen und unbekannten Teilnehmern gekommen, während die älteren und wichtigen Führer der Industrie zurückhaltend geblieben seien. Gustav Brecht, Vorstandsmitglied eines der größten Braunkohleunternehmen des Landes, übermittelte dieses Urteil einem Bekannten, kurz nachdem er den Vortrag besucht hatte. Der Bürgermeister von Hamborn teilte der preußischen Polizei mit, die Hauptpersönlichkeiten der Industrie seien enttäuscht gewesen, daß Hitler nur in allgemeinen Begriffen und fast ausschließlich über Politik gesprochen habe. Sie seien gekommen, um seine Position zu aktuellen, spezifisch wirtschaftlichen Fragen kennenzulernen. Sofern der Führer der Nationalsozialisten auf diese Fragen überhaupt eingegangen sei, wären seine Äußerungen aber so verschwommen und unverbindlich gewesen, daß sie keine Klarheit darüber hätten gewinnen können, wo er stand. Der Regierungspräsident in Düsseldorf entdeckte dieselbe Enttäuschung, als er sich später nach der Rede erkundigte. Diejenigen, die er befragte, schienen von der rhetorischen Brillanz der Rede und von ihrem nationalistischen Idealismus beeindruckt zu sein, vermißten aber inhaltlich Wesentliches, vor allem was die wirtschaftspolitischen Absichten der NSDAP betraf. Jahre später, beim Verhör im Nürnberger Kriegsverbrecherprozeß, erinnerte sich Ludwig Grauert, der Geschäftsführer des Arbeitgeberverbandes der Eisen- und Stahlindustriellen an der Ruhr, der schon vor der Rede ein NS-Mitläufer geworden war, daß er nachher einen älteren Fabrikanten darauf aufmerksam machte, Hitler habe nichts gesagt, was ihm helfen könnte, Kunden für die Produkte seiner Firma zu finden.

Hitler hatte sich zwar eindeutig zu den Prinzipien des Privateigentums und der ungleichen Verteilung der Einkommen bekannt, so daß ihn niemand, der ihn beim Wort nahm, für einen Sozialisten im üblichen Sinn des Wortes halten konnte.

Aber er hatte solche Dinge seit Jahren gesagt, wie die gutinformierten Hörer unter seinem Publikum wissen mußten. Sie hatten zweifellos gehofft, seinen Standpunkt zu spezifischeren Fragen zu erfahren wie etwa zur Geld- und Handelspolitik, zu denen andere Sprecher der Nationalsozialisten so alarmierende Erklärungen abgaben. Sie müssen auch gehofft haben, herauszufinden, wo Hitler in der Frage der Arbeitslosenversicherung, der staatlichen Festsetzung von Preisen, Löhnen, Zinssätzen und Wochenarbeitsstunden stand. Sicher wollten sie seine Position zur bindenden staatlichen Schlichtung bei Tarifkonflikten, zu industrieweiten Tarifverträgen und zum Anspruch der Gewerkschaften auf kollektive Verhandlungen kennenlernen. Vor allem aber dürften viele Chefs von Firmen, die ums Überleben kämpften, zu der Versammlung im Park-Hotel in der Hoffnung gekommen sein, zu erfahren, wie der Führer der am schnellsten wachsenden Partei Deutschlands mit der Wirtschaftskrise fertig werden wollte, wenn er an die Macht gelangte. Aber da Hitler an seiner Strategie der kalkulierten Zweideutigkeit in wirtschaftspolitischen Fragen festhielt, verließ keiner seiner Zuhörer die Versammlung mit einer genaueren Vorstellung von seiner Position in all den Fragen, die für die Wirtschaft von entscheidender Bedeutung waren.

Daraus folgt jedoch nicht, daß Hitlers Rede gänzlich negative Reaktionen bei allen anwesenden prominenten Geschäftsleuten auslöste. Wie sein Vortrag genau auf sie wirkte, kann mangels Quellen niemals genau festgestellt werden. Es gibt jedoch einen Bericht über einen prominenten Industriellen, der anders reagierte. Es war ein Vertreter der Firma Krupp, der teilnahm, nachdem Gustav Krupp von Bohlen und Halbach es abgelehnt hatte, seine Pläne zu ändern und am Tag von Hitlers Auftritt nicht nach Berlin zu reisen. Bei seiner Zeugenaussage nach dem Krieg in Nürnberg sagte Krupps Schwager Tilo von Wilmowsky aus, es habe sich um Arthur Klotzbach gehandelt, ein Mitglied des dreiköpfigen Vorstands von Krupp, der die Kruppschen Bergbauunternehmen leitete und auch der Ruhrlade angehörte, der geheimen Organisation von zwölf prominenten Industriellen. Zeitgenössische Dokumente und ein später von der Firma Krupp in Auftrag gegebenes Buch machen es jedoch wahrscheinlicher, daß in Wirklichkeit Friedrich Janssen an der Versammlung teilnahm, ein jüngerer Manager, der mit den Beteiligungen Krupps an anderen Firmen befaßt war.

Wer auch immer Krupps Vertreter war, Wilmowsky charakterisierte ihn als einen nüchternen, skeptischen Geschäftsmann. Dennoch, so sagte Wilmowsky aus, sei er von Hitlers Rede beeindruckt zurückgekommen. Ob dies bedeutete, daß er von dem, was Hitler gesagt hatte, beeindruckt war oder von seiner Persönlichkeit und seiner rhetorischen Leistung, bleibt in Wilmowskys Darstellung unklar. Aber Wilmowskys Erinnerung an die Antwort des skeptischen Krupp, als er hörte, wie der Vertreter seiner Firma sein Erlebnis beschrieb, legt eher die letztere Möglichkeit nahe: »Ja, das wären wohl so Redensarten; aber dahinter stecke nicht sehr viel.« Dennoch offenbart dieser Fall, daß selbst erfahrene Geschäftsleute von großen Firmen nicht notwendigerweise gegen den charismatischen, nahezu hypnotischen Effekt, den Hitler auf so viele Deutsche ausübte, gefeit waren, wenn sie seiner Rhetorik direkt ausgesetzt waren.

In zahlreichen Darstellungen von Hitlers Auftritt vor dem Industrieclub findet man eine stark simplifizierte Version dessen, was stattgefunden hat: Hitler kam, sprach und siegte. Diese Versionen offenbaren, daß viele Historiker, wie im Falle der angeblichen Hitler-Kampagne im Sommer 1931, um Unterstützung bei der Großindustrie zu finden, der Propaganda der Nationalsozialisten zum Opfer gefallen sind: Sie stützen sich auf Otto Dietrichs 1934 erschienene Partei- »Memoiren« über Hitlers Aufstieg. In ihnen wird eine lebendige Schilderung der Versammlung in Düsseldorf gegeben: »Der 27. Januar 1932 wird immer ein denkwürdiger Tag sein in der Geschichte der N.S.D.A.P. An diesem Tage gelang dem Führer der Durchbruch bei den westdeutschen Industriekapitänen ... Noch heute sehe ich diese Versammlung der Prominenten vor mir. Wir kamen von Godesberg und fuhren unter dem Gejohle der Marxisten in den Hof des Parkhotels. Der Saal war überfüllt. In den Stuhlreihen gedrängt die Elite der westdeutschen Wirtschaft. Bekannte und unbekannte Gesichter ...

Der Führer, mit größter Zurückhaltung begrüßt, spricht von einer wenig erhöhten vorspringenden Balustrade, die Hände leicht gestützt auf das gußeiserne Geländer vor ihm. Ich sitze, inmitten von Zuhörern, hinter ihm, mache Notizen, beobachte die Wirkung seiner mehr als zweistündigen Rede. Der Führer entwickelt in weltpolitischen Perspektiven mit zwingender Logik das Verhältnis von Wirtschaft und Politik, ihre Wechselwirkung, die Auswirkungen in Deutschland. Warum es bei uns so kommen mußte, und wie es allein anders werden kann.

Der Eindruck auf diesen Kreis nüchternster Zuhörer ist erstaunlich. Schon nach einer Stunde weicht die kühle Reserve lebendigem leidenschaftlichem Interesse. Der Führer spricht von dem unerhörten Heldenkampf seiner politischen Soldaten, arm und von Haß verfolgt, aber alles, selbst das Leben ihrem Volke opfernd ...

Die Köpfe beginnen sich zu röten, die Augen hängen an den Lippen des Führers, man fühlt, wie sich die Herzen erwärmen. Sie folgen innerlich, sind in der Tiefe gefaßt. Zuerst rühren sich zaghaft die Hände, dann brausen Beifallssalven. Als Adolf Hitler endete, hatte er eine Schlacht gewonnen.«

Diese mitreißende Beschreibung eines Augenzeugen hat auf die historische Darstellung von Hitlers Aufstieg zur Macht einen tiefen Einfluß gehabt. Ungeprüft akzeptiert - bis hin zu dem falschen Datum - in zwei grundlegenden Studien, auf die sich eine große Zahl nachfolgender Autoren bezogen hat, begründete sie eine der vielen hartnäckigen Legenden, die das Verhältnis zwischen Hitler und der Großindustrie umgeben. Besonders aufschlußreich in den Augen der meisten Autoren, die sich auf Dietrichs Veröffentlichung stützen, ist ein Satz, der auf die Darstellung des Auftritts vor dem Industrieclub folgt: »Die Wirkung bei den Wirtschaftlern, soweit sie diesen Namen verdienen, war tief und zeigte sich in den nächsten schweren Kampfmonaten.«

Dies ist im allgemeinen als Zeugnis Dietrichs dafür genommen worden, daß die Großindustrie als Folge der Rede vom 26. Januar 1932 Hitler massiv unterstützt habe. Wenn man Dietrichs sehr viel prosaischere Memoiren von 1955 zu Rate zieht, bietet sich ein ganz anderes Bild. Dort findet sich - in einem so völlig anderen Stil geschrieben, daß die Vermutung naheliegt, Dietrich habe sich bei der Abfassung seiner ersten Memoiren auf seinen großen und begabten Stab verlassen - folgende Darstellung: »Erst im Jahre 1932, nachdem Göring engere Beziehungen zu dem Stahlhelmführer Fritz Thyssen hergestellt hatte und dieser in der Düsseldorfer Industriellenversammlung offen für Hitler eingetreten war, war das Eis gebrochen und zahlreiche Sympathien bei den Teilnehmern offensichtlich. Es erging damals eine Spendenaufforderung am Ausgang des Saales, auf die wohlgemeinte, aber unbedeutende Beiträge eingingen. Darüber hinaus konnte auch damals von einer nennenswerten Unterstützung oder gar Finanzierung von Hitlers politischem Kampf durch die ›Wirtschaft‹ oder gar ›Schwerindustrie‹ keine Rede sein, obwohl sicherlich den örtlichen Parteistellen auf ihre Vorstellungen mancher mehr oder weniger ins Gewicht fallende Beitrag von einzelnen sympathisierenden Wirtschaftlern ihres Bezirkes zugeflossen sein mag. Die großen Propagandareisen Hitlers im entscheidenden Jahr 1932 finanzierten sich ausschließlich selbst durch die Eintrittsgelder der Riesenkundgebungen, für die in den ersten Reihen vielfach Phantasiepreise bezahlt wurden« ...

Hitlers Versäumnis, den Zutritt zu den Kreisen der Industrie, den er durch seine Rede vor dem Industrieclub erlangt hatte, nachhaltig auszunutzen, beweist eher die Hypothese, daß er lediglich versuchte, die Großindustrie zu neutralisieren. Selbst wenn er die Absicht gehabt hätte, die Kontakte zur Wirtschaft auszubauen, wäre der Preis hoch gewesen, da die politische Linke seinen Düsseldorfer Auftritt sofort in eine gefährliche Propagandawaffe gegen die NSDAP umschmiedete. Besonders die kommunistische Presse schlachtete das Ereignis wirksam aus. Das Parteiorgan der KPD, *Die Rote Fahne*, beschrieb Hitlers Auftritt im Park-Hotel als willfährigen Rechenschaftsbericht eines Söldners an seine Herren hinter verschlossenen Türen. Erfundene Texte schoben ihm einschmeichelnde Antworten auf fiktive Fragen unter, die angeblich von Teilnehmern aus dem Publikum gestellt wurden. Karikaturen und Zeitungsartikel schilderten, wie er nach seiner Rede ein Menü von sieben Gängen mit Strömen von Wein hinunterschlang, umgeben von fetten Kapitalisten.

Die nationalsozialistische Presse versuchte zuerst, das Ereignis herunterzuspielen. Einen Tag nach der Rede brachten nationalsozialistische Zeitungen eine lakonische Bekanntmachung des Münchner Pressebüros der NSDAP, daß Hitler für die Ideen des Nationalsozialismus bei einer Rede vor einer großen Gruppe von Industriellen in Düsseldorf einen großen Erfolg erzielt habe. Die Reaktion der Arbeiter in den Reihen der Partei auf die Propaganda der Linken beunruhigte die Führung der Partei jedoch deutlich. Die nationalsozialistische Tageszeitung in Köln offenbarte diese Sorge, als sie versuchte, die Angriffe der Linken mit einem Artikel zu entkräften, der unter der Überschrift »Hitler wirbt für den Sozialismus« erschien. Der Artikel verkündete, der Führer habe versucht, Klassenschranken abzubauen, indem er das soziale Gewissen seiner Zuhörer beim Industrieclub geschärft habe.

Hitler selbst umging eine Einladung, vor einem ähnlichen Publikum in Hannover zu sprechen, die bald nach dieser Rede an ihn erging. Als das propagandistische Trommelfeuer der Linken nicht nachließ, sah sich die Führung der NSDAP gezwungen zu antworten. Mitte Februar dementierte das nationale Organ der Partei die Berichte von »Verleumdern«, Hitler habe in seiner Rede den Gewerkschaften den Krieg erklärt, bevor er an einem verschwenderischen Bankett mit den Mitgliedern des Industrieclubs teilgenommen habe. In Wahrheit, so behauptete der *Völkische Beobachter*, habe Hitler dem Materialismus den Krieg erklärt und seine Zuhörer ermahnt, Verständnis für die Lage ihrer weniger begünstigten »Volksgenossen« zu haben.

Trotz dieser und anderer Versuche der Nationalsozialisten, die Angelegenheit herunterzuspielen, blieb sie doch ein politischer Dauerbrenner. Als selbst Reichskanzler Brüning im Wahlkampf des Frühjahrs das Thema aufgriff, waren die Nationalsozialisten derart beunruhigt, daß sie ausnahmsweise einmal zur Wahrheit Zuflucht nahmen. Im April brachte der *Völkische Beobachter* vier Seiten lang wörtliche Auszüge aus der Rede. Das Blatt gab außerdem bekannt, daß der vollständige Text vom Verlag der Partei gedruckt worden sei und für zwanzig Pfennige gekauft werden könne. Ein Vorwort zu diesem Heft machte klar, daß der Text mit einigem Kostenaufwand ausschließlich publiziert worden war, um die Anschuldigungen Brünings und anderer zurückzuweisen, Hitler habe im Industrieclub etwas anderes gesagt als in anderen Reden. Allem Anschein nach erwiesen sich die Nachwirkungen der Rede vor dem Industrieclub für die NSDAP als äußerst peinlich.

Henry A. Turner: Die Großunternehmer
und der Aufstieg Hitlers. 1985

Der 30. Januar 1933

VON
FRITZ STERN

Hitlers Herrschaft begann am 30. Januar 1933, aber die Wurzeln seines Triumphs reichen tief in die Geschichte. Der Tag selbst war gekennzeichnet durch jene düstere Mischung aus Täuschungsmanöver, Dramatik und Intrigenspiel, die Hitler an die Macht gebracht hatte und sein Regime auch weiterhin charakterisierte. Zwölf Jahre sollte das Drama dauern: In den ersten zehn Jahren sah die Bühne Hitler als Sieger, in den letzten beiden Jahren vollzog sich das Dilemma der totalen Niederlage. Durch Terror und Verführung schlug Hitler die Deutschen in seinen Bann und unterwarf sich ein bereits geschwächtes Europa. Sein Regime griff tief in das Leben der Deutschen und schließlich auch der Nichtdeutschen ein. Niemals erreichte das Regime Stabilität, nie herrschte Langeweile; es gab kaum Pausen, in denen sich die Masse von den Leidenschaften erholen und beruhigen konnte. Als Forschungsgegenstand bleibt das Dritte Reich in mancherlei Hinsicht unklar oder kontrovers, aber nur wenige würden heute bezweifeln, daß Hitlers Diktatur das populärste, mörderischste, verführerischste und gewalttätigste Regime unseres Jahrhunderts war. Nach Hitler ist nichts mehr so, wie es vorher war - weder in der Welt des Geistes noch der Politik, weder in Europa noch außerhalb. Hitler war die Katastrophe unserer Zeit. Wir brauchen Seismographen des Geistes, um die Risse zu erkennen, die dem Erdbeben vorausgingen und es erst ermöglichten.

30. Januar 1933 - der Tag hatte viele Gesichter. Da gab es die konstitutionelle Legalität, scheinbar Garantie der Normalität: Der betagte Reichspräsident, der 85jährige Feldmarschall von Hindenburg, die Verkörperung von Tradition und Autorität, übertrug dem Führer der größten Partei in Deutschland das höchste Amt, das er zu vergeben hatte. Hindenburg und seine Umgebung bestanden darauf, daß Hitler ein Kabinett bilden

müsse, in dem die Nationalsozialisten nicht die Mehrheit hatten. Dies sollte ein äußeres Zeichen dafür sein, daß es den alten Eliten, die seit langem versucht hatten, ein autoritäres Regime ohne Unterstützung des Reichstages oder des Volkes zu etablieren, schließlich doch noch gelungen war, Hitler sozusagen »einzurahmen«, eine Illusion, die schon bald erschüttert wurde. Die Vertreter der Reichswehr, der Wirtschaft und der alten Beamtenschaft, die in Hitlers Kabinett saßen, verschafften der neuen Regierung Respekt und schienen zugleich Mäßigung zu garantieren. Im Moment des völligen Bankrotts wandte sich die alte Ordnung an jenen Mann, den sie als österreichischen, schrecklich vulgären Außenseiter betrachtete, als »böhmischen Gefreiten«; sie machte den Schritt zwar zögernd und mit Einschränkungen, aber sie machte ihn. Ohne die Unterstützung von Volk und Parlament zu haben, warf sich die alte Ordnung dem steif dienernden, im Cut auftretenden Hitler in die Arme.

In der gleichen Nacht veranstalteten Zehntausende von SA-Leuten einen gigantischen Fackelzug vor die Reichskanzlei: Siegesfeier und trotzige Demonstration von Macht in einem. Das ominöse Spektakel demonstrierte wieder einmal, wie verblüffend gut die Nationalsozialisten das Spiel mit dem Pomp und die Orchestrierung der Macht beherrschten. Die Fackeln erhellten die Nacht. Im unheimlichen Spiel aus Licht und Finsternis erkannten alle die Zeichen der Zeit: Einschüchterung und Drohung die einen, die anderen den Anfang einer neuen, großen Ära, einer Wiedergeburt der deutschen Nation.

Ich erinnere mich an den Tag der Machtergreifung, wie die Partei die Regierungsübernahme sofort theatralisch bezeichnete. Ich war nicht ganz sieben Jahre alt an diesem Tag, aber ein politisch bewußter Vater und die Tatsache, daß meine Heimatstadt Breslau eine Hochburg der Nationalsozialisten war (im Juli 1932 hatte die NSDAP dort 46% der Stimmen erzielt), hatten mir früh das Gefühl einer äußeren Gefahr vermittelt. Ich erinnere mich gut an die Zeit der Angst und Ungewißheit, symbolisiert durch die täglichen Märsche der SA-Leute mit ihren Gummiknüppeln, ihren Trommeln und Fahnen, immer bereit zu Zusammenstößen mit dem politischen Gegner, insbesondere den Kommunisten. Ich erinnere mich, wie ich meinen Eltern das einseitig bedruckte Extrablatt brachte, daß Hitler zum Reichskanzler ernannt worden sei. Ich wußte, daß es eine schreckliche Nachricht war. Im Gedächtnis haften blieb auch ein langer Zug von Kommunisten, Männern, Frauen und Kindern, die an diesem Tage hinter ihren roten Fahnen hermarschierten und »Hunger, Hunger« skandierten. Ich erinnere mich auch an die folgenden Tage, die Stille in der Familie, als die Nachricht kam, daß ein enger Freund und Patient meines Vaters, Ernst Eckstein, der Führer der SAP, einer linksradikalen Absplitterung der Sozialdemokratischen Partei, im Gefängnis zu Tode gefoltert worden war, nachdem man bereits auf sein Haus ein Bombenattentat verübt hatte. Ich erinnere mich an andere politische Freunde der Familie, die flohen oder ins Konzentrationslager verschleppt wurden. Es war der Anfang meiner politischen Erziehung.

Der Tag selbst, der 30. Januar, bietet Anhaltspunkte zur Beantwortung der Frage, die uns seit 50 Jahren beschäftigt: Wie war es möglich? Wie konnte aus einer ehemaligen Randgruppe rechtsradikaler gescheiterter Existenzen im Jahre 1932 Deutschlands größte Partei werden, mit einem höheren Stimmenanteil, als ihn irgendeine andere Partei in Weimar je zuvor erreicht hatte? Wie konnten so viele Angehörige der deutschen Elite - Pastoren und Offiziere, Beamte und Universitätsprofessoren - Hitler akzeptabel oder patriotisch oder idealistisch finden? Die Machtergreifung markiert das Ende der Agonie von Weimar und die immense Anziehungskraft der Nationalsozialisten: Beides, der Niedergang von Weimar und der Aufstieg Hitlers, ist untrennbar miteinander verknüpft. Es besteht ein teuflischer Zusammenhang zwischen der verzerrten, quälenden, einseitigen Genialität Hitlers, der Erleichterung in der Macht über Menschen suchte, und einer gedemütigten und zerrissenen Nation, die auf die Wiederkehr nationaler Größe hoffte. Hitler brauchte Macht, um seine eigenen Ängste und Dämonen zu bannen. Seine Gefolgsleute wiederum fanden in seinem Versprechen absoluter Autorität Trost und Erleichterung. Als Außenseiter im ideologisch vergifteten Wien der Vorkriegszeit, als gescheiterter Künstler am Rande der Gesellschaft, als demobilisierter Soldat ohne Ziel und Zuhause hatte Hitler jene Wunden und jene Ressentiments erlebt, denen die Deutschen nach dem Weltkrieg kollektiv ausgesetzt waren. Hitler fand seine eigene Rettung, indem er diese Ressentiments manipulierte. Wenn Deutschland den Ersten Weltkrieg gewonnen hätte, wäre Hitler ein obskurer Eigenbrötler geblieben; ein siegreiches Deutschland hätte der Illusionen der Rettung nicht bedurft. Hitler erwies sich als genialer, mit fast magischen Kräften ausgestatteter Manipulator der aggressiven, zu Gewalt neigenden Instinkte eines sich vergewaltigt fühlenden, verwirrten Volkes. Er wußte, wie man Menschen, die Angst haben oder ihr Eigentum verloren hatten, an sich zieht. Es gibt keinen Grund anzunehmen, Hitler habe jemals Dostojewskis Parabel vom Großinquisitor gelesen oder von ihr gehört, aber instinktiv wußte er, daß die Menschen dem Zauber von Wundern, Mysterien und Autorität erliegen.

Hitlers Botschaft war einfach, zugleich Offenbarung und Prophezeiung, und er intonierte sie immer wieder: Das Leben ist Kampf, im Grunde ein Kampf der Rassen, in dem die unbarmherzige jüdische Rasse der reinen, aber vertrauensseligen arischen gegenübersteht. Juden und Marxisten, die die sogenannte Novemberrevolution bewerkstelligt und von ihr profitiert hatten, waren verantwortlich für die Niederlage von 1918, für die Ketten von Versailles, für die Zerrissenheit und die Klassengegensätze der Weimarer Republik. Hitler versprach die Erlösung des Landes, eine Volksgemeinschaft im Innern, die die Klassengrenzen in einem höheren Sinne aufhob und, unter der Herrschaft des genialen Führers, Ordnung und nationale Größe wiederherstellte. Er wollte sein Volk von Versailles befreien, von der jüdischen Herrschaft, von der bolschewistischen Bedrohung; im Osten sollte ein deutsches Imperium errichtet werden. Es gab unheilverkündende Punkte in diesem Programm: Die Deutschen brauchten angeblich Lebensraum, und dies setzte territoriale Eroberungen voraus; die Juden sollten aus der Gemeinschaft der Deutschen verbannt, also verfolgt werden; in dem glorreich geeinten Dritten Reich sollte es keine parlamentarische Opposition der Egoisten und Karrieristen mehr geben - dies war gleichbedeutend mit der Vernichtung jeder Opposition. Schließlich sollten die korrupten Elemente, die Deutschlands Größe unterminierten, ausgeschaltet werden.

Hitlers Weg zur Macht führte über das orchestrierte Wort, über die geschickte, weithin intuitive Verführung durch verbale und symbolische Appelle an Größe und Gemeinschaft. Er und seine intelligenten Satrapen perfektionierten die Instrumente der Propaganda, die sie teilweise von den Schwarzhemden in

Italien entliehen hatten. Jede Rede und jede Veranstaltung war eine Feier der Leidenschaft und des Irrationalen. Die »Vorsehung« hatte Hitler als Führer und Erlöser auserwählt - die religiösen Motive waren sehr stark. Bis 1930 hatten sich die Nationalsozialisten zu Meistern dieses politischen Theaters entwikkelt; die Parteiorganisation sorgte hinter den Kulissen für eine perfekte Darbietung. Die Elemente sind bekannt: orgiastische Zusammenkünfte, disziplinierte Feiern, die an den Überschwang der Jugendbewegung und die schmucke Selbstdarstellung einer Armee erinnerten. Die Nationalsozialisten lernten das Spiel mit den Träumen der Jungen und dem Kummer der Alten. Jede Zusammenkunft und jeder Marsch lockte mit der Aussicht auf das Gemeinschaftserlebnis, mit dem Taumel kollektiver Reaktion, der Glorifizierung eines einzigen, der Entbietung des Grußes, den gemeinsamen Abzeichen. Es war alles so einfach - und so unecht, aber die Anhänger riß es mit. Sie waren in einer Weise ergriffen, die die bloßen »Wähler« anderer Parteien nicht kannten; die Kommunisten hatten vielleicht einen ähnlich leidenschaftlichen Glauben, aber gewiß nicht die gleiche fanatische Bereitschaft, sich vom Gefühlsüberschwang überwältigen zu lassen.

Es wäre falsch, zu unterstellen, Hitler habe einen leichten Sieg errungen; ein halbes Jahrhundert später mag es so aussehen angesichts der Kongruenz zwischen Deutschlands offensichtlicher politischer Schwäche und Hitlers Stil. Die Deutschen, seit 1914 umgetrieben, seit 1918 gedemütigt, waren 1923 ökonomisch am Ende; einige Jahre später wurden sie noch einmal durch die Weltwirtschaftskrise heimgesucht. Auf vielerlei Weise setzte sich die Agonie fort, die 1914 begonnen hatte. Die tatsächlichen Erfolge der Weimarer Republik sowohl in der Innen- wie Außenpolitik waren wenig spektakulär, ebenso wie ihre politische Führung. Hitlers politischen Gegnern fehlte es an Geschlossenheit.

Und doch wäre es falsch, Hitlers Triumph zu trivialisieren: Es würde uns blind machen für die Zufälle seines Aufstiegs. Es würde uns blind machen für jene unangenehme Wahrheit, die Gordon Craig so formulierte: »Unter allen herausragenden Gestalten der Weimarer Epoche ist nur er es, von dem man mit Bestimmtheit sagen kann, daß er politische Genialität besaß.« Der Erfolg hing von glücklichen Wendungen ab und vom Pech seiner Gegner. Er war nicht zwingend; tatsächlich hatte die Partei in den beiden letzten Monaten des Jahres 1932 ein Stimmungstief erreicht und war in Unordnung geraten. Auch wenn es historische Bedingungen und tief verwurzelte Traditionen in Deutschland gab, die Hitlers Aufstieg begünstigten, so war doch nicht die ganze deutsche Geschichte ein Vorspiel des Jahres 1933. Der Triumph war und bleibt erstaunlich.

Historiker haben Hitlers Sieg, den Enthusiasmus oder doch die stillschweigende Duldung durch die meisten Deutschen vielen Faktoren zugeschrieben, darunter dem wirtschaftlichen Elend und der anscheinenden Unfähigkeit des Staates, mit der zunehmenden Angst und Desillusionierung von Millionen fertig zu werden. Wir kennen die Schwäche der Weimarer Republik und die unterdrückte Wut der alten herrschenden Klassen, die mit Deutschlands Macht auch die ihre dahinschwinden sahen; sie verwechselten die Schläge, die sie als Klasse erlitten, mit den Schlägen, die die Nation trafen. Auch sahen sie nicht, daß es vor allem ihr eigener Chauvinismus und Klassenegoismus war, ihre heftige Opposition gegen die Demokratie, die Deutschland in seine schwierige Lage gebracht hatte. Ich erinnere an die Schwächen der Verfassung und die Vorherrschaft der alten konservativen Elite in Justiz und Verwaltung. Die Reichswehr verhielt sich wie ein Staat im Staate, und die politischen Parteien - sechs größere und elf kleinere im Jahre 1930 - trugen verbissen ihre kleinlichen Streitereien aus. Sie schienen unfähig zu sein, im Rahmen des parlamentarischen Vielparteiensystems effizient zu arbeiten. Immer häufiger kam es zu Störungen der öffentlichen Ordnung und zu Gewalt auf den Straßen. Die von Moskau gelenkten Kommunisten starteten eine Offensive gegen die Republik im allgemeinen und gegen die Sozialdemokraten im besonderen. Historiker betonen auch die Ressentiments, die durch Versailles verursacht wurden, und die sozialen Folgen einer Inflation ohne Beispiel, durch die der Staat seine Mittelschichten enteignete. Man hat mit Nachdruck auf die illiberale Struktur der politischen Kultur Deutschlands hingewiesen, auf die Tradition des Antisemitismus, die Ressentiments gegen »den Westen«, gegen Kapitalismus, Demokratie, Modernität. Angst grassierte in der deutschen Gesellschaft, und mit Beginn der Weltwirtschaftskrise, die in Deutschland Millionen um ihren Lebensunterhalt und ihre Hoffnungen brachte, kam zur latenten Angst noch Existenzangst hinzu. Franz Neumann hat vor langer Zeit darauf hingewiesen, daß Angst ein Volk für Verschwörungsideen anfällig macht. Auf diese Weise erhielten Hitlers Hetzreden gegen die Juden und die Marxisten zusätzliche Glaubwürdigkeit.

Um an die Macht zu kommen, brauchte Hitler die Legitimation durch die Wähler; bei der Wahl des Jahres 1930, zu Beginn der Weltwirtschaftskrise, die die Regierung Brüning durch orthodoxe Deflationsmaßnahmen bekämpfen wollte, erzielte die NSDAP 18,3 Prozent der Stimmen. Im Juli 1932 gewann sie 37 Prozent. Eine kürzlich erschienene Studie stellt die traditionelle Sichtweise in Frage, daß die untere Mittelschicht jene Gruppe gewesen sei, die den Überredungskünsten der NSDAP am ehesten erlag. Die Protestanten und die Jugend, besonders die Studenten, sammelten sich früh und zahlenmäßig überproportional um Hitler. Die Oberschichten von Bildung und Besitz stimmten für Hitler - ebenfalls überproportional; dasselbe galt für die Wähler in protestantischen ländlichen Gebieten.

Aber Hitler brauchte mindestens ebenso die Unterstützung oder stillschweigende Duldung der alten Eliten; nur sie konnten ihm und der Partei Respektabilität verschaffen und Wähler wie Gewählte in Sicherheit wiegen, daß die NSDAP weder so radikal war, wie sie tönte, noch so gewalttätig, wie sie oft handelte. Schon 1929, bei ihren niederträchtigen Angriffen gegen Stresemann und den Youngplan, nahmen die Konservativen Hitler in ihre Reihen auf, und das Experiment wurde wiederholt in der sogenannten »Harzburger Front« des Jahres 1931. Kurt von Schleicher, Vertrauter Hindenburgs und politischer General par excellence, rief aus, daß man die Nationalsozialisten, wenn sie nicht existierten, erfinden müsse. Aber es gab auch Zurückhaltung, man denke nur an Hindenburgs Bemerkung im Jahre 1932, daß er nicht die Absicht habe, Deutschland »wie ein Versuchskaninchen« Hitler zu übergeben. Letztendlich tat Hindenburg natürlich genau das. Und Hitler, der Schleicher im Verdacht hatte, die »Erfindung« der Nationalsozialisten rückgängig machen zu wollen, ließ diesen schließlich umbringen.

Es erstaunt, daß unter all den vielen Studien über wirklich jeden Aspekt des Nationalsozialismus es keine einzige, umfassende Untersuchung über die Reaktion der alten Eliten und der selbsternannten Moralwächter gibt. Um die Variationsbreite der Reaktionen einschätzen zu können, muß man die Frage stellen, was sie vor der Machtergreifung über Hitler gewußt haben können. Woher die Passivität und stillschweigende Duldung bei so vielen? Hätten sie in Anbetracht dessen, was damals über die Bewegung bekannt oder erfahrbar war, in Hitler das schlechthin Böse erkennen müssen? Gewiß, es war schwierig, die Zeichen richtig zu deuten. 1932 war die Wirtschaft zusammengebrochen und der Staat geschwächt; vielen schien der Nationalsozialismus die einzige Lösung zu bieten, die sowohl die materiellen Interessen als auch die nationalistischen Gefühle zufriedenstellte. Wenn die Nationalsozialisten sich in ihren Reden und auf der Straße Exzesse zuschulden kommen ließen - nun, es war keine Zeit, in der man Artigkeiten austauschte. 1932/33 befürwortete sogar der große rheinische Kohlemagnat Paul Silverberg, ein getaufter Jude, den Eintritt der Nationalsozialisten in die Regierung als das einzige Mittel, zu ökonomischer und politischer Stabilität zurückzufinden.

Hitlers Sieg wurde durch die Millionen ermöglicht, die ihn wählten; aber es war für Hitler auch wichtig, Zehntausende aus der Oberschicht hinter sich zu haben, die davon überzeugt waren, daß er der legitime, wenn auch etwas ungehobelte Erbe und Sachwalter der alten Tradition war - und nicht deren Verleumder. Es gab viele Deutsche, die zögerten, die sich gleich dem blinden Isaak wunderten: »Die Stimme ist Jakobs Stimme, aber die Hände sind Esaus Hände.«

Es ist oft gesagt worden, daß die Unterschätzung Hitlers einer der Hauptgründe für seinen Erfolg war. Aber die Deutschen unterschätzten ihn nicht nur, sie nahmen ihn auch falsch wahr. Sie sahen in ihm die überzeichnete Karikatur von etwas Altbekanntem; sie stutzten ihn auf das Maß ihrer eigenen Vorstellungskraft zurecht. Sie waren die Gefangenen ihrer Vergangenheit und sahen nicht den radikalen Unterschied, das wahrhaft Böse, das Hitler repräsentierte ...

Eine Folge von Unglück - das wachsende Gefühl der Unordnung in Politik und Wirtschaft, die nationale Erniedrigung, die Gefahr der Zwietracht - trug zu Hitlers Triumph bei. Das gleiche gilt für jene besonderen materiellen Interessen, deren Vertreter sich die Zerstörung der Weimarer Republik zum Ziel gesetzt hatten und hofften, Hitler für ihre Zwecke benutzen zu können. Zu den tieferen Gründen für die besondere Anfälligkeit der Deutschen für Hitler gehören jedoch jene Vorgänge, die ich als »stille Säkularisierung« und verzerrte politische Erziehung bezeichnet habe.

Instinktiv spielte Hitler auf der Klaviatur der politischen Unzufriedenheit und der nicht eingestandenen seelischen Wunden, der deutschen Erniedrigung und Not. Er tat dies in einer Weise, die tiefer reichte und die Deutschen dort traf, wo eine große, nicht eingestandene Leere herrschte. Sein Vorgehen war zynisch und überlegt, er war überzeugt von der Leichtgläubigkeit der Massen. Und es war viel Instinkt im Spiel. Schließlich war er - als Sohn der Doppelmonarchie - in einer Gesellschaft aufgewachsen, die viel weniger weltlich war als das Nachkriegsdeutschland. Ein ziemlich unkonventioneller, strikt gegen die Hierarchie eingestellter katholischer Historiker, Friedrich Heer, hat davon gesprochen, daß der österreichische Katholik Hitler in der katholischen Kirche, die er haßte, verachtete, bewunderte und imitierte, keinen einzigen Gegner gefunden habe, der ihm das Wasser reichen konnte. Hitlers Rhetorik war religiös gefärbt; er löste Politik in die Aura des Religiösen auf, und all die religiösen Begriffe, die längst säkularisiert worden waren, wurden zu Standardfloskeln seiner Appelle: Er versprach Rettung und Erlösung, Wiedergeburt und Seelenheil; zugleich schmähte er die Reichsfeinde als gottlos und satanisch. Dies alles geschah im Namen der Vorsehung, denn Hitler glaubte, daß die Vorsehung ihn auserkoren habe, das deutsche Volk zu retten. Zu Beginn seiner Kanzlerschaft, als er darauf bedacht war, seine konservativen Verbündeten zu täuschen, gab er sich gläubig. In seiner ersten Regierungserklärung, die am 1. Februar im Rundfunk übertragen wurde, sprach er von dem furchtbaren Erbe, das die Regierung übernehme. In der Novemberrevolution sei das deutsche Volk »der höchsten Güter unserer Vergangenheit, des Reiches, seiner Ehre und seiner Freiheit« beraubt worden. »Seit diesen Tagen des Verrates hat der Allmächtige unserem Volk seinen Segen entzogen.« Nachdem er eine nationale Wiedergeburt versprochen hatte, schloß er mit den Worten: »Möge der allmächtige Gott unsere Arbeit in seine Gnade nehmen, unseren Willen recht gestalten, unsere Einsicht segnen und uns mit dem Vertrauen unseres Volkes beglücken.« Seine engsten Anhänger hielten ihn für einen großen, von der Vorsehung geschickten Mann; im Jahre 1937 vertraute Göring einem Amerikaner an, daß es nur drei große Männer in der Geschichte gegeben habe: »Buddha, Jesus Christus und Adolf Hitler.« In seinem Kriegstagebuch hielt Goebbels fest, daß Hitler tief religiös sei, wenn auch antichristlich eingestellt.

Hitlers pseudoreligiöse Predigten waren an ein in seiner Verweltlichung sich unwohl fühlendes Volk gerichtet: »Nichtanerkennung der Realität ist Heilsprinzip.« Es gab viele Gründe, warum sich besonders Protestanten in unverhältnismäßig großer Zahl zu Hitler hingezogen fühlten, und wir wissen von manchen Zeugen, daß seine pseudoreligiösen, chiliastischen Versprechungen sie weit mehr anzogen als irgendein anderes Element seiner Rhetorik oder seines Programms. Ein Theologe der Universität Erlangen begrüßte »die deutsche Umwälzung als ein Geschenk oder Wunder Gottes«. Dies war das Echo auf ein Jahrhundert nationalistischer, religiöser Rhetorik. Der vom Glauben abgefallene Katholik profitierte von einem geschwächten Protestantismus.

Im Jahre 1933 kapitulierten die getäuschten, aber auch sich selbst täuschenden Deutschen vor einem falschen Propheten, einem Menschen mit teilweise genialen Zügen. Bald vernichtete sein grenzenloser Haß alle Gegner und fügte gerade denen viel Leid zu, die ihn unterstützt hatten, weil sie glaubten, dadurch der Not zu entgehen. Doch zunächst löste er einige seiner Versprechungen ein: Deutschlands Macht wurde wiederhergestellt, man setzte sich über den Vertrag von Versailles hinweg, es wurde wieder aufgerüstet, und die Wirtschaft erholte sich. Jeder Erfolg - Autobahn und Volkswagen, die Wiederbesetzung des Rheinlandes wie die Annexion des Sudetenlandes - wurde großartig in Szene gesetzt. So war es auch mit der Einigkeit im Lande: sie war Trug, weil Hitlers Gegner umgebracht, ins Konzentrationslager gesteckt oder sonstwie mundtot gemacht worden waren. Die Juden wurden aus dem gesellschaftlichen Leben gedrängt und ins Exil getrieben - Opfer stets umfassenderer Verfolgung.

Die meisten Deutschen blieben dem Regime treu ergeben - ganz gewiß bis zu den unblutigen Siegen des Jahres 1938. Die meisten aber glaubten an das Regime bis zuletzt. Das Regime war populär, das Dritte Reich befriedigte wirklich nationale

Sehnsüchte und belohnte viele Menschen in materieller oder geistiger Hinsicht, was sie die Kosten vergessen ließ, manchmal sogar ihre eigenen Kosten. Es gab manche, die böse Ahnungen und Befürchtungen hatten. Einige von denen, die 1933 auf Rettung gehofft hatten, begannen die Gefahren zu sehen und gingen in die »innere Emigration«, zogen sich also noch einmal in die private Sphäre zurück und übten sich im Pathos des Gehorsams. Nur einige wenige wurden zu Märtyrern des Widerstandes - allen voran die Verschwörer des 20. Juli.

Es ist notwendig, sich an den Nationalsozialismus zu erinnern - nicht nur in gelehrten Monographien oder in kitschigen Filmen. Vielmehr muß die Erinnerung in unser aller Bewußtsein lebendig bleiben. Es gibt eine passende Grabinschrift für den Nationalsozialismus - Nadeschda Mandelstams Aufschrei, gemünzt auf den Stalinismus: »Schweigen ist das wirkliche Verbrechen gegen die Menschlichkeit.«

Fritz Stern: Der Traum vom Frieden und die Versuchung der Macht. Deutsche Geschichte im 20. Jahrhundert. 1988

Heinrich Mann im Exil

VON
JOACHIM FEST

Kaum ein Schriftsteller ist mit seinem Werk so vielen Legenden und Mißdeutungen ausgesetzt wie Heinrich Mann. Seine Anwälte, die ihn zur Größe reden, sprechen von »verhinderter Öffentlichkeit« und nennen ihn verkannt, von einer Gesellschaft um Rang und Erfolg betrogen, die sich, über die Jahre und allen Wandel hin, in anhaltender bourgeoiser Widersetzlichkeit gegen ein Lebenswerk sträubt, das ihr Wesen bloßgestellt hat: »Der arme Heinrich«, wie ihn einer seiner larmoyanten Eiferer sieht. Die Politik, so heißt es, die er, vom weltflüchtigen Ästhetizismus der frühen Jahre Abschied nehmend, als das Schicksal erkannte, sei ihm selber dazu geworden. Dem Bild, das eine traditionell unpolitische Nation vom Dichter besitzt, komme der politisch indifferente, in Menschheitsthemen ausweichende Thomas Mann weit stärker entgegen als dessen »Bruder zur Linken«.

Die Verkanntheitslegende geht noch auf Heinrich Mann selbst zurück. Vereinsamt im amerikanischen Exil, »müde von Jahren und Erlebnissen«, bezeichnete er sich in einem Brief vom Juli 1949 als »einen aus dem Verkehr entfernten Autor« und hoffte, das Beispiel Stendhals vor Augen, auf seine Wiederentdeckung nach dreißig Jahren. Tatsächlich geht die Auflage seiner bekanntesten Romane inzwischen in die Hunderttausende, doch zu einer wirklichen Aneignung seines Werkes ist es nicht gekommen; eine Art Fremdheit blieb. Doch sollte man sie nicht vorschnell auf die Renitenz einer konservativ gestimmten Öffentlichkeit gegen den »Ahnherrn des linken literarischen Aktivismus« zurückführen. Womöglich haben die Vorbehalte weit mehr mit der Zeitgebundenheit des Werkes selber zu tun und die Widerstände dagegen viel eher literarische als politische Motive. Der Fall Brecht beispielsweise lehrt, daß eine Schriftstellerei, die weit polemischer und parteigebundener ist, es dennoch zu Ruhm und größter Popularität bringen kann.

Denn es handelt sich, wohin man blickt, um ein hochgradig absichtsvolles Werk. Immer ist darin ein angespannter ästhetischer oder moralischer Wirkungswille erkennbar, eine äußerste Forciertheit, die alles steigert und auf die Spitze treibt, und kaum je jedenfalls hat Heinrich Mann ein aus dem bloßen epischen Grundvertrauen kommendes, die erzählerische Substanz wie selbstverständlich entfaltendes Werk verfaßt. Seine Neigung zum Outrierten hat ihn Spracheroberungen von eindrucksvoller Kühnheit und Kraft machen lassen, aber auch zu jenen grellen, alle psychologischen Kompliziertheiten leugnenden Vereinfachungen geführt, in denen sich wenig mehr als der Wille zur pädagogischen Parabel behauptet. Aus diesem Grunde auch hat er zwar eine Schule gebildet und literarische Parteigänger gehabt, aber, von kurzen Perioden abgesehen, kein Publikum; sein Einfluß war größer als sein Erfolg. Gottfried Benn, für seine Generation sprechend, nannte ihn zu Beginn der dreißiger Jahre, als das Werk Heinrich Manns der breiteren Öffentlichkeit schon wieder verlorenging, »den Meister, der uns alle schuf«...

Paradoxerweise erreichte Heinrich Manns öffentliches Ansehen in den Jahren, als die Republik ihrem Ende entgegenging, seinen Höhepunkt. Im Januar 1931 wurde er zum Präsidenten der Sektion Dichtkunst in der Preußischen Akademie der Künste gewählt, zu seinem 60. Geburtstag, einige Wochen später, feierten ihn hundertdreißig Schriftsteller aus aller Welt, und im Jahre darauf wollte Kurt Hiller ihn sogar dazu bewegen, als Kandidat für das Amt des Reichspräsidenten gegen Hindenburg, Hitler und Thälmann anzutreten. Bezeichnenderweise haben die neuen Gewalthaber ihn schon annähernd vierzehn Tage nach der Machtergreifung gezwungen, sein Amt als Akademiepräsident aufzugeben, sie würden, erklärten sie, andernfalls die Institution auflösen. Wie stark Unsicherheit, Angst und das Mißtrauen selbst unter Gesinnungsfreunden schon in diesen Tagen umgingen, geht aus dem Bericht Hermann Kestens über eine Beratung hervor, zu der sich einige der bedrohten Schriftsteller zusammengefunden hatten. Als Bertolt Brecht eine »Leibwache« der Roten Hilfe oder der Gewerkschaften für die politisch Engagierten unter ihnen vorschlug, antwortete

Heinrich Mann ironisch: »Eine Leibwache? Uns zu bewachen oder überwachen? Uns zu schützen oder in Schutzhaft zu bringen? Uns zu verteidigen oder zu verraten?« Wenige Tage später verließ er Deutschland.

Auch im Exil, von Südfrankreich aus, widmete er einen erheblichen Teil seiner Kraft und seiner Zeit der Politik. Im Laufe weniger Jahre schrieb er über dreihundert Artikel, vor allem für die »Neue Weltbühne«, das »Pariser Tageblatt« und die »Dépêche de Toulouse«. Unermüdlich unterzeichnete er Resolutionen, organisierte, korrespondierte und ließ sich als Präsident, Vorstand oder Ehrenmitglied in eine Vielzahl meist kommunistisch beeinflußter Komitees wählen, der »Hindenburg des Exils«, wie Ludwig Marcuse spottete.

Von seiner Erscheinung, seinem Gehabe, seinen Stimmungen im südfranzösischen Exil gibt es eine anschauliche Skizze im Tagebuch René Schickeles: »Wir sitzen im ›Café Monmot‹, da kommt Heinrich Mann. Er wird fett. Doppelkinn, das die Bewegungen des Kopfes nicht immer ganz mitmacht. Der Kopf geht weg, und das Kinn bleibt liegen. Nachdem er seinen Kaffee bestellt hat, zieht er, wie er das offenbar täglich tut, die Zeitung aus der Tasche und legt sie sorgsam vor sich auf den Tisch. Es ist die ›Dépêche de Toulouse‹. Er bekommt sie als Mitarbeiter umsonst. Andere Zeitungen liest er nicht. Dann faltet er die Hände und sieht einen aus seinen blauen Augen an. Sie sind harmloser als die eines Kindes. Beim geringsten Anlaß bricht ein Ausdruck von Mißtrauen durch. Schon, wenn seine Eitelkeit sich von fern bedroht fühlt... Er arbeitet an seinem Roman. Den ganzen Tag am Schreibtisch. Seine einzige Erholung der kurze Cafébesuch zwischen fünf und sechs. ›Seit zwei Jahren geht es so mit der Arbeit. Ich brauche Ferien.‹ Im Augenblick, da er es ausspricht, breitet sich eine maßlose Müdigkeit über ihn. Sein Gesicht zerfällt. Die Augen blicken traurig in die Ferne. Die Arme hängen. Ich kenne keinen einsameren Menschen.«

Angesichts der politischen Geschäftigkeit, die Heinrich Mann in der Emigration entfaltete, mutet es um so erstaunlicher an, daß es ihm möglich war, den großangelegten, noch in Deutschland begonnenen Roman zu schreiben, von dem die Tagebuchnotiz spricht. Viele halten das Buch, »Die Jugend und die Vollendung des Königs Henri Quatre«, für sein Hauptwerk, er selber hat es als eine Art Summe seines Lebens angesehen. In der Tat bot schon die Wahl des Themas eine Idealformel, die es ihm erlaubte, alle Widersprüche seines seltsam verbogen anmutenden Werkes, einmal wenigstens, zu vereinigen: die von Handlungszeit und Handlungsort vorgegebene, fast schon versunkene Renaissancebegeisterung mitsamt den mannigfaltigen Möglichkeiten zum Grellen, Überhitzten, emphatisch Dampfenden, zu bengalischem Feuer und künstlichem Donner auf der einen, und seine politischen Träume von der Herrschaft der Denkenden und der »Macht der Güte« auf der anderen Seite: dies alles noch verbunden und ins Ernste gesteigert durch eine unübersehbare, der Konzeption selber entstammende Moralität, die seinen lehrhaft-pädagogischen Neigungen Genüge tat. In einem Hinweis auf das Buch hat Heinrich Mann zu dieser Verflechtung aus farbiger Erzählung, politischem Ideal und Nutzanwendung bemerkt: »In Frankreich hatten sie einen Fürsten, er war der Fürst der Armen und Unterdrückten, wie er der Fürst der Denkenden war... Aus seinen Abenteuern, Taten, Leiden habe ich eine lange Reihe von Bildern und Szenen gemacht, bunt zu lesen und anzusehen. Alle zusammen haben den Sinn, daß das Böse und Furchtbare überwunden werden kann durch Kämpfer, die das Unglück zum Denken erzog, wie auch durch Denkende, die gelernt haben zu reiten und zuzuschlagen.«

Auch wenn das Werk Heinrich Mann noch einmal als großen Schriftsteller zeigte, war es doch zugleich ein halber Widerruf und nicht ohne resignativen Zug: der Abschied von jenem gesellschaftskritischen Zeitroman, dem er sich dreißig Jahre zuvor zugewandt und dem er, wenn er es übersah, einen Teil seines Talents geopfert hatte; am Ende waren es nur wenige Werke, die einigen Bestand versprachen. Nach dem Abschluß der »Henri Quatre« schrieb er denn auch: »Auf Romane aus dieser Zeit lasse ich mich nicht ein... Was geht einen Schriftsteller der krampfige Unfug dieses Geschlechts noch an. Schon zuviel mit allen Artikeln...« Wie tief wesensfremd ihm die Frage der Macht und des politischen Interesses war, geht auf mittelbare Weise noch einmal aus dem Romanwerk selbst hervor. Denn obwohl Heinrich Mann ausgedehnte Vorstudien getrieben hatte und der Stoff geradezu darauf drängte, Aufstieg und Herrschaft des »kleinen Königs von

Navarra« vor dem weiten Hintergrund eines Kräftespiels weltgebietender Mächte, Rom eingeschlossen, sichtbar zu machen und die historischen, ökonomischen und sozialen Bedingungen mit dem Gang der großen Geschichte sowie eines großen Lebens zu verbinden, ist von alledem kaum oder nur andeutungsweise die Rede; vielmehr stammen Inhalt, Farbe und Kunstglanz des Buches, wieder einmal, von einer »Lebensstimmung«, aus deren diffusem Licht allenfalls die geistigen und religiösen Triebkräfte der Zeit hervortreten, um jene frei an die Geschichte angelehnte Parabel zu tragen, die ihr Autor im Sinne hatte.

Gleichzeitig aber war der »Henri Quatre« auch ein Huldigungswerk: der Roman historischer Größe, in dem der Autor sich nach all den charakterlosen und korrupten Figuren, die sein voraufgegangenes Werk bevölkerten, dieser ewigen Bilderflucht von Heuchlern, Versagern und plebejischen Monstren, endlich der Sehnsucht nach Verehrung ergab. Es war noch einmal eine Phantasie über Geist und Macht, Gedanke und Tat, und wie er bisher immer nur auf Formen der Gemeinheit gestoßen war, so sah er jetzt, zumindest auf seiten seines Herrschers, einzig »Güte«, »Zartsinn«, »Mitgefühl« und dergleichen mehr am Werk. Nicht ohne Irritation jedoch wird man beim Vergleich zwischen dem Roman und den teilweise gleichzeitig entstandenen Aufsätzen Heinrich Manns zum Tage gewahr, daß durch die mit so viel verklärender Wärme gezeichneten Züge des Königs, in einem Akt erstaunlicher Unterschiebung, das Bild Stalins zum Vorschein kommt. Das ganze liebende Vokabelwerk, das der Stilisierung des »bon roi« ins human Große, Menschenfreundliche gilt, kehrt in der Apotheose des so ganz anderen wieder, und am Ende verschwimmt ihm die lebensvolle, noble Gestalt des Königs mit der des maskenhaft finsteren Despoten im Kreml zu einem einzigen Bild. Es wäre wohl der Mühe wert, in einer systematischen Studie die Wortparallelen angesichts der so unterschiedlichen, nur durch ein apolitisches Bewunderungsbedürfnis verbundenen Männer im einzelnen nachzuweisen. Alles, was Stalin äußerte, komme aus der »Wärme für die Menschen«, schreibt er einmal, er rühmt dessen »offene Herzlichkeit«, die »Güte«, »das kindliche Lachen« und weiß zu berichten, daß jener nicht die Macht suche, sondern »den Genuß der befriedigten Vernunft, und

Geistesfreude ohne Ende«. Die Barbareien des Diktators dagegen werden, wo es nicht anders geht, metaphorisch eingedunkelt: »Den Gipfeln nähert sich nur, wer mit den Abgründen vertraut ist.« Als Heinrich Mann in der gleichen Nummer der »Internationalen Literatur«, die einen Auszug aus dem »Henri Quatre« abdruckt, einen Leitartikel Stalins entdeckt, fühlt er sich im Innersten bewegt und all seine Dichterträume vom Machtanspruch der Intellektuellen beglaubigt; Stalins Gedanken seien »zuversichtlich, gütig und von klarer Geistigkeit«, notiert er. Und unversehens war er nun für jenen Traum auch zu Abstrichen an den großen beflügelnden Worten von »Menschenliebe«, »Erbarmen« oder »Brüderlichkeit« bereit. Golo Mann hat bei Gelegenheit von einem sozialdemokratischen Politiker namens Seger berichtet, der um diese Zeit, nach längerem KZ-Aufenthalt, als gebrochener Mann nach Paris kam und der Sowjetunion vorwarf, durch die Bekämpfung der Sozialdemokratie der Herrschaft Hitlers vorgearbeitet zu haben. »Mit Seger ist es nichts«, schrieb Heinrich Mann daraufhin, er »beschimpft jetzt die Sowjetunion.« Und mit einer Ironie, die dem Opfer noch das Mitgefühl versagte, setzte er hinzu: »Durch Leiden außer Form gekommen?«

Die Jahre in Frankreich hat Heinrich Mann nicht als Exil empfunden. Aber im Herbst 1940 sah er sich von der immer weiter ausgreifenden Macht Hitlers abermals vertrieben: von Marseille aus flüchtete der nahezu Siebzigjährige, zusammen mit den Werfels, den Feuchtwangers und Golo Mann, auf bedrohlichen Gebirgspfaden, nur einen Rucksack mit ein paar Habseligkeiten bei sich, über die Pyrenäen. Das verhaßte Spanien stellte ihnen bereitwillig Durchreisevisen aus, blieb aber unbedankt. Nach kurzem Aufenthalt floh er weiter nach Portugal und von dort in die Vereinigten Staaten. Vom Schiff aus zurückblickend, notierte er: »Der Blick auf Lissabon zeigte mir den Hafen. Er wird der letzte gewesen sein, wenn Europa zurückbleibt. Er erschien mir unbegreiflich schön. Eine verlorene Geliebte ist nicht schöner. Alles, was mir gegeben war, hatte ich an Europa erlebt, Lust und Schmerz eines seiner Zeitalter, das meines war; aber mehreren anderen, die vor meinem Dasein liegen, bin ich auch verbunden. – Überaus leidvoll war dieser Abschied.«

Erst damit begann die Emigration. In einem Brief schrieb er:

»In Amerika kam ich wohl den 13. Okt. 1940 an. Früher nie.« In einem anderen als buchstäblichen Sinne war er auch jetzt nicht angekommen. Das letzte Lebensjahrzehnt war beherrscht von Empfindungen der Fremdheit, des Verlorenseins und des Rückzugs aus der Welt. Seine Herrenhaftigkeit, wohl auch sein Altersstolz erschwerten ihm die Gesten geselliger Anpassung, die Photographien der letzten Jahre zeigen einen Greis, müde und in eingesunkener Haltung vor dem Schreibtisch oder auf den Stufen seines kalifornischen Hauses hockend, dem Skepsis, Scheu und Bitterkeit das Lächeln gefrieren lassen, um das er sich bemüht. Einem Brieffreund schrieb er: »Hier misse ich nichts, erwarte nichts, habe dafür das träumerische Alter.«

Erinnerungen stiegen herauf, die verwehten Bilder des alten Europa und jener bürgerlichen Welt, die er demaskiert und deren schönen Schein er doch geliebt hatte in all der falschen Herrlichkeit, der Eleganz und Etikette, und mit dem Schimmer des Abschieds, der darüber lag: »Der europäische Geist hatte ... einen glücklichen Augenblick, er war um 1890 und noch einige Jahre nachher.« Doch war es nicht nur Greisenwehmut, die ihn dahin zurückbrachte; vielmehr war dies seine Welt gewesen. Er hat einst beschrieben, wie er, schon als Siebenjähriger, im elterlichen Hause, hinter der Tür des Saales stehend, einem Ball zugesehen hatte, »ratlos ergriffen von dem Glück, dem alle nachtanzten«; und mit Anfang zwanzig hatte er den Plan gefaßt, eine Geldsumme aufzunehmen, die, wie er meinte, der Rente eines dreifachen Millionärs entsprach, nach Paris zu gehen und, unter Anleitung einer »eleganten Frau«, einen Monat lang eine »existence supérieure« zu führen. »Jedes Stück, mit dem ich in Berührung komme, muß soignirt sein«, notierte er. Die Erfahrung sollte ihm »einen Rahmen und einen Vorwand« für die Kenntnis jener haute vie verschaffen, die er als Schriftsteller darzustellen beabsichtigte.

Auch später hat er ein unverlierbar bürgerliches Wesen durch ein gewisses mondänes Kolorit zu korrigieren versucht, einen Hauch von Lebemann, Boulevard und Demimonde. Davon zeugte schon der Frauentypus, mit dem er sich, in allem Wechsel, gleichbleibend umgab, jene üppigen, vielerfahrenen, immer leicht ins Grelle ausschlagenden Erscheinungen, die Thomas Mann mit mildem Spott als »Heinrichsbräute« zu bezeichnen pflegte. Und Golo Mann hat überliefert, wie Heinrich nach dem Ersten Weltkrieg, als der Erfolg des »Untertan« ihm endlich die großen Gelder brachte, von Zeit zu Zeit zusammen mit seiner Frau den Orientexpreß bestieg, um zwischen München und Salzburg in einer Atmosphäre von Internationalität und Eleganz zu dinieren. Einiges spricht dafür, daß seine libertinen ebenso wie seine genießerischen Neigungen ihn, lange vor allen politischen Erwägungen, nach Frankreich gezogen haben. Er liebte die Orte, die, im Nachklang wenigstens, etwas von dem verschwenderisch glitzernden Prunk der Jahrhundertwende bewahrt hatten, Paris, Monte Carlo, Nizza, »ein Fest Tag und Nacht«, schwärmte er, »der ganze Luxus der Erde schien hier versammelt. Nie wieder wird man so prachtvolle Kokotten sehn«: Die Szenerie ist auch der Hintergrund seines letzten, drei Jahre nach der Katastrophe des alten Europa erschienenen Romans, »Der Atem«, der das Ende jener Welt gleichnishaft mit dem Tag einer Sterbenden verknüpft. Der Strudel verschlinge das alles jetzt, schrieb er; »Wir grüßen noch«.

Gelegentlich klagte er über Armut. Aber es war mehr das Gefühl, am Ende eines langen, unabhängigen und gern mit etwas weltmännischem Glanz umgebenen Lebens auf die Großmut anderer angewiesen zu sein. Denn er blieb in Amerika auch literarisch ein Fremder, lediglich »Professor Unrat« und »Der Untertan« fanden einen Verleger. Tantiemen erhielt er kaum noch, eine Zeitlang überwies ihm ein Moskauer Verlag einige Gelder, vor allem aber und regelmäßig half Thomas Mann. Infolgedessen war er auch bereit, dem Drängen Ostberlins nachzugeben, das ihn im Jahre 1949 zum ersten Präsidenten der neu zu gründenden Deutschen Akademie der Künste berufen und eingeladen hatte, in die DDR überzusiedeln. Aber er war voller Zweifel, zögerte den Entschluß ein ums andere Mal hinaus, er fürchtete nicht nur, sich in neue, falsche Abhängigkeiten zu begeben, sondern auch, daß beide Seiten von allzu unterschiedlichen Erwartungen ausgingen. »Die Angelegenheit ... widert mich an«, bemerkte er in einem Brief. Denn er war, in allen seinen Widersprüchen, immer auch ein Bürger geblieben, konservativ und mit sozialem Empfinden. Zwar hatten viele seiner Werke die bewegende Kraft des materiellen Interesses beschrieben, aber die Einsicht war ihm von Balzac viel eher als von Marx gekommen. »Das Geistige erscheint mir als das Primäre«, beharrte er denn auch bis zuletzt, »es hat in der Geschichte den Vortritt.« Thomas Mann, der ihm zugeraten hatte, nach Ostberlin zu gehen, meinte später, es sei zuletzt »immer deutlicher (geworden), daß er nichts mehr wünschte, als in Ruhe gelassen zu werden«. Wenige Wochen bevor er die Überfahrt antreten sollte, am 12. März 1950, starb er über Nacht an einer Gehirnblutung. »Es ist im Grunde eine gnädige Lösung«, schrieb der Bruder.

Empfindungen der Resignation, der menschlichen und geistigen Vereinsamung, sind auch in Heinrich Manns Memoirenbuch »Ein Zeitalter wird besichtigt« eingegangen und haben es als Dokument später Lebensstimmung wichtig gemacht. Die Absicht hingegen, die eigene Biographie mit einem kritischen Porträt der Epoche zu verbinden, ist am Ende doch Absicht geblieben. Nur stellenweise treten Passagen hervor, die ein Erlebnis, ein Sentiment festhalten und in der Ergriffenheit des Wiedererinnerns die einstige Kraft und Beweglichkeit seiner Sprachphantasie mit einer knappen, resümierenden Einfachheit eindrucksvoll verbinden. Vor allem die politischen Betrachtungen jedoch scheinen wie aus großer, unbegriffener Ferne geschrieben, aus der Bewegung des Abgangs schon, als sei der Autor längst über die Grenze hinaus, wo Widersprüche oder Ungereimtheiten nach Auflösung verlangen und, statt zu stören, nur noch das Gefühl stolzer Nachlässigkeit bestärken. Im Grunde war ihm die Welt der Tatsachen immer fremd gewesen, und die Fakten nur Phantasieimpulse, über die er souverän und nach poetischer Manier schaltete. An einer Stelle spricht er, wieder einmal den pathetischen Vermengungen von Literatur und Politik erliegend, vom »Ruhm« der Moskauer Prozesse: »Der große Dialog zwischen dem Staatsanwalt und dem Journalisten Radek: wörtlich könnte er bei Dostojewski stehen.« Selbst wer vergessen wollte, was über die Vorgänge auch damals schon bekannt und zugänglich war, wird den Rückfall in den Ästhetizismus der »Pippo Spano«-Welt, die das Leben zum literarischen Material degradiert hatte, nicht übersehen, und auch nicht, wie er hinter sich ließ, was er über die Politik als Prinzip von Wahrheit, Mitleid und Gerechtigkeit je verkündet hatte.

Stärker als in den dreißiger Jahren, endgültiger auch nach all den zurückliegenden Kämpfen und polemischen Ausschweifungen, brach nun die einfache Sehnsucht nach Verehrung durch; sie sei, meinte er, »eine sittliche Gabe« und befähige »zu unterscheiden, nach unten und oberhalb«. Bismarck, die Haßfigur früherer Jahre, tauchte aus den betrauerten Schatten wieder auf, »mein Bismarck«, wie er, zur Verwirrung vieler, mit vertraulich huldigendem Tonfall vermerkte, es war auch hier wiederum die Literatur, die am Ende alles heilte: »Der Brief an den Vater seiner künftigen Frau, sein Werbebrief, welch ein Manifest menschlicher Schönheit! Man verneigt sich und ist beglückt. Wer das schrieb - wer überhaupt sein klassisches Deutsch schrieb, kann das unbedingt Schlechte niemals weder gewollt noch sich erlaubt haben.« Für die Gegenwart schienen Stalin, Churchill und Roosevelt, ziemlich unterschiedslos, seinen Verehrungsbedürfnissen Genüge zu tun und, umrißweise doch, den Traum vom denkenden Machthaber wahr zu machen. Seine Hoffnung ging auf die Selbstschöpfung des »irrationalen Zeitalters«, in dem er zu leben gehabt hatte. Er war skeptisch, aber gleichzeitig ungeduldig: »Und es dauert, es dauert -!«, schrieb er.

Denn dieses Zeitalter hatte ihm, wie er es rückblickend sah, den Kampf aufgezwungen. Er hatte viel darüber versäumt. Schon in den Auseinandersetzungen mit dem Bruder war jener der Treibende, zum Konflikt Drängende gewesen, während er den Ausgleich oder doch das Einander-gelten-Lassen gesucht hatte. Aber hier wie dort war ihm keine Wahl geblieben. »Kampf allein tut es nicht«, schrieb er jetzt, »was bleibt denn von den Kämpfen.« Auf sein von Streit und Polemik erfülltes Werk zurückblickend, wolle er nicht als »Verfasser eines romanhaften Leitartikels«, gemeint war »Der Untertan«, weiterleben, äußerte er einem Briefpartner gegenüber. Und in einer biographischen Skizze aus dem Jahre 1946 ließ er »Die kleine Stadt« sowie »Die Jugend und die Vollendung des Königs Henri Quatre« als »Geschenk des Schicksals« gelten; das übrige erwähnte er nicht.

Offenbar hat er den disparaten Charakter seines Gesamtwerks selber empfunden, der in so auffälligem Widerspruch zu dem kategorischen Ausdruck stand, den er so gern kultivierte. Im Grunde ist er in allen Jahren über die Unsicherheiten des Beginns nie hinweggekommen, er blieb empfänglich für die gegensätzlichen Einflüsse. Das hat seinen Romanen die häufig experimentelle, die sprachlichen wie technischen Mittel riskant erweiternde Farbe gegeben, gleichzeitig aber auch seinen Rang gemindert. Denn der Begriff der Größe ist mit einem Maß an Stetigkeit verbunden, an unbeirrbarer Steigerung des Werkes wie der Person, über das er nicht gebot. Anders als Thomas Mann hat er sich weder im Persönlichen noch im Literarischen eine »Verfassung« geben können. Möglich ist, daß er durch die Wendung ins Politische eben dies erreichen wollte. Aber vielleicht hat er durch diesen Schritt sein Werk noch disparater als ohnehin schon gemacht und jene Eindeutigkeit, die er suchte, gerade verloren; gewonnen hat er sie jedenfalls nicht.

Nicht anders als Thomas Mann auch, war ihm die Politik immer fremd geblieben, nur daß er sich heftiger, leidenschaftlicher auf sie eingelassen hatte. Sie blieb dennoch unbegriffen, eine ferne Realität, und vielleicht war es am Ende doch die frühe, unverlorene Neigung zum Exotismus, die ihn auf politischem Gelände nach Ersatzbefriedigungen suchen ließ. Bezeichnenderweise enthielten die Romane jener Lebensphase durchweg mehr Kolportage als durchschaute Wirklichkeit, mehr Melodram als erzählerisch bewältigte Erkenntnis, und meist traten die Akteure der Politik, wo immer er sie ins Spiel brachte, so unvermittelt aus den Kulissen wie in der Oper die Tenöre. Im Sommer 1940, verwirrt von der Einsicht, sich so oft getäuscht, so oft die Entwicklungen falsch vorausgesagt zu haben, schrieb er an Thomas Mann, was als eine Art Lebensmotto aller zutiefst unpolitischen Menschen gelten kann: »Nichts zu wissen, ist unser Bestes.« Für seine Fremdheit auf dem Felde, auf das er da geraten war, spricht auch, daß die gesellschaftskritischen Sujets seit 1930, nach so vielen Jahren, einfach abbrechen und so unversehens, wie sie aufgetaucht waren, aus dem Werk wieder verschwinden – ganz als habe er selber erkannt, daß dies alles Umweg, Ausflucht, Irrtum gewesen sei. Zuletzt jedenfalls sieht man ihn, auch hierin wiederum nicht unähnlich dem Bruder, zu den Anfängen zurückkehren; und während jener die alten Vorzugsthemen von Künstler und Bürger, Geist und Außenseitertum wieder aufgreift, sieht Heinrich sich eingeholt von den einstigen, wenn nun auch gelassener exekutierten Avantgardismen der frühen Jahre.

Was ihm im Gegensatz zu Thomas Mann fehlte, waren Kälte und Geduld. In seinem Essay über Flaubert hat er dessen

Gesicht »rot von den Ausschweifungen der Arbeit« und verwüstet von einer Leidenschaft beschrieben, die man wie »einen Ausschlag ... schreiend kratzt«. Aber in seiner Bewunderung war mehr Sehnsucht als Anspruch auf Doppelgängerschaft. Da ihm die Worte leicht wurden, tat er sich schwer damit, den engen Zusammenhang von Mühsal und Kunst zu erfassen. Wiederholt hat Thomas Mann mit mißbilligender Verblüfftheit darauf verwiesen, wie der Bruder ein Werk nach dem anderen »hinlegte«, und die Bemerkung Detlev Spinells aus der »Tristan«-Novelle, ein Schriftsteller sei ein Mensch, dem das Schreiben schwerfalle, war sicherlich ebenso an die Adresse Heinrichs gerichtet wie die Grübeleien aus »Schwere Stunde«, wonach das Talent nichts Leichtes sei, kein bloßes Können, sondern das bis ins Selbstquälerische verstärkte Bewußtsein des Ungenügens gegenüber dem idealen Ausdruck. »Ich habe«, hat Heinrich Mann in seinem Memoirenbuch eingeräumt, »zu oft improvisiert, ich widerstand dem Abenteuer nicht genug, im Leben oder Schreiben, die eins sind.« Auf das Verhältnis zu Thomas bezogen, enthält der Satz nicht nur das Eingeständnis, daß dem Bruder der Vorrang gebühre, sondern auch die Behauptung des eigenen, andersgearteten Wesens.

Zuletzt hatten die Zeit und das gemeinsame Schicksal, wenn nicht die Gegensätze, so doch deren Empfindlichkeiten getilgt, und bald hat Heinrich auch den Bruder in sein Verehrungsbedürfnis eingeschlossen. Man sehe ihm »die Freude an, mit seinem Bruder beisammen und einig zu sein«, hatte René Schikkele schon in der Zeit des französischen Exils beobachtet. Jetzt schrieb der Ältere in das für Thomas bestimmte Widmungsexemplar eines seiner letzten Bücher: »Meinem großen Bruder ...« Anders und unnachgiebiger in seinem Kunstrigorismus als Heinrich, hat dieser jedoch, über alle neu vertieften Empfindungen brüderlicher Gemeinsamkeit hinweg, an den Unterschieden in der Sache festgehalten, und dem Werk des anderen auch in diesen Jahren kaum etwas abgewinnen können. Heinrich habe »aus neuen Merkwürdigkeiten« gelesen, heißt es einmal nach einem Besuch des Bruders.

Eine Art Schlußwort, noch einmal die tieferen, über alle politischen Gegensätze hinausgreifenden Ursachen ihres Konflikts beschreibend, zugleich aber auch die Versöhnung beschwörend, hat Heinrich gesprochen. In dem Roman »Der Atem«, der 1949, wenige Monate vor seinem Tod erschien, übertrug er das Bruderproblem auf zwei Schwestern, von denen die ältere im Augenblick des Sterbens der jüngeren, erfolgreichen bekennt, was auch ihn selber von Thomas entzweit und schließlich für immer entfremdet hat: »Hasse mich nicht, weil ich lebte oder weil ich sterbe. Ich weiß, du haßtest mich nur mit Selbstverleugnung, wir waren doch Schwestern ... Uns trennte, daß ich nicht deinen Ehrgeiz hatte; deine Laufbahn war voll Kampf, in allen Wechselfällen hieltest du dich oben, dir erschien ich lau. Dennoch verstand nur ich dich. Nur dein Urteil traf mich. Wir kränkten uns mit unserer Unabänderlichkeit, gleichwohl habe ich dich geliebt, am meisten, wenn wir verfeindet waren. Du weißt es. Weißt du es nicht? ... Dich verstimmte, daß ich den Wettbewerb ausschlug, anstatt trotz Widerstand besiegt zu werden...«

Dann folgt eine letzte Geste grüßender Bewunderung: »Sogleich werde ich vergangen sein, du allein bist meine Nachwelt, bei der ich fortlebe.«

Joachim Fest: Die unwissenden Magier. Über Thomas und Heinrich Mann. Corso bei Siedler. 1985

Der »Anschluß« kam anders
Der 12. März 1938 und die Folgen

VON
BRUNO KREISKY

Das Schicksal des österreichischen Ständestaates vollendete sich an einem Wochenende, am Freitag, dem 11. März 1938. Ich habe an einem Vorbereitungskurs für meine letzte Prüfung teilgenommen, aber es hielt mich dort nicht lange. Ich ging aus meinem Kurs weg und hörte dann vor dem Radio Schuschniggs Kapitulationserklärung. Wir, die Sozialdemokraten, hatten in der Hoffnung, daß es in den Verhandlungen mit Schuschnigg doch zu einem Durchbruch kommen werde, überall unsere Leute versammelt, um ihnen zu sagen, daß sie sich trotz aller Feindschaft gegen das Regime an der Volksbefragung beteiligen sollten, die für den Sonntag festgesetzt war. Unsere Parole lautete vieldeutig: Nach diesem Sonntag wird der Montag anders ausschauen in Österreich. Er sah in der Tat anders aus, als wir erhofften, und ärger, als wir befürchteten.

An diesem Montag wollte ich rasch mein Rigorosum ablegen, um dann voll mit dabeizusein, falls... Aber nach der deplorablen Rücktrittserklärung Schuschniggs war alles verloren, jede Illusion zerstört, jeder Traum ausgeträumt. Und unsere Leute, die sich überall wieder versammelten, haben es mit Entsetzen zur Kenntnis genommen. Sie hatten das Gefühl, daß es endgültig aus war, und zwar für lange, lange Zeit; wieder einmal waren sie betrogen worden. Noch am 11. März unterschreibt Hitler den Befehl für den Einmarsch in Österreich mit dem Decknamen »Unternehmen Otto«, und am 12. März überschreitet er in der Nähe seiner Heimatstadt Braunau die deutsch-österreichische Grenze. In der Nacht noch hat sich die Machtübernahme der österreichischen Nazisten verwirklicht, und am Abend des 13. März – es war der Sonntag, an dem die Volksbefragung hätte stattfinden sollen – proklamierte Hitler die Eingliederung Österreichs in das Deutsche Reich.

Für Montagmorgen war seit langem mein letzter Prüfungstermin angesetzt. Ich war immer sehr bemüht gewesen, meine Prüfungen rechtzeitig zu machen, denn nichts war damals in der Sozialdemokratischen Partei mehr verpönt als ein Student, der seine Prüfungen nicht machte, denn viel zu viele unter den intelligenten Arbeitern berührte es schmerzhaft, daß sie trotz ihrer intellektuellen Voraussetzungen nicht das Glück hatten, studieren zu dürfen. Vier Jahre lang hatte ich wegen meiner Relegierung und Haft darauf gewartet, endlich fertig zu werden, und so konnten mich auch die Ereignisse vom Wochenende nicht davon abbringen.

Einige der Professoren allerdings waren so verschreckt, daß sie zum Teil gar nicht erschienen sind; man mußte sie aus den Betten holen, weil an diesem Tag auch einige Nazis Prüfungstermine hatten. Die Professoren waren, sofern sie nicht selber seit langem sogenannte Nationale waren, relativ klerikal. Einer der klerikalsten sagte uns: Da heute für viele ein Freudentag sei, wolle er ihnen die Prüfungen ersparen, und nur der, der mehr als »Genügend« haben wolle, werde geprüft werden; es werde aber nur eine einzige Prüfungsfrage gestellt werden. Der Professor in Kirchenrecht war besonders zuvorkommend. Er meinte: »Fragen werde ich Sie nicht. Welche Frage wollen Sie denn beantworten?« Ein anderer, ein sehr boshafter und haßerfüllter Nazi mit einer ekelhaften Fistelstimme, hat, nachdem er meinen Akt gelesen hatte und den Grund meiner Vorstrafen wußte, mir die Frage gestellt: »Herr Kandidat, sagen Sie mir, wie begründen Sie staatsrechtlich den ›Anschluß‹ Österreichs an Deutschland?« Ich erwiderte, vor so manchem Zeugen: »Herr Professor, ich bitte vielmals zu entschuldigen, aber ich bin ja, wie Sie aus den Unterlagen erkennen, aus politischen Gründen im Gefängnis gewesen, eben weil ich mich schon mit der Rechtsgrundlage des früheren Regimes nicht abfinden konnte. Ich bitte um eine andere Frage.« Schönbauer meinte: »Wären Sie nicht von dieser Abstammung, hätte man das vielleicht als mutig bezeichnen können, so aber kann ich das nur als Chuzpe bezeichnen.« Da aber heute ein so großer historischer Tag sei, wolle er mir kein Hindernis in den Weg legen; ich werde ja, meinte er, ohnehin nicht viel Freude haben.

Auf den Gängen draußen randalierten die Nazis. Die Universität war wie eine große Kaserne; es wurden Hemden, Stiefel und Hosen anprobiert. Dann stürmten einige in den Prüfungssaal. Einen von ihnen erkannte ich als meinen alten Mitschüler Felix Rinner, der, aus einer sozialdemokratischen Arbeiterfamilie kommend, während seines Studiums ein leidenschaftlicher Nazi geworden war. Dies ist er bis zu seinem Ende auch geblieben. Ich war mit Rinner in der Mittelschule sehr befreundet gewesen. Aus Bewunderung teilte ich oft mit ihm mein bescheidenes Taschengeld. Er war sehr sportlich und galt als einer der besten Mittelstreckenläufer. Bei der Olympiade in Berlin zeichnete er sich allerdings dadurch aus, daß er sich als Österreicher zu »Großdeutschland« bekannte. Dies machte ihn zum beliebtesten aller österreichischen Nazis. In Rinner personifizierten sich sehr viele soziologische Aspekte. Sein Vater war Rentner, und da es damals für Arbeiter keine Altersrente gab, waren die Verhältnisse zu Hause erbärmlich. Wie ich bereits erzählt habe, hatte sich Felix Rinner durch mich für die Sozialistischen Mittelschüler im dritten Wiener Gemeindebezirk anwerben lassen, war aber wahrscheinlich nur ein einziges Mal bei einem Gruppenabend erschienen. Seine freie Zeit verbrachte er lieber in einem Sportklub im Prater. Dort hat er seine ersten Nazifreunde getroffen, die ihn später, als er unsere Schule verlassen mußte, und auch während des Studiums finanziell unterstützten.

Felix Rinner stürmte also an der Spitze einiger Leute in den Saal, um zu sehen, ob da Juden wären. Er hat mich natürlich sofort erkannt, ging aber ostentativ an mir vorüber. So kam ich an diesem 14. März ohne Schwierigkeiten aus der Universität, während ich bei früheren Anlässen sehr oft unter denen war, die mit den anderen jüdischen und sozialistischen Studenten hinausgeworfen wurden. Es ist eine Laune des Schicksals, daß ich gerade an diesem Tag ungeprügelt davonkam.

Das Doktordiplom habe ich nicht mehr selbst in Empfang genommen, sondern einer meiner gesinnungsfestesten Freunde, Dr. Kurt Scheffenegger, hat das für mich erledigt. Ohne ihn wäre ich kein österreichischer Doktor geworden. Und noch einer hatte mir dabei geholfen und sicher ein Auge zugedrückt: der Nationalökonom Prof. Dr. Hans Mayer.

Glücklich aus der Universität heraußen – ich glaube mich noch an das laute Pochen meines Herzens zu erinnern –, ging ich, um mich ein wenig zu beruhigen, in mein geliebtes Stammcafé, das leider nicht mehr bestehende Café Schottentor. Dieses Café spielte zwar keine so herausragende Rolle wie die zehn Minuten entfernt liegenden Cafés Central und Herrenhof, aber es gab auch hier eine sehr intellektuelle Klientel, bedingt durch die Nähe der Universität. Im Café Schottentor gab es den berühmten Oberkellner Tschada, einen der schönsten Oberkellner Wiens. Er war bekannt dafür, ihm unsympathische Gäste auf eine einzigartige Weise zu vertreiben. Wenn ein solcher Gast das Lokal betrat, konnte Tschada durch das ganze Kaffeehaus rufen: »Herr Doktor, eine Dame hat angerufen, aber es war sicher nicht die Frau Gemahlin!«

Jeder, der die erste Staatsprüfung hinter sich hatte, wurde von Tschada mit einem leicht ironischen Unterton »Herr Doktor« genannt. Besonders prononciert tat er das bei einem Mann, der angeblich bereits elf Jahre lang Jus studierte. Wieder einmal vor einer Prüfung stehend, geht er nervös, die Gäste irritierend, in dem kleinen Kaffeehaus auf und ab. Immer wieder hört man die Kellner rufen: »Bitte Vorsicht, Herr Doktor! Bitte Herr Doktor, danke Herr Doktor!« Schließlich soll einer der irritierten Gäste – man sagte, es sei Anton Kuh gewesen – die Geduld verloren haben: »Was ist, Herr Doktor, den ganzen Tag hier so herumpromovieren?«

An besagtem Montag war der Oberkellner Tschada zutiefst bedrückt. Auch für ihn ist damals eine Welt untergegangen. Er teilte mir mit, daß man mich bereits von zu Hause angerufen und mir in verschlüsselter Weise empfohlen habe, nicht nach Hause zu kommen. Ich rief meinen Vater im Büro an. Ich hätte wieder Besuch gehabt, sagte er, und ich verstand sofort, daß es die Polizei war. Mein Vater riet mir, an dem geplanten Skiausflug nach Lech teilzunehmen, zu dem sich auch eine englische Studentengruppe angemeldet hatte. Es wäre mir ein leichtes gewesen, mit dieser Gruppe Österreich zu verlassen, indem ich den Paß eines englischen Studenten genommen hätte, dem beim nächsten Konsulat sofort ein neuer ausgestellt worden wäre. Ich wollte das nicht. Als ich das Café Schottentor verließ, verabschiedete ich mich mit Galgenhumor vom Oberkellner: »Herr Tschada, wenn wir wiederkommen, dann werden Sie unser Zeremonienmeister.«

Als ich nach Hause kam, war die Polizei tatsächlich bereits dagewesen. Unserer Haushälterin hatte man gesagt, wenn man mich nicht fände, werde die Familie »drankommen«. So ging ich am nächsten Tag aufs Polizeikommissariat. Die Polizisten kannte ich aus der Zeit meiner Meldepflicht. »Meine Herren, Ihr habts mich verlangt, da bin ich.« Dann wurde ich in die nächste Zelle gesteckt. Es war die übliche schlechte Beleuchtung, der schlechte Geruch, das schlechte Essen, alles, was ich schon kannte - aber eine andere Klientel.

Es gab einen einzigen Sozialdemokraten, Hermann Lackner. Er war der nächste Mitstreiter des sagenumwobenen Koloman Wallisch gewesen. Von den elf Jahren Diktatur in Österreich saß Lackner 10 Jahre, 6 Monate und 5 Tage im Gefängnis, am längsten von allen Sozialdemokraten. Er war gerade aus der Haft entlassen worden und wollte vom Südbahnhof aus nach Hause in die Steiermark fahren, als er schon wieder festgenommen wurde. Mit ihm freundete ich mich damals an, und wir blieben Freunde bis zu seinem Tode 1984. Er war für mich die Inkarnation des neuen Menschen, wie ihn die Sozialdemokratie schaffen wollte: aus der Arbeiterschaft kommend und von einem brennenden Wissensdurst erfüllt.

Unter den Mitgefangenen war auch ein sogenannter »Fassltippler«, ein Mann, der davon lebte, daß er die fast leeren Bierfässer, die nachts vor den »Beiseln« standen, austrank. Als er in der Nacht des »Anschlusses« seine Runde beendet hatte, war er offenbar reichlich betrunken. Er hat noch »Heil Schuschnigg« gerufen, bevor er dann auf einer Parkbank einschlief. Als er aufwachte, hat er halt wieder »Heil Schuschnigg« gerufen, aber da hätte er schon »Heil Hitler« rufen müssen, was er ja ohne Not auch getan hätte. Nur hat er sich nicht realisiert, daß das so geschwind geht. Und da war er auch schon drin.

Nach kurzer Zeit brachte man mich auf die mir wohlvertraute »Elisabethpromenade« und von dort ins Landesgericht II, in dem ich bis dahin noch nicht gewesen war. Im Einser hatte man es uns immer als ein Dorado gepriesen, natürlich mit den Einschränkungen, die ein Gefängnis mit sich bringt, und so war ich sehr neugierig. Es war weder ein schönes noch ein besonders komfortables Gefängnis. Aber es hatte einen leicht provinziellen Charakter und wirkte dadurch etwas milder als der Gefangenensilo des Einser. Auch war das Essen besser, was Häftlinge besonders zu schätzen wissen.

Im «Grünen Heinrich«, dem Transportwagen für Gefangene, saß mir ein Mann gegenüber, den ich nur vom Sehen und aus der Zeitung kannte, der Finanzminister Dr. Ludwig Draxler. Er hätte seinem Habitus nach und mit den Schmissen im Gesicht eigentlich ein Nazi sein können. Dr. Draxler hatte es als Anwalt zu einer großen Kanzlei gebracht und, als er Finanzminister wurde, ungeniert auch alle jene Fälle übernommen, die in die Kompetenz seines Ministeriums fielen.

Dr. Draxler saß dann mit mir im Zweier Landesgericht in der gleichen Zelle. Da ich als einziger die Gebräuche des Gefängnisses kannte und auch die Sprache verstand, die man sprechen mußte, begann ich sofort mit einem »Fazi«, einem der Kriminellen, die Dienst gemacht haben, alles mögliche zu organisieren: Rasierklingen, Schreibzeug, Zigaretten und was so dazugehört. Und da stand neben mir ganz fassungslos der Herr Bundesminister a.D. Dr. Draxler: »Herr Doktor«, sagte er zu mir, »woher wissen Sie denn das, woher können Sie denn das alles?« Ich habe ihm süffisant geantwortet: »Weil Sie mich eingesperrt haben...«

So bildete sich eine neue Gefängnisgemeinschaft, bestehend aus den Ehemaligen - den Sozialisten und den Kommunisten - und den Neuen, den Vertretern des Kleriko-Faschismus, die die Stelle der Nazis eingenommen hatten. Wir waren ohne Rachegefühle diesen Leuten gegenüber, und auch Schadenfreude haben wir nicht empfunden; wir haben sie einfach als Mitgefangene betrachtet, die mit uns jetzt dasselbe Schicksal teilten. Es war eine kuriose Mischung, und durch das viele Umschaufeln der Gefangenen kam ich im Laufe der Zeit mit vielen prominenten Vertretern des Kleriko-Faschismus zusammen.

Unter ihnen befanden sich Schuschniggs Pressechef Walter Adam sowie der Chauffeur des »Propagandaministers« Guido Zernatto, Franz Kriklan. Der hatte seinen Chef noch über die Grenze nach Preßburg gebracht und war dann zurückgekehrt, mit Roß und Wagen sozusagen. Er war später, nach dem Krieg, unter Bundeskanzler Figl Fahrer im Bundeskanzleramt. Die führenden Persönlichkeiten der Vor-Hitler-Diktatur haben mir natürlich - ohne Details auszuplaudern - viele Interna erzählt; dadurch ist mir die Ohnmacht dieser sich omnipotent gebenden Regierung noch bewußter geworden.

Alles, was Rang und Namen hatte unter den Kleriko-Faschisten, war jetzt eingesperrt. Es hat deshalb so gut geklappt, weil die österreichischen Polizeibeamten größtenteils Nazis waren und genau wußten, wen sie einzusperren hatten. Sehr viele Sozialisten dagegen sind damals merkwürdigerweise noch nicht eingesperrt worden, und vor allem die Schutzbundführer sind meist ungeschoren geblieben. Ich glaube, man war deshalb so zurückhaltend, weil die Gestapo sich gesagt hat, die sollen sich nur sicher fühlen; aus dem Gefühl der Sicherheit heraus werden sie zu arbeiten beginnen, und wenn sie dann - um in der Sprache der Gestapo zu bleiben - aus ihren Löchern hervorkommen, werden wir zuschlagen.

Eines Tages verbreitete sich das Gerücht, aus Anlaß des ersten offiziellen Besuches von Göring in Wien werde man alle politischen Gefangenen auf Bewährung entlassen. Dies sei ein Akt Göringscher Generosität. Als wir spätabends in die Grünen Heinriche verladen wurden, mußten wir durch ein Spalier von SS-Leuten, die uns schärfstens bewachten. Da sagte ich zu Ludwig Draxler: »Du, wenn das wahr wäre, daß wir jetzt freikommen, dann würden uns die wegen der halben Stund nicht so bewachen!« Die Fahrt schien endlos. Dann sah ich durch den Schlitz des Grünen Heinrichs etwas glitzern - das Wasser des Donaukanals. Das bedeutete, daß wir über eine Brücke fuhren und entweder in den 2. oder in den 20. Bezirk geführt wurden.

Das Ziel der Fahrt ins Ungewisse war eine ehemalige Volksschule in der Karajangasse. Dort hatte man ein Notgefängnis eingerichtet. Jedes andere Gefängnis wäre mir lieber gewesen, aber was half's. Man gab uns Stroh, das wir in Säcke füllen mußten; das waren unsere Betten. Tagsüber mußten die Säcke an der Wand aufgestellt werden, damit wir Platz hatten, uns zu bewegen. Wir sind den ganzen Tag im Kreis gegangen, was eine beträchtliche Strafverschärfung war. Da sagte der berühmte Wiener Kabarettist Fritz Grünbaum zu mir: »Und die draußen glauben, wir sitzen.«

Die Freunde aus der Bewegung waren auch in der Karajangasse nicht sehr zahlreich. Mein Freund Hans Kunke war dabei und Friedrich Hillegeist.

Nicht so klar ist mir gewesen, warum gerade ich verhaftet worden war; eine so prominente Rolle habe ich eigentlich gar nicht gespielt. Die offizielle Begründung lautete, daß ich wegen »staatsabträglichen« Verhaltens in »Schutzhaft« genommen worden sei. Verhört wurde ich in dieser Sache nie. Im Entwurf eines Schreibens an die Gestapo hielt ich fest, daß ich nicht geflüchtet sei, sondern mich freiwillig gestellt und schon deshalb Anspruch auf ein Verhör hätte. Gleichzeitig betonte ich, »daß ich natürlich weiterhin meine sozialistische Gesinnung nicht verleugnen« werde.

Nahezu alle Juden, die man verhaftet hatte, waren in der Karajangasse zusammengebracht worden: Industrielle, die von Angestellten ihrer eigenen Betriebe angezeigt worden waren, Schauspieler und Kabarettisten, die, wie Grünbaum, irgendwann einmal eine antinazistische Bemerkung gemacht hatten, Journalisten und Literaten und andere. Unter ihnen befand sich auch der bekannte Librettist Alfred Grünwald, der zusammen mit Julius Brammer zahlreiche Libretti geschrieben hatte, unter anderem für Leo Falls »Die Rose von Stambul« und Emmerich Kálmáns »Gräfin Mariza«. Viel später lernte ich auch seinen Sohn, den Herausgeber von »Time Magazine«, Henry A. Grunwald, kennen.

Im April ging der erste Transport nach Dachau. Fünf Jahre lang hatten wir Berichte über deutsche Konzentrationslager gelesen, aber den Greuelgeschichten hatten wir nicht geglaubt. So arg kann es gar nicht sein, sagten wir uns. Man wird halt arbeiten müssen, ziemlich schwer sogar, aber frische Luft haben und wahrscheinlich eine einigermaßen erträgliche Verpflegung. Von Panik war jedenfalls keine Rede. Und von denen, die schon einmal in Dachau gewesen und freigelassen worden waren, erfuhr man überhaupt nichts. Sie waren so verängstigt, daß sie den Mund nicht mehr aufmachten. Bald kursierten die ersten Witze: Einer, der aus dem KZ kam, wurde gefragt, wie es dort gewesen sei. Er schilderte das Leben in den leuchtendsten Farben. Sein Gesprächspartner meinte, er habe von einem anderen Freund etwas ganz anderes gehört. »Ja, aber der ist auch jetzt wieder dort.«

Als die Liste mit den Namen derer verlesen wurde, die für den Transport nach Dachau bestimmt waren, wurde auch mein Name aufgerufen, und ich meldete mich. In dem allgemeinen Durcheinander ging das unter. Und beim zweiten Mal wurde ich nicht mehr aufgerufen. Es gibt eine alte Regel, die wohl vom Militär stammt und die sich auch im Gefängnis bewährt hat: man soll, lautet sie, wenn man einmal aufgerufen wird, dann aber nicht mehr, sich ja nicht vordrängeln und fragen, ob das ein Versehen sei. Das kann schlecht ausgehen, denn dann wird nachgeschaut. Später habe ich erfahren, daß sich einer der damals wachhabenden Polizisten, ein alter Sozialdemokrat – der Bruder eines mir bekannten Gewerbetreibenden auf der Wieden –, offenbar gesagt hat, daß bei der Schlamperei, der auch die deutschen Nazis zum Opfer gefallen sind, es durchaus passieren könne, daß es den Kreisky gar nicht gibt. Im Gegensatz zu den meisten Häftlingen wußte er, was Dachau bedeutete, und so bin ich das erste Mal davongekommen...

Bei der nächsten Bestandsaufnahme wurde ich dann gewissermaßen wiederentdeckt. Man stellte fest, daß ich mich eigentlich gar nicht mehr in der Karajangasse befinden dürfe. Nach Dachau gehörte ich aber ebensowenig. Es war nämlich noch ein Verfahren gegen mich anhängig. Schließlich einigte man sich darauf, mich ins Landesgericht I zu überführen. Im Landesgericht, das ich nach den wenig erfreulichen Verhältnissen in der Karajangasse wie eine alte Heimat empfand, erwartete ich mir eine gewisse Ordnung und Ruhe. Aber bevor man mich tatsächlich in Ruhe ließ, holte man mich erst noch zu Verhören ins berüchtigte Hotel »Metropol«, wo die Gestapo ihr Hauptquartier eingerichtet hatte.

Das Hotel lag am Franz Josefs-Kai und gehörte einem Deutschen jüdischer Herkunft, der mit mir in der Karajangasse war. Er behauptete, er sei der Erfinder eines speziellen Verfahrens zur Herstellung von Pektin, dem Stoff, den man aus einem französischen Apfel gewinnt, der sonst nicht verwertet werden kann. Pektin wurde damals zum Konservieren von Marmeladen benutzt. Aber das war nicht der Grund seiner Verhaftung; er war einfach eingesperrt worden, weil er einer der Besitzer des »Metropol« war, und er sollte so lange in Haft bleiben, bis er sich bereit erklärte, das Hotel für einen von der Gestapo bestimmten Preis herzugeben. Nun hatte er mit der deutschen Wehrmacht schon sehr weit gediehene Verhandlungen über das Pektin geführt, das möglicherweise zum Blutstillen verwendet werden konnte. Er war deshalb ganz sicher, daß man seine Entlassung durchsetzen werde. Das ist dann auch geschehen.

Stefan Zweig schildert in seiner »Schachnovelle« sehr eindrucksvoll, wie man in den Badezimmern des »Metropol« mit ihren getönten Scheiben endlos gewartet hat. Wie ich da so an meinem Fenster herumtastete, ging es plötzlich einen Spalt auf, und ich konnte in ein Verhörzimmer sehen. Am Schreibtisch des Gestapo-Mannes saß einer meiner Mitgefangenen. Sofort wurde mir klar: Er war ein Spitzel. In einer Zelle von sechzehn Leuten saß also ein Gestapo-Agent, der offenbar auf einen in dieser Zelle angesetzt war. Aber auf wen? Wir hatten gehört, daß unter uns Häftlingen auch einige Nazis seien, die zu irgendeiner Clique gehörten, die ihren gerade an die Macht gekommenen Rivalen nicht paßte. Die waren nach den Verhören immer besonders niedergeschlagen, denn sie waren ja sicher gewesen, daß sie unter den Aufsehern und nicht unter den Gefangenen sein würden. Durch einen reinen Zufall hatte ich also diesen Spitzel entdeckt. Aber was sollte ich tun? Wie warnte man die anderen? Ich habe diesen Mann dann ständig beobachtet und versucht herauszufinden, wen er besonders im Auge behält, aber ich weiß bis heute nicht, was sein Auftrag war.

Ich habe dann ein sehr unangenehmes und brutales Verhör durchgemacht. Halb bewußtlos und blutüberströmt kam ich zurück in die Zelle. Mit einem Überschwung, so nannte man die breiten Militärgürtel, hatte man mir zwei Zähne ausgeschlagen. An diese Stunden erinnere ich mich nicht gerne.

Die Fragen waren vollkommen sinnlos gewesen. Angeblich hatte ich eine Tätigkeit entfaltet, die zum Wiederaufleben des kommunistischen Jugendverbandes hätte führen sollen. Die Deutschen meinten offenbar ganz jemand anderen. Sie haben mich noch ein bißchen geprügelt, dann mußte ich unterschreiben, daß ich gut behandelt worden bin. Danach kam ich ins Landesgericht I, und man ließ mich in Ruhe.

Beim Eintreffen im Einser standen wie üblich alle wieder auf dem Gang. Der erste alte Bekannte, den ich traf, war der Chefarzt des Inquisitenspitals, jener Dr. Kretschmer, der für die fingierten Zahnschmerzen zuständig war. Die Plomben kosteten noch immer fünf Schillinge. Die Nazis, mit denen er seinerzeit ja auch seine Plombengeschäfte gemacht hatte und die ihm deshalb zu Dank verpflichtet waren, ließen ihn zwar ungeschoren, aber die einträglichen Tage im Inquisitenspital waren für ihn gezählt. Denn dieses segensreiche Plombieren konnte man nun, da man selbst an der Macht war, natürlich nicht dulden.

Dr. Kretschmer erkannte mich sofort als alten Patienten und sagte: »Kreisky, was machen Sie denn wieder hier?« »Ich bin nur da, weil ich das letzte Mal auch da war«, habe ich geantwortet, denn einen anderen Grund wußte ich selbst nicht. »Da werde ich mal mit Ihren alten Haftgenossen reden«, sagte der Dr. Kretschmer und meinte damit natürlich die Nazis. Er hat es sicher auch getan, davon bin ich überzeugt, denn anders kann ich mir nicht erklären, daß ich eines Nachts zum Verhör gerufen wurde.

Mir gegenüber saßen ein österreichischer und ein deutscher SS-Offizier höheren Rangs; um mich einzuschüchtern, hatten sie ihre Gürtel und Pistolen auf den Tisch gelegt. Sie eröffneten mir, da ich mich in der Systemzeit - damit war die Dollfuß-Schuschnigg-Diktatur gemeint - als wider Erwarten mutig erwiesen hätte, und aufgrund der Tatsache, daß ich einigen ihrer Parteigenossen als kameradschaftlicher Mithäftling bekannt sei, bekäme ich die Möglichkeit, ins Ausland zu gehen. Um zu verhindern, daß ich die Ausreisegenehmigung mißbrauchte und illegal wieder zurückkäme, halte man es für gut, wenn ich als Emigrationsland irgendeinen Staat weit weg von Europa anvisierte. Leute wie ich sollten weit weg von Deutschland sein, damit den Deutschen das Unheil des Ersten Weltkrieges, der Dolchstoß von hinten, erspart bliebe. Sie warnten mich: der Arm der Gestapo reiche weit. »Also, wohin können Sie auswandern?« Aufs Geratewohl erwiderte ich: »Nach Bolivien.« Ich habe zwar nicht gewußt, wo Bolivien liegt, aber es war das erste weit entfernte Land, das mir in den Sinn kam.

Kurz darauf, am 8. August 1938, wurde ich tatsächlich entlassen. Man hatte mir nicht viel Zeit gegeben, und so klapperte ich in den nächsten Tagen eine ganze Reihe südamerikanischer Konsulate und Botschaften nach Einreisevisa ab. Unterdessen kam eine Nachricht von Torsten Nilsson, man habe mir eine Einreisebewilligung für Schweden besorgt. Nilsson, der später schwedischer Außenminister wurde, spielte damals in der Jugendinternationale eine beträchtliche Rolle, und dort hatte man nach dem Einmarsch Hitlers alle Hebel in Bewegung gesetzt, um mich aus Österreich herauszuholen. Ebenso hatte Alan Sainsbury, der Besitzer der großen englischen Ladenkette, von dem ich gar nicht gewußt hatte, daß er ein bekannter Sozialist war, für mich eine Einreisebewilligung nach England erwirkt, verbunden mit der Zusage, daß ich bei ihm arbeiten könnte. Das hatte ich einer englischen Freundin zu verdanken, die in Wien studiert hatte und deren Mutter wiederum mit Sir

Stafford Cripps befreundet war, der während meiner Haft 1935/36 sozusagen mein Schutzherr gewesen war.

So hatte ich also Einreisevisa für zwei europäische Länder, aber mein deutscher Reisepaß war nur gültig für Großbritannien, Südamerika und Mexiko; außerdem für die Tschechoslowakei und Polen, weil ich über den polnischen Hafen Gdingen auswandern sollte. Die polnischen Behörden waren damals willfährige Vollzugsorgane der Gestapo. Mein Paß trug kein »J«, wie es ab 5. Oktober 1938 gesetzlich vorgeschrieben war, und auch der zweite Vorname »Israel«, den man einige Wochen später jedem Mann jüdischer Herkunft verpaßte, fehlte. Ich besaß also einen »arischen« Paß; das Land aber, für das ich mich entschieden hatte, Schweden, war in diesem Paß nicht aufgeführt.

Der Reisebüroleiter, ein alter Parteifreund, Jenschik, hat sich die Schrift in meinem Paß angeschaut und gesagt: »Ja, ich weiß, wer den Paß geschrieben hat. Ich geh' morgen zu dem Mädchen hin und sag', sie soll auch noch Schweden dazuschreiben. Das kostet fünf Mark.« So ist dieses ganze komplizierte Überwachungssystem, das die Gestapo um mich herum aufgebaut hatte, mit fünf Mark aus der Welt geschafft worden.

Für meinen Weggang aus dem Dritten Reich brauchte ich auch ein sogenanntes Wehrunfähigkeitszeugnis. So ging ich zu der zuständigen Behörde in der Millergasse und sagte zu dem diensthabenden Offizier, ich sei jüdischer Herkunft und brauchte ein Wehrunfähigkeitszeugnis. Ich könne meine Herkunft allerdings nicht belegen, da die Israelitische Kultusgemeinde erklärt habe, ich fände mich nicht in ihren Papieren. Die Israelitische Kultusgemeinde wollte mir keine Bescheinigung ausstellen, da ich seit 13. Oktober 1931 auch offiziell konfessionslos war. Der Angestellte teilte mir mit, er habe keinerlei Unterlagen über mich – was sicher nicht wahr gewesen ist. Die Kultusgemeinde hat damals eine politische Wandlung durchgemacht. Da ich meine jüdische Herkunft also nicht nachweisen könne, die Gestapo mir aber zur Auflage gemacht habe, innerhalb kürzester Zeit das Land zu verlassen, wüßte ich mir keinen Rat. Da sagte der Offizier zu mir: »Herr Kreisky, Sie sind der erste, der zu mir kommt und von mir seine jüdische Herkunft reklamiert.« Dann stellte er mir, auch ohne Bestätigung der Israelitischen Kultusgemeinde, mein Wehrunfähigkeitszeugnis aus, und damit konnte ich mir die letzten noch fehlenden Papiere und Ausweise beschaffen…

Bis zur Abreise mußte ich mich regelmäßig auf dem Wiedener Polizeikommissariat melden, und jedesmal war ich erleichtert, wenn ich wieder draußen war. Der Ausreisetermin rückte immer näher. Als ich eines Tages einen Wink bekam, daß ich in Gefahr sei, wieder verhaftet zu werden, beschleunigte ich meine Ausreisevorbereitungen.

Ein erhebliches Problem war die Finanzierung meiner Reise. Das Konto meines Vaters war gesperrt, und er durfte pro Tag nur einen kleinen Betrag abheben. Meine Verwandten waren in der gleichen Situation, und aus dem Ausland durfte man ohnehin kein Geld bekommen. Die dänische Fluggesellschaft, mit der ich weiterfliegen mußte, verkaufte ausschließlich Tour-Retourkarten, und die kosteten etwa sechshundert Mark. Das war eine unerschwingliche Summe.

Da kam mir mein alter Freund Beppo Afritsch zu Hilfe. Er arbeitete damals bei den Quäkern, die nach dem Februar 1934 eine große Aktivität in Österreich entfaltet hatten. Sie wurden von der englischen Arbeiterbewegung und den englischen Gewerkschaften mit Geld versorgt, das sie für die Unterstützung der verfolgten Schutzbündler und ihrer Familien zur Verfügung stellten. Beppo ging kurzerhand mit mir zu dem Luftfahrtsbüro und kaufte mir ein Ticket.

Mit Beppo war ich seit früher Jugend befreundet. Er war von sehr dickem und besonders sympathischem Äußeren; wann immer man mit ihm zusammentraf, war er heiter und frohgemut. Ursprünglich Gärtnergehilfe, hatte er es zu einem hohen Posten in der Gartenverwaltung der Stadt Wien gebracht. Als Stadtrat hat er beim Wiederaufbau nach dem Zweiten Weltkrieg einen besonderen Beitrag geleistet. Er war der Erfinder des Begriffs vom »sozialen Grün«, gewissermaßen der erste »Grüne« im politischen Sinn. Ihm ist es zu verdanken, daß der Anteil der Grünfläche in Wien wesentlich vergrößert wurde und auch in den Vorstädten, wo es ja in der Monarchie nichts als Mietskasernen gab, neue Gärten entstanden. Mit einem großen Teil dieser Entwicklung ist der Name Josef Afritsch untrennbar verbunden…

Außer einer großen Reisekiste, für die ich ziemlich hohe Frachtkosten zahlen mußte, durfte ich nichts mitnehmen. Dazu kamen die üblichen zehn Mark, mehr war nicht erlaubt. Mein Vater hatte mir noch schnell einen kostbaren Winterrock machen lassen, der nicht ganz zu dieser warmen Jahreszeit paßte. »Wer weiß«, meinte er, »wann du dir einen Winterrock wirst leisten können, und dort oben, wo du hinfährst, pflegt es sehr kalt zu werden.« In den großen Taschen dieses Mantels ließ sich allerhand verstauen. Bei der Suche nach einer Reiselektüre fiel mir die kartonierte Rowohlt-Ausgabe von Robert Musils »Mann ohne Eigenschaften« in die Hände. Das ist wohl das Beste, was ich mitnehmen kann, dachte ich mir, es wird mich immer an Österreich erinnern und ein Mittel gegen allzu großes Heimweh sein.

Aber wie es mit Büchern so geht: Das, was mir helfen sollte gegen Heimweh, hat es nur gefördert. Denn vieles von dem, was ich bis dahin als literarisch bedeutsame und kritische Schilderung meines Landes empfunden hatte, erschien mir plötzlich liebenswert. Ein melancholischer Ernst lag über diesem Österreich, und in dem Maße, wie die Jahre gingen und jenes Österreich, das ich kennengelernt hatte, in der Erinnerung verblaßte, trat in mir ein anderes Österreich hervor, eines, das es erst zu schaffen und zu erwerben galt.

Und so hat Robert Musil mir zu einem, wenn ich so sagen darf, sublimierten Patriotismus verholfen, der sicher auch meine politische Vorstellungswelt beeinflußt hat. Fast sieben Jahre lang sollte ich Österreich nicht wiedersehen. Und noch einmal über fünf Jahre sollte es dauern, bis ich endgültig in meine Heimat zurückkehrte.

Bruno Kreisky: Zwischen den Zeiten.
Erinnerungen aus fünf Jahrzehnten. 1986

Die »Reichskristallnacht« in Breslau

Tagebuchaufzeichnungen

VON
WALTER TAUSK

Sonnabend, den 12.11.1938

Also elf Tage später weiß man ganz genau, daß man diesen wichtigen Kursus »Zimmerei und Maurerei« am Mittwoch, dem 9. des Monats, sicher das letzte Mal mitgemacht hat und daß die anderen beiden Kurse überhaupt nicht mehr zustande kommen werden. Denn es ist eine furchtbare Sache geschehen, vergleichbar nur – um in unserer modernen Zeit zu bleiben – dem »Reichstagsbrand« und dem »Mord in Sarajewo 1914«, nämlich der »Fall Grynspan«.

Der Fall Grynspan und seine katastrophalen Folgen für die deutschen Juden – Juden, nach den bekannten Nürnberger Gesetzen von 1935 gesehen –, die Judenhetze und Tempelzerstörung vom 9. zum 10.11.1938.

Montag, den 7.11.1938, geht der polnische – aber staatenlose – siebzehnjährige jüdische Junge Grynspan, der in Paris lebt, auf die deutsche Botschaft, verlangt einen der Legationsräte zu sprechen, egal welchen, wird zu dem diensttuenden Legationsrat von Rath (etwa siebenundzwanzig Jahre alt und vorher von Calcutta nach Paris versetzt) geführt, hat mit ihm angeblich einen kurzen Wortwechsel und schießt den betreffenden Herrn an: Steckschuß in die linke Schultergegend und Schuß in die Milz. Grynspan wird verhaftet und erklärt das Motiv zu der Tat mit den Worten: er habe Rache für seine Glaubensgenossen nehmen wollen, nämlich für die ausgetriebenen polnischen Juden aus Deutschland, zu denen auch sein Vater, ebenfalls staatenlos, gehört habe.

Die erste Folge ist, daß bereits Montag »schärfste Repressalien der deutschen Regierung gegen die deutschen Juden« angekündigt werden, um das ruchlose Verbrechen zu sühnen. Daß ein Verbrechen vorliegt und gesühnt werden muß, ist außer Frage, aber: das ist Sache der französischen Regierung mit der polnischen beziehungsweise der deutschen mit der polnischen, zumal das Motiv zur Tat eine Sache ist, die eben Deutschland mit Polen, oder umgekehrt, zu erledigen hat. Was geht es die deutschen Juden an? Diese würden sich zum größten Teil mit Morphium oder Cyankali ums Leben bringen, wenn sie es nur hätten oder bekämen.

Mittwoch, den 9.11., habe ich also wieder Unterricht in der »Anger-Schule«, aber die ganze Zeit von sieben bis neun habe ich dasselbe fürchterlich peinigende Gefühl, ohne einen Buchstaben Unehrliches zu sagen, wie ich es nur im Felde bisweilen hatte: das Gefühl der »Granatenriecherei«, das stets richtig war. Das war aber so: der Kopf war unruhig und belastet, der ganze Rücken bog sich unter einer ungeheuren Traglast, der ganze Mensch war beklommen, hetzte mit Vehemenz seine Arbeit runter, die aber richtig und mit scharfem Nachdenken gemacht wurde, weil jede Sekunde kostbar war, der ganze Mensch hetzte: weiter, weiter, raus aus diesem Fleck, ehe die Zeit rum ist. Dann wollte ich wieder aufstehen und diese Unruhe ganz einfach melden, genau wie man im Felde seinen Kameraden sagte: »Kinder, macht euch dünn! Die Luft ist dick im Anzug.«

Ich war heilfroh, als neun Uhr rum war, und ging müde heim, aber der Rücken straffte sich mit jedem Schritt zur Behausung – und oben wußte ich: »Du bist wieder mal durch irgendeine Gefahr durch, wenigstens vorläufig.«

Donnerstag morgen gehe ich, wie üblich, um dreiviertel neun runter, um den Postboten zu erreichen. Ferner mußte ich zum Zahnarzt. Den Postboten erwarte ich gewöhnlich einige Häuser weiter vorn, dort ist eine Likörfabrik Reichmann. Mir fällt schon beim Nähergehen eine Menschenmenge auf, die vor dem Laden steht und erregt ist. Also im Bogen rum! Der Laden ist vollkommen zertrümmert, das Kunterbunt von Flaschen und ausgelaufenem Inhalt ist nicht wiederzugeben. Ich ahne aus allem einen »Ladensturm«, denke mir meinen Teil und erwische jetzt den Postboten. Er macht eine bekümmerte Geste, sieht mich ebenso an und geht, ebenfalls in weitem Bogen, seinen Weg.

Ich kehre um und gehe die Sadowastraße in Richtung Teichstraße. Unterwegs erhasche ich von einem Geschäftskutscher, der sich unterhält, diese Worte: »Wenn ich mitgegangen wäre, mit beiden Armen hätte ich geholfen, für die Winterhilfe wegschaffen, was die für die Winterhilfe weggeschafft haben!« Und ich ahne immer deutlicher und mehr: man hat die jüdischen Geschäfte ganz einfach gestürmt und ausgeraubt. Die Bestätigung finde ich bald auf der Teichstraße: Bäckerei Hirschlik, Eisenwarenhandlung Brauer und Sohn, die kleine Konfektionsfirma Cheimowitz sind nicht zum Wiedererkennen: Was Glas war, ist – bis auf geringe Reste – akkurat bis zum Rahmenwerk der Fenster ausgeputzt, die Schilder sind zertrümmert, die Schaufensterinhalte liegen teils auf der Straße, teils im Fenster bunt durcheinander, die Fenster sind regulär ausgeraubt, und die Verwüstung setzt sich nach hintenzu fort. Um die Ecke, Gartenstraße, eine kleine Drogerie: dort hat man aus den Regalen alles bunt durcheinandergeworfen, dazu Kisten und Gerümpel. Ich wußte genug.

In teilweise stark übernächtigtem Zustand wogten Gruppen halbwüchsiger Jungen und Mädel von fünfzehn bis achtzehn Jahren auf und ab. Die Burschen rühmten sich, unter lautem Geschrei der Mädel, »wie sie reingesommert hätten« (sommern: gleich »pfeffern«), und führten ihre »Damen« von einem Laden zum andern herum. Das ältere Publikum war sehr geteilter Ansicht, die allgemeine Stimmung aber war entschieden gegen diese Ereignisse. Das alles auf dem Hinweg zum Zahnarzt. Dieser hatte irgendwas munkeln hören, wußte aber nichts Genaues, und ich tat so, als wüßte ich auch nichts Genaueres.

Vom Zahnarzt mußte ich zur Stadt. An der Garvestraße stehen vier Hitlerjungen. Einer sagt: »Ihr müßt auch mal die Mauschelhalle ansehen.« »Mauschelhalle« ist der vom »Stürmer« geprägte Ausdruck für eine Synagoge. Mir selbst fielen die Worte eines Liedes ein, das gerade die Hitlerjugend gern singt: »Steckt die Synagogen an.« Und ich ging, zumal ich sowieso auf die Wallstraße mußte, in Richtung »Mauschelhalle«.

Je näher man in die Stadt kommt, desto wüstere Bilder sinnlosester Verwüstung sieht man: ausgeraubte Zigarrenläden, in denen die Einrichtung auch noch zertrümmert durcheinanderliegt. Möbelfirmen, wo man die Schaufenster-Möbel, die man nicht zerschlagen konnte, mindestens stark zerkratzte (und zwar mit Glasscherben). Ausgeraubte oder wahllos durcheinandergeworfene Regale mit und ohne Inhalt in anderen Läden.

Die Straße dick mit gaffendem und heftig diskutierendem Publikum, teils in heller Begeisterung vom Kinde bis zu alten Leuten. Aber trotzdem eine fürchterliche Beklommenheit bei allen: es schien den meisten nicht recht. Die Polizei »regelte den Verkehr«. Hier und dort stand einer, den Sturmriemen unterm Kinn, vor einem Laden oder Geschäftshauseingang. Es war gegen dreiviertel zehn, als ich den Schloßplatz erreichte, um in die Wallstraße einzubiegen: die sogenannte »Mauschelhalle«, ein bekannter schöner Bau von Oppler (romanischer Kuppelbau), war nur noch eine rauchende Ruine. Die obere Kuppel hatte sich bereits nach einer Seite zu senken angefangen und mußte nachmittags von zwei bis vier gesprengt werden, wozu alle Einwohner der umliegenden Häuser die Wohnung zu verlassen hatten.

Die Wallstraße war abgesperrt. Ich kam nicht zu meinem Kunden Katz, Wallstraße 9 (im Haus der Synagogen-Gemeinde), das ebenfalls von Polizei gesichert war. Bei Katz waren die Jalousien, wie gewöhnlich bei Geschäftsschluß, runtergelassen. Aber im Pokoyhof war die Menge noch beim Plündern der dort liegenden Engros- und Fabrikationsfirmen bis hinauf zum Dach! Die Polizei »regelte nur den Verkehr«.

Nun mußte ich zum Bürgersteueramt, um dort eine Eingabe abzugeben, und kam, mit dieser als Ausweis, mitten durch die Absperrung vom Landgericht zur Tauentzienstraße, unterwegs genau hörend und wissend: Angeblich hatte (angeblich ist dieses »man« das »deutsche Volk«, auf das ich noch zu sprechen komme), also »man« hatte nachts um zwei Uhr schlagartig im ganzen Deutschen Reich alle nur erreichbaren Synagogen (in Berlin und Wien alle fast) »als Vergeltung für die Bluttat in Paris« angesteckt und zur gleichen Stunde alle, aber auch wirklich alle jüdischen Unternehmungen (inklusive Vereinshäuser, Speiseanstalten etc.) zu stürmen begonnen und vollständig verwüstet. Und während die am Donnerstagabend herauskommende Regierungserklärung davon unter anderem redet, daß diese spontane, nicht zu bändigende Volkswut »nicht über das Maß hinausgegangen ist«, sondern es bei den zertrümmerten Scheiben beließ, so ist das glatter Schwindel, wie vieles seit bald sechs Jahren. Auch darauf komme ich noch zurück. Denn wo man zum Beispiel wegen der starken Vergitterung nichts ausrichten konnte, verbeulte man diese auch noch und langte sich durch die Gitterstäbe das eine und andere raus. Man stieg mit Leitern an den Fassaden hoch und arbeitete von der oberen Etage, wie Einbrecher, wo die Läden an sich zu stark gesichert waren. Bei Firma Centaver, Schmiedebrücke, kam man ebenfalls vorne nicht herein, man ging von der Schuhbrücke hintenrum desto besser ans Werk!

Ich also arbeitete mich durch ein dicht stehendes und promenierend sich die »Mauschelhalle« ansehendes Publikum (von »Pöbel« angeleitet) hindurch, unbelästigt, und nur hin und wieder auf wirklich anständige Bürger stoßend, die sich voller Empörung mit den Augen unterhielten. Ich sah eine Menge Kinder, die allein, oder von den Eltern unterwiesen, voller Freude in die Hände klatschten. Ich war mitten im tiefsten Mittelalter und sah, näher zum Polizeipräsidium kommend und dann dort vorbeigehend, in ziemlich rascher Folge die Wagen des »Überfallkommandos« und des »Bereitschaftsdienstes« laut tutend anfahren – alle aus der Richtung Breslau-Süd kommend und besetzt mit gefangenen jüdischen Männern. Das dichte Spalier an der Kreuzung Tauentzien-Höfchenstraße grölte bei jedem Auto: »Aufhängen«. Mit meinem katholischen Aussehen und der »Figur eines Kriminalbeamten« ging ich überall schlankweg durch und kam unbehelligt nach Hause. Aber wer jüdisch aussah, wurde angepöbelt oder gar mitgeschleift!

Gegen elf Uhr war ich zu Haus: ausgepumpt und völlig müde. Aber nichts von Ruhe gab es da! Denn eine arische Dame, die uns angeblich kennen wollte, war atemlos in meiner Abwesenheit raufgekommen und hatte gemeldet: »Ihr Bruder (meine Person) soll sofort flüchten, da alle jüdischen Männer eingesperrt werden.« Hätte die Frau auch bald dazu gesagt, wohin ich mich begeben sollte, wäre der Rat ausführbar gewesen. Mit Rücksicht auf meine alte Mutter, und unter Berücksichtigung der völligen Unzurechnungsfähigkeit der »Schwestern« in solchen Fällen, wo man einen eiskalten, nüchternen Schädel haben muß, ging ich sofort zu meinem Freunde Arno, um ihm als einzigem Informationen zu geben, falls mir was zustieße, und um mich von ihm zu verabschieden. Der gute Kerl war auf der Universität. Seine Mutter, anfangs vom Hausmädchen (die Zeugin der nächtlichen Vorgänge gewesen war) unterrichtet – und reichlich verdreht gemacht meinetwegen durch Hertha Tausk, die (wie ich später erst wieder zu Haus erfuhr) in meiner Abwesenheit gleichfalls zu Arno gerast war, natürlich ohne jeden Erfolg –, wurde von mir wieder beruhigt. Ich ließ meine Informationen zurück und ging heim: wegen der alten Dame, sonst wäre ich mit Sicherheit ins nächste katholische Kloster gegangen und hätte um Schutz für die nächsten Tage gebeten.

Zu Haus hörte ich weiter, gegen zwölf Uhr mittags, die Verhaftungen unter den Juden hatten bereits frühmorgens eingesetzt mit Polizei, SS, Hilfspolizei. Und ganze Scharen, dito einzelne Trupps oder sogar einzelne eskortierte Personen waren und wurden dauernd auf das Präsidium beziehungsweise auf die Reviere gebracht. Wieder andere SS-Trupps gingen Haus für Haus ab, »ob hier noch Juden wohnen«, und nahmen einfach jeden mit. In unserm Haus war niemand – aber im Nebenhaus holte man den alten Zahnarzt Dr. Freund – der nicht da war. Andere waren schon wieder aus der Haft entlassen. Kurzum: es war ein furchtbares Durcheinander. Unter den Verhafteten befanden sich auch die jüdischen Rabbiner und Herren bis hinauf an die Grenze von achtzig Jahren! Ich sagte mir: ganz ohne Grund wird man doch nicht vorgehen, man wird sicher zuerst alle geplünderten Firmeninhaber holen und deren jüdisches Personal, mit Rücksicht auf eventuelle »Greuelpropaganda« und Schadenersatzansprüche, ferner wahrscheinlich vorbestrafte Elemente oder solche, die irgendwie bei heutiger Zeit an zu exponierten Stellen sitzen, um nicht doch »gefährlich« werden zu können. Schließlich würde man sich alle Spitzen der Organisationen holen, um eben alles zu zertrümmern. Und ich wartete mein Karma ab und bin bis heute unbelästigt geblieben. Trotzdem bin ich aber »gleichmütig ruhig« – nur durchaus übermüdet, so daß mein Arzt, Dr. Keller, heute nicht zufrieden war.

Die »gefangenen Opfer« dieses und des nächsten Tages hat man abends triumphaliter durch die Stadt geschleppt und geschleift (darunter effektiv kranke, schwache, elende Naturen bis hinauf zur Grenze von achtzig Jahren, die aus irgendwelchen unbekannten Gründen nicht ihre Krankheiten meldeten, wie das in mehreren Fällen vorgekommen ist, worauf man die betreffenden einfach zu Haus ließ oder nicht auf der Polizei hielt), und brachte sie in großen Trupps auf den Verladebahnhof Breslau-Ost, Ofenerstraße, und Breslau-West, wo man sie in die diversen Lager »verfrachtete«. Augenzeugen im dichten Spalier des angeblichen »Volkes« schätzen die Zahl auf weit über viertausend. Und gestern erfuhr man, daß hauptsächlich Akademiker (Mediziner) und führende Personen geholt worden waren. Ebenso waren aber Knaben von vierzehn bis sechzehn Jahren abgeholt worden! Man verlud sie in Viehwagen – aus dem jüdischen Krankenhaus hat man mit den Ärzten auch die Kranken geholt!

Sonntag, den 13.11., schreibe ich weiter: stillos und in schlechtem Deutsch, wie vorher. Ich bin reichlich überschuftet, obwohl ich heute nacht besser schlief. Es ist mir nicht anders als vor Verdun, wenn man, merkwürdigerweise, wieder einmal einem Feuer entronnen war, das einem knapp vor die Füße gekommen war auf der trostlosen Straße Ornes-Bezonvaux und auf dem Rückzug über die versumpfte »Höllenwiese« mit ihren tiefen Trichtern vor dem rettenden Bahndamm.

Also: von den Verhafteten sind mehrere bereits an Herzschlag und anderen plötzlichen Ursachen gestorben. So erfuhr ich heute den Tod durch Herzschlag, auf der Polizeiwache, eines etwa sechsundsechzigjährigen, schwerkranken Herrn Alfred Oschinsky, Vater meines Bekannten Arno Oschinsky, die beide bis vor kurzem erstklassige Möbelvertretungen hatten (die Firma besteht etwa vierzig Jahre). Herr O. war etwa vierzehn Tage aus den USA zurück, wo er persönlich Affidavits geholt hatte für Sohn (Arno), verwitwete Tochter und deren kleinen Sohn.

Das Breslauer jüdische Krankenhaus liegt voll mit kranken, zusammengebrochenen Verhafteten, die nun von zwei höheren arischen Ärzten untersucht wurden, um nur feststellen zu können, daß eben diese Menschen effektiv krank sind. Mehrere ältere Häftlinge hat man auch bereits wieder entlassen, und neuerdings sollen die Häftlinge nur zwischen neunzehn bis fünfundvierzig Jahren (also dem militärpflichtigen Alter) überhaupt behalten werden. Jedenfalls: Menschenopfer sind massenweise gebracht worden. Man kann auch damit rechnen, daß alle dem »Reichsbund Jüdischer Frontsoldaten« angehörigen Mitglieder verhaftet worden sind. Sie sind ja – mit wenigen Ausnahmen, wie zum Beispiel ich – alle regelrecht ausgebildete und zum Teil gediente Soldaten! Und das ist das Staatsgefährliche, könnte man sagen.

Man muß annehmen, daß jede Stadt oder Provinz eine bestimmte Anzahl derartiger Gefangener stellen mußte, mit Rücksicht auf die Auffüllung der diversen Konzentrationslager und Arbeiten im Rahmen des »Vier-Jahres-Planes«: Festungsarbeiten an der alten und neuen Grenze. Ein Teil der Opfer wird in Buchenwald bei Weimar vermutet, wieder andere an der Westgrenze.

Der »treue« Nebenmann in Italien »trat gleichen Schritt« und entfernte unter anderem die Juden aus der Armee. Man denkt dabei an zwei Leute: Italo Balbo, von Hause aus Rassejude: der »Über-Italiener«, Dichter und Eroberer von Triest, Rappaport aus Galizien, bekannt als Gabriele d'Annunzio, gestorben zu Beginn des Jahres. Beides treueste Freunde Mussolinis!

Nun weiter in diesem Durcheinander der Aufzeichnungen. Man hat fast allen Juden die Telefone gesperrt. Man griff jeden Juden, der verreisen wollte, auf und führte ihn ab. Jeder Reisende wurde gefragt, und zwar an der Sperre oder bereits am Kartenschalter, ob er Jude sei. Unterwegs befindliche Juden hielt man gleichfalls fest und führte sie ab. Es war also eine Judenhetze und Judenverfolgung wie noch nie in der Geschichte. Man verhaftete Juden, die sich auf den Postämtern »postlagernde Briefe« oder solche aus ihren Schließfächern holen wollten, sofern man sie als Juden erkannte. Man gab ihnen keine telefonischen Verbindungen nach anderen Orten usw., nur hier in Breslau. In kleinen schlesischen Provinzorten, wo man nur wenig jüdische Gesellschaft hatte und dito Einwohner, ging man in die Wohnungen, die man zerstörte. Die Menschen hieb man durch oder führte sie ab. In einer Kleinstadt wollte die Menge einen großen Getreidespeicher anzünden, der einer jüdischen Firma gehörte. Zum Glück kam rechtzeitig die Polizei, die sich erst mit dem »Volk« rumhieb, ehe der kostbare Speicher gerettet wurde, usw. In Beuthen führte man die Juden vor die brennende Synagoge, ließ sie in Gliedern antreten und teilweise niederknien mit abgenommenem Hut.

Und damit komme ich auf die Polizei zu sprechen. Einwandfrei steht fest, daß zu dieser »spontanen Volkserhebung« vorher aus Berlin fünfhundert Kriminalbeamte nur nach Breslau kamen, um hier Verhaftungen vorzunehmen. Gleichfalls kamen aus der Polizeischule Frankenstein größere Kommandos her, aber bereits vorher. Und endlich sah man bereits Mittwoch abend ab sechs Uhr an jeder wichtigen Straßenkreuzung, die sonst nur einen oder gar keinen Polizeischutz hat, gleich einen Doppelposten, ferner Doppel-Patrouillen. Sie alle schützten »das Volk«. Es ist einwandfrei beobachtet, daß ein Teil der Polizei »das Volk« bei seiner Vergeltungsarbeit unterstützte. Dieses »Volk« wurde gleichfalls von Augenzeugen als SS und nichts anderes festgestellt, unterstützt von Mitläufern und den gefährlichen »Halbwüchsigen« (zu denen auch Grynspan gehörte). Die ganze Aktion war eine SS-Aktion, durch Monate wohlvorbereitet und bis ins kleinste organisiert. Nur auf den günstigen Moment hatte man noch gelauert. Diese SS hat auch in Breslau die alarmierte Feuerwehr gehindert, die Synagoge zu retten. Nur die umliegenden Häuser und Bäume wurden bespritzt, um ein Übergreifen des Feuers zu verhindern. Die Synagoge selbst ist mit Brandbomben, zu denen noch Petroleum trat, niedergebrannt worden, und der alte, arische Kastellan Peters, der im neuen Gemeindehaus wohnt, wurde nachts um zwei geweckt, um dem vorerwähnten »Volk« die Synagoge aufzuschließen. Unter heftigen Weinkrämpfen hat er es getan. Gerettet wurde nichts. Es ist sogar verhindert worden, daß Gemeinderabbiner Vogelstein nachts um halb drei und Kantor Wartenberger morgens acht Uhr in das brennende Haus gingen, um die Schrift zu retten. Was noch vom Hause steht und von einer arischen Menge defilierend begafft wird, wobei sie grinsend und neugierig anmarschiert, aber kreidebleich und schweigend weggeht, das sind die massigen Umfassungsmauern und einige kleine Türmchen. Aber alles das wird sicher gesprengt, weil es nicht mehr zu halten ist und weil man andere Pläne hat.

Inzwischen ist Montag, der 14.11., geworden. Ich habe festgestellt, daß ich, aus mir unbekannten Gründen, der einzige bisher Überlebende bin in dem kleinen Kreis meiner reinrassig-jüdischen Bekannten, inklusive Freunden, soweit meine Altersklasse und angrenzende in Frage kommen. Und nochmals muß ich sagen: nur der Krieg ist als Vergleich heranzuziehen für den Zustand, in dem ich mich seelisch befinde. Man ist in eine plötzlich hereinbrechende Gefahr geraten, hat mitten in ihr gestanden, ist mitten durchgegangen und steht nun ausgepumpt, keuchend und völlig erledigt irgendwo auf dem Felde oder liegt irgendwo irgendwie da und guckt sich um. Nein! Man guckt auch nicht mehr. Man hat die Augen irgendwie irgendwohin gerichtet, ohne noch Seh-Eindrücke zu haben. Man weiß buchstäblich nicht mehr, ob man noch da ist und wer man ist, und man tastet an sich herum und zwickt sich wohl auch selbst, nur um festzustellen, ob man noch etwas fühlt, sich selber fühlt, sich selber dadurch feststellend. Dieser Vergleich, weil ich eben unerschrocken einen Teil meiner Bekannten aufsuchte und nach ihrem Befinden fragte. Man schaute mich an wie eine notorische Erscheinung aus einem Traumland und fragte mich: »Sie leben noch? Sie haben Ihre Freiheit?«, und man betastete mich gleichfalls und war sprachlos.

Ich hörte von Verhaftungen morgens um dreiviertel sechs am Donnerstag und Freitag. Hörte, daß SS und Kriminalpolizei, hier und dort bei den Betreffenden mehrmals am Tage, alle Räume durchgingen nach männlichen Lebewesen, die man ganz einfach mitnahm. Ich hörte, daß in einer Familie bereits um vier Uhr früh das SS-Kommando vorsprach. Daß man jüdische Herren, die Donnerstag ins Geschäft oder an ihre sonstige Arbeit gingen, von der Straße weg verhaftete, ganz einfach, »weil sie Juden waren«. Ich hörte weiter, daß man jeden auf der Straße seitens dieser Menschenjäger angesprochen sah, der irgendwie »nichtarisch« gezeichnet war, und die Frage: »Sind Sie arisch?« mit »nein« beantwortet, genügte in jedem Fall, um sofort mitgenommen zu werden. Meine Gewährsleute lasse ich in allen Fällen ungenannt. Meine Aufzeichnungen sind nur ein Kommentar zu ihren eigenen Erlebnissen und Überlieferungen. Und ferner bin ich ihnen dies schuldig in einer Zeit, gegen die man alle ähnlichen und gleichen Vorkommnisse aller bisherigen Jahrtausende der Vorhistorik und Historik zusammenrechnen muß, um noch keinen Vergleich zu finden...

Das Jahr 1938 wurde, nach meinen Begriffen, »das Jahr der Amokläufe«. Aber es wurde auch das sichtbare Zeichen der nicht mehr aufzuhaltenden Katastrophe, in die das gesamte deutsche Volk unrettbar hineingerissen wird, wenn dieser Spuk noch weitergeht.

Walter Tausk: Breslauer Tagebuch. 1933–1940. 1988

Vom Andern Deutschland

Aus den Tagebüchern

VON
ULRICH VON HASSELL

22.10.39 Ich fand in Berlin bei den Unterrichteten eine gradezu erschütterte Stimmung. Während man in weiten Kreisen noch immer über den genialen Schachzug des Russenpakts, über die Siege in Polen und über die in der Tat famosen Leistungen der U-Boote und Flieger gegen England jubelt, verbreitet sich dort das Gefühl der unaufhaltsamen Reise in den Abgrund. Die Empfindungen, die dabei die Hauptrolle spielen, sind: die Überzeugung, daß der Krieg militärisch nicht zu gewinnen ist; die Einsicht in die in hohem Grade gefährliche wirtschaftliche Lage; das Gefühl, von verbrecherischen Abenteurern geführt zu werden; und die Schmach, mit der die Kriegführung in Polen teils durch die brutale Verwendung der Flieger, teils durch die grauenhaften Bestialitäten besonders der SS vor allem gegen Juden den deutschen Namen bedeckt haben. Die Grausamkeiten der Polen gegen die Volksdeutschen sind auch Tatsache, aber doch psychologisch entschuldbarer. Wenn aber Leute die in einer Synagoge zusammengetriebenen Juden mit Revolvern zusammenknallen, so kann man sich nur schämen. Ein mildes Kriegsgerichtsurteil gegen solche Halunken ist durch Brauchitsch aufgehoben worden, ein zweites, nochmals mildes, durch die unerhörte allgemeine Amnestie Hitlers für solche Taten erledigt worden. Niemöller aber sitzt jahrelang im KZ. Ich hörte, daß Blaskowitz als Armeeführer ein Verfahren wegen Mord und Plünderung gegen zwei SS-Standartenführer, darunter den Raudi Sepp Dietrich, verlangt habe, aber vergeblich. Furchtbaren Eindruck hat auf die, welche es gesehen haben, auch der Zustand von Warschau mit seinen zerstörten Stadtteilen, vielen tausend von herumliegenden Leichen usw. gemacht. Natürlich hätte der Kommandant es nicht dazu kommen lassen sollen. Aber die Peitsche, die hinter uns stand, schnell zum Ende zu kommen, ist doch in erster Linie verantwortlich.

Mein politischer Gesamteindruck in Berlin war:

Untröstlich ist's noch allerwärts,

aber – zum ersten Mal:

Doch sah ich manches Auge flammen
Und klopfen hört ich manches Herz [Uhland].

Der Zustand, in dem sich mitten in einem großen Kriege Deutschlands die Mehrzahl der politisch denkenden, einigermaßen unterrichteten Leute befindet, die ihr Vaterland lieben und leidenschaftlich national *und* sozial denken, ist gradezu tragisch. Sie können einen großen Sieg nicht wünschen und noch weniger eine schwere Niederlage, sie müssen einen langen Krieg fürchten, und sie sehen keinen wirklich realen Ausweg. Letzteres deshalb, weil man nicht das Vertrauen haben kann, daß die Führung der Wehrmacht Einsicht und Willen genug besitzt, um sich im entscheidenden Augenblick einzusetzen. Brauchitsch wird zwar einige Erkenntnis, aber kein Wille zugesprochen; er scheint auch magenkrank zu sein; Halder noch mehr Einsicht, aber nach seiner Stellung weniger Macht; auch er soll körperlich, das heißt mit den Nerven, nicht auf der Höhe sein. Von Raeder erwartet niemand etwas, und über Göring habe ich oft genug in diesen Blättern gesprochen. Unter den Armeeführern sind ausgezeichnete Leute: z.B. Rundstedt, Blaskowitz, Bock, Leeb, Witzleben, List. Aber in ihren lokalen Stellungen sind sie nicht nahe genug am Ruder. Übrigens hat man interessanterweise Hammerstein, der in Köln eine Armeegruppe hatte und dann auf eine weniger wichtige Stellung gehen sollte, jetzt ganz kaltgestellt.

Am Montag, dem 16., nachmittags bei Beck. Er sah weder beim Durchbruch durch die Maginotlinie noch dem durch Belgien-Holland eine einigermaßen erhebliche Erfolgschance. Seine Meinung von den führenden Leuten ist die allerschlechteste, auch von Göring. Ich fragte ihn nach seinen Verbindungen zur jetzigen Generalität: man scheint ihn ziemlich liegen zu lassen (aus Angst natürlich), so wie er ja auch kein Kommando bekommen hat. Goerdeler hält er für gut, wenn auch reichlich sanguinisch und unvorsichtig. Wir waren darüber einig, daß das Schlimmste ein Durchmarsch durch neutrale Länder wäre.

Abends mit Knieriem gegessen, der wirtschaftlich pessimistisch ist. Danach bei Ilse Göring. [...] Sie hat ihren Sohn im Hause einsegnen lassen, weil ihm als HJ verboten ist, in Uniform in die Kirche zu gehen!, er aber unbedingt Uniform tragen wollte. Ein christlicher Staat! Politisch wußte sie nicht viel, bestätigte aber, daß Hermann wegen der Wirtschaft und der Russensache besorgt ist. Ich habe sie gegen Belgien-Holland-Durchmarsch scharf gemacht und überhaupt Hermann Görings Verantwortung unterstrichen. Dasselbe habe ich - nach erstem Frühstück mit Knieriem - am nächsten Morgen bei Olga Rigele [Görings Schwester] getan. Mein Versuch, zu Hermann Göring vorzudringen, scheiterte leider.

Interessante Unterhaltung mit Welczeck [bisheriger Botschafter in Paris], der sehr tätig ist. Sein Aktionskreis sind Leute der obersten SS-Führung - Stuckart und Höhn -, von denen er behauptet, daß sie im Grunde so dächten wie er und besonders schon erwögen, ob man Ribbentrop der Gegenseite zum Fraß hinwerfen solle. Man überlege dort schon die Zusammensetzung eines neuen Ministeriums. Ihn habe man gefragt, ob er das Außenministerium übernehmen wolle, worauf er sich als ungeeignet bezeichnet, wohl aber Wohlthat oder mich vorgeschlagen habe. Ich habe Sorge, daß diese Leute ein doppeltes Spiel treiben, wenigstens teilweise. Popitz warnte mich später vor Höhn, mit dem Welczeck mich zusammenbringen wollte; Stuckart sei ordentlich, aber vorsichtig - korrekt ohne Handlungswillen.

Mittags traf ich mich mit Goerdeler. Er hat seine etwas wilden Pläne revidiert. Vor allem sieht er ein, daß innerpolitische Forderungen nicht offen von außen gestellt werden dürfen. Überhaupt ist jetzt nicht der Augenblick, auf dem Wege über Friedensangebote vorwärts zu kommen. Nach allen Nachrichten sind die verschiedenen Fühler, die von deutscher Seite ausgingen, vor allem von Göring (amerikanischer Senator Davis u.a.) teils gescheitert, teils aussichtslos. Hitler hat befohlen, alles abzublasen, und nur wenn die Initiative von Feindseite komme, könne man sie prüfen.

[...] Hitler, der in schlechtem Nervenzustand ist, würde sicherlich immer noch gern aus der Sache herauskommen, ist aber nach Chamberlains Rede zur Taktik der Intransigenz zurückgekehrt. Augenscheinlich neigt er jetzt zum Durchmarsch durch Belgien-Holland.

Frühstück im Conti mit Popitz, Planck, Tischbein, Sybel, Heinrici. Hauptsächlich mit Popitz gesprochen, weitere Unterhaltung verabredet.

Nachmittag [17.10.] bei Weizsäcker. Ziemlich mitgenommen, wie begreiflich nach Heinrichs Tod und allem sonstigen. Er sieht allmählich ganz klar, hält Hitler für besessen und Ribbentrop für mindestens teilweise. Einziger Ausweg: Eingreifen des Militärs, aber wie?

Mittwoch Nostitz im Amt besucht. Entsetzt über die Führung. Er meinte, daß die Angaben über Flieger- und U-Boot-Erfolge von der Wehrmacht zum Teil recht »sanguinisch« gemacht würden.

[...] Dann bei Raeder. Ich widmete ihm mein Buch und packte dann tüchtig aus. Wie mir schien, war er selbst wegen der Russensache recht betroffen und hinsichtlich der Siegesmöglichkeiten skeptisch. Ein Angriff *großen* Stils mit U-Booten (und Fliegern) gegen England ist offenbar vorläufig nicht möglich. U- Bootzahl erst [19]41 erheblich gesteigert. Dagegen Erfolge im Handelskrieg, der jetzt schon ziemlich rücksichtslos geführt werde, dank des Systems der Funkleitung auch gegen Konvois recht gute. Er bestritt, daß er, wie die Engländer meldeten, wegen Streits mit R[ibbentrop] den Abschied verlangt habe; er habe lediglich dessen Wunsch abgelehnt, Schiffe zum Schutz der Deutschen nach Reval und Riga zu schicken. Immerhin sprach er über R[ibbentrop] offensichtlich ohne Sympathie. Er erklärte auf das bestimmteste, die Marine wünsche nicht den Durchmarsch durch B[elgien]-H[olland]; die belgischen Häfen lägen heute unter den englischen Fernfeuergeschützen, Wert habe nur ein Durchbruch bis gegen Brest! Die Armee sei auch nicht dafür, wohl aber die Luft - ob Göring selbst, behauptete er, nicht genau zu wissen. Auf meine Frage erklärte er, daß er diese seine Ansicht schriftlich niedergelegt habe. Ich habe ihm möglichst klar gemacht, welche große Verantwortung jetzt bei der Wehrmacht liege und habe ihm eingehend die Folgen unserer Schwenkung zu den Sowjets geschildert.

Gegen Abend mit Himers. Beide natürlich voller Begeisterung. Er war bei Gdingen als Chef beim Korps Kaupisch. Unrug habe die Kapitulation als verfrüht und nur durch das Meutern von Reservisten nötig geworden bezeichnet; deutsche Flugzettel über die Erfolge in Polen hätten gewirkt. Auf seine Frage, ob ich denn nicht auch den Russenpakt für einen genialen Schachzug hielte, sagte ich: »Ja, wenn man nämlich den Krieg *wollte.*«

Wenn nicht, so sei das Manöver, das die andern ins Mauseloch scheuchen sollte, offenbar mißlungen.

Abends bei strömendem Regen in Dahlem bei Hammersteins. Er war militärisch gleichfalls der Ansicht, daß Durchbruchsversuche minimale Chance hätten. Sein Urteil über Brauchitsch als Mann von politischer Erkenntnis und Bereitschaft zum Handeln ist negativ. Durchmarsch durch Belgien-Holland sieht er, wie ich, als ein großes Unheil an. Raeder fragte mich übrigens, wie sich nach meiner Ansicht Amerika verhalten würde (im Falle dieses Durchmarsches); daran knoble man nämlich sehr herum. Ich erwiderte, ich sei nicht sachverständig; Roosevelt sei rein außenpolitisch nicht berechenbar, aber ich könnte mir nicht denken, daß Amerika in solchem Fall nicht die andere Seite in ganz erheblich gesteigertem Maße unterstützen würde, wahrscheinlich sogar im Laufe der Zeit auch militärisch.

Donnerstag [19.10.] früh im Bristol neue Besprechung mit Goerdeler. Der Mann ist frisch und höchst aktiv, aber gefährlich sanguinisch. Jetzt setzt er auf einen Besuch bei Göring, den man ihm vermitteln will, womöglich auch bei Hitler; er will erreichen, ins feindliche Ausland (England vor allem) geschickt zu werden, um von dort den Frieden unter Bedingungen mitzubringen, die Hitler nicht schlucken könne, worüber dieser dann stürzen müsse. Ich sehe diesen Weg noch nicht verwirklicht.

Um elf Uhr bei Popitz. Eingehende, sehr sachliche und offene Aussprache. Er sieht ganz klar. Trotzdem die Hauptsache noch fehlt, nämlich der handelnde General, meint er, man müsse sich jetzt schon im kleinsten Kreise unterhalten, wie man eintretendenfalls handeln wolle. Goerdeler und Planck geeignete Teilnehmer. Ersterer sei aber immer etwas phantastisch sowohl in seinen Angaben wie in seinen Plänen. Zum Beispiel habe er im alten Sinne parlamentarische Anwandlungen, die unmöglich seien; man müsse aber zunächst durchaus autoritär regieren. Sich selbst denkt P[opitz] als künftigen Erziehungsminister.

Er gefiel mir sehr gut in seiner Sachlichkeit und tiefernsten Sorge. Zum Schlusse kamen wir auf die Monarchie, die er zuerst noch zurückstellen möchte (anders Goerdeler). In bezug auf die Person leuchtet ihm Prinz Oskar wegen seiner unangreifbar tadellosen Persönlichkeit als »Regent« am meisten ein. [...]

30.10. Morgens mit Goerdeler spazierengegangen. Nach seinen Informationen ist die Lage so:

1. Militärisch: Für einen kurzen Krieg, der für uns unbedingt erforderlich sei, sehe Hitler nur den Ausweg des Einmarsches in Holland-Belgien. Das Heer sei dagegen, auch Brauchitsch und noch betonter Halder. Hitler habe die Generale vor kurzem morgens empfangen mit der Mitteilung, er wolle den Durchmarsch, aber der ihm vorgelegte Plan gefalle ihm nicht; er habe die letzte Nacht dazu benutzt, ihn umzuarbeiten und bitte Brauchitsch, diesen Plan vorzulesen. B[rauchitsch] habe das getan, worauf als einziger der Generale ausgerechnet Reichenau dagegen gesprochen habe, weil seiner Gruppe oder Armee eine undurchführbare Aufgabe zugeteilt werde. Hitler habe einen übermüdeten, nervösen Eindruck gemacht; angeblich sei er im Schlafanzug gewesen. Ergebnis: die Sache sei weiter vorzubereiten, Angriff, der zunächst am 12., dann am 6., dann wieder am 12. habe stattfinden sollen, sei nun noch um einige Tage auf *den* Termin vertagt, zu dem die Heeresleitung die Bereitschaft melden werde.

2. Wirtschaftlich: Goerdeler behauptet, daß alle wahrheitsgemäßen Berichte ein sehr übles Bild geben sowohl für Munition wie für Rohstoffe wie für die Ernährung. Wir könnten alles in allem höchstens achtzehn Monate aushalten, viel früher aber werde schon die Abnutzung der Nerven und Kräfte sich gefährlich fühlbar machen.

3. Politisch: Bei dieser Sachlage müsse alles eingesetzt werden, zum Frieden zu kommen, was aber mit der gegenwärtigen Leitung weder aktiv noch passiv möglich sei. Das Ziel müsse sein, im Augenblick der Erteilung des Befehls zum Durchmarsch zu handeln. Verzichte Hitler doch noch auf die Lösung, so habe man noch Frist. Sei der Widerstand gegen den Befehl und entsprechendes Handeln nicht zu erreichen, so müsse der Film zunächst abrollen und der erste Rückschlag zum Handeln benutzt werden. Allerdings sei dann die Chance, einen anständigen Frieden zu bekommen, erheblich geringer, andererseits die innere Reife größer.

4. Chancen: G[oerdeler] glaubt nicht, daß Brauchitsch zum Handeln zu bewegen sein würde. Allenfalls möglich sei aber, daß es gelinge, mit Hilfe von Halder ihn zum Dulden, also unter eigenem Verschwinden, zu veranlassen. Alles übrige sei leicht

zu machen: genügend entschlossene Generale ständen bereit, schnell und energisch vorzugehen, wenn der Befehl von oben kommt. Hierin liege das ganze Problem. G. gab zu erkennen, daß er mit Leuten in der Zentrale der Wehrmacht in dauernder Verbindung stände. Eine von militärischer und Auswärtigen-Amt-Seite (Etzdorf) ausgearbeitete Denkschrift gegen einen Durchmarsch und für das Erstreben eines baldigen Friedens sei Brauchitsch immerhin vorgetragen worden.

Ich fragte G., ob aus dem geplanten Schritt Krupp-Bohlens etwas geworden sei; G. erzählte, dieser habe (was ich nie anders erwartet habe) abgelehnt, und zwar mit dem abwegigen Hinweis auf die Flucht Thyssens, der die Industrie dadurch kompromittiert habe.

Mein Gesamteindruck war, daß G[oerdeler] sehr stark nach dem Morgenstern-Wort handelt, daß »nicht sein kann, was nicht sein darf«. Er sieht die Dinge sehr sanguinisch, glaubt besonders auf wirtschaftlichem Gebiete alles Ungünstige und lehnt alles Günstige ab und macht sich auch bezüglich der Generale manche Illusionen. Ich brachte ihm Bedenken dieser Art zum Ausdruck und warnte ferner vor der Annahme, daß es nach einem Einbruch in Belgien usw. noch möglich sein würde, einen anständigen Frieden zu bekommen. In der Sache war ich mit ihm ganz dahin einig, daß alles versucht werden muß, die Verweigerung des Durchmarsches zu erreichen.

G[oerdeler] ist zweifellos, trotz der angedeuteten Schwächen, einer der wenigen wirklich Tätigen und Furchtlosen. Ich versprach ihm, auf meinen Kanälen im vereinbarten Sinne zu wirken.

Die beim letzten Berliner Besuch beobachteten Symptome des Knisterns im Gebälk haben sich verstärkt. Auch das Verhalten eines Mannes wie Reichenau, der das Gras wachsen hört, ist dafür bezeichnend. Er soll schon seit einiger Zeit kritisch geworden sein, auch ein Wort gegen die SS-Schweinereien in Polen gewagt haben. Die Hauptsache fehlt aber immer noch: der Befehlsgewalt habende und befehlende Soldat. Halder genügt dafür weder als Kaliber noch in seiner Position.

Vor Tisch bei Popitz. Er hofft immer noch, daß es mit Göring gehen werde, zu dessen Bau er eben gehört. Über die Sprache im engsten Kreise Hermanns erzählte er Erstaunliches. Gritzbach, einer der engsten Gefolgsleute, der dauernd mit Göring zusammen ist, hat ihm gesagt, Hitler sei einfach geisteskrank und müsse ausgeschaltet werden, wobei er andeutete, daß Göring im Grunde ebenso dächte. Nach Popitz ist des Pudels Kern die zitternde Angst Görings vor der Gestapo, die Akten über ihn hat. Wenn man ihm garantieren würde, daß man ihm diese Akten ungelesen überantworte, so würde er ohne Besinnen handeln. Ich bezweifle das vorläufig noch. Er hängt zu fest an Hitler. Popitz [meint], daß es nötig sein werde, sehr bald eine Spitze zu schaffen, natürlich eine monarchische, und zwar eines Hohenzollern. Prinz Oskar [als] Regent leuchtet am meisten ein.

Ich habe mich im Tage geirrt, bei Popitz war ich Dienstag.

Montag [...] nachmittags bei Olga Rigele. Für ihre Stimmung und die Eindrücke von ihrem Bruder [Göring] ist bezeichnend, daß sie immerfort in Tränen war. Sie fühlt die Gefahr. Aus Andeutungen ging hervor, daß Göring sich Vorwürfe macht, am 31. August nach der Unterhaltung mit mir nicht energisch eingegriffen zu haben. Sie wollte einen neuen Versuch machen, mich an ihn heranzubringen (vergeblich).

Dienstag, 31. Oktober, nochmals im Tiergarten mit Goerdeler. Er hat Funk gesehen und behauptet, daß dieser in seiner tiefsten Brust wirtschaftlich genauso pessimistisch sei wie er. - Das Verhalten der Türken und Roosevelts Sieg bleiben nicht ohne Eindruck. - Goerdeler meint, bei den Generalen bestehe eine starke Abneigung gegen den »Hammerstein-Kreis«, daher sei auch das Heranziehen von Planck schwierig. Ham[merstein] rede zu viel und würde im entscheidenden Moment nicht handeln. Goerdeler fährt morgen auf ganz wenige Tage nach Schweden, ich wies ihn auf Prinz Carl Bernadotte hin, Schwager des Königs von Belgien.

Dann Popitz. Frühstück im Conti-Kreise. Um 15.30 Uhr bei Weizsäckers, zuerst bei Carl Friedrich und Gundi, dann bei Mariannchen und ihm, zuletzt mit ihm allein. Er sieht jetzt völlig klar und scheint mit Halder in engem Kontakt zu stehen. Ribbentrop sei nach wie vor kriegsbegeistert und wolle das britische Empire zerstören. Er (Weizsäcker) glaubt, daß Hitler wirklich einmarschieren will und sieht schwarz in schwarz, falls das geschieht. Ich machte ihn mit allen Kräften fest. W[eizsäcker] klagte über Mackensens unkritische Berichte; er hält ein

Eingreifen Italiens für uns für ausgeschlossen (außer fünf Minuten vor dem Siege). Mackensen traf ich Mittwoch oder Donnerstag auf der Straße. Er behauptete, Mussolini sei nach wie vor zum Eingreifen entschlossen. Auf meine Frage, wann? gab er zu, daß es vorläufig materiell ganz ausgeschlossen sei, aber man sammle systematisch Benzin und alles sonst Nötige, wozu ich mich skeptisch äußerte. Das Ministerrevirement bedeute eine Verstärkung der »deutschen« Richtung; was er als Beleg brachte, war nicht sehr schlagkräftig.

Am Spätnachmittag bei Schacht. Er sieht wesentlich nüchterner als Goerdeler (den er aber sonst sehr lobt), besonders bezüglich eines wirtschaftlichen Zusammenbruchs. An den Durchmarsch will er noch nicht recht glauben. Ob Hitler nicht doch bluffe? Aber gegen wen soll das wirksam sein?

Gegen 20 Uhr noch einmal bei Goerdeler im Nürnberger Hof (früher Habsburger!). Ich versuchte ihm etwas Skepsis gegenüber alledem einzuflößen, was ihm erzählt wird.

Abends von Stauß mit Frau und Sohn bei Horcher eingeladen. Ziemliche Schlemmerei. Das ganze Lokal gesteckt voll von Generaldirektoren, Filmstars und Parteigrößen. Letztere verschaffen Horcher wohl die Möglichkeit, »alles« zu haben. In einer Ecke das interessante Kleeblatt: Helldorff, Gisevius, Oberst Oster (Verbindungsmann von Canaris im Auswärtigen Amt).

Mittwoch, den 1.11. Morgens besuchte mich der »Regierungspräsident« Diels (früher Gestapo, dann Köln, jetzt Hannover), ein undurchsichtiger, aber sicherlich kluger Mann. Auch sein Besuch ein Zeichen des niedrigen Barometerstandes. Er beschrieb den gradezu grauenerregenden Zustand des Staatsapparats, den das Dritte Reich durch das Nebeneinander von Partei und Staat und die Vielzahl der »Stellen« überhaupt in dieses Chaos gebracht hat. Solch Apparat könne die große Probe eines Krieges nicht bestehen. In Hannover betätigten sich 28 von ihm großenteils halb oder ganz unabhängige Stellen auf Gebieten, die früher dem Regierungspräsidenten unterstellt gewesen seien. Alles das habe er Göring stundenlang dargelegt, aber er habe kaum Hoffnung auf Änderung. Diese Leute wissen ja im Grunde gar nicht, was ein Staat ist. Unangenehme Sachen will Göring außerdem nach Möglichkeit nicht hören.

Der amtierende Finanzminister Popitz kann nicht zu ihm vordringen; Göring hat irgendeinem seiner Leute, der den Wunsch Popitz', empfangen zu werden, vortrug, gesagt: »Ich weiß, was er mir alles erzählen will, aber ich kann es jetzt nicht ertragen!«

Mit Diels und anderen Gespräch über meinen Aufsatz über Steins organischen Staatsgedanken, der etwas gewirkt zu haben scheint. – Im übrigen natürlich Frage des Durchmarsches als Schicksalsfrage auf dem Tapet auch mit Diels.

Nachher bei Görings Schwager Hueber, Unterstaatssekretär im Justizministerium, ein netter, verständiger Mann. Er hat als alter Nationalsozialist und Großdeutscher schon lange für den Anschluß gekämpft. Jetzt sieht er mit Sorge die ganze Entwicklung, ohne schon voll zur ganzen Größe der Gefahr durchgedrungen zu sein. In Österreich scheint Reinthaller sein bester Mann zu sein. Die Zustände in der Ostmark sieht er im ganzen als noch befriedigend an, aber er hält Bürckel für einen völlig ungeeigneten Ochsen im Porzellanladen. Ich versuchte, ihn auf die Notwendigkeit zu lenken, in Deutschland endlich wieder zu einem Rechtsstaat zu kommen und ihm im übrigen anzudeuten, welche ungeheure Verantwortung jetzt bei seinem Schwager liegt, der nämlich auf H[ueber]s Frau etwas zu hören scheint. H. selbst hat nicht viel Einfluß und ist wie alle guten Elemente des alten österreichischen Nationalsozialismus im Grunde kaltgestellt. Er sagte mit Recht, daß die Sache erst funktioniert habe, als man die bis dahin beschimpften und von Einfluß ferngehaltenen Gemäßigten der Richtung Seyß-Inquart habe arbeiten lassen.

[...] W[elczeck] fehlt ein wirkliches geistiges Leben, er liest nie ein Buch. Trotzdem ist er ein Mann von Verstand und eigenem Urteil. Er erzählte mir übrigens neulich, daß er bei Horthy war, der in der offensten Weise seiner absoluten Ablehnung Hitlers und seiner Methoden Ausdruck gegeben habe. Von anderer Seite wurde mir bestätigt, daß Hitler versucht hat, Horthy à la Schuschnigg und Hacha zu behandeln, dabei aber abgeblitzt sei. Zweifellos haben wir Ungarn jetzt in die denkbar übelste innere und äußere Lage hineinmanövriert. [...]

Gegen Abend bei Beck. Er sieht die Lage genau wie ich an und erklärte mir, daß er Goerdeler wegen seiner sanguinischen Art tüchtig zugesetzt habe, um ihn zu nüchterner Beurteilung anzuhalten. Einen militärischen Erfolg hält er für ausgeschlossen. Er las mir eine Denkschrift über die Lage vor, aus der seine pessimistische Beurteilung hervorgeht. Brauchitsch und Genossen bezeichnete er als Sextaner in bezug auf ihre Urteilsfähigkeit über den engsten militärischen Zusammenhang hinaus. Auch von Halder hält er als einer wirklichen Persönlichkeit nicht viel. An Göring will er wie die meisten Offiziere nicht heran, weil dieser im Grunde der minderwertigste Charakter sei, deshalb lehnt er auch Popitz' Pläne ab. Mir wurde nicht klar, ob und wie weit er in der Lage ist, positiv an einer Änderung mitzuarbeiten. Interessanterweise bezeichnete er das Hitlersche Amendement zum Generalstabsplan für den Durchmarsch als an sich durchaus zutreffend. Nur sei eben das ganze Unternehmen ein Wahnsinn.

Abends bei Brauchitschs. *Viel* Zusammenhang mit dem Vetter, der ja nicht in Berlin ist, besteht zur Zeit nicht. Ich habe aber nach Kräften eingeheizt, um ihnen die ganze Verantwortung zu zeigen, die er jetzt trägt. Ein Oberbefehlshaber ist kein Divisionskommandeur, der einfach zu gehorchen hat, sondern er hat auch die politischen Zusammenhänge mit zu erwägen, ganz zu schweigen von der militärischen Frage, ob ein Vorgehen genügend Erfolg verspricht, um Risiko und Opfer zu lohnen.

Ulrich von Hassell: Die Hassell-Tagebücher. 1938–1944. Aufzeichnungen vom Andern Deutschland. Nach der Handschrift revidierte und erweiterte Ausgabe. Herausgegeben von Friedrich Freiherr Hiller von Gaertringen. 1988

Die letzten Tage im Kessel von Stalingrad

VON
ALEXANDER FÜRST ZU DOHNA-SCHLOBITTEN

Die Westseite des Kessels befand sich seit dem 12. Januar [1943] in ständigem Zurückweichen. Auch unser Stab mußte zurückverlegt werden. Während der sehr kalten Nacht vom 12. zum 13. setzten wir uns unbemerkt nach einem Ort ab, der 10 Kilometer westlich von Stalingrad liegt. Hier fanden wir in einem Tal eine Reihe wohlausgebauter, aber verlassener Unterstände vor. Auf diesem Rückzug kamen wir an unserem bisherigen Flugplatz Pitomnik vorbei, der jetzt ebenfalls mitsamt den dort stehenden Maschinen aufgegeben werden mußte. Neben dem Bahnhof Gumrak wurde ein neuer Behelfsflugplatz eingerichtet, der aber schon am 15. Januar unter Beschuß der russischen Artillerie geriet.

Am 9. Januar hatte uns unser bisheriger Chef des Stabes, Oberst Thunert, verlassen; sein Nachfolger, Oberstleutnant i.G. Müller, war wenige Tage zuvor mit dem Flugzeug eingetroffen. Zwischen Thunert und Müller spielte sich eine in ihrer Art einzigartige Auseinandersetzung ab: Beide wollten aus Pflichttreue und Kameradschaftlichkeit auf dem verlorenen Posten bleiben. General Hube, der diesen Streit nicht selbst entscheiden wollte, legte die Frage Generaloberst Paulus vor. Oberstleutnant Müller blieb, Oberst Thunert nahm, mit Tränen in den Augen, von jedem einzelnen seines Stabes Abschied. Ich gab ihm einen Brief an meine Frau mit, in dem ich auch einige Mitteilungen über den wahren Grund des Zusammenbruchs machte. Bei der Ankunft von Oberst Thunert im OKH wurde ihm dieses Schreiben zwecks Zensur abgenommen. Ich brachte Oberst Thunert zum Flugplatz und nahm von ihm, wie ich überzeugt war, Abschied fürs Leben; daß ich jemals wieder in die Heimat zurückkehren würde, konnte ich mir nicht vorstellen.

Das, was alle Weitsichtigen schon längst vorausgesehen hatten, trat ein. Nachdem die uns unterstellten Divisionen mit letzter Kraft unter persönlichem Einsatz aller Offiziere und insbesondere des Kommandeurs der 29. I.D. (mot.) dem russischen Ansturm standgehalten hatten, brach die Front schließlich zusammen. Die meisten Soldaten waren so entkräftet, daß sie einfach liegenblieben und erfroren oder gefangengenommen wurden. Wenige schleppten sich noch mit ihrer letzten Kraft ohne Waffen, die sie zu tragen nicht mehr imstande waren, in den immer enger werdenden Kessel hinein. In aller Eile wurde aus den letzten Reserven eine neue Front bei Gontschara, etwa 15 Kilometer nordwestlich von Stalingrad, aufgebaut, die vorher schon festgelegt, aber nur zum geringsten Teil mit Unterständen versehen war.

Am 15. Januar befahl mir General Hube, ihn auf einer Fahrt zur Front zu begleiten. Es war der erschütterndste Eindruck, den ich in meinem Leben gehabt habe. Schon auf dem kurzen Anfahrtsweg bis zur vordersten Linie strömte uns ein unaufhörlicher Zug von zurückgehenden Soldaten entgegen. Ohne Waffen, oft ohne Schuhe, die Füße in Lumpen gehüllt, mit eisverkrusteten, ausgemergelten Gesichtern, vielfach verwundet, schleppten sie sich in den Kessel. Am Rande der Straße lagen Tote und Sterbende. Ich sah Leute, die auf ihren Knien weiterrutschten, weil ihre Füße abgefroren waren. Keine Ärzte, keine Sanitäter, keine Medikamente mehr. Die drei dem Korps unterstellten Divisionen verfügten noch über ein Geschütz und fünf Panzer. Während General Hube mit einigen Offizieren sprach, hatte ich den Auftrag, einen nach hinten fahrenden Panzer anzuhalten und mich nach seinem Auftrag zu erkundigen. Gerade als ich neben dem Panzer stand, warf eines von den ständig in der Luft kreisenden Flugzeugen aus wenigen hundert Metern Höhe – aus Munitionsmangel wurde nicht mehr auf sie geschossen – eine Bombe gezielt auf den Panzer. Zum Glück fiel sie auf die andere Seite des Panzers, so daß ich unverletzt blieb. An der Front selbst, die erst in der Nacht bis zu diesem Punkt zurückverlegt worden war, befanden sich vollständig entkräftete deutsche Verbände, die Lücken klafften weit. Die Russen waren zum Glück noch nicht nachgestoßen.

Am 16. Januar nachmittags erhielt ich plötzlich den Befehl, mich fertigzumachen, um als Kurier der 6. Armee zum OKH nach Lötzen mit wichtiger Kurierpost zu fliegen. Das XIV. Panzerkorps hatte dazu einen Offizier zu stellen, und General Hube wählte mich aus dem Stabe aus, vermutlich wegen meiner vielen Kinder. Natürlich überkam mich ein unbändiges Glücksgefühl bei der Aussicht, meine Frau und die Kinder wiederzusehen. Ich hatte aber auch ein schlechtes Gewissen, meine Kameraden in dieser trostlosen Lage zurückzulassen.

Bereits am Mittag hatte ich den mir unterstehenden Soldaten empfohlen, im Hinblick auf die bevorstehende Gefangenschaft möglichst viel Wäsche und warme Kleider übereinander anzuziehen, um auf diese Weise Sachen zum Wechseln bei sich zu haben. Auch ich hatte mich entsprechend angezogen. Es war dies verhältnismäßig einfach, weil jeder so abgemagert war, daß er beliebig viel unter der Uniform tragen konnte. Meine sämtlichen übrigen Sachen, einschließlich Waffen, überließ ich meiner Abteilung. Nach einem Abschied, den ich nicht zu beschreiben wage, und nach Abmeldung bei General Hube, der mich ebenso wie die meisten anderen beauftragte, die Angehörigen zu benachrichtigen, bestieg ich den Kraftwagen und fuhr zum nahe gelegenen Armeestab.

Dort wurde ich zunächst zum Adjutanten der Armee, Oberst Adam, gebracht, der mir mitteilte, daß mein Kurierauftrag ungewiß sei, weil inzwischen Leutnant Kemna verwundet sei, der die Post befördern könnte. Oberleutnant Mattik brachte mich für die Nacht bei der Abt. I c unter, zusammen mit Leutnant Kemna. Wir bekamen sogar etwas zu essen; es sollte zwar für den ganzen kommenden Tag reichen, aber ich aß alles auf einmal auf. Während der Nacht erlitt Leutnant Kemna einen Ohnmachtsanfall. Der herbeigerufene Arzt stellte fest, daß er infolge seines Blutverlustes unmöglich in der Lage sei, den Kurierauftrag auszuführen. Also würden wir beide fliegen – falls überhaupt noch Flugzeuge auf dem unter feindlichem Beschuß liegenden Behelfsflugplatz landeten und nicht lediglich Lebensmittel aus der Luft abgeworfen wurden. Am nächsten Morgen, dem 17. Januar, übergab mir Oberst Adam ein Paket Kurierpost sowie, unter dem Siegel der Verschwiegenheit, einige Wertsachen und die Orden von Generaloberst Paulus sowie seine eigenen Auszeichnungen zur Weitergabe an General Burgdorff, den stellvertretenden Chef des Heeres-Personalamtes. Gleichzeitig erklärte er mir, daß ich bei jeder passenden Gelegenheit den wahren Grund für die Vernichtung der rund 300 000 Soldaten im Kessel angeben solle: Schuld trage einzig und allein Hitler selbst. Es werde die Zeit kommen, wo man dieses öffentlich bekanntgebe. Die wenigen Überlebenden von Stalingrad hätten die heilige Pflicht, auf diese Tatsache hinzuweisen. Wenn man der 6. Armee vorwerfe, die ihr unterstellten Verbände schlecht geführt zu haben oder feige gewesen zu sein, müßten Zeugen dieser Katastrophe den wahren Sachverhalt bekunden.

Am Flugplatz erklärte mir der Kommandant nach Einsichtnahme in meinen vom Chef des Generalstabes der Armee, General Schmidt, persönlich unterschriebenen Ausweis, daß ich mir einen Platz im Flugzeug mit Gewalt verschaffen müsse. Ein Angriff russischer Flieger mit Bomben setzte ein, so daß ich mich schleunigst in einen Bunker zurückzog, zusammen mit Mannschaften eines Flakgeschützes. Ein Leutnant, der wußte, daß ich gerade von der Armee kam, fragte mich allen Ernstes, ob tatsächlich der Entsatz des Kessels bis auf 20 Kilometer an uns herangekommen sei. Man könne anscheinend schon das Artilleriefeuer hören. Obgleich ich wußte, daß dies russischer Geschützdonner war und die nächste Stelle der deutschen Front weit entfernt lag, gab ich eine zuversichtliche Antwort – zum letzten Mal.

Kaum hatten sich die Flugzeuge zurückgezogen, konnte man ungestört hinaus, denn erfahrungsgemäß war ein zweiter Bombenhagel unmittelbar danach nicht zu befürchten. In diesem günstigen Augenblick erschienen zwei deutsche Messerschmitts am Himmel, die glücklich landeten. Bei laufenden Motoren warfen sie die Lebensmittelsäcke hinaus, ohne darauf zu achten, in wessen Hand sie gelangten. Es entstand eine wilde Schlägerei um die Brotlaibe, soweit die ausgemergelten Männer noch Kraft dazu hatten. Andere versuchten in die beiden Flugzeuge zu klettern. Bei dem schrecklichen Durcheinander verlor ich Leutnant Kemna aus den Augen. Da ich als Stabsangehöriger verhältnismäßig besser ernährt und vor allem nicht so unter Frost zu leiden gehabt hatte, war ich kräftig genug, mir mit meiner angeschnallten Aktenmappe gewaltsam Zugang zum Flugzeug zu verschaffen. Den etwa einstündigen Flug verbrachte ich halb liegend im Rumpf, zusammengepfercht mit anderen. In Stalino angelangt, wurde ich wie ein dem Inferno

Entkommener mit großer Kameradschaft aufgenommen. Man überließ mir zehn Tafeln Schokolade, eine Rarität, gab mir aber den dringenden Rat, trotz des Hungers nur wenig zu essen. Ich bat, man möge versuchen, meiner Frau über meine Rettung aus dem Kessel Nachricht zu geben.

Ich schlief lange und tief, so daß ich am folgenden Tag in der Lage war, zum Oberkommando der Wehrmacht und dann zum Führerhauptquartier Wolfschanze in Ostpreußen zu fliegen. Dort wurde zunächst streng überprüft, ob ich eine Erlaubnis des Chefs des Generalstabes der 6. Armee, General Schmidt, besäße; das war der Fall. Ein Major i.G., der gleichzeitig mit mir ausgeflogen worden war, hatte diesen Ausweis nicht; er wurde, wie ich später hörte, wegen Fahnenflucht erschossen. Die mitgebrachte Privatpost wurde mir sofort von einem Offizier der militärischen Spionageabwehr abgefordert. Am nächsten Tag gab mir Oberstleutnant i.G. v. Zitzewitz unauffällig den Brief an meine Frau zurück, den Oberst Thunert einige Tage vorher befördert hatte. Offensichtlich hatte ihn jemand vor der Zensierung an sich genommen, um mir unangenehme Folgen wegen meiner Äußerungen über Hitler zu ersparen. Dieser Vorgang war für mich ganz undurchschaubar; jedenfalls fühlte ich mich von allen Seiten belauert und enthielt mich daher jeder politischen Äußerung. Die Geheimpapiere und die Orden von Generaloberst Paulus sowie die Wertsachen übergab ich auftragsgemäß.

Es wurde erwogen, daß ich Hitler persönlich über Stalingrad berichten sollte. Diesen Plan verwarf man gleich wieder, wohl weil man den wegen Stalingrad aufgebrachten »Führer« nicht noch wütender machen wollte. – Soviel ich weiß, sind nach dem 17. Januar nur noch zwei Flugzeuge im Kessel gelandet. Mit einem von ihnen wurde ein oder zwei Tage später auf persönlichen Wunsch Hitlers General Hube ausgeflogen.

Nach einer militärärztlichen Untersuchung, bei der Hungerödeme festgestellt wurden, schickte man mich für ein Jahr auf Urlaub nach Hause. In Schlobitten empfing mich eine überglückliche Familie. Die Rettung aus Stalingrad war ein Wunder, für das wir Gott tief dankbar sind.

15 Jahre später erschien bei uns Manfred Gusovius, der als Oberleutnant und Ordonnanzoffizier mit mir zusammen im Stab Hube gewesen war. Er war in russische Gefangenschaft

geraten und gehörte zu den wenigen Überlebenden. Bei den Verhören waren er und andere Offiziere des Stabes gefragt worden, wo der Ic des Korps, Fürst Dohna, geblieben sei. Gusovius, der wegen seines frechen und lustigen Mundwerks im Stab sehr beliebt war, antwortete darauf: »Der Vogel ist ausgeflogen.«

Alexander Fürst zu Dohna-Schlobitten:
Erinnerungen eines alten Ostpreußen. 1989

Berliner Bombennächte
November 1943

VON
MISSIE WASSILTSCHIKOW

Dienstag, 23. November: In der letzten Nacht ist die Berliner Innenstadt zum größten Teil zerstört worden.

Am Nachmittag hatte es schwer geregnet. Ich war ausgeschickt worden, eine Urkunde abzuholen, die für die Konferenz gebraucht wurde. Unser neuer Chef Büttner hat eine Manie für derartige Besprechungen; sie finden fast täglich statt. Vermutlich will er nur seine Truppen »Revue passieren lassen«. In meinen Augen ist es komplette Zeitverschwendung. Auf dem Wege wurde ich triefnaß und kam verspätet zur Besprechung, die bis kurz nach sieben Uhr dauerte. Gerade eilte ich die Treppe hinunter, um nach Haus zu gehen, als mich der Portier mit den ominösen Worten »Luftgefahr 15« anhielt. Dies bedeutet, daß riesige Feindverbände im Anflug sind. Ich lief die Treppe, zwei Stufen auf einmal nehmend, wieder hinauf, um diejenigen meiner Kollegen, die weit draußen wohnen, zu warnen, im Büro zu bleiben, um nicht auf dem Heimweg auf freier Flur vom Fliegeralarm überrascht zu werden. Gerade als ich das Gebäude verließ, ertönten die Sirenen. Es regnete noch immer stark, und da vorauszusehen war, daß die Autobusse den Dienst sehr bald einstellen würden, beschloß ich, zu Fuß nach Haus zu gehen. Einen langen Brief, den ich gerade an Tatjana geschrieben hatte, steckte ich in den Postkasten an der Ecke.

Die Straßen waren voller Menschen. Viele standen einfach herum, denn durch den Regen war die Sicht so schlecht, daß niemand glaubte, der Angriff könne lange dauern oder großen Schaden anrichten. Zu Hause angekommen, sagte mir Maria Gersdorff, ihr Mann habe sie gerade aus seinem Büro in der Stadtkommandantur angerufen, um ihr mitzuteilen, daß die feindlichen Verbände umfangreicher als gewöhnlich seien, der Angriff daher schwer werden könnte und er deswegen über Nacht im Büro bleibe. Da ich keine Zeit zum Mittagessen gehabt hatte, war ich ausgehungert. Maria bat Martha, die alte Köchin, etwas Suppe aufzuwärmen, während ich hinaufging, um mir lange Hosen und einen Pullover anzuziehen. Wie es heute in solchen Fällen üblich geworden ist, packte ich auch einige Sachen in ein kleines Köfferchen. Papa war in seinem Zimmer und gab zwei jungen Männern Sprachunterricht. Er erklärte mir, daß er nicht gestört zu werden wünsche.

Kaum hatte ich zu Ende gepackt, als die Flak das Feuer eröffnete. Es wurde sofort sehr wüst. Papa erschien mit seinen Schülern, und alle zusammen eilten wir in den Halbkeller hinter der Küche hinunter, wo wir die Luftangriffe jeweils abwarten. Schon hörten wir die ersten Maschinen. Sie flogen sehr niedrig; plötzlich wurde das Gebell der Flak von einem ganz andern Geräusch übertönt, dem Krach explodierender Bomben, zuerst in weiter Ferne, dann näher und näher, bis man den Eindruck hatte, daß sie buchstäblich über unsern Köpfen fielen. Bei jeder Explosion erzitterte das Haus. Der Luftdruck war schrecklich und das Getöse ohrenbetäubend. Zum ersten Mal begriff ich die Bedeutung des Ausdrucks »Bombenteppich«. Irgendwann regnete es Glasscherben, und dann flogen alle drei Kellertüren, aus ihren Angeln gerissen, in den Raum. Wir drückten sie an ihre Plätze zurück und lehnten uns dagegen, um sie verschlossen zu halten. Ich hatte meinen Mantel draußen vergessen, wagte aber nicht, hinauszugehen und ihn zu holen. Eine Brandbombe landete zischend im Eingang, und die Männer krochen hinaus, um sie zu löschen. Plötzlich wurde uns klar, daß wir kein Wasser parat hatten, um etwaige Brände zu löschen, und drehten eilig sämtliche Hähne in der Küche auf. Dies dämpfte den Krach draußen ein wenig, aber nicht für lange... Die Flugzeuge kamen nicht wie sonst in Wellen, sondern dröhnten über eine Stunde lang unablässig über uns.

Mittendrin brachte mir die Köchin plötzlich meine Suppe. Ich glaubte, wenn ich sie äße, sie sofort wieder von mir geben zu müssen. Es war mir nicht einmal möglich, still sitzen zu bleiben, und bei jedem Krach sprang ich auf. Papa, unerschütterlich wie immer, verharrte die ganze Zeit in seinem Korbsessel. Als ich bei einer besonders ohrenbetäubenden Explosion abermals aufsprang, bemerkte er gelassen: »Setz dich! Dann bist du, wenn die Decke einstürzt, weiter davon entfernt...« Die Explosionen folgten jetzt so dicht aufeinander und waren so entsetzlich laut, daß ich mich in den schlimmsten Augenblicken hinter ihn stellte und mich schutzsuchend an seine Schultern klammerte. Was für eine Familien-*Bouillabaisse* hätten wir abgegeben! Papas Schüler kauerten in einer Ecke, während Maria an der Wand lehnte, für ihren Mann betete und verzweifelt aussah. Immer wieder mahnte sie mich, nicht in der Nähe von Möbeln zu stehen, da sie zersplittern könnten. Die Bomben regneten weiter herab, und als ein Nachbarhaus einstürzte, murmelte Papa auf russisch: »Wolja Boschja!« (Gottes Wille geschehe!) Es sah wirklich so aus, als ob uns nichts retten könnte. Nach ungefähr einer Stunde wurde es ruhiger, Papa holte eine Flasche Schnaps hervor, und wir alle tranken in großen Schlucken. Aber dann begann alles noch einmal von vorn... Erst gegen halb zehn verstummte das Gedröhn der Flugzeuge über uns. Es müssen viele Hunderte gewesen sein.

Just in diesem Augenblick klingelte, Wunder über Wunder, das Telefon in der Küche. Es war Gottfried Bismarck, der aus Potsdam anrief, um festzustellen, ob wir alle unversehrt seien. Sie hatten Hunderte von Maschinen gehört, die in geringer Höhe über sie hinweggeflogen waren, aber wegen der schlechten Sicht nicht ausmachen können, wieviel Schaden sie angerichtet hatten. Als ich sagte: »Es war grauenhaft!«, bot er an, herüberzukommen und mich abzuholen, aber ich erwiderte, daß es sich nicht mehr lohne, denn das Schlimmste sei anscheinend vorbei. Er versprach herauszufinden, wo Loremarie Schönburg abgeblieben war, und zurückzurufen.

Die Entwarnung kam erst eine halbe Stunde, nachdem die letzten Bomber abgedreht hatten; lange vorher waren wir schon von einem uns unbekannten Marineoffizier herausgerufen worden. Plötzlich habe sich, wie er sagte, ein Wind erhoben, der die Feuersbrünste immer weiter trieb. Wir liefen auf unsern kleinen Platz hinaus: auf drei Seiten glühte der Himmel blutrot. Dies, erklärte der Offizier, sei nur der Anfang; die wirkliche Gefahr werde erst in einigen Stunden kommen, wenn der durch die Brände hervorgerufene Wind richtig zu brausen anfange. Ehe wir das Haus verließen, hatte Maria jedem von uns ein feuchtes Handtuch gegeben, mit dem wir das Gesicht bedeckten – eine weise Maßnahme, denn unser kleiner Platz war bereits voller Rauchschwaden, und man konnte kaum noch atmen.

Wir kehrten ins Haus zurück. Papas Schüler kletterten auf das Dach, um ein wachsames Auge auf die Brände in der Nachbarschaft zu halten. Dann erschien der dänische Geschäftsträger Steenson, der nebenan wohnt, mit einer Flasche Cognac im Arm. Als wir im Salon standen, miteinander sprachen und gelegentlich einen Schluck tranken, klingelte das Telefon abermals. Wieder war es Gottfried, der äußerst besorgt klang. Er hatte Bernd Mumms Wohnung angerufen, wo Loremarie mit Aga Fürstenberg zu Abend gegessen hatte, aber nur erfahren, daß Loremarie sofort nach der Entwarnung fortgegangen sei; niemand wisse wohin. Gottfried meinte, sie würde versuchen, zu mir zu stoßen, aber da wir inmitten eines Feuerkreises saßen, bezweifelte ich, daß es ihr gelänge.

Sobald er aufgelegt hatte, gab unser Telefon den Geist auf, das heißt, wir konnten zwar noch angerufen werden, aber selbst nicht mehr telefonieren. Elektrizität, Gas und Wasser funktionierten nicht mehr, und wir mußten uns im Lichte von Taschenlampen und Kerzen herumtasten. Zum Glück hatten wir noch rechtzeitig alle vorhandenen Badewannen, Waschbecken, Spülbecken und Eimer mit Wasser gefüllt. Inzwischen hatte sich der Wind beängstigend verstärkt und heulte wie ein Orkan auf hoher See. Als wir aus dem Fenster blickten, sahen wir einen stetigen Funkenregen auf unser Haus und alle benachbarten Gebäude niedergehen. Die Luft wurde immer heißer und dicker, und der Rauch drang in dichten Schwaden durch die zertrümmerten Fenster herein. Wir inspizierten das ganze Haus und stellten zu unserer Erleichterung fest, daß es außer zerbrochenen Fensterscheiben und den aus den Angeln gerissenen Türen keinen wirklichen Schaden erlitten hatte.

Gerade waren wir dabei, einige Butterbrote zu verschlingen, als die Sirenen schon wieder ertönten. Eine halbe Stunde lang standen wir in tiefem Schweigen am Fenster, überzeugt, daß das Ganze noch einmal von vorn beginne. Dann kam die Entwarnung. Offenbar hatten nur einige Aufklärungsflugzeuge die Stadt überflogen, um den Schaden zu begutachten. Maria, die sich bis dahin fabelhaft gehalten hatte, brach nun in Tränen aus, da sie von ihrem Mann noch immer kein Lebenszeichen erhalten hatte. Obgleich ich inzwischen schrecklich schläfrig war, beschlossen wir, daß ich neben dem Telefon Wache hielt. Ich stellte es auf den Fußboden und legte mich, in eine Decke gewickelt, auf ein Sofa daneben.

Gegen ein Uhr morgens riefen Loremarie und Gottfried aus Potsdam an. Die Verbindung wurde zwar sofort unterbrochen, aber wenigstens waren wir weiterer Sorgen um Loremarie enthoben. Gegen zwei Uhr früh beschloß ich, ein wenig zu schlafen. Papa kam und leuchtete mir mit der Taschenlampe, während ich mir die Schuhe auszog und versuchte, mich zu waschen. Gegen drei Uhr legte sich auch Maria hin. Etwas später hörte ich wieder das Telefon klingeln und dann Marias ekstatisches: »Liebling!«, was hieß, daß Heinz in Sicherheit war. Sehr bald schlief auch sie ein. Ab und an wurde man durch die Geräusche eines einstürzenden Gebäudes oder die Explosion einer Zeitbombe wieder aus dem Schlaf gerissen, und ich schoß jedesmal mit klopfendem Herzen hoch. Inzwischen hatte der durch die Brände ausgelöste Sturm seinen Höhepunkt erreicht, und das Getöse draußen glich dem eines Zuges, der durch einen Tunnel braust. Dieser Feuersturm dauerte bis um sieben Uhr früh an.

Mittwoch, 24. November: Heute morgen sehr früh hörte ich Maria Gersdorff besorgt mit Papa sprechen. Ganz in der Nähe hatte ein Haus Feuer gefangen. Ich war jedoch so müde, daß ich wieder einnickte und mich erst gegen acht mühsam erhob.

Inzwischen waren Papas Schüler, nachdem sie die Nacht auf unserm Dach verbracht hatten, nach Hause zurückgekehrt, und Maria war ausgegangen, um Brot aufzutreiben. Sie kam mit einer alten, in einen weißen Schal gehüllten Dame am Arm zurück. Sie war ihr an der Straßenecke über den Weg gelaufen, und als sie ihr verschmutztes Gesicht näher betrachtete, hatte Maria erkannt, daß es ihre eigene achtundachtzigjährige Mutter war, die, um zu ihrer Tochter zu gelangen, die ganze Nacht durch die brennende Stadt gelaufen war. Ihre eigene Wohnung war völlig ausgebrannt, die Feuerwehr war zu spät gekommen und hatte alle ihre Anstrengungen der Rettung eines in der Nähe gelegenen Krankenhauses gewidmet, was gottlob auch gelang. Alle übrigen Gebäude in der Straße waren jedoch zerstört worden. Sehr bald erschien auch Heinz Gersdorff. Er habe nur einen flüchtigen Überblick über die Auswirkungen des Angriffs gewonnen, da er schnurstracks nach Haus gekommen sei, aber soweit er es beurteilen könne, habe die Gegend Unter den Linden (wo sein Büro liegt) ebenso gelitten wie unsere

Nachbarschaft hier. Die französische und britische Botschaft, das Hotel Bristol, das Zeughaus sowie Wilhelm- und Friedrichstraße seien alle sehr schwer beschädigt worden.

Gegen elf beschloß ich, mich auf den Weg zu machen und zu versuchen, mein Büro zu erreichen in der – wie sich herausstellte, allzu optimistischen – Hoffnung, dort in ein heißes Bad springen zu können. In langen Hosen, meinen Kopf in einen Schal gewickelt und mit pelzgefütterter, militärischer Schutzbrille auf der Nase, machte ich mich auf. Kaum hatte ich das Haus verlassen, war ich auch schon in Rauchwolken gehüllt, und Asche regnete auf mich herab. Ich konnte nur hinter einem vorgehaltenen Taschentuch Luft holen und segnete Heinz, daß er mir die Brille geliehen hatte.

Auf den ersten Blick sah die Woyrschstraße gar nicht so schlimm aus; aber nur einen Häuserblock entfernt, Ecke Lützowstraße, waren alle Gebäude ausgebrannt. Die Lützowstraße entlang wurde die Zerstörung immer schlimmer. Viele Gebäude brannten noch, und ich mußte mich in der Mitte der Straße halten, was wegen der zahlreichen zerstörten Straßenbahnen schwierig war.

Die Straßen waren voller Menschen, die sich, zumeist in Tücher eingehüllt und hustend, vorsichtig ihren Weg durch die Trümmerhaufen suchten. Am Ende der Lützowstraße, etwa vier Blocks von meinem Büro entfernt, waren die Häuser zu beiden Seiten eingestürzt, und ich mußte über rauchenden Schutt, geborstene Wasserleitungen und andere Trümmer hinwegsteigen, um auf die gegenüberliegende Seite zu gelangen. Bis dahin hatte ich kaum Feuerwehrleute gesehen, aber hier waren mehrere intensiv damit beschäftigt, in ihren Kellern verschüttete Menschen zu befreien. Um den Lützowplatz waren sämtliche Häuser ausgebrannt. Die Brücke über den Landwehrkanal war unversehrt, aber jenseits des Flusses waren alle Gebäude zerstört, nur noch die Außenmauern standen. Zahlreiche Autos suchten sich vorsichtig und laut hupend ihren Zickzackweg durch die Ruinen. Eine Frau packte mich am Arm, schrie, eine der Mauern schwanke, und beide fingen wir zu rennen an. Plötzlich fiel mein Blick auf den Briefkasten, in den ich am Vorabend meinen langen Brief an Tatjana eingesteckt hatte; er war noch da, wenn auch völlig zusammengeknickt. Dann sah ich meinen Lebensmittelladen Krause, oder vielmehr dessen Überreste. Maria hatte mich gebeten, auf dem Heimweg einiges Eßbare einzukaufen, da der Laden, bei dem sie mit ihren Lebensmittelkarten eingeschrieben war, bereits zerstört war. Aber der arme Krause konnte mir jetzt auch nicht helfen.

Noch immer vermochte ich mir nicht vorzustellen, daß auch unser Büro nicht mehr vorhanden sein könnte, aber als ich um die Ecke bog, sah ich, daß die Pförtnerloge und der noble Marmoreingang munter brannten. Davor stand Strempel (ein hoher Beamter im A.A.), neben ihm der rumänische Botschaftsrat Valeanu, von einer kleinen Gruppe dunkelhaariger Landsleute umgeben. Valeanu warf sich mir an den Hals und rief: »Tout a péri, aussi l'appartement des jumelles! J'emmène mon petit troupeau à la campagne, à Buckow!« Inzwischen haben nämlich alle ausländischen Missionen Ausweichquartiere außerhalb der Stadt. Und in der Tat standen die rumänische sowie die finnische Gesandtschaft etwas weiter unten als rauchende Ruinen da. Ich fragte Strempel, was wir tun sollten. Er knurrte: »Haben Sie denn für den Notfall keine Weisungen erhalten?« – »Gewiß«, antwortete ich ruhig. »Wir sollten, so hieß es wörtlich, nicht die Nerven verlieren und uns an der Siegessäule versammeln, wo wir abgeholt und aus der Stadt geschafft werden würden!« Er zuckte ärgerlich die Achseln und drehte mir den Rücken zu. Ich beschloß, nach Hause zurückzukehren.

Inzwischen begann mich der Anblick dieser endlosen Reihen ausgebrannter oder noch brennender Gebäude zu überwältigen, und Angst stieg in mir hoch. Den ganzen Bezirk, in dem mir so viele Häuser vertraut waren, hatte man in einer einzigen Nacht verwüstet! Ich begann zu laufen und rannte und rannte, bis ich wieder in der Lützowstraße anlangte, wo ein Gebäude einstürzte, gerade als ich vorbeikam. Ein Feuerwehrmann rief mir und einigen andern in der Nähe etwas Unverständliches zu; wir warfen uns alle zu Boden, und ich bedeckte meinen Kopf mit den Armen. Als das Donnern und Tosen einer weiteren eingestürzten Wand über uns weggerollt war und uns mit Mörtel und Staub bedeckt hatte, blickte ich auf und sah über eine Pfütze hinweg in das verschmutzte japanische Gesicht des Grafen C.-K. Tatjana und ich hatten ihn während der vier vergangenen Jahre sorgfältig gemieden, da er eine Schwäche für hübsche Mädchen besaß und sich nicht immer gut benahm, aber ich sagte mir im stillen, daß in Zeiten wie den heutigen alle Menschen Brüder seien. So setzte ich ein freundliches Lächeln auf und sagte auf Englisch: »Hullo!« Er blickte mich kalt an und fragte: »Kennen wir uns?« Ich fand, daß dies nicht der Augenblick für formelle Vorstellungen war, stellte mich wieder auf die Beine und eilte weiter.

Als ich nach Hause kam, erwartete mich eine heiße Suppe. Papa nahm meine Schutzbrille und ging hinaus, um sich ebenfalls umzusehen. Dann rief Gottfried Bismarck an und sagte, er würde mich um drei Uhr abholen. Ich erklärte ihm, welche Straßen er meiden müsse, um nicht steckenzubleiben. Marias Schwester, Gräfin Schulenburg (die mit einem Vetter des Botschafters verheiratet ist), erschien auf dem Fahrrad. Sie wohnt am andern Ende der Stadt, das offenbar nur geringen Schaden davongetragen hat. Ausgerechnet heute morgen seien drei Arbeiter bei ihr erschienen, um Fensterscheiben zu ersetzen, die während eines Angriffs im August zertrümmert worden waren, und obgleich das Zentrum von Berlin gestern nacht alle seine Fensterscheiben eingebüßt hat, haben sie die ihren repariert.

Der einzige materielle Verlust, den ich bisher erlitten habe, ist meine Monatsration Harzer Käse. Gestern erst hatte ich ihn gekauft und, da er ekelhaft roch und ebenso ekelhaft aussah, draußen auf das Fensterbrett gelegt; heute morgen war er verschwunden, vermutlich vom Luftdruck einer explodierenden Bombe auf ein benachbartes Dach geschleudert.

Als Papa zurückkehrte, setzte ich wieder die Brille auf und ging zu Fuß zu unserm Büro in der Kurfürstenstraße. Das frühere polnische Konsulat in dem Eckhaus, wo Tatjana, Luisa Welczeck und ich lange zusammen gearbeitet haben, brannte lichterloh. Ich machte einen Riesensprung daran vorbei und schoß in den Eingang des Botschaftsgebäudes nebenan, wo sich ein trauriges Häuflein Menschen versammelt hatte. Auf der Treppe saßen Adam Trott und Leipoldt, beide mit rußigen Gesichtern. Sie hatten die Nacht hier verbracht, da sie der Angriff noch im Büro überrascht hatte. Da offensichtlich nichts los war, verabredeten wir uns für morgen um elf Uhr am gleichen Platz.

Pünktlich um drei Uhr erschien Gottfried mit seinem Auto.

Wir luden mein Gepäck sowie einige Decken und ein Kopfkissen auf den Rücksitz. Da sein Haus in Potsdam voll ist von ausgebombten Freunden, werden wir, wie er uns erklärte, etwas notdürftig untergebracht werden. Außer Loremarie Schönburg sind auch noch die Essens draußen, die ebenfalls mitten in der Nacht naß, zerrupft und erschöpft erschienen waren.

Als der Angriff begann, war Rudger Essen noch in seinem Büro, das nur ein paar Häuser von dem unseren entfernt ist. Hermina war zu Haus (sie erwartet bald ein Kind). Er rief sie an und riet ihr, schnell in die Gesandtschaft herüberzukommen, in deren Keller schwedische Bauarbeiter gerade einen soliden Betonbunker mit zweieinhalb Meter dicken Wänden gebaut hatten. Bis gestern nacht waren sämtliche ausländischen Missionen und Residenzen unversehrt geblieben, und so hatten sie vermutlich geglaubt, daß sich ihre diplomatische Immunität auch auf die Bomben erstreckte! Hermina erreichte den Bunker wohlbehalten. Als sie nach der Entwarnung wieder aus dem Keller stiegen, brannte die Gesandtschaft über ihnen wie eine Fackel. Sie verbrachten mehrere Stunden damit, die wichtigsten Dokumente zu retten, und setzten sich dann ins Auto, um in ihre Wohnung zurückzukehren. Diese war inzwischen ebenfalls nicht mehr zu retten; so stiegen sie abermals in ihr Auto und fuhren durch die brennende Stadt schnurstracks zu den Bismarcks nach Potsdam hinaus.

Nachdem wir erst Rudger aufgelesen hatten, fuhren wir bei der noch immer rauchenden schwedischen Gesandtschaft vorbei, um etwas von seiner übriggebliebenen Habe abzuholen. Während wir auf Rudger warteten, stiegen Gottfried und ich aus, um das Gepäck umzupacken. Mit einemmal wankte uns eine Gestalt in einem teuren Pelzmantel entgegen, und ich erkannte Ursula Hohenlohe, eine berühmte Berliner Schönheit. Ihr Haar hing in Strähnen herab, ihr Make-up war verschmiert. Schluchzend machte sie vor uns halt: »Ich habe alles verloren. Alles!« Sie war auf dem Wege zu spanischen Freunden, die ihr versprochen hatten, sie aufs Land zu fahren. Wir sagten ihr, daß auch die spanische Botschaft zerstört worden sei. Darauf wandte sie sich wortlos ab und wankte in Richtung des brennenden Tiergartens weiter. Aus dem Rücken ihres Mantels war ein großes Stück Pelz herausgerissen.

Bald kam auch Rudger wieder zum Vorschein, und vorsichtig nahmen wir unsern Weg die Budapester Straße entlang, schlängelten uns zwischen Menschenreihen hindurch, die Kinderwagen hinter sich herzogen und Matratzen, diverse Möbelstücke und ähnliches mitschleppten. Brandl, der Antiquitätenladen, den Tatjana besonders liebte, brannte; die Flammen züngelten an den Vorhängen im Fenster empor und schlängelten sich um den Kristallüster. Da das Geschäft voller Seiden und Brokate hing, nahm sich der rosige Schein sehr festlich, geradezu üppig aus. Die ganze Budapester Straße war ausgebrannt, mit Ausnahme des Hotels Eden, das wir uns daher als Treffpunkt für den nächsten Tag auserkoren. Dann bogen wir in die Ost-West-Achse ein. Wir trauten unseren Augen nicht - auf beiden Seiten war nicht ein Haus übriggeblieben.

Als wir nach Potsdam hinauskamen, machte mich die Berührung mit der frischen, kalten Luft dort zuerst schwindlig. In der »Regierung«, der offiziellen Residenz der Bismarcks, war Gottfrieds Frau Melanie eifrig damit beschäftigt, Betten zu beziehen. Hermina Essen saß in ihrem Bett mit frisch gewaschenem Haar, das wie bei einem kleinen Mädchen steif abstand. Auch ich nahm ein Bad. Loremarie schrubbte mich ab; das Wasser wurde schwarz! Melanie ist angeekelt von dem Ruß und Schmutz, den ihr jeder Neuankömmling in das bisher so makellose Haus trägt.

Wir waren gerade mit dem Abendbrot fertig, als das Ferngespräch, das wir nach Königswart angemeldet hatten, durchkam; so konnten wir Tatjana und Mama beruhigen. Beide hatten den ganzen Tag versucht, sich mit uns in Verbindung zu setzen, ohne Erfolg. Unmittelbar nach diesem Gespräch erhielt Gottfried Nachricht, daß sich abermals riesige Feindverbände im Anflug auf Berlin befänden. Ich rief die Gersdorffs und Papa an, um sie zu warnen. Zwar hatte ich ein schlechtes Gewissen, ihnen eine so schlechte Nachricht zu geben, während ich hier in Sicherheit saß, aber wenigstens gewannen sie auf diese Weise Zeit, sich anzuziehen. Es dauerte nicht lang, und die Sirenen begannen zu heulen. Die andern blieben im Wohnzimmer, während Loremarie und ich in Jean-Georges' Zimmer hinaufgingen, um Wache zu halten, da uns die Ereignisse der vorigen Nacht noch in den Knochen steckten. Eine Flugzeugwelle nach der andern flog über Potsdam hinweg, aber diesmal in westlicherer Richtung, auf Spandau zu; so brauchten wir uns weniger zu sorgen. Der Angriff dauerte ungefähr eine Stunde, danach fielen wir todmüde in die Betten.

Donnerstag, 25. November: Heute morgen standen Loremarie Schönburg und ich zeitig auf. Die Essens hatten angeboten, uns in ihrem zerbeulten Auto mit in die Stadt zu nehmen, da Hermina nach Stockholm fliegen wollte. Die Wagentüren waren verklemmt, so mußten wir durch die Fenster einsteigen. Die Scheiben waren auch zerbrochen, und in den Rahmen steckten noch viele Splitter, die uns während der Fahrt fortwährend ins Gesicht geblasen wurden, so daß wir uns, so gut es ging, verhüllten. Wir sollten um elf Uhr im Büro sein, da aber Rudger seinen Wagen gegen einen andern, besser erhaltenen in einer Garage in Halensee eintauschen wollte, machten wir einen Umweg.

Sehr bald stellten wir fest, daß der Luftangriff der vorigen Nacht doch noch weitere Zerstörungen in der Stadt angerichtet hatte. Die Halenseebrücke stand zwar noch, die angrenzenden Häuser hingegen nicht mehr. Rudgers Garage sah ramponiert und verlassen aus. Wir fuhren die Pariser Straße entlang. Dieser Teil der Stadt sah etwas besser, wenn auch schäbig aus. Als wir aber das Hotel Eden erreichten, stellten wir zu unserm Erstaunen fest, daß es sich in den vergangenen vierundzwanzig Stunden gründlich verändert hatte. Die Mauern standen noch, aber sämtliche Fenster fehlten, und in ihren Öffnungen sah man Matratzen, zerbrochene Möbel und andere Trümmer. Später erfuhren wir, daß drei Sprengbomben das Dach durchschlagen und mit Ausnahme der Außenmauern alles zerstört hatten. Zum Glück hatte die Bar, die zugleich als Luftschutzkeller diente, standgehalten, denn sie war um diese Zeit voller Menschen. Der Zoologische Garten gegenüber war schwer getroffen worden. Eine Sprengbombe war auf dem Aquarium gelandet und hatte sämtliche Fische und Schlangen getötet. Die wilden Tiere sind heute morgen erschossen worden, da ihre Käfige beschädigt worden waren und Gefahr bestand, daß sie entkommen könnten. Ohnehin versuchten die Krokodile, in den Landwehrkanal zu springen. Sie wurden gerade noch rechtzeitig herausgefischt und erschossen. Welch ein Anblick das gewesen sein muß! Als wir das »Eden« verließen, verabredeten wir uns für fünf Uhr nachmittags vor der schwedischen Gesandtschaft, um gemeinsam nach Potsdam zurückzufahren.

Wir wurden am Lützowplatz abgesetzt, und nachdem wir unsere Gesichter mit großen, feuchten Handtüchern verhüllt hatten - viele Gebäude brannten noch immer, und man konnte die Luft kaum atmen -, machten wir uns auf den Weg ins Büro. Dort herrschte noch immer das gleiche Durcheinander. Kein Mensch wußte, was mit uns geschehen sollte; einige behaupteten, wir würden sofort aus der Stadt in ein Ausweichlager auf dem Land verlegt werden. Es hieß, Außenminister Ribbentrop sei in der Stadt, er habe sogar höchstpersönlich einige der brennenden ausländischen Botschaften angesehen. Es wurde gemunkelt, daß er sich in die Beratungen über das »Was nun?« eingeschaltet habe, die in den Überresten des Außenministeriums in der Wilhelmstraße stattfänden. Nachdem ich eine Weile mit diversen Kollegen geschwatzt hatte, die in den merkwürdigsten Aufzügen erschienen waren, da die meisten alles, was sie besaßen, verloren hatten, lauerte ich dem Chef der Technischen Abteilung auf, der an unserer letzten Besprechung am Tage des ersten Angriffs teilgenommen hatte. Er berichtete, daß er mein Fahrrad gerettet habe, es vorläufig aber noch behalten werde, da es sein einziges Beförderungsmittel in die Stadt sei. Dies erschien mir nur gerecht, da ich es ja bereits verloren geglaubt hatte, allerdings fragte ich mich, was Gottfried wohl sagen würde, denn eigentlich gehörte es ihm. Schließlich wurden wir angewiesen, am nächsten Tag um elf Uhr wiederzukommen; bis dann werde man vielleicht schon klarer sehen.

Gerade als wir im Begriff waren fortzugehen, erschien Papa. Er sah schrecklich aus, sein Haar stand zu Berge, sein Gesicht war grau. Er schien gekränkt, daß ich nicht zuallererst bei den Gersdorffs vorbeigekommen war. Ich hatte nicht angenommen, daß unsere Gegend abermals getroffen werden würde, und nur vorgehabt, ihnen einen kurzen Besuch abzustatten. Offenbar ist gestern nacht eine Sprengbombe hinter dem Haus eingeschlagen; alle Türen und Fenster seien hin, das Dach und einige Mauern eingedrückt. Seitdem hätten sie die ganze Zeit gelöscht, diesmal mit weniger Erfolg, denn ein Haus auf der anderen Seite unseres kleinen Platzes sei bis auf die Grundmauern abgebrannt.

Papa, Loremarie und ich kehrten in die Woyrschstraße zurück. Der Anblick, der sich uns dort bot, war grauenvoll. Da die meisten Bäckereien in Berlin zerstört oder geschlossen worden sind, hatte ich in Potsdam mehrere Laib Weißbrot eingekauft, und wir aßen eilig etwas Suppe. Dann machte sich Loremarie auf, verschwundene Freunde zu suchen, und ich verbrachte den größten Teil des Nachmittags damit, sämtliche Fensteröffnungen mit Pappe oder Teppichen zu vernageln, um Kälte und Rauch auszusperren. Marias achtundachtzigjährige Mutter, unerschrocken wie immer, bestand darauf, mir zu helfen, und reichte mir die Nägel, während ich oben auf der Leiter balancierte. Auch die Engländerin, der das zerstörte Haus gegenüber gehört hatte, half mir. Es war ihr nicht gelungen, irgend etwas zu retten, und sie plante, bald aufs Land zu ziehen.

Seit gestern kommen die verschiedensten Menschen aus andern Stadtteilen vorbei, die diese Reise zumeist zu Fuß unternommen haben, nur um festzustellen, wie es uns geht. Fast alle sind sich einig, daß zwar in ganz Berlin viele Bomben gefallen sind, aber die am schwersten betroffenen Bezirke seien unsere Gegend, das Diplomatenviertel um den Tiergarten sowie die Umgebung von Unter den Linden.

Marie Wassiltschikow: Die Berliner Tagebücher der »Missie« Wassiltschikow. 1940–1945. 1987

Verhängnis und Schuld in der Geschichte

VON

KLAUS SCHOLDER

I

Eines der größten Hindernisse zum Verständnis des Dritten Reiches liegt in der perspektivischen Verkürzung, die seine ohnehin kurze Geschichte im Rückblick erfahren hat. Das Gewicht der Katastrophe, die 1941 begann, und zu der beides, die Ermordung der Juden und der Zusammenbruch des Reiches, gehört, lastet so schwer auf dieser Geschichte, daß wir sie nur noch unter diesem Aspekt zu sehen vermögen. Die Frage: Wie konntet ihr zulassen, daß Hitler an die Macht kam? versteht sich von daher häufig als Frage: Wie konntet ihr Judenmorde, Massenverbrechen und den Zusammenbruch zulassen? Diese Frage aber kann nur in die totale Verständnislosigkeit führen.

Tatsächlich hat es diese Frage nie gegeben. Vielmehr war 1933 die Zukunft des Jahres 1941 so unbekannt wie uns heute, 1979, die Zukunft des Jahres 1987 unbekannt ist. Wir entscheiden damals wie heute ohne sichere Kenntnis der Zukunft. Erst die Zukunft aber deckt auf, ob unsere Entscheidungen richtig oder falsch waren.

Ich will diesen Grundgedanken im Blick auf die Anfänge des Dritten Reiches in zweifacher Hinsicht etwas näher ausführen.

Es gibt, soweit ich sehe, keine nennenswerte Darstellung des Dritten Reiches, die nicht selbstverständlich davon ausgeht, daß dieses Dritte Reich von allem Anfang an zum Untergang verurteilt war. Die Frage, ob es denn mit diesem Dritten Reich nicht auch hätte gutgehen können, wird bezeichnenderweise überhaupt nicht gestellt. Es ist richtig, daß wir heute wissen, daß es nicht gutgehen konnte. Aber das wissen wir doch erst, seit es nicht gutgegangen ist. Daraus zurückzuschließen, daß es keinesfalls hätte gutgehen können, bringt ein Element der Determination in die Geschichte, das sie nach allem, was wir wissen, keineswegs besitzt. Und wie wollte man denn solche Determination zum Untergang begründen? Mit dem Unrechtscharakter des Regimes? Mit der Fragwürdigkeit der nationalsozialistischen Ideologie? Mit dem gewaltigen Expansionsdrang? Oder mit dem ökonomischen Zusammenbruch der Autarkiepolitik? Aber wer wüßte nicht, daß Staaten mit ganz vergleichbaren Merkmalen durchaus zu überleben vermochten und vermögen und durchaus auch veränderungsfähig waren und sind? Es bleibt am Ende als Begründung der Zwangsläufigkeit des deutschen Untergangs die Deutung, die Joachim Fest und Sebastian Haffner gewählt haben: Hitlers Charakter, der auf Zerstörung angelegt war. Aber dies ist deutlich erkennbar ein Ex-post-Argument, das den Eintritt der Katastrophe voraussetzt.

Es wird schon richtig sein, was Fest gelegentlich bemerkt und was die Eigentümlichkeit dieser Situation deutlich macht: »Wenn Hitler Ende 1938 einem Attentat zum Opfer gefallen wäre, würden nur wenige zögern, ihn einen der größten Staatsmänner der Deutschen, vielleicht den Vollender ihrer Geschichte, zu nennen. Die aggressiven Reden und ›Mein Kampf‹, der Antisemitismus und das Weltherrschaftskonzept wären vermutlich als Phantasiewerk früher Jahre in die Vergessenheit geraten und nur gelegentlich einer ungehaltenen Nation von ihren Kritikern zum Bewußtsein gebracht worden.«

Das aber heißt: Der Zeitgenosse, der Hitler bis 1938 folgte (und auch der, der ihm nicht folgte), sah etwas vollkommen anderes, als wir heute sehen, nämlich einen unvergleichlich erfolgreichen Mann. Er nahm dafür in Kauf, was er nicht hätte in Kauf nehmen dürfen, was aber oft genug auf der Welt faktisch in Kauf genommen wird: die Einschränkung der Freiheit, die Verfolgung von Minderheiten und die Anwendung von unrechtmäßiger Gewalt. Hätte das Dritte Reich in irgendeiner Weise Bestand gehabt, so wäre dies alles – hier hat Fest nach allen Erfahrungen der Geschichte recht – als Begleiterscheinung eines säkularen Vorgangs abgeschrieben worden, wie so vieles andere in der Geschichte auch abgeschrieben worden ist.

Dies führt unmittelbar zu einer weiteren Überlegung. Mehr als alles andere bestimmen Erfolg oder Mißerfolg, Triumph oder Katastrophe die Darstellung einer Epoche. Aus der unübersehbaren Fülle von Einzelheiten, Motiven, Entscheidungen werden im Rückblick von den Historikern jene Entwicklungslinien herausgearbeitet, die auf das große Ereignis hinlaufen – obwohl für den Zeitgenossen die Schwerpunkte möglicherweise ganz anders lagen.

Ich will das an einem Beispiel verdeutlichen. Wenn es zu einem Atomkrieg in Europa käme und wenn es zwanzig Jahre später noch Historiker gäbe, die unsere Zeit darzustellen versuchten, so würde diese Darstellung die Gewichte zweifellos vollkommen anders verteilen, als wir sie heute setzen. Man würde feststellen, daß es eine Menge Stimmen gab, die vor diesem Ereignis warnten, und man würde diese Stimmen aus den verstecktesten Zeitungen und Büchern zutage fördern. Man würde fragen, warum die Parteien, die Gewerkschaften und die Kirchen zu dieser Frage weithin geschwiegen hätten. Und wir selber, wenn wir es überlebten, würden uns das fragen und uns kaum noch erklären können, warum wir damals andere Sachen für wichtiger hielten.

Man kann dieses Beispiel durchaus auf das Dritte Reich übertragen. Es soll nicht dazu dienen, die Zeitgenossen von Schuld zu entlasten, sondern es soll zeigen, wie leicht man in eine solche Schuld geraten kann, weil die Zukunft uns unbekannt ist. Denn was mir ganz und gar unerträglich erscheint beim Umgang mit unserer jüngsten Geschichte, das ist der Pharisäismus der Besserwisser, die meinen, das habe man doch alles vorhersehen und vorherwissen können; und deshalb sei man selbst als guter Antifaschist vor ähnlichen Irrtümern sicher und gefeit. Gewiß, man konnte einiges sehen, manche mehr, manche weniger. Aber das mußte doch nicht notwendig in eine Katastrophe führen. Das konnte sich doch ändern. Und soll man denn auch die Hoffnung verurteilen, die auf nichts setzte als die Zeit, die die schlimmsten Auswüchse abbrechen und schrittweise zur Normalität des Rechtsstaates zurückführen würde?

Für den Zeitgenossen ist die Zukunft und damit die Bedeutung seiner Entscheidung unbekannt. Für den Nachgeborenen ist beides bekannt. Das versetzt ihn gegenüber diesem in eine Rolle unvergleichlicher Überlegenheit. Wohl uns, wenn wir diese Überlegenheit nutzen, um für uns daraus zu lernen – und sei es nur die Einsicht, wie sorgfältig wir die Grundrechte hüten müssen und wie wenig es bedarf, um in eine historische Schuld zu geraten. Wehe uns aber, wenn wir diese Überlegenheit als Kampfinstrument mißbrauchen und uns von ihr in eine Sicherheit verführen lassen, die sich vor dem Irrtum der Väter gefeit weiß.

II

Beim späten Schleiermacher findet sich gelegentlich die melancholische Bemerkung: »Eine Zeit trägt die Schuld der anderen, weiß sie aber selten anders zu lösen als durch eine neue Schuld.« Wer den Ablauf der Ereignisse zwischen 1914 und 1945 verfolgt, kann von der Wahrheit dieser Bemerkung nur betroffen sein. Auf die Schuld Deutschlands am Kriege folgte die Schuld jenes Vertrages, der in Europa keinen Frieden schuf, sondern Bitterkeit, Haß und Rache säte. Die Ablösung dieser Schuld aber gelang nicht der friedlichen Revisionspolitik Stresemanns oder Brünings, sondern sie gelang Hitler durch eine neue und ungeheuerliche Schuld, die alles Vorangegangene weit überstieg. Zugleich aber mischen sich auch hier in die im Rückblick klar erkennbaren Schuldtitel Verhängnissse, zufällige Ereignisse also, deren unvorhersehbares Eintreten den Gang der Geschichte entscheidend mitbestimmte.

Ich will versuchen, an einigen Beispielen das Zusammenwirken von Schuld und Verhängnis in dieser Zeit deutlich zu machen.

Es gehört zu den eindeutigen Schuldtiteln der Siegermächte Frankreich und England, daß sie trotz wachsender besserer Einsicht an der Grundkonzeption des Versailler Vertrages festhielten, die Weimarer Republik damit fast unerträglich belasteten und zugleich Hitler den Ansatzpunkt für seine weit über den Kreis der unmittelbaren Anhänger hinaus gutgeheißene Revisionspolitik gaben. Diese Schuld wird verschärft durch die Tatsache, daß sie es andererseits – und dieses Argument werden wir heute besonders genau hören – unterließen, den möglichen explosiven Folgen einer solchen Politik in Deutschland durch die Herstellung einer militärischen Abschreckungsmacht entgegenzutreten. André François-Poncet, der französische Botschafter in Berlin, der wie kaum ein zweiter zwischen 1931 und 1938 die Entwicklung der deutschen Politik aus der Nähe verfolgen konnte, beschrieb 1947 in seinen Erinnerungen dies als die Mitschuld der Alliierten am Ausbruch des Zweiten Weltkriegs. In Zusammenhang mit seinen ständigen Warnungen in Paris vor der deutschen Aufrüstung bemerkte er: »Als Hitler sich des ersten Vertragsbruches schuldig machte, wäre es zweifellos besser gewesen, ihm sofort mit Gegenmaßnahmen zu antworten. Aus Gründen, ... die übrigens durchaus verständlich waren – der Wunsch, einen neuen Krieg zu vermeiden, der tiefe Pazifismus der Nation, die feste Verbundenheit mit dem Völkerbund und der Glaube an dessen Sendung, ... der ungenügende militärische Apparat, der nur zur Verteidigung aufgebaut war –, aus all diesen Gründen brachten unsere Regierungen nicht den notwendigen Mut auf.« Und kein Geringerer als Karl Barth pflichtete ihm noch 1950 darin bei, als er im Blick auf seinen Aufruf an die Tschechen im Herbst 1938, sich gegen den deutschen Überfall mit Waffengewalt zu verteidigen, seine Überzeugung wiederholte: »Viel Unmenschliches und Unchristliches, was nachher geschah, hätte damals, wenn die Staatsordnung im Westen rechtzeitig verantwortlich verteidigt worden wäre, verhältnismäßig schmerzlos, einfach durch den Beweis bewaffneter Festigkeit, verhindert werden können.«

Nicht weniger eindeutig gehört zu den *deutschen* Schuldtiteln am Niedergang der Demokratie und am Aufstieg Hitlers die wachsende Unfähigkeit der demokratischen Parteien zur Einigung und zum Kompromiß. Die letzte parlamentarische Regierung der Weimarer Republik, das von einer großen Koalition getragene Kabinett Müller, stürzte am 27. März 1930 über die Frage der Deckung der Arbeitslosenversicherung. Selten dürfte der Anlaß für einen Regierungsrücktritt in einem krasseren Mißverhältnis zu den Folgen gestanden haben. Denn von diesem Augenblick an bis zum 5. März 1933 gelang es nicht mehr, eine parlamentarische Mehrheit für eine Regierung zu finden. Hitler behauptete nicht nur die Unfähigkeit der demokratischen Parteien, sie *waren* unfähig. Und die voraussehbaren Folgen blieben nicht aus. Damals, im März 1930, saßen unter den 491 Abgeordneten des Reichstags 12 Nationalsozialisten und 54 Kommunisten. Genau ein halbes Jahr später, am 14. September 1930, waren es 107 Nationalsozialisten und 77 Kommunisten.

Zu diesen Schuldtiteln, die hier ja nur exemplarisch aufgeführt sind, Schuldtitel übrigens, die, aus der Zeit heraus ganz begreiflich, durchaus nicht als Ausfluß bösen Willens und in mancher Hinsicht fast unvermeidlich erscheinen und die im Rückblick doch als Schuld erkennbar sind, trat nun eine Abfolge von Verhängnissen, die erst das Schicksal der Republik besiegelten.

Ein besonders dramatisches Beispiel für ein Ereignis dieser Art findet sich in Churchills Erinnerungen. Wenn die Republik vor den vordringenden Nationalsozialisten noch zu retten war, dann neben der wirtschaftlichen Konsolidierung am ehesten durch einen außenpolitischen Erfolg. Eben diesem Erfolg aber war Brüning im April 1932 in Genf mit einer Vereinbarung über eine Teilrevision des Versailler Vertrages zum Greifen nahe.

In Gesprächen mit dem englischen Premierminister und dem amerikanischen Außenminister war es zum ersten Mal einem deutschen Kanzler gelungen, das Einverständnis der Alliierten zu einer Neufestsetzung der Rüstungszahlen zu gewinnen. Nur Frankreichs Zustimmung fehlte noch. »Norman Davies«, so heißt es dazu bei Churchill, »der amerikanische Sonderbotschafter, bat den französischen Ministerpräsidenten Tardieu telephonisch, sich sofort von Paris nach Genf zu begeben. Aber zum Unglück Brünings hatte Tardieu andere Nachrichten erhalten. Schleicher war in Berlin tätig gewesen und hatte soeben den französischen Botschafter vor Verhandlungen mit Brüning gewarnt, da sein Sturz unmittelbar bevorstehe. Es ist auch durchaus möglich, daß Tardieu über die militärische Position Frankreichs auf der Formel ›Rüstungsgleichheit‹ Besorgnis empfand. Jedenfalls kam Tardieu nicht nach Genf, und Brüning kehrte am 1. Mai nach Berlin zurück.« Kurz darauf wurde Herriot Nachfolger, der sich sofort bereit erklärte, den neuen Verhandlungsvorschlag mit Brüning zu besprechen. Am Vormittag des 30. Mai 1932 erhielt Brüning die Einladung nach Genf mit dem Hinweis auf die französische Verhandlungsbereitschaft. Wenige Stunden später trat er offiziell zurück. »So endete die letzte Regierung im Nachkriegsdeutschland«, schließt Churchill, »die das deutsche Volk vielleicht in den Genuß einer stetigen und zivilisierten Verfassung gesetzt und ihm friedliche Wege der Verständigung mit den Nachbarn geöffnet hätte. Die Angebote der Alliierten gegenüber Brüning hätten ihn zweifellos gerettet, wenn nicht Schleichers Intrige und Tardieus Aufschub dazwischengetreten wären. Diese Angebote mußten bald darauf mit einem anderen System und einem anderen Mann erörtert werden.«

Auch wenn man Churchills »zweifellos« durch ein »möglicherweise« ersetzen wird, bleibt der Verhängnischarakter dieser Geschichte deutlich. Gewiß wird man auch hier Fehler und Versäumnisse im einzelnen finden, bei Macdonald und Tardieu, bei François-Poncet und Schleicher, bei Hindenburg und Brüning selbst. Aber es gibt keine historische Theorie, die erklären könnte, warum alle möglicherweise entscheidenden Wendungen wie diese in der Weimarer Zeit zu spät, zu langsam, zu halbherzig geschahen und warum sich alle Fehler und Versäumnisse zu einer Kette des Verhängnisses summierten, unter deren Last die Republik schließlich zusammenbrach.

Die Liste der deutschen Schuldtitel, die Hitler an die Macht brachten, ist lang. Nicht weniger lang ist die Liste der Schwächen, Irrtümer und Fehler, die ihn an der Macht hielten. Und was immer der einzelne wußte oder nicht wußte - ganz und vollkommen wird man keinen erwachsenen Deutschen von der Mitwisserschaft ausschließen können, daß das Reich, dem er diente, ein Unrechtsstaat war.

Um so eindrücklicher tritt auch hier der Verhängnischarakter der Zeit heraus, der im Gegensatz zu der unglücklichen Republik in dem nicht weniger verhängnisvollen Glück bestand, das Hitler zwischen 1933 und 1940 zur Seite stand. Nicht nur Deutschland, sondern ganz Europa stand doch in diesen Jahren unter dem Eindruck, daß Hitler alles glückte, was den Weimarer Regierungen mißglückt war; und daß er weit darüber hinaus in wenigen Jahren politische Ziele verwirklichte, von denen man in den zwanziger Jahren nicht einmal zu sprechen wagte. Das war es doch am Ende, was die Deutschen hinriß, was sie auf Rechte und Freiheiten mehr und mehr verzichten und vor den Untaten die Augen schließen ließ: die Erfolge eines Mannes, dem scheinbar alles gelang, was er sich vorgenommen hatte.

Selbst Dietrich Bonhoeffer, der von Anfang an in seinem Urteil über das Regime nicht einen Augenblick geschwankt hatte, blieb vom Erfolg nicht unbeeindruckt. Es muß offenbleiben, ob er wirklich nach dem deutschen Sieg über Frankreich im Bruderrat der preußischen Bekennenden Kirche eine Änderung der Einstellung zu Hitler forderte, weil die Ereignisse bewiesen hätten, »daß Gott mit ihm sei«. Aber sicher ist, daß er zu dieser Zeit in seine Ethik einen Abschnitt »Der Erfolgreiche« einfügte, in dem es hieß: »Die Welt will und muß durch den Erfolg überwunden werden. Nicht Ideen oder Gesinnungen, sondern die Taten entscheiden. Der Erfolg allein rechtfertigt geschehenes Unrecht. Die Schuld vernarbt im Erfolg.«

Auch Hitler selbst übrigens wußte das sehr genau. Als er am 10. Februar 1939 in der Kroll-Oper in Berlin in einer Geheimrede die höheren Offiziere der drei Wehrmachtsteile auf den Krieg vorbereitete, da forderte er den unbedingten Gehorsam der Armee mit dem Argument: »Denn sechs Jahre lang, meine Herren, haben wir jetzt ja doch nur Glück über Glück gehabt. In diesen Jahren haben wir wirkliche Wunder erreicht. Es hätte ja auch anders gehen können, meine Herren.«

Wiederum gibt es eine Fülle von Gründen, die diese Erfolgsserie erklären. Aber wer im einzelnen verfolgt, welche unvorhersehbaren Zufälle, welche von niemand zu planenden Konstellationen nötig waren, um Hitlers Erfolge zu ermöglichen, der wird auch in dieser bis 1940 nicht ein einziges Mal abreißenden Erfolgsserie ein Verhängnis sehen, gegen das offensichtlich nicht anzukommen war.

Gerade die Gegner Hitlers haben hier ihre Ohnmacht besonders deutlich und fast schmerzhaft empfunden. Und in der Tat gibt es noch einen weiteren Hinweis auf den Verhängnischarakter dieser Zeit, nämlich den Unstern, der über allen Attentaten auf Hitler offensichtlich stand.

Im August 1936 trug Friedrich Reck-Malleczewen, ein glühender Gegner Hitlers, der im Februar 1945 in Dachau ermordet wurde, diese Empfindung der Ohnmacht gegenüber einem Verhängnis in sein »Tagebuch eines Verzweifelten« ein. Er erinnerte sich einer Szene aus dem Herbst 1932, als er zufällig mit Hitler zusammen in der Münchner Gaststätte Osteria Bavaria zu Abend aß. »Ich war damals«, so notierte sich Reck vier Jahre später, »mit dem Wagen in die Stadt gekommen, und da die Straßen damals ... schon recht unsicher waren, hatte ich eine schußbereite Pistole bei mir und hätte ihn damals in dem nahezu menschenleeren Lokal ohne weiteres abschießen können. Ich hätte es ohne Zaudern getan, sofern mir eine Gewißheit über die Rolle dieses Unflates und über unser jahrelanges Leiden gekommen wäre.« Reck hatte nicht geschossen, weil er Hitler damals noch nicht ernst nahm, und er fügte nun die Bemerkung hinzu: »Es hätte auch hier, wo im Rate der Höchsten unser Martyrium schon beschlossen ist, nichts genützt, und wenn man ihn damals auf ein Eisenbahngleis gebunden hätte, so wäre der heranbrausende D-Zug vorher entgleist. Man hört heute viel von Attentaten, die ihm galten, und die alle mißglückten. So wird es sein, und er wird Glück haben, bis seine Stunde gekommen ist. Ist sie gekommen, so wird aus jedem Winkel auf ihn das Verderben zukriechen ...«

Man begreift die prophetische Bedeutung dieser Bemerkung aus dem Jahre 1936 erst, wenn man sich der langen Reihe von Attentaten verzweifelter Deutscher in den folgenden Jahren erinnert, die wider alle Wahrscheinlichkeit tatsächlich ausnahmslos scheiterten. Am 8. November 1938 etwa verließ Hitler überraschend den Bürgerbräu-Keller, genau 13 Minuten ehe Georg Elsers Bombe explodierte. Am 13. März 1943 versagte bei einer Bombe im Führerflugzeug der Zünder; kurz darauf mißlang ein Attentat im Berliner Zeughaus, weil Hitler, entgegen seiner bisherigen Gewohnheit, den Raum rasch verließ. Und am 20. Juli 1944 war es eine Frage von wenigen Metern, die über Leben und Tod des Diktators entschieden.

Dies waren gewiß alles Zufälle. Aber es waren Zufälle, deren unabsehbar verhängnisvolle Folgen für den Fortgang der Geschichte mit Händen zu greifen sind.

III

Angesichts des übermächtigen Verhängnischarakters dieser Jahre, der sich den Zeitgenossen mit fortschreitender Kriegszeit immer deutlicher einprägte, erhebt sich die Frage, ob und in welchem Sinne hier von Schuld gesprochen werden kann. Denn wenn wir Ereignissen ausgeliefert werden, auf die wir keinen Einfluß zu nehmen vermögen, scheint auch keine Schuld mehr vorzuliegen im Sinne einer frei gewählten Entscheidung.

Aber das ist ein Scheinargument. Vielmehr kommt für das richtige Verständnis des Verhältnisses von Verhängnis und

Schuld alles darauf an, zu begreifen, daß es eine Kategorie von Schuld gibt, die sich gegen alles Verhängnis behauptet. Es ist jene Schuld, die der einzelne allein oder in einer Gemeinschaft als seine eigene Schuld erfährt und bekennt. Wenn wir bisher Verhängnis und Schuld gleichsam nebeneinander in der Geschichte wirken sahen, so kommen wir nun zu einem Punkt, wo wir das Verhältnis beider zueinander noch genauer bestimmen können. Die Deutschen, auch die deutsche Führungsschicht, ist zweifellos in ihrer überwältigenden Mehrheit ohne ein Bewußtsein von Schuld Hitler gefolgt und so auch in den Krieg eingetreten. Das war nicht nur, aber gewiß auch, eine Folge der durch die Kriegsschuldfrage verhinderten Diskussion über die Schuld am Ersten Weltkrieg.

Im Laufe des Krieges aber änderte sich das. Es war keine Veränderung, die von heute auf morgen eintrat und erst recht keine, die in irgendeiner Form schon Allgemeingut werden konnte. Dem stand beides, das Gesetz des Krieges und der Terror des Regimes, entgegen.

Gleichwohl ist nicht daran zu zweifeln, daß da und dort in Deutschland ein Bewußtsein der eigenen Schuld und Mitschuld am Gang der Dinge wach wurde, das, von keiner Propaganda geweckt, auch von keiner Propaganda beruhigt werden konnte; ein Bewußtsein der eigenen Schuld und Mitschuld, das, im Gewissen entstanden, das Verhängnis selbst als Folge der Schuld zu verstehen begann. Diese Veränderung, so verborgen sie ihrer Natur und den äußeren Umständen nach sein mußte, war gleichwohl einer der wichtigsten Vorgänge, die sich in dieser Zeit vollzogen.

In seiner einfachen Form finden wir diesen Vorgang in den Lebenserinnerungen eines alten Pfarrers, die er vor allem für seine Kinder und Enkel aufgeschrieben hat und die er mir vor einiger Zeit zuschickte. Er schildert darin unter anderem, wie er als Unteroffizier in der II. Panzerdivision 1941 den Vormarsch in Rußland erlebte und dabei durch Zufall Zeuge einer Massenerschießung in Berditschew wurde. Hunderte von Juden, Männer, Frauen und Kinder, wurden vor seinen Augen und den Augen anderer Soldaten ermordet. Fast alle Soldaten, so schrieb er, wandten sich entsetzt und erschüttert ab. Selbst hilflos und ratlos, beschloß der Unteroffizier, gegen alle militärischen Regeln, die Sache seinem höchsten Vorgesetzten vorzutragen. Es gelang ihm tatsächlich, bis zum General vorzudringen. Der hörte sich, ebenfalls tief bewegt und erschüttert, den Bericht des Unteroffiziers an. Auf dessen Bitte aber, irgend etwas zu tun, antwortete er: »Wie stellen Sie sich das vor? Sie haben eine zu große Achtung vor der Macht eines Generals. Denken Sie nicht, Herr Pfarrer, daß mich das nicht bewegt, was Sie mir berichtet haben. Aber was soll ich tun?« Und wenig später wiederholte er noch einmal: »Was soll ich tun? Ich kann doch nicht das Polizeibataillon, das nicht unter meinem Befehl steht, einfach zum Einstellen seines verbrecherischen Handelns veranlassen. Ich kann keinen Privatkrieg gegen Befehle führen, die von ganz oben kommen.«

Beide, der Unteroffizier und der General, haben trotz dieses Erlebnisses den Krieg weitergeführt. Insoweit blieb dieser Dialog ohne Folgen. Aber es ist ausgeschlossen, daß er auch für das Bewußtsein ohne Folgen blieb. Vielmehr entstand hier und in zahlreichen ähnlichen Dialogen eine Bereitschaft, von der eigenen Schuld und Mitschuld zu sprechen, auch wenn man selbst kein Mörder und nicht unmittelbar schuldig geworden war.

Davon ging offensichtlich Hans Asmussen aus, einer der führenden Männer der Bekennenden Kirche, als er Ende Dezember 1942, während sich in Stalingrad die Katastrophe der 6. Armee vollzog, an Visser't Hooft nach Genf schrieb, die Kirche werde nach dem Krieg die Welt auf ihre Schuld hin anreden müssen. »Es gehört zu den eindrücklichsten Erfahrungen der letzten Jahre«, schrieb er, »daß ein großes Unheil geschieht, wenn die Frage der Schuld allein der Propaganda überlassen bleibt. Denn die Propaganda ist darauf angewiesen, den Alleinschuldigen zu finden. Damit aber häuft sie das Unrecht und sät eine furchtbare Drachensaat, die eines Tages aufgeht.« Er fände, so schrieb er weiter, in Deutschland heute – nicht nur unter den Theologen – »eine Bereitschaft, von Schuld zu hören«, die sehr viel größer sei als nach dem Ersten Weltkrieg.

Die höhere Form dieser Bereitschaft, »von Schuld zu hören«, aber entfaltete sich im Widerstand. Denn der Widerstand gegen Hitler war nichts anderes als die reinste Bekundung des Willens, nicht oder nicht mehr mitschuldig zu werden an den Untaten des Regimes. Aus der Bereitschaft, »von Schuld zu hören«, entstand die Verantwortung, dem Regime ein Ende zu setzen und dabei den Einsatz des eigenen Lebens als Sühne für die Schuld zu wagen.

Als sich der Generalmajor Henning v. Tresckow, der den militärischen Widerstand entscheidend mitgetragen hatte, nach dem Scheitern des Attentats in den Morgenstunden des 21. Juli 1944 von seinem Freunde Schlabrendorff verabschiedete, da sagte er: »Wenn einst Gott Abraham verheißen hat, er werde Sodom nicht verderben, wenn auch nur zehn Gerechte darin seien, so hoffe ich, daß Gott auch Deutschland um unseretwillen nicht vernichten wird. Niemand von uns kann über seinen Tod Klage führen. Wer in unseren Kreis getreten ist, hat damit das Nessushemd angezogen. Der sittliche Wert eines Menschen beginnt erst dort, wo er bereit ist, für seine Überzeugungen sein Leben zu lassen.«

In diesen Sätzen zeigt sich, daß es nur eine einzige Instanz gibt, die das zweideutige Verhältnis von Verhängnis und Schuld klären kann, und das ist das eigene Gewissen. Nur wo historische Schuld im Gewissen eines einzelnen oder einer Gemeinschaft als eigene Schuld identifiziert wird, gewinnt sie Klarheit und Eindeutigkeit. Und nur hier vermag aus der Einsicht zugleich die verantwortliche Tat zu entstehen, die Umkehr sucht und Sühne.

In dieser Einsicht liegt die besondere, ja unvergleichliche Bedeutung des deutschen Widerstandes.

Keine Entnazifizierung, keine Umerziehung, kein Nürnberger Prozeß hätte die Deutschen nach dem Kriege zu einer Einsicht in ihre Schuld bewegen können, wenn nicht dies vorangegangen wäre: die Entscheidung einzelner Gewissen mitten in Deutschland selbst. Im Gegenteil: viele Entscheidungen der Sieger waren eher dazu angetan, erneut wie nach dem Ersten Weltkrieg die Schuld zu leugnen und das Verhängnis zu beklagen. Wenn es dazu nicht kam, so lag die Voraussetzung dazu eben in jener Veränderung, die während des Krieges begann und im Widerstand in allen seinen Formen zum greifbaren Ausdruck kam. Eben diese Veränderung aber war es auch, die 1945 zum Stuttgarter Schuldbekenntnis führte mit seinen beiden zentralen Aussagen: »Mit großem Schmerz sagen wir: Durch uns ist unendliches Leid über viele Völker und Länder gebracht worden«, und: »wir klagen uns an, daß wir nicht mutiger bekannt, nicht treuer gebetet, nicht fröhlicher geglaubt und nicht brennender geliebt haben.« Dies ist, wie wir wissen, damals keineswegs Allgemeingut gewesen. Aber es ist doch eine so wirksame neue Erfahrung geworden, daß sie stärker als alle Gedanken von Haß und Rache den Neuanfang nach dem Krieg bestimmte.

IV

Lassen Sie mich zum Abschluß den Versuch machen, mit einigen wenigen Hinweisen eine mögliche Bedeutung der Kategorien von Schuld und Verhängnis auch für unser gegenwärtiges politisches Handeln und Entscheiden darzustellen.

Die Einsicht in den Schuldcharakter der Geschichte hat einen doppelten Aspekt. Sie zeigt zunächst, daß es in der Geschichte tatsächlich einen aufweisbaren Schuldzusammenhang gibt: Vom Ausbruch des Ersten Weltkriegs an, verschuldet durch die Bereitschaft, Krieg zu führen, verschuldet durch Überheblichkeit, nationale Blindheit, Machtansprüche und vieles andere, führt ein Zusammenhang von Schuld – Schuld im Handeln wie im Unterlassen – zum Zusammenbruch der Weimarer Republik, zum Aufstieg Hitlers, zum Judenmord und zur Katastrophe des Zweiten Weltkriegs. Wenn ich sage, wir erkennen hier einen aufweisbaren Schuldzusammenhang, so heißt das, hier ist nach unserer Einsicht nichts determiniert, nichts schlechthin unvermeidlich gewesen, sondern im Rückblick lassen sich die falschen Entscheidungen und ihre Träger, seien es einzelne oder Gruppen, identifizieren und namhaft machen.

Wenn dies richtig ist, so kann es aus der Einsicht in den Schuldcharakter der Geschichte für uns nur einen einzigen Schluß geben: unsere Verantwortung für politische Entscheidungen mit aller nur verfügbaren Wachsamkeit und Sensibilität für ihre Absichten und möglichen Folgen wahrzunehmen.

Politik, der Stoff, aus dem Geschichte entsteht, wird von Menschen gemacht. Es sind unsere Hoffnungen und Wünsche, unsere Vorurteile und Unduldsamkeiten, unsere Befürchtungen und Ängste, die in die politischen Entscheidungen der Gegenwart eingehen. Dafür sind wir verantwortlich und werden von kommenden Generationen verantwortlich gemacht werden. Die Einsicht in den Schuldcharakter der Geschichte begründet deshalb unsere politische Verantwortung für die

Geschichte – die Verantwortung dafür, daß Frieden, Freiheit und Gerechtigkeit geschaffen werden und nicht Unfrieden, Unfreiheit und Ungerechtigkeit. Daß wir aus dieser Verantwortung schuldlos herauskommen, ist nicht zu erwarten. Aber das ändert nichts an unserer Verantwortlichkeit.

Dies alles ist heute im Zusammenhang mit der Kategorie der Schuld ohne weiteres verständlich und einsichtig.

Anders dagegen steht es mit dem Verhängnischarakter der Geschichte. Unser vernünftiger und moralischer Habitus zieht es vor, dieses Element der Geschichte möglichst nicht zur Kenntnis zu nehmen. Aber wir belügen uns mit der Leugnung dieses Elementes nur selbst – eine Selbstlüge übrigens, die durchaus in die Kategorie der Schuld gehören kann. Die Einsicht in den Verhängnischarakter der Geschichte hat ebenfalls zwei Aspekte.

Zunächst bezeichnet der Begriff des Verhängnisses nichts anderes als die Tatsache, daß unsere Verfügungsmöglichkeiten über die Geschichte begrenzt sind. Auch bei angestrengtester und sorgsamster Wahrnehmung unserer Verantwortung sind die Folgen unserer Entscheidungen niemals ganz zu überblikken. Es können jederzeit Ereignisse eintreten, unvorhersehbare und unplanbare Zufälle, die alle guten Pläne und Absichten durchkreuzen. Die Weltgeschichte ist voll solcher Zufälle, die je und dann den Charakter eines Verhängnisses besitzen. Dieser Verhängnischarakter der Geschichte weist darauf hin, daß die Menschen zwar die Geschichte machen, aber daß sie nicht ihre Herren sind. Für die großen Staatsmänner stand dies übrigens nie im Zweifel... Eine Konsequenz aus dieser Einsicht liegt nach meiner Überzeugung im Verzicht auf alle absoluten Ansprüche im Bereich des Politischen. Keine Entscheidung kann mit absoluter Sicherheit den richtigen Weg in die Zukunft garantieren ...

Klaus Scholder: Die Kirchen zwischen Republik und Gewaltherrschaft. Gesammelte Aufsätze. Herausgegeben von Karl Otmar von Aretin und Gerhard Besier. 1988

AUF DEM WEG NACH DEUTSCHLAND

»Eine sehr böse Zeit«

Briefe 1945/46

VON
KONRAD ADENAUER

An den Oberbürgermeister von München, Karl Scharnagl

21. August 1945

Sehr verehrter Herr Scharnagl,
Es wird Sie und die übrigen Herren dort, worunter ich vor allem Herrn Schäffer und Hipp rechne, interessieren, über die parteipolitischen Entwicklungen im Westen zu hören.

Nach langen und eingehenden Verhandlungen und Aussprachen ist man an mehreren Orten, so am 19.8.45 in Köln, zur Gründung einer neuen Partei, der Christlichen-Demokratischen Partei, geschritten. Für Rheinland und Westfalen wird die Gründung am 2.9.45 in Köln bezw. Wattenscheid stattfinden. Mit ganz überwiegender Mehrheit ist allenthalben beschlossen worden, den Namen Zentrum und seine Organisation zu Gunsten der neuen Partei aufzugeben.

Die grundlegenden Prinzipien der neuen Partei sind folgende:

1.) Führung des Staates auf christlicher Grundlage, d.h. nach den Prinzipien, wie sie sich auf der Grundlage des Christentums in einer Jahrhunderte langen Entwicklung in Europa herausgebildet haben.

2.) Demokratie.

3.) Betont fortschrittliche soziale Reform und soziale Arbeit, nicht Sozialismus.

Von protestantischer Seite ist der Plan der Gründung dieser Partei von Anfang an begrüßt und gefördert worden. Das gilt gleichermaßen von demjenigen Teile der Protestanten, der kirchenfrei gerichtet ist, wie von den Angehörigen und Führern der Bekenntniskirche.

Die Kölnischen Protestanten unter Führung des Herrn Superintendenten Encke werden heute Fühlung mit führenden evangelischen Kreisen Süddeutschlands, insbesondere mit Herrn Bischof Dr. Wurm, aufnehmen, um dort auch diese Kreise für die neue Partei zu gewinnen.

Sie zweifeln nicht, daß sie hiermit Erfolg haben werden.

Ich traf vor einiger Zeit den Vorsitzenden des Caritas-Verbandes, Prälat Kreutz, Freiburg, der ebenfalls diese Entwicklung sehr begrüßte und meinte, daß sie in Baden, mit dem übrigens schwer Fühlung zu nehmen ist, ebenfalls durchaus begrüßt werden würde.

Nun komme ich heute zu Ihnen und den andren Herren in Bayern mit der Bitte, sich dieser Entwicklung anschließen zu wollen. Ich halte sie im Interesse Deutschlands für absolut notwendig. Sie werden dort, wie wir hier, die Erfahrung gemacht haben, daß die Kommunistische Partei, begünstigt durch die allgemeine sehr schlechte Lage, mit ihrer skrupellosen Agitation großen Erfolg hat. Die sozialdemokratische Partei hat zwar noch an einzelnen Stellen führende Leute von früher, die gern die Sozialdemokratie auf ihrer alten Bahn, d.h. getrennt von den Kommunisten, halten möchten. Es scheint aber nicht, als ob das auf die Dauer möglich sein würde. So haben z.Bsp. sowohl in Köln wie in Düsseldorf Sozialdemokraten und Kommunisten eine politische Arbeitsgemeinschaft geschlossen. Dieser parteipolitischen Entwicklung gegenüber würde eine solche christlich-demokratische Partei eine sehr große Bedeutung und einen sehr großen Einfluß haben.

Ich und sehr viele mit mir würden es sehr bedauern, wenn gegenüber einer so starken Verbindung, wie die Sozial-Demokraten und Kommunisten darstellen, die Vertreter der christlichen Grundsätze sich in deren Parteien zersplittern und somit ihre Bedeutung und ihren Einfluß selbst mindern würden.

Allein eine Zusammenfassung in einer solchen Partei würde gegenüber achristlichen Parteien die Vertreterin des christlichen Prinzips sein, und ich glaube, daß unser Volk nur dann wieder gesunden kann, wenn in ihm das christliche Prinzip wieder herrschen wird.

Ich glaube weiter, daß lediglich dadurch ein starker Widerstand gegen die Staatsform und Ideenwelt des Ostens - Rußland - und ein gedankenmäßiger und kultureller und damit auch ein außenpolitischer Anschluß an West-Europa gesichert werden kann.

Was das Programm der Christlichen-Demokratischen Partei angeht, so war man sich darüber einig, daß es unmöglich sei in einer derartig fluktuierenden Zeit wie der gegenwärtigen, ein ins Einzelne gehendes Parteiprogramm aufzustellen. Man läuft sonst Gefahr, daß schon in wenigen Monaten jetzt genau festgelegte Sätze und Forderungen über Bord geworfen werden müßten. Man will deshalb sich bei der Formulierung des Programms darauf beschränken, in der Hauptsache die tragenden Grundgedanken, wie ich sie oben spezifiziert habe, festzulegen. Man glaubt weiter, daß eine außerordentlich große Anziehungskraft die Namen der Unterzeichner eines demnächst zu erlassenden Aufrufs haben würden. Man will deshalb möglichst gute und bekannte Persönlichkeiten aus dem ganzen, nicht von Rußland besetzten Teile Deutschlands zu gewinnen suchen. Wir glauben, daß zu dieser Partei große Kreise kommen werden, die nicht dem Zentrum angehört haben, im Laufe der Entwicklung auch rechtsgerichtete Teile der heutigen Sozialdemokratie.

Gegenüber Strömungen, die die frühere Bayerische Volkspartei beibehalten wollen, kann man m.E. mit Recht sagen, daß jede Zersplitterung der Anhänger des christlichen Gedankens seine empfindliche Schwächung bedeuten würde.

Falls aus den Verhältnissen Bayerns heraus eine dort entstehende Bayerische Landesgruppe für sich einige mit dem übrigen Inhalt des noch genauer festzustellenden Parteiprogramms nicht in Widerspruch stehende besondere Punkte wünscht, so würde dem m.E. nichts entgegenstehen. Man muß natürlich immer darauf bedacht sein, daß die Einheit der Partei und die Geschlossenheit ihrer Führung nicht darunter leiden darf.

Ich bitte Sie und die anderen Herren, immer wieder bei Ihren Überlegungen sich zu vergegenwärtigen, daß allein diese geplante Zusammenfassung aller auf christlicher und demokratischer Grundlage stehenden Kräfte uns vor aus dem Osten drohenden Gefahren schützen kann.

Es wird Sie interessieren zu hören, daß diejenigen Bischöfe, die unlängst in Werl in Westfalen versammelt waren, sich auch dafür ausgesprochen haben, Namen [und] Organisation des Zentrums zu Gunsten einer neu zu gründenden Partei fallen zu lassen.

Ich habe nichts dagegen, wenn Sie von diesen meinen Ausführungen in Ihnen geeignet erscheinender Weise vertraulich Gebrauch machen. Ich würde mich ganz außerordentlich freuen, wenn wir von dort her möglichst bald ein zustimmendes Echo hören und dann Herren von Ihnen und uns in persönlichen Kontakt treten könnten. Prälat Dr. Müller-Hohenlind vom Caritas-Verband wird Anfang September, nach 5.9., bei Ihnen vorsprechen. Vielleicht ist es Ihnen möglich, ihm eine Antwort mitzugeben.

Seien Sie herzlichst gegrüßt von Ihrem ergebenen

Dr. Adenauer
Oberbürgermeister

An Hans Schlange-Schöningen

29. Januar 1946

Sehr geehrter Herr Schlange-Schöningen!
Am 26.1.46 bat ich Sie telegraphisch, die Drucklegung der Broschüre, die Sie mir am 24.1.46 in Herford freundlichst übergaben, zurückzustellen. Ich darf Ihnen in folgendem die Gründe meiner Bitte darlegen.

1. An zwei Stellen, in den Rundschreiben 1 und 2, wird das alte Zentrum »ultramontan« genannt. Von jeher wurde diese Bezeichnung von den Mitgliedern der früheren Zentrumspartei als beleidigend empfunden. Ich bin überzeugt davon, daß es Ihnen völlig ferngelegen hat, irgend jemanden durch den Gebrauch dieses Wortes zu kränken, aber es dürfte wohl richtig sein, den Gebrauch dieses Wortes ganz zu vermeiden.

2. Im Rundschreiben Nr. 1 heißt es: »Wir können der Sozialdemokratie nur aufrichtig wünschen, daß es ihr gelingen möge, in klarer Frontstellung gegen die Kommunisten die große, bejahende Arbeiterpartei zu werden, etwa wie England sie in der Labourpartei besitzt.« Dieser an die SPD gerichtete Wunsch verkennt m.E. völlig, daß die CDU mindestens mit demselben Recht die Handarbeiter zu ihren Mitgliedern zählt und zählen muß wie die SPD. Auch die Gleichstellung der SPD mit der Labourpartei ist nicht zutreffend. Soweit ein Vergleich zwischen Parteien verschiedener Länder möglich ist, glaube ich, daß hinsichtlich Wählerschaft und Abgeordneten der Labourpartei eine Parallele zwischen ihr und der CDU viel eher gezogen werden kann als zwischen ihr und der SPD. – Die Veröffentlichung und Verbreitung dieser im Rundschreiben Nr. 1

ausgesprochenen Ansichten wird - das glaube ich mit Bestimmtheit sagen zu können - in den breitesten Schichten der CDU schärfsten Widerspruch hervorrufen.

3. An mehreren Stellen in allen Rundschreiben ist von der christlich-demokratischen Aufbaupartei, dann von der Union die Rede als von einer »Rechts«partei. Das ist m.E. nicht richtig. Ich fürchte auch hier sehr scharfen Widerspruch von breitesten Schichten der CDU, wenn von so angesehenen Männern wie Sie eine derartige Anschauung über das Wesen der CDU verbreitet wird. »Rechtspartei« und »Linkspartei« sind relative Begriffe, die man zweckmäßiger Weise m.E. überhaupt gegenüber jeder Partei vermeidet, bis ein festes Gefüge mehrerer Parteien entstanden ist. Wir wissen aber gar nicht, welche Parteien sich noch in Deutschland bilden werden, noch, wie sie stehen werden. Die Bezeichnung »Rechts« »Links« oder die Worte »alle Kreise rechts von der Sozialdemokratie« geben m.E. ein unzutreffendes Bild von unserer Partei. Sie verleiten den, der von früher her mit den Worten »Rechts« »Links« eine bestimmte Vorstellung verbindet, sich eine falsche Vorstellung von unserer Partei zu machen, auf sie würde, wenn man frühere Bezeichnungen überhaupt gebrauchen will, noch am ehesten das Wort »Mitte« zutreffen. - Wir werden in der nächsten Sitzung des Zonenausschusses ein Parteiprogramm feststellen. Nach diesem Programm wollen wir arbeiten, nach diesem Programm und nach unserer Arbeit sollen uns die Wähler beurteilen.

[4.] In Ihren Rundschreiben wird der Gedanke, alle rechts von der Sozialdemokratie Stehenden zu *sammeln*, der *Sammlungsgedanke*, an verschiedenen Stellen stark unterstrichen. Es könnte daraus der Eindruck entstehen, daß der Sammlungsgedanke unser Leitgedanke ist. Wir dürfen aber m.E. keine *Sammelpartei* sein, sondern wir müssen eine Partei sein mit *eigenem, neuen* Programm. Auf »Sammlung« als Fundament läßt sich keine neue Partei aufbauen, weil »Sammlung« nichts in die Zukunft Weisendes ist.

Eine neue Partei wie die unsrige entwickelt erst im Verlaufe einer gewissen Zeit die ihr zu Grunde liegenden Ideen zu festen und klar umrissenen Programmsätzen. Zu diesem Abschluß unserer Entwicklung kommen wir hoffentlich auf der Tagung des Zonenausschusses Ende Februar. Dann werden manche im

Stadium der Entstehung der Partei gemachten Ausführungen als nicht zutreffend oder als überholt erscheinen. Bitte prüfen Sie, ob sich unter diesem Gesichtspunkt die neue Verbreitung Ihrer Rundschreiben empfiehlt, ob nicht nach Feststellung des Parteiprogramms ein neues, dies Programm behandelndes Rundschreiben zweckmäßiger ist.

Sollten Sie in wesentlichen Punkten mit meinen vorstehenden Ausführungen nicht einverstanden sein, so haben Sie die Freundlichkeit, mir Ihre Gegenargumente so bald mitzuteilen, daß ich mein heutiges Schreiben und Ihre Antwort den übrigen Mitgliedern des Zonenausschusses zwecks Vorbereitung der Diskussion baldigst mitteilen kann.

Meine vorstehenden Ausführungen habe ich zu meiner Selbstkontrolle mehreren, mir erreichbaren, hervorragenden Mitgliedern unserer Partei aus beiden Confessionen und den verschiedensten Ständen vorgetragen und bei ihnen uneingeschränkte Zustimmung gefunden.

Mit hochachtungsvollen Grüßen bin ich

Ihr sehr ergebener
(Adenauer)

An den Vorsitzenden der CDU in Berlin, Jakob Kaiser

24. Mai 1946

Sehr geehrter Herr Kaiser!
Ihre Briefe vom 1. und 5. Mai 1946 habe ich gelegentlich einer Tagung in Düsseldorf erhalten. Ich nehme an, daß eine Anzahl von Herren sowohl aus der britischen wie aus der amerikanischen Zone Ihrer Einladung Folge leisten wird. Was von hier aus möglich war zur schnellen Erledigung der Vorbedingungen der Abreise, ist geschehen.

Ich darf dann auf Ihren Brief vom 5. d. Mts. etwas ausführlicher eingehen. Es ist mir nicht verständlich, warum Sie erstaunt waren, in meinem Schreiben eine Wiederholung meiner negativen Stellungnahme gegen Berlin zu finden. Ich stimmte bei der Aussprache mit Ihnen darin überein, daß im Augenblick nicht der Zeitpunkt gegeben ist, über die Frage der künftigen Reichshauptstadt in der Öffentlichkeit zu diskutieren. Das schließt aber selbstverständlich nicht aus, daß man sich im engen Kreise mit der Frage der zukünftigen Reichshauptstadt weiter beschäftigt. Ich glaube, ich habe Ihnen in unserer Aussprache keinen Zweifel darüber gelassen, daß m.E. dafür unter keinen Umständen Berlin, gleichgültig ob besetzt oder nicht besetzt, in Frage kommt. Ich weiß mich darin mit [der weitaus größten Zahl der Rheinländer und mit] den süddeutschen maßgebenden Herren der CDU völlig einig. Ich glaube, es war richtig und in Ihrem Interesse, wenn ich in meinem Schreiben darauf einging. Ich glaube nicht, daß es sonst möglich gewesen wäre, die Bedenken, die gegen eine Beschickung Ihres Parteitages in Süddeutschland mit großer Entschiedenheit ausgesprochen worden sind, zu zerstreuen. Ich darf aber bei dieser Gelegenheit Ihre Aufmerksamkeit richten auf einen Artikel »Berlin? – Berlin!« in Nr. 102 der »Neue Zeit« vom 3. Mai 1946. Ich bin der Auffassung, daß ein derartiger Artikel wenig angebracht ist, und zwar sowohl gegenüber dem Inland wie gegenüber dem Ausland, und daß er bestimmt wieder dazu beitragen wird, auch gewisse Ressentiments gegenüber der CDU in Berlin neu zu beleben.

Lassen Sie mich ein Wort noch hinzufügen zu Ihren Bemerkungen über meine Ausführungen in dem Schreiben an die süddeutschen Herren, die sich auf einige Äußerungen von Ihnen und anderen Stellen der CDU Berlin beziehen. Im allgemeinen glaube ich, daß es wohl für jeden von uns unter Umständen durchaus richtig und angebracht ist, seine Überzeugung zu »rechtfertigen«; in einer Rechtfertigung erblicke ich nichts, was dem Ansehen desjenigen, der sich rechtfertigt, abträglich sein könnte. Ich erinnere mich genau aus unserem Gespräch, daß zuerst Herr Geheimrat Katzenberger und dann Sie das Wort von der Synthese des Ostens und des Westens als unrichtig bezeichneten, und ich weiß ebenso genau, daß Sie, und ich glaube auch Herr Geheimrat Katzenberger, erklärt haben, daß man, wenn man Ausführungen der CDU Berlin oder der russischen Zone lese, immer sich vor Augen halten müsse, unter welchen *Einflüssen* man dort stehe. Ich darf Sie daran erinnern, daß Sie noch davon gesprochen haben, daß die Reise in die nicht von Russen besetzten Zonen für Sie außerordentlich aufschlußreich und belehrend gewesen sei.

Ich bitte Sie mir zu glauben, sehr geehrter Herr Kaiser, daß sowohl im Westen wie im Süden gegen Berlin und auch teilweise gegen die Richtung der CDU in Berlin erhebliche Bedenken bestehen. Die durchaus verständliche Begeisterung, mit der

Ihre Person hier in weiten Kreisen aufgenommen worden ist, darf darüber nicht hinwegtäuschen. Ich glaube, Sie werden aus unserer langen Besprechung den Eindruck gewonnen haben, daß ich mich sehr bemühe, keine Mißverständnisse aufkommen zu lassen und Einigkeit unter den verschiedenen Zonenparteien in vollem Maße herzustellen. Ich bitte Sie, auch diesen Brief unter dem Gesichtspunkt betrachten zu wollen. Ich denke, Sie werden damit einverstanden sein, daß ich Abschrift Ihres Briefes an mich vom 5. Mai und Abschrift meiner Antwort den Herren, an die mein damaliges Schreiben gerichtet war, übersende.

So sehr ich die Bedeutung Ihrer Tagung anerkenne, so glaube ich doch nicht in der Lage zu sein, mich hierfür eine Reihe von Tagen äußerst wichtigen Aufgaben entziehen zu dürfen. Im übrigen geht der Umfang Ihrer Einladungen zu der Berliner Tagung weit über das Maß hinaus, was wir gelegentlich unserer letzten Unterredung besprochen hatten. Damals sprachen Sie davon, daß aus jeder Zone etwa neun Gäste erscheinen sollten; hoffentlich erwachsen keine technischen Schwierigkeiten aus der großen Zahl der nunmehr Eingeladenen.

Ich wünsche einen guten Verlauf und bin mit vielen Grüßen für Sie und in der Hoffnung, daß die Ihrigen sich in Berlin gut eingelebt haben,

Ihr ergebener
(Adenauer)

An den 1934 in die Schweiz emigrierten rheinischen Großindustriellen Paul Silverberg

10. Dezember 1946

Lieber Herr Silverberg!
Erst jetzt komme ich nach vielen Monaten dazu, meine Privatkorrespondenz langsam aufzuarbeiten. Daß Sie einer der Ersten sind, an die ich schreibe, versteht sich von selbst.

Während der vergangenen 10 Monate habe ich für unsere Partei soviel arbeiten und soviel reisen müssen, daß ich mehr in Anspruch genommen war als in den schlimmsten Zeiten meiner früheren Tätigkeit. Wir haben bei den Wahlen, wie Sie wissen werden, einen sehr guten Erfolg gehabt. Die entscheidenden Wahlen werden aber am 30. März 1947 sein, wenn in der britischen Zone die Landtage gewählt werden. Da Ihnen die gesamte ausländische Presse zur Verfügung steht, werden Sie über die Verhältnisse hier genügend unterrichtet sein. Ich möchte nur eines all dem, was in den Zeitungen geschrieben wird, hinzufügen:

Die Entscheidung über das zukünftige Geschick Deutschlands fällt in der britischen Zone und innerhalb der britischen Zone in dem Lande Nordrhein-Westfalen. Wir sind in diesem Lande die stärkste Partei, und wir werden es hoffentlich auch nach den Landtagswahlen vom 30. März 1947 sein. Sie können demnach ahnen, welche Verantwortung auf allen denjenigen lastet, die an der Führung der Partei beteiligt sind. Sie wissen, daß unsere Partei eine neue Partei ist. Sie mußte zunächst Menschen verschiedener politischer Ansichten und der verschiedenen Konfessionen zu einer Einheit zusammenführen. Sie mußte eine neue Organisation aufbauen. Das alles mußte geschehen in einer Zeit der äußersten Nahrungsmittelknappheit und der größten Wohnungsnot. Daß nach 12 Jahren Nationalsozialismus, einem solchen Kriege und all der Not, die seit dem Zusammenbruch über das deutsche Volk hereingebrochen ist, die Mehrheit des deutschen Volkes sich nicht radikalen Parteien zugewendet hat, spricht sehr stark für die guten Eigenschaften, die im deutschen Volke doch noch vorhanden sind. Ich bin überzeugt davon, wenn wir das tiefe Tal, in dem wir uns befinden (Hunger, Krankheiten, Kälte, Wohnungsnot, Mangel an Kleidung und Schuhwerk), glücklich überstehen, so wird das deutsche Volk geläutert, aber auch gestärkt aus dieser Prüfung hervorgehen und mit Recht Anwartschaft erheben darauf, in Europa und in der Welt geistig wieder mitsprechen zu können.

Ich hoffe, daß der größte Teil des deutschen Volkes diesen Winter übersteht. Aber die Verhältnisse sind sehr ernst und sehr traurig. Namentlich die Tuberkulose greift in entsetzlicher Weise um sich, und sie macht vor niemandem halt. Standesunterschiede gibt es dabei nicht. Sie sind ja überhaupt im heutigen Deutschland fast verschwunden. Es gibt nur einen Unterschied noch, und zwar ist das, ob man Selbstversorger ist oder nicht. Natürlich haben an Textilien die früher besser Gestellten, soweit sie nicht ausgebombt sind, größere Reserven; das ist aber auch das einzige Plus, das sie noch haben.

Ich schrieb Ihnen seinerzeit, wenigstens für einige Zeit

zurückzukommen, um mitzuhelfen, Ihr Lebenswerk wieder aufzurichten. Es ist gut, daß Sie diesem Rate keine Folge geleistet haben. Sie werden wissen, wie es um alles das steht. Auch Sie hätten daran nichts ändern können. Lassen Sie mich einiges von meiner Familie erzählen:

Meine Frau hat sich seinerzeit im Gefängnis in Brauweiler eine sehr schwere Knochenmarkerkrankung zugezogen, die zur Folge hat, daß sie nicht genügend Abwehrstoffe bilden kann, wenn sie krank wird. Sie hat vor 2 Monaten nach einer starken Grippe eine sehr schwere Lungenentzündung gehabt, und der Arzt hatte sie aufgegeben. Sie ist aber durch Penicillin gerettet worden. Sie befindet sich auf dem Weg langsamer Genesung. Sie muß sich sehr schonen und vor allem eiweißreiche Kräftigungsmittel haben, die uns natürlich nicht zur Verfügung stehen.

[...]

Mit der Deutschen Bank bin ich noch keinen Schritt weitergekommen, trotz der Erklärung, die Sie abgegeben haben. Herr Rath hat sich die größte Mühe gegeben, aber die jetzt leitenden Herren in Hamburg verhalten sich ablehnend. Ich selbst habe bisher nicht die Zeit gefunden, mich um diese Angelegenheit zu bekümmern. Ich werde es aber jetzt tun müssen. Man muß daran denken, daß einigermaßen für Frau und Kinder gesorgt ist, wenn man selbst heute oder morgen sterben soll.

Ich weiß nicht, ob es Ihnen möglich sein wird, uns wiederum ein Paket zu schicken. Wenn es der Fall sein sollte, so wäre ich Ihnen dankbar, wenn Sie namentlich an Kräftigungsmittel für meine Frau und Georg denken würden und für mich an Kaffee, insbesondere »Nescafé«. Ich führe ihn auf meinen zahlreichen Reisen immer mit mir. Er gibt mir die nötige Frische bei den vielen Versammlungen und Konferenzen, denen ich vorsitzen muß. Sie unterstützen damit indirekt auch die CDU, deren Ziele Ihnen sicher sympathisch sind!

Die Verhältnisse sind jetzt auf allen Gebieten unendlich viel schwieriger als im Jahre 1918. Ich erinnere mich noch genau, mit welchem Erfolg Sie damals mit den Sozialdemokraten zusammengearbeitet haben. Ob das jetzt wiederum möglich sein würde, ist mir sehr zweifelhaft. Herr Dr. Schumacher, der Führer der SPD, ist ein sehr fanatischer Parteipolitiker.

Ich wünsche Ihnen zu Weihnachten und zu Neujahr alles Gute, und meine Frau schließt sich diesen, meinen Wünschen herzlich an. Ich weiß, daß Sie sehr einsam sind, aber ich glaube Ihnen sagen zu dürfen, daß Sie es doch besser haben dort, als wenn Sie jetzt hier lebten. Unser Alter fällt eben in eine sehr böse Zeit hinein.

Wir grüßen Sie herzlichst, wie immer

Ihr
(Adenauer)

Konrad Adenauer: Briefe 1945–1947.
Rhöndorfer Ausgabe, Band 1. 1983

Die Rhöndorfer Konferenz

VON
FRANZ JOSEF STRAUSS

Das andere große Ereignis nach der Wahl zum ersten Deutschen Bundestag am 14. August war die berühmte Rhöndorfer Konferenz vom 21. August 1949. Mit dem letzten D-Zug am Samstagabend fuhr ich im Schlafwagen von München nach Bonn. Beim Verlassen des Bahnhofs fährt ein Volkswagen an mir vorbei, stoppt, das Fenster wird heruntergedreht, der Fahrer grüßt – es ist Herbert Blankenhorn. Er wisse schon, warum ich nach Bonn komme, wir träfen uns ja in Rhöndorf. Blankenhorn hat mich dann in seinem Wagen mitgenommen. In einem Rhöndorfer Gasthaus habe ich noch schnell das Hemd gewechselt und mich nach der langen Zugfahrt frisch gemacht. Bei Adenauer gab es zunächst ein Mittagessen, die Tafel war üppig gedeckt. Die bürgerliche Friedlichkeit der Szene stand zur Brisanz der zu behandelnden Fragen in spürbarem Gegensatz. Die Themen, die auf der ungeschriebenen Tagesordnung standen: Welche Regierungskoalition wird gebildet? Wer wird Bundeskanzler? Wer wird Bundespräsident?

Hans Ehard, der Bayerische Ministerpräsident und Vorsitzende der CSU, hatte an der Rhöndorfer Konferenz nicht teilnehmen wollen. Er lasse sich nicht bestellen, sagte er. »Ich bin der Bayerische Ministerpräsident. Wenn Herr Adenauer etwas will von mir, dann soll er mit mir allein reden.« Auch wollte Ehard nicht in einer Linie und auf der gleichen Ebene mit den übrigen Gästen stehen. So traf er sich, aus Ellwangen kommend, mit Adenauer am Vorabend der Konferenz in Frankfurt. Sie besprachen Grundlinien der Regierungsbildung und stimmten auch hinsichtlich einer Kleinen Koalition überein. Andererseits war Ehard klar, daß die CSU in Rhöndorf vertreten sein mußte. August Haußleiter, am Ende seines politischen Lebens nach vielen anderen Irrwegen bei den Grünen gelandet, war schon im Absprung begriffen. Michael Horlacher, bayerischer Landtagspräsident und stellvertretender CSU-Vorsitzender, traf erst ein, als die Sitzung schon beendet war. Anton Pfeiffer, Staatsminister und Chef der Bayerischen Staatskanzlei, Mitglied des Landesvorstandes der CSU, der im Parlamentarischen Rat Vorsitzender der CDU/CSU-Fraktion war, spielte beim Zustandekommen der Regierungskoalition keine große Rolle. Der eigentliche Vertreter der CSU bei der Rhöndorfer Konferenz war ich.

Die CDU war neben Adenauer mit einem beachtlichen Aufgebot ihrer Führungsriege vertreten; unter anderen waren da: Ludwig Erhard, Peter Altmeier, Ministerpräsident und CDU-Vorsitzender von Rheinland-Pfalz, Theodor Blank, Herbert Blankenhorn als persönlicher Referent Adenauers, Günther Gereke, Vorsitzender der CDU Niedersachsen, Werner Hilpert, stellvertretender hessischer Ministerpräsident und CDU-Vorsitzender in Hessen, Jakob Kaiser, Vorsitzender der Sozialausschüsse der CDU, Erich Köhler, Präsident des Wirtschaftsrates, Gebhard Müller, Staatspräsident von Württemberg-Hohenzollern und Vorsitzender der CDU Süd-Württemberg, Hermann Pünder, Oberdirektor des bizonalen Verwaltungsrates, Carl Schröter, Vorsitzender der CDU Schleswig-Holstein, und Wilhelm Simpfendörfer, Vorsitzender der CDU Nord-Württemberg. Auch der Kölner Privatbankier Robert Pferdmenges, der vertraute Ratgeber Adenauers, dem Parteirang nach nur Mitglied des weiteren Vorstandes der rheinischen CDU, spielte seine in größeren Runden übliche Rolle - er schwieg.

Das Meinungsbild bezüglich der zu bildenden Koalition war innerhalb der CDU außerordentlich schwankend und unentschieden. Konrad Adenauer und Ludwig Erhard waren entschieden gegen ein Zusammengehen mit der SPD. Sie fürchteten in diesem Fall einen starken Verlust an Glaubwürdigkeit für die Union, weil sich in der leidenschaftlichen Wahlkampfschlacht die SPD in polemischer Weise gegen den wirtschaftspolitischen Kurs von CDU und CSU ausgesprochen hatte. Unterstützt wurde dieser Standpunkt unter anderem von Theodor Blank, der ebenfalls auf die Wahlkampfagitation der SPD verwies, mit der sinnvoller- und vernünftigerweise nicht zusammengearbeitet werden könne. Deutliche Position für eine Koalition mit der SPD und gegen ein Bündnis mit der FDP hatte schon im Vorfeld Karl Arnold bezogen, Ministerpräsident von Nordrhein-Westfalen und Mitglied des Vorstandes der CDU Rheinland. Peter Altmeier, ein Wortführer dieser Richtung, und Gebhard Müller sprachen sich für eine Große Koalition aus. Ebenso plädierte die hessische CDU durch Hilpert für ein Bündnis mit der SPD, Gereke wollte sich für Niedersachsen diesen Weg zumindest offenhalten. Die Argumentation der Befürworter einer Großen Koalition - die Größe der Aufgaben sowie die Unpopularität der notwendigen Maßnahmen erforderten eine breite parlamentarische Basis, keine der großen Parteien dürfe politischen Gewinn schlagen aus dem Streit um das unbequeme Notwendige - setzte sich in Rhöndorf jedoch nicht durch.

Natürlich waren von diesen CDU-Leuten im Hintergrund bereits Gespräche mit der SPD geführt worden, die ihrerseits Bereitschaft zur Großen Koalition signalisiert hatte. Werner Hilpert in Hessen, Karl Arnold in Nordrhein-Westfalen, Gebhard Müller in Baden-Württemberg, sie alle hatten gute bis sehr gute Beziehungen zur SPD. Auf der anderen Seite war Hinrich Wilhelm Kopf ein klassischer »bürgerlicher« Sozialdemokrat. Für SPD-Politiker wie Kurt Schumacher, Fritz Erler und auch Herbert Wehner dagegen mag es wohl eher ein Schreckgespenst gewesen sein, sich mit der »Reaktion« oder »Restauration« zusammenzutun. Aber die Männer der CDU, die für die Große Koalition eintraten, galten bei der SPD nicht als Reaktionäre oder Vertreter der Restauration. Für sie war Adenauer der Prototyp des Konservativen, des Bürgerlichen, des Antityps zur SPD. CDU-Politiker wie Hilpert oder Arnold mit dem Hintergrund des Ahlener Programms dagegen waren für die SPD als Partner ohne weiteres akzeptabel.

In diesen CDU-Kreisen also war man auf eine Große Koalition programmiert, bereit zur Schaffung von österreichischen Verhältnissen. Dabei spielten Überlegungen, wie man die Frage der deutschen Einheit in Bewegung halten und außerdem die SPD daran hindern könne, eine Entwicklung in Richtung SED zu nehmen, nach meinem Wissen keine Rolle. Die Wirtschaft dominierte, die Überwindung der materiellen Not stellte alle anderen Probleme in den Schatten. An der Frage der Einheit des Reiches konnte zwar niemand vorbei, aber ebenso wie die Frage nach den außenpolitischen Orientierungen und Zielsetzungen war sie von weit nachgeordneter Bedeutung. Das zentrale Problem war: Wie werden wir mit der täglichen Not fertig?

Die Frage, wie sich die SPD entwickeln und wie diese Entwicklung von der Koalitionsbildung beeinflußt werde, wurde am 21. August in Rhöndorf selbstverständlich angesprochen. Günter Gereke sprach davon, daß es Kurt Schumacher fertiggebracht habe, seine Leute mit Haß gegen die KPD zu erfüllen. Adenauer warf daraufhin ein, daß sie in entscheidenden Fragen doch zusammengingen.

Im Hintergrund der Sitzungen und Beratungen um die Regierungsbildung waren auch die Vertreter der britischen und der amerikanischen Besatzungsmacht tätig. Der britische Militärgouverneur General Sir Brian Robertson war entschieden für eine Große Koalition. Er war Parteigänger und ausführendes Organ der in London amtierenden Labour-Regierung, die eine politisch gleichfarbige oder zumindest ähnliche Regierung in der Bundesrepublik wollte. John McCloy wiederum, seit Mai Hoher Kommissar der Vereinigten Staaten, war für die Kleine Koalition, und das entsprach dem, was Ludwig Erhard von seinen Gesprächen mit den Amerikanern berichtete. McCloy, ehemaliger Präsident der Weltbank, galt als Exponent amerikanischer Wirtschafts- und Bankenkreise.

Ich führte bei der Rhöndorfer Konferenz kein Protokoll. Was aber Gebhard Müller über meinen Diskussionsbeitrag notierte, trifft den Kern meiner damaligen Überlegungen – wobei zu berücksichtigen ist, daß Müller engagierter Anhänger einer Großen Koalition war und uns von der CSU nahezu feindselig gegenüberstand. Müller schreibt über meinen Diskussionsbeitrag: »Politische Gründe sprechen gegen Koalition mit SPD. Wir können uns gegen andere Parteien nur halten, wenn wir klaren, nicht sozialistischen Kurs steuern und durchhalten, vor allem gegenüber Bayernpartei. Wenn wir nicht gegen SPD sind, schwerste Einbuße. Man wird in Bayern sagen: ›So haben sie euch belogen‹, wenn wir mit SPD gehen. Der alte Kuhhandel der müden Weimarer Parteien muß aufhören. Man wird uns ein Zusammengehen mit CDU unmöglich machen, wenn hier ein engeres Gespräch mit SPD zustande käme. Wir müssen mit DP in Verbindung treten. Dadurch Isolierung der Bayernpartei«...

Die bei der Rhöndorfer Konferenz alles bestimmende Frage lautete: Große oder Kleine Koalition, eine Entscheidung, die selbstverständlich auch für das Gewicht der CSU in Bayern von außerordentlicher Bedeutung war. Die Grundlinie meiner Argumentation, an der ich hartnäckig und gegen alle Einwände festhielt, habe ich nicht nur in Rhöndorf verfochten: Wir hätten eine grundsätzliche, eine radikale Änderung der Wirtschaftspolitik seit dem Juni 1948, seit der Entscheidung für die Soziale Marktwirtschaft. Die Frage »pro oder contra Marktwirtschaft«, »Erhard ja oder nein«, sei bestimmender Inhalt des Wahlkampfs gewesen. Mit diesem Schwerpunkt hätten wir nicht nur den Wahlkampf geführt, sondern auch die Wahl gewonnen, so daß CDU und CSU nun die stärkste Fraktion bildeten. Bei der Koalitionsbildung müsse jetzt die Glaubwürdigkeit unseres Bekenntnisses zur Sozialen Marktwirtschaft demonstriert werden. Durch eine Große Koalition wäre sie jedoch in Frage gestellt.

Die Sozialdemokraten hatten mit Leidenschaft, Wucht und Vehemenz gegen die Marktwirtschaft gekämpft und hatten die Berufung Erhards zum Wirtschaftsminister unter allen Umständen verhindern wollen, eine Kampagne, bei der sich Erik Nölting, der SPD-Wirtschaftsminister von Nordrhein-Westfalen, besonders hervortat. Wenn die Freunde der Marktwirtschaft und die Gegner der Marktwirtschaft sich nun in einer Koalition fänden, dann wäre in der Öffentlichkeit das Bekenntnis von CDU und CSU zur Marktwirtschaft tief erschüttert, weil sich in einer solchen Koalition sozusagen Feuer und Wasser begegneten. Deshalb sei für mich nur eine Koalition ohne SPD vorstellbar.

Zwei andere politische Überlegungen kamen hinzu, die ich ebenfalls ins Feld geführt habe. Wir stünden, sagte ich, vor unerhört schweren Aufgaben, die Kriegsfolgelasten türmten sich zu einem Gebirge von Problemen. Die Antwort auf die Frage, wie und wann wir sie bewältigen können, hänge nicht zuletzt von unserem Erfolg beim Wiederaufbau der deutschen Wirtschaft ab. Wenn unter einer Großen Koalition wirtschaftliche Erfolge zu verzeichnen seien, dann werde die Union sagen, das sei der Erfolg der Marktwirtschaft. Die SPD werde sagen, das sei der Erfolg ihres Gegenkurses, der die schlimmsten Auswirkungen der Marktwirtschaft verhindert habe. Deshalb müßten wir eine Koalition bilden, die eindeutig marktwirtschaftlich orientiert sei. Meine Argumente faßte ich in einer Rede so zusammen: »Haben wir Erfolg, werden wir sehr lange an der Regierung bleiben, haben wir keinen Erfolg, dann werden wir eben aus der Regierung verschwinden, dann wird die SPD übernehmen. Aber wir müssen jetzt den Sprung in kalte Wasser wagen, und wenn wir schwimmend zum Ufer kommen, dann ist das rettende Ufer für lange Zeit erreicht, und wenn nicht, dann haben wir halt die falsche Politik gemacht oder uns mit unserer Politik nicht durchsetzen können!«

Meine zweite politische Überlegung bezog sich auf Bayern. Wir hatten in Bayern 1946 ohne zwingende Notwendigkeit eine Große Koalition gebildet mit Ehard als Ministerpräsident und Hoegner als seinem Stellvertreter. Es war eine wirtschaftlich schauerliche Zeit; um Kohle und Heizmaterial zu bekommen, mußte ein großer Teil der Lebensmittel aus Bayern nach dem Norden geliefert werden. Und die Not stieg. Im Winter 1946/47 war der Hunger groß wie nie. Ende August 1947 hatten wir einen Parteitag in Eichstätt. Ehard hielt eine wunderbare Rede, entworfen von Karl Schwend, dem Amtschef der Bayerischen Staatskanzlei. Wir alle stimmten begeistert zu. Ehard erlaubte sich einige kritische Bemerkungen zum Wirtschaftsprogramm des Koalitionspartners SPD; diese, auf der Suche nach einem Vorwand, erklärte sich durch Ehard und den Koalitionspartner beleidigt, schied aus und ließ uns mit allen Problemen sitzen. Wir hatten die absolute Mehrheit und mußten deshalb weiter regieren. Josef Müller kam als Justizminister neu ins Kabinett und wurde stellvertretender Ministerpräsident.

Aus diesen Erfahrungen zog ich in Rhöndorf meine Schlußfolgerungen: Bis sich der Erfolg der Marktwirtschaft herausstelle, werde es eine Durststrecke geben. Es sei zu befürchten, daß die SPD ähnlich wie 1947 in Bayern auf dem Höhepunkt der Schwierigkeiten aussteigen und Neuwahlen herbeiführen werde, um dann den Wählern zu sagen: Seht ihr, mit denen geht es nicht, wählt uns! Deshalb dürften wir die SPD gar nicht erst hereinnehmen. Jugendeindrücke aus der Weimarer Republik spielten zusätzlich eine Rolle. Als die SPD ihren eigenen Reichskanzler, Hermann Müller-Franken, im März 1930 im Stich ließ, begann der Zerfall der Parteiendemokratie. Manche der in Rhöndorf anwesenden älteren Politiker erinnerten mich mit dem Hin und Her ihrer Überlegungen allzusehr an Weimar.

In der CSU gab es gegen diesen von mir und anderen vertretenen Koalitionskurs keine großen Widerstände, wir konnten uns mit dieser Argumentation in der Partei durchsetzen. Probleme aber gab es mit großen Teilen und wichtigen Männern der CDU. Was Gebhard Müller, ein kompromißloser Verfechter der Großen Koalition, in seiner Notiz nur angedeutet hat, hatte ich in der Tat mit einer Klarheit, die keinen Zweifel ließ, gesagt: Wenn die CDU mit der SPD eine Koalition eingehe, sehe sich die CSU nicht in der Lage, an dieser Koalition teilzuhaben, und werde es vorziehen, in die Opposition zu gehen! Diese Äußerung hat Adenauer - auch das fehlt bei Gebhard Müller - in einer raffinierten taktischen Finte ausgenutzt. Er sah die Chance zu einer Entscheidung des Themas in seinem Sinne gekommen und packte zu. Die Versammlung habe ja nun »unseren jungen Freund aus Bayern« gehört. Die Frage laute jetzt nicht mehr Kleine oder Große Koalition. Die Frage sei jetzt, ob die Union sich spalten oder beisammen bleiben solle. Wenn die CDU in die Regierung und die CSU in die Opposition gehe, gebe es keine Einheit der Union. Wer von den Anwesenden sei gegen die Einheit der Union? Natürlich war niemand dagegen. Adenauer: Damit sei auch entschieden, daß wir eine Kleine Koalition eingehen. Es war eine Meisterleistung!

Die Würfel waren gefallen. Bei den Befürwortern einer Großen Koalition hatten sich die CSU und ich nicht beliebt gemacht. Gebhard Müller ließ es mich beim Herausgehen spüren, als er mit Zornesröte im Gesicht und mit erhobenen Händen zu mir sagte: »Das werden wir euch heimzahlen!« Und es wurde uns wenige Tage später heimgezahlt, indem Teile der CDU entgegen feierlichen Vereinbarungen ein Komplott mit Hinrich Kopf von der SPD schmiedeten und Karl Arnold zum ersten Präsidenten des Bundesrates wählten. Hans Ehard saß da mit versteinertem Gesicht. Dabei war er immer ein Mann des Ausgleichs, des Kompromisses und der Harmonie gewesen.

Daß die Rhöndorfer Konferenz in Adenauers Privathaus stattfand, daß er es war, der zu einer solchen Zusammenkunft einlud, und daß die Eingeladenen dies als selbstverständlich nahmen und daß sie auch kamen, hing damit zusammen, daß die Entwicklung fokusartig auf diesen Punkt und auf diesen Mann zugelaufen war. In Konrad Adenauers Weltbild gab es keinen anderen Kanzler, keinen anderen Unionschef als ihn selbst, wenn die Union als stärkste Fraktion in einer Koalition mit FDP und DP die Regierung bilden wollte. Für ihn stand es fest, daß er in diesem politischen Szenario der Hauptdarsteller sein werde. Darum hatte er zu sich nach Hause eingeladen, das Ganze gleich an sich gezogen. Auf jeden Fall hatte Adenauer bei seiner Einladung bewußt einkalkuliert, daß er eine zusätzliche Autorität besaß, wenn er in seinen eigenen Räumen Gesprächsteilnehmer als Gäste begrüßen konnte. Das war psychologisch gezielt. Er wollte die Zusammenkunft nicht in den Räumen des Parlamentarischen Rates, des späteren Bundestages, oder in irgendeinem Parteigebäude, er wollte sie bei sich zu Hause. Nur dort konnte er wie selbstverständlich die Runde leiten, das Wort erteilen, die Diskussion zusammenfassen. Im übrigen hatten in seinem Hause auch schon vor dem 21. August entscheidende Gespräche stattgefunden.

Adenauer war bei solchen Gelegenheiten ein guter, wenn auch nicht übertreibender Gastgeber. Während wir zum Mittagessen einfache, gut trinkbare, anständige Weine bekommen hatten, öffnete sich nach der Entscheidung für die Kleine Koalition Adenauers Keller. Hervor kam das Edelste vom Edlen, Spätlesen und Auslesen, Weine, wie ich sie in meinem Leben noch nie getrunken hatte. Das war gewissermaßen die Belohnung dafür, daß die Entscheidung in seinem Sinne gefallen war.

So überrascht, wie Adenauer in seinen Erinnerungen berichtet, war er, als es um seine Kanzlerschaft ging, natürlich nicht. Adenauer schreibt: »Ich schnitt dann die Frage der Besetzung der Ämter des Bundespräsidenten und des Bundeskanzlers an. Ich war überrascht, als einer der Anwesenden meine Ausführungen unterbrach und sagte, daß er mich als Bundeskanzler vorschlage. Ich sah mir die Gesichter an und meinte dann: ›Wenn die Anwesenden alle dieser Meinung sind, nehme ich an. Ich habe mit Professor Martini, meinem Arzt, gesprochen, ob ich in meinem Alter dieses Amt wenigstens noch für ein Jahr übernehmen könne. Professor Martini hat keine Bedenken. Er meint, auch für zwei Jahre könne ich das Amt ausführen.‹«

Das Protokoll von Gebhard Müller, in dem die Entschlossenheit Adenauers, Regierungschef zu werden, wesentlich profilierter zum Ausdruck kommt, ist der Wahrheit angemessener: »Die wichtigste Persönlichkeit ist der Bundeskanzler. Präsident soll ein anderer werden, ich will Kanzler werden. Ich bin 73 Jahre. Aber ich würde das Amt des Kanzlers annehmen, weil 1. der Bundespräsident aus dem Parteileben ausscheiden muß, der Kanzler nicht. Ich habe in der britischen Zone Autorität. Unsere Partei [ist] noch nicht so gefestigt, daß wir die großen Aufgaben auf die Dauer bei meinem Ausscheiden erfüllen können, die uns der vorige Sonntag gestellt hat. Gute Zusammenfassung auf die Dauer [ist] erforderlich. 2., Ich verfüge über gewisse Erfahrung in staatlichen Dingen und in der Verwaltung, 3., habe stärkere Ellbogen, als ich früher geglaubt hätte.«

Zuletzt ging es um die Person des Bundespräsidenten. Nur am Rande dachte man noch daran, dieses Amt als Trostpreis der SPD zu geben, ernsthaft verfolgt wurde dieser Plan nicht. Anders als die Entscheidung für die Kleine Koalition, war dies für mich kein Thema. Es war klar, daß die zweitstärkste Koalitionspartei am Zuge war – die CSU hatte damals 24 Mandate, die FDP dagegen 52. In den folgenden Jahren und Jahrzehnten ist dies dann anders geworden, und auch bei der letzten Bundestagswahl sind wir, trotz des Anstiegs der FDP, die zweitstärkste Koalitionspartei geblieben. 1949 aber waren wir mit Abstand die dritten. Deshalb gab es in der CSU keine Bedenken, weder daß die FDP den Präsidenten stellte, noch gegen die Person von Theodor Heuss. Adenauer war von vornherein auf die FDP festgelegt, die er einbinden wollte. Deshalb sollte ihr eines der wichtigsten Staatsämter, das dem Protokoll nach höchste, zuerkannt werden.

Adenauer war ohne Wenn und Aber für den Schwaben Heuss. Besonders deutlich wurde dies, als er in einer schroffen Philippika auftauchende Zweifel und Kritik an Heuss zurückwies. Von Kirchenfeindlichkeit war da die Rede – was in dieser Form nicht stimmte –, auch von Freimaurerei. Adenauer legte ein ausdrückliches Bekenntnis zur FDP ab und zu seiner Entscheidung, ihr den Bundespräsidenten zuzugestehen, und zwar in Gestalt von Theodor Heuss. Eines seiner Argumente war – typisch Adenauer –, Heuss habe eine sehr christlich denkende Frau. Elly Heuss-Knapp war in der Tat eine bedeutende Frau – ich erinnere mich noch gut an den großen Trauerzug, der sich nach ihrem Tode durch Bonn bewegte und in dem ich mitging.

Bei der Diskussion der Entscheidung, den württembergischen Literaten und Historiker Heuss in das höchste Staatsamt zu wählen, spielten in der Unionsfraktion nur die Stichworte Kirchenfeindlichkeit und Freimaurerei eine Rolle. Die Tatsache, daß Heuss als Reichstagsabgeordneter 1933 dem Ermächtigungsgesetz zugestimmt hatte, wurde ihm nicht zum Vorwurf gemacht. Das ist erst viele Jahre später zum Thema geworden. Auch in unserer eigenen Fraktion gab es einige, die im Reichstag ja zum Ermächtigungsgesetz gesagt hatten. In den Akten ist nachzulesen, daß Heuss in der vorausgegangenen Fraktionssitzung der Deutschen Demokratischen Partei gegen das Ermächtigungsgesetz gesprochen und dann ausdrücklich zu Protokoll gegeben hatte, daß er zwar dafür stimmen, aber dies nur aus Fraktionsdisziplin tun werde. Das Ganze war 1949, in den Anfängen der Bundesrepublik Deutschland, kein Thema. Die heuchlerische Form der Vergangenheitsbewältigung ist erst aufgetreten, als die Generation der damals Verantwortlichen und Handelnden schon ihren Abschied nahm.

1949 war in Bonn alles neu. Der politische Rahmen einer sonst weißen Landkarte war gegeben, und in diese konnte man jetzt die Flüsse und Gebirge einzeichnen. Die CSU trat zunächst mit sehr bescheidenen Ansprüchen auf. Dabei orientierten wir uns an der Haltung der Bayerischen Volkspartei gegenüber der Zentrumspartei während der Weimarer Republik. Unsere personellen Vorstellungen beschränkten sich zunächst darauf, daß die CSU in Gestalt von Hans Ehard den Bundesratspräsidenten stellen sollte - ein maßvoller Wunsch schon allein angesichts der einjährigen Amtszeit des Bundesratspräsidenten. Daß die CDU so schmählich die Vereinbarungen brach, half uns dann bei der Durchsetzung Fritz Schäffers als Finanzminister.

Nach dem Muster der Weimarer Zeit hatten wir als erstes an das Postministerium gedacht, das klassische Ressort der Bayerischen Volkspartei, wenn sie mit dem Zentrum regierte. Direktor der bizonalen Verwaltung für das Post- und Fernmeldewesen war Hans Schuberth, der 1949 in Landshut ein Direktmandat gewonnen hatte. Schuberth war von Beruf hoher Postbeamter, schwer kriegsversehrt, ein umgänglicher, freundlicher Mann, weniger ein politischer Kämpfer. Er galt als ein unumstrittener Experte, und so schlüpfte er bei der Regierungsbildung als Minister gewissermaßen von selbst durch. Man hatte auch keinen anderen.

Dann konzentrierte sich unser Interesse auf den Finanzminister, und zwar nicht nur wegen der Fähigkeiten Fritz Schäffers, die er 1931 als Staatsrat im bayerischen Finanzministerium unter Beweis gestellt hatte. Es ging uns auch um die praktische Ausgestaltung der Finanzverfassung der neuen Republik, die wir bei der Formulierung des Grundgesetzes erheblich beeinflußt hatten, auch wenn wir unsere Vorstellungen nicht ganz durchsetzen konnten. Im Finanzminister sahen wir eine Schlüsselfigur der föderalistischen Staatsordnung, und seit dieser Zeit haben wir in der CSU ein besonders »erotisches Verhältnis« zum Finanzressort.

Die Intrige gegen Hans Ehard bei der Wahl des Bundesratspräsidenten traf uns wie ein Blitz aus heiterem Himmel. Es erhoben sich Stimmen, daß wir uns wegen dieses Affronts nicht an der Regierung beteiligen sollten, die Gemeinsamkeit der Unions-Fraktion stand auf dem Spiel. Die Erbitterung über einen solchen Anfang, daß die »Preußen« uns diskriminierten und ausschmierten, war riesig. Fritz Schäffer, erfahren und listig zugleich, teilte unseren Zorn, dämpfte ihn aber und verwies auf die Bibel, auf den Jakobusbrief, wo es unter 1,19 heißt: »Ein jeglicher Mensch sei schnell, zu hören; langsam aber, zu reden, und langsam zum Zorn.« Danach sollten wir uns, so mahnte Schäffer, richten. Ihr Verhalten werde die CDU den Finanzminister kosten. Den bayerischen Zorn zu besänftigen, erfordere jetzt einen Preis, der Postminister reiche nicht mehr. Also verlangten wir den Finanzminister für Fritz Schäffer, und die Angst vor dem Zorn Bayerns war so groß, daß keiner es wagte, Schäffer als Finanzminister überhaupt noch in Frage zu stellen.

Das Landwirtschaftsministerium fiel an die CSU, weil wir die Zwangslage ausnutzen konnten, in die sich die CDU durch zwei kontroverse und unvereinbare Vorschläge selbst gebracht hatte. Adenauer wollte als Landwirtschaftsminister Karl Müller aus der rheinischen CDU, Zucker-Müller genannt, der am 24. November 1922 für einen Tag Reichsminister gewesen und noch in der Nacht zurückgetreten war, weil gegen ihn der Vorwurf des Separatismus und Landesverrats erhoben wurde und er, mit diesem Vorwurf belastet, nicht im Amte bleiben wollte. Auch wegen dieser Vorgänge wurde Müller von Teilen der CDU abgelehnt. Er galt als besonderer Vertrauensmann Adenauers, galt als sein Informant. Heinrich von Brentano und große Teile der Fraktion wollten dagegen Heinrich Lübke im Agrarressort. Die Fraktion beharrte auf der Ablehnung Müllers, Adenauer auf seinem Nein gegen Lübke, den er nicht mochte und den er, seiner Haarfarbe wegen, gern den »roten Heinrich« nannte. Lübke war im Genossenschaftswesen tätig gewesen und gehörte dem Hermes-Flügel des Zentrums an, Andreas Hermes und Adenauer wiederum waren unversöhnliche Gegner. Die später aus der DDR gegen Lübke genährten Vorwürfe, er habe als KZ-Architekt gearbeitet, sind eine der unvorstellbarsten, unglaublichsten, fast Dreyfus-Skandal-artigen Verleumdungen gewesen!

Ich bekam damals meine ersten taktischen Anfälle und dachte, daß diese für die CDU ausweglose Lage zugunsten der CSU auszunutzen sein müßte. Ich intervenierte bei Heinrich von Brentano, setzte ihm auseinander, daß er Lübke nicht durchsetzen könne, weil seine Tätigkeit als Fraktionsvorsitzender nicht mit einem großen Krach mit Adenauer beginnen dürfe, der Lübke um keinen Preis nehmen werde. In einem Gespräch mit Adenauer wies ich dann diesen darauf hin, daß er Müller nicht gegen die Fraktion durchsetzen könne. Was ich ihm denn rate, wollte Adenauer wissen. Mein Vorschlag: Er solle jemanden nehmen, der bei niemandem Anstoß errege, nämlich den ehemaligen Staatsrat Wilhelm Niklas, unter Schlange-Schöningen stellvertretender Direktor der Bizonen-Verwaltung für Ernährung, Landwirtschaft und Forsten in Frankfurt, Professor der Tiermedizin, ein Grandseigneur und überall beliebter Gentleman, ein allseits anerkannter Fachmann ohne Angriffsflächen. Adenauer wollte es sich überlegen, Heinrich von Brentano sah in diesem Vorschlag eine mögliche Lösung. Am anderen Tag läutete bei Niklas das Telefon, das Vorzimmer des Bundeskanzlers meldete sich, Niklas wurde bestellt und wurde Landwirtschaftsminister. Diese drei Ressorts also – Finanzen, Post und Landwirtschaft – setzten wir durch, und darauf gründet der personelle Dreier-Anspruch der CSU, der seither als Mindestmaß durchgehalten wurde, auch in der Zeit der Großen Koalition, als CDU und CSU weniger Ressorts hatten als in der Anfangszeit der Republik.

Franz Josef Strauß: Die Erinnerungen. 1989

Breschnew in Langenhorn

VON
HELMUT SCHMIDT

Breschnews Gegenbesuch war fällig; mehrfach war er nahezu festgelegt gewesen, dann aber immer wieder – sowohl aus außenpolitischen Gründen als auch wegen des Bundestagswahlkampfes 1976 und schließlich mit Rücksicht auf Breschnews Gesundheitszustand – verschoben worden. Breschnew litt, seit ich ihn kannte, unter gesundheitlichen Belastungen, die oft auch Störungen und Unterbrechungen im Fortgang des politischen Prozesses in Moskau herbeiführten – einschließlich der sowjetischen Deutschlandpolitik.

Als er am 4. Mai 1978 kam, sah ich schon bei seinem Eintreffen auf dem Köln/Bonner Flughafen: Breschnew war sehr gealtert und offensichtlich krank; man mußte wohl in absehbarer Zeit mit seinem Ausscheiden rechnen. Ich empfand persönliches Mitgefühl mit diesem Mächtigen, dem ein verläßliches Verhältnis zu Deutschland so wichtig erschien, daß er die Strapazen eines anstrengenden Staatsbesuches auf sich nahm. Es war Breschnews zweiter Besuch in Bonn, und ich hielt es für wahrscheinlich, daß es sein letzter sein würde; tatsächlich ist er drei Jahre später, 1981, noch einmal in Bonn gewesen.

Das Jahr 1978 hatte mit einigem Hin und Her wegen Präsident Carters Absicht der Stationierung von Neutronenwaffen auf deutschem Boden begonnen. Einige der außenpolitischen Mitarbeiter Breschnews – und später auch er selbst – zeigten sich darüber beunruhigt, weil dies eine neue Rüstungsrunde einläuten werde. Es gab jedoch auch Anzeichen dafür, daß die sowjetischen Militärs sich deswegen in Wahrheit keine Sorgen machten; meiner Auffassung nach wollten sie ganz gern in den Besitz ähnlicher Waffen gelangen. Die Neutronenbombe würde mitnichten den Westen begünstigen, das wurde mir immer plausibler. Tatsächlich aber war Moskau über das geringe Tempo bei den Verhandlungen über SALT II besorgt.

Ich selbst hatte Anfang 1978 eine andere Sorge, nämlich die sowjetische SS-20-Aufrüstung. Im November 1977 hatte ich in London zum ersten Mal öffentlich darüber gesprochen, und ich hatte Breschnew ausdrücklich auf die betreffende Passage meiner Rede hinweisen lassen. Die Produktion der sowjetischen SS 20-Raketen war inzwischen voll angelaufen; wir waren darüber durch die amerikanische Satellitenaufklärung ziemlich genau im Bilde. Die Gesamtzahl der in Osteuropa stationierten SS 20 war damals noch klein, aber es kamen pro Monat etwa acht Raketen hinzu. Jede SS 20 kann drei Atomsprengköpfe tragen, von denen jeder einzelne in ein anderes Ziel lenkbar ist.

Mein Erkenntnisstand in der Mitte der siebziger Jahre zwang mich zu dem Schluß, daß die im Aufbau befindliche SS-20-Flotte für Westeuropa um ein Vielfaches gefährlicher war als die alten Flotten der SS 4 und SS 5. Überdies lagen die Angriffsziele der neuen wie der alten Raketen in ihrer großen Masse auf westdeutschem Boden: Das Faustpfand Deutschland wurde immer stärker bedroht – die Möglichkeit einer künftigen politischen Nötigung der Deutschen stieg am Horizont auf.

Mir war unklar, ob Breschnew wirklich wußte, daß die militärische Führung der Sowjetunion im Begriff stand, seinem Land solche Erpressungsinstrumente in die Hand zu geben. Es konnte sein, daß er und das Politbüro vom Militär mit dem Argument bloß routinemäßiger Modernisierung zu dem SS-20-Aufrüstungsentschluß überredet worden waren, ohne daß sie sich die politischen Wirkungen vor Augen führten. Es konnte aber auch sein, daß das Politbüro bei seinem – übrigens sehr kostspieligen – Beschluß sehr wohl wußte, was es damit ganz Westeuropa, vor allem aber Deutschland zumutete. In beiden Fällen erschien es mir nötig, mit Breschnew darüber zu reden, zumal Carter dies nicht selbst tun wollte, um nicht die SALT-II-Verhandlungen zu belasten.

Am 5. Mai hatten wir in Schloß Gymnich eine lange Aussprache zu zweit. Unsere Beamten hatten eine »gemeinsame Erklärung« vorbereitet und – auf meine Initiative – das schon erwähnte langfristige, auf fünfundzwanzig Jahre angelegte Abkommen über industrielle und allgemein wirtschaftliche Zusammenarbeit. Beide Dokumente lagen in Entwürfen vor, nur in einigen Punkten gab es noch – wie üblich – Formulierungsfragen. Breschnew und ich redeten aber fast ausschließlich über andere Themen: zunächst über die alten, immer noch ungelösten Kontroversen hinsichtlich der vollen Anwendung des Viermächteabkommens und über die Einbeziehung West-Berlins in die deutsch-sowjetischen Beziehungen; schließlich streiften wir einige kritische Aspekte der Weltlage. Der Hauptgegenstand unseres Zusammenseins waren jedoch die Mittelstreckenwaffen in jener Grauzone, die bei allen damals laufenden Rüstungsbegrenzungsverhandlungen ausgespart blieb.

Breschnew begann mit eher allgemeinen, schriftlich vorbereiteten langen Erklärungen und auch Vorwürfen. Ich improvisierte meine Antworten zu jedem seiner Punkte und legte dann meine Besorgnisse ausführlich dar: »Ich habe keine Sorge, daß die Sowjetunion ihre Überlegenheit ausnutzen oder uns gar angreifen könnte, solange die Führung bei Ihnen liegt. Aber ich muß mir Gedanken machen über spätere Zeiten, wenn eine andere Generation die Führung übernimmt – vielleicht eine Generation, die den Zweiten Weltkrieg nicht mehr bewußt miterlebt hat ... Ich muß Ihnen widersprechen, wenn Sie gemeint haben, wir verstärkten die Bundeswehr. Dies ist nicht der Fall, es besteht auch keine solche Absicht. Wir halten uns an die Grenzen, die für uns zum Teil international festgelegt worden sind und die wir uns zum anderen selbst gesetzt und öffentlich ausgesprochen haben. Ich freue mich, daß wir endlich unsere Militär-Attachés ausgetauscht haben, wie wir es vor vier Jahren in Moskau verabredet hatten. So können Sie jetzt unsere Manöver beobachten; das gibt Ihren Fachleuten Gelegenheit, sich aus erster Hand zu überzeugen, daß ich die Wahrheit spreche ... Jedoch habe ich tatsächlich Sorgen wegen Ihrer zahlenmäßigen Überlegenheit bei Panzern und Flugzeugen in Europa, vor allem gelten meine Sorgen aber Ihren Mittelstreckenraketen.«

Breschnew widersprach: Es sei absurd, strategische Überlegungen mit der angeblichen Bedrohung durch die Sowjetunion zu begründen. Die Sowjetunion wolle die Bundesrepublik nicht überfallen, weder konventionell noch nuklear. Es sei für ihn kein Vergnügen, über solche Dinge zu sprechen. Aber wenn wir Vertrauen schaffen wollten, müßten wir auch über die strategischen Fragen miteinander sprechen. Er zählte alle Komponenten des nuklearstrategischen Potentials der USA auf und beklagte sich über deren in Entwicklung befindliche Marschflugkörper (cruise missiles). Es seien die Amerikaner, die eine Überlegenheit anstrebten und bei SALT II einseitige Vorteile herauszuholen suchten. Schließlich müsse die Sowjetunion auch an ihre lange Grenze zu China denken. Was aber die Grauzone angehe, so sei die Sowjetunion bereit, alle Arten von Waffen zu reduzieren: »Natürlich nur im Einvernehmen aller Staaten; die Sicherheit darf auf keiner der beiden Seiten beeinträchtigt werden. Natürlich nur bei voller Gegenseitigkeit ... Wir befinden uns doch in Europa tatsächlich in einer ungefähren Gleichheit der Sicherheit!«

Ich war mir nicht im klaren darüber, ob Breschnew diesen Satz für zutreffend hielt. Es war immerhin nicht auszuschließen, daß er die Dinge so sah. Mir war immer zweifelhaft gewesen, ob nicht der alte Komplex der Russen, sich ständig bedroht zu fühlen, beim Politbüro möglicherweise zu einer Überschätzung des Westens und damit zu einer als »objektiv« verstandenen, tatsächlich aber verzerrten Einschätzung der Kräftebilanz geführt habe.

Glücklicherweise hatte ich Breschnew vor unserer Begegnung ausrichten lassen, ich würde mit militärischen Karten kommen, um ihm meine Besorgnis plausibel zu machen - und ob er dies nicht auch tun wolle. Darauf kam ich jetzt zurück und breitete eine große Karte von Europa aus, die über den Ural hinausreichte. Sie enthielt unseren Wissensstand über alle sowjetischen und westlichen Nuklearwaffen, deren Reichweite über das eigentliche Gefechtsfeld hinausging. Neben den ungefähren Standorten und der jeweiligen Anzahl der verschiedenen Waffensysteme waren deren Reichweiten eingezeichnet.

Breschnew hatte meinen Vorschlag aufgegriffen; er ließ nun von seinem Mitarbeiter Alexandrow ebenfalls eine große Europakarte auf dem Tisch ausbreiten. Beide Karten waren - kein Wunder! - in ihrer Struktur sehr ähnlich, wenn auch wahrscheinlich nicht in jedem Detail. Beide Karten trugen rote und blaue Geheimhaltungsstempel; der für militärische Unterlagen spezifische Eindruck größter Wichtigkeit und äußerster Geheimhaltung war auf beiden Seiten von den Militärs sorgfältig hergestellt worden. Von größter Wichtigkeit waren und sind diese Karten allerdings; ihre jahrzehntelange, beiderseitig strenge Geheimhaltung ist dagegen politisch sinnlos und schädlich. Die Geheimhaltung macht alle ohnehin schwierigen Rüstungsbegrenzungsverhandlungen unnötigerweise noch schwieriger und nährt außerdem Mißtrauen. Das einzige Ergebnis dieser Geheimhaltung ist eine Art Beschäftigungsprogramm: Beide Seiten setzen eine viele tausend Menschen umfassende Spionageorganisation in Lohn und Brot. Das alles ist höchst überflüssig, zumal beide Weltmächte heutzutage durch ihre unzähligen Aufklärungssatelliten ohnehin die installierten Waffensysteme der Gegenseite genau kontrollieren.

Ich hatte den Eindruck, daß die sowjetische Karte meiner Argumentation tatsächlich recht geben konnte. Es war jedoch schwierig, alle eingetragenen Angaben zu verstehen – der kyrillischen Schrift und der andersartigen taktischen Zeichen wegen. Auch hatte ich nicht genug Zeit, die Karte genauer zu studieren, denn als ich meinem Gast anhand seiner Karte meine Besorgnisse wegen der SS 20 demonstrierte, wurde er ärgerlich. Ob ihn das Detail überforderte, ob er sich darüber ärgerte, sich so weit eingelassen zu haben, oder ob sonst ein Anlaß vorlag – jedenfalls wischte Breschnew mit einer Handbewegung und einigen ärgerlichen Worten seine Karte vom Tisch. Alexandrow hob sie auf und legte sie beiseite. Meine eigene Karte, die eigens für diese Unterhaltung angefertigt worden war, überließ ich Breschnew und forderte ihn auf, die eingetragenen Zahlen zu Hause prüfen zu lassen.

Die Gesprächsatmosphäre war freundlich geblieben, wenngleich wir in der Sache nicht einig geworden waren. Auf der gemeinsamen Fahrt im Wagen von Gymnich nach Godesberg kamen wir auf die Paritätsfrage zurück; sie war im Text der vorbereiteten gemeinsamen Erklärung noch umstritten. Die sowjetische Seite wollte expressis verbis festschreiben, daß annäherungsweise Gleichheit und Sicherheit in Europa bestehe. Ich hatte Weisung gegeben, dies nicht zu akzeptieren, sondern vielmehr dahingehend zu formulieren, daß Gleichheit der Sicherheit und Parität der Verteidigungsanstrengungen durch Verhandlungen und Abkommen herbeigeführt werden sollten. Auf diese Kontroverse kam Breschnew zurück, ich blieb unbeweglich.

Schließlich einigte man sich in der Nacht auf einen Text, der beide Seiten das Gesicht wahren ließ: »Beide Seiten betrachten es als wichtig, daß niemand militärische Überlegenheit anstrebt. Sie gehen davon aus, daß annäherndes Gleichgewicht und Parität zur Gewährleistung der Verteidigung ausreichen ...« Diese Worte waren ausreichend für den Tag; in den folgenden Jahren habe ich diese Formel auch mehrfach in meiner Argumentation gegen die unablässig wachsende SS-20-Flotte benutzt. Angesichts der Differenzen bei den Wiener MBFR-Verhandlungen über die beiderseitigen Zahlenangaben und angesichts der wachsenden Disparität bei den Mittelstreckenwaffen war die Kuh aber nicht vom Eis.

Das große Essen, das Bundespräsident Scheel auf Schloß Augustusburg zu Brühl gab, und ebenso das »Gegenessen« Breschnews in der Godesberger Redoute waren glanzvolle Gelegenheiten für viele deutsche Gäste, den sowjetischen Staatschef und seinen Außenminister in Person zu erleben; mit Neugier und Interesse folgten sie den beiden Tischreden Breschnews und wurden wenigstens einmal selbst Zeuge, wie Scheel - der vor seiner Bundespräsidentschaft ein erfolgreicher und erfahrener Außenminister gewesen war - und ich auf die selbstbewußten sowjetischen Gäste reagierten. Sie haben keinem großen Ereignis beigewohnt, wohl aber einen Grad von Normalität im Umgang zwischen Russen und Deutschen erlebt, den sich zehn Jahre zuvor niemand im Traum ausgedacht hätte. Aber man sah auch einen Grad von Nüchternheit, der von der Euphorie, welche einige meiner Parteifreunde ein halbes Jahrzehnt früher mit der Ostpolitik verbunden hatten, weit entfernt war.

Mein Freund Kurt Becker hatte in der ZEIT zu Beginn von Breschnews Besuch dieses Treffen als eine »heikle Hoffnung« bezeichnet, denn die Entspannung stehe »auf der Kippe«; so ähnlich sah es wohl die westdeutsche Öffentlichkeit im allgemeinen. Tatsächlich wurde dann zwar nichts gekippt - aber es wurde auch nicht viel bewegt. Daß eine größere Zahl von deutschen und sowjetischen Führungspersonen - wie auch die gesamte westdeutsche Öffentlichkeit - die politischen Ziele, Hoffnungen und Ängste der Gegenseite besser verstehen lernten, daß die Russen eingesehen hatten, die Deutschen nicht ins Bockshorn jagen zu können, daß die Deutschen die Russen - trotz all ihrer Macht - doch als sehr menschliche Gesprächspartner kennengelernt hatten: dies alles wog für die Presse nicht sehr viel - sie konnte es ja auch nur zum Teil und nur ganz von fern beobachten.

Wer näher dran war, der konnte im Menschlichen interessante Züge wahrnehmen. Zum Beispiel Breschnews Trinkfestigkeit. Er trank – auch beim Essen – den Wodka aus Wassergläsern; auf ein kleines Zeichen seines Chefs trat ein persönlicher Kammerdiener vor (ich meine, Breschnew nannte ihn Aljoscha) und füllte das Glas aus einem in der Jackentasche getragenen Flachmann nach. Zum Beispiel Breschnews Disziplin hinsichtlich des ihm auferlegten Rauchverbots; er war ein Passivraucher geworden und bat mich mehrfach, ich möge mir doch bitte eine Zigarette anstecken, deren Rauch er dann genoß. Zum Beispiel Breschnews unverhohlene Neugierde, mehr über die Ursachen des guten Zustands sowohl unserer Landwirtschaft als auch unserer kleinen Ortschaften und Städte zu erfahren, den er bei seinen längeren Autofahrten durchaus erkennen konnte. Wer russisch verstand, konnte auch hören, welche Bemerkungen bisweilen zwischen Breschnew und Gromyko ausgetauscht wurden. Als Breschnew Befriedigung darüber zeigte, daß ich gesagt hatte, wir wollten keine neuen Bundesinstitutionen in Berlin einrichten, flüsterte Gromyko zurück: »Das sagen die Deutschen immer und tun dann das Gegenteil.«

Am lockersten wirkte Breschnew am letzten Tag in Hamburg; ich hatte ihn zu einem privaten Mittagessen in meine Wohnung in Langenhorn eingeladen. Breschnews Stab war gegen diesen Abstecher gewesen, vielleicht aus Sicherheitsgründen; man hatte auch abgelehnt, daß Breschnew mit mir zusammen in einem Bundeswehrflugzeug von Bonn nach Hamburg fliegen sollte, vielleicht wegen der Funkverbindungen mit dem Oberkommando in Moskau. Aber Breschnew, der nicht nur ein überaus gastfreundlicher Mann, sondern auch ein vertrauensvoller Gast war, nahm beide Einladungen gern an. Dadurch gewannen wir, Gast und Gastgeber, aber auch Gromyko und Genscher, viele zusätzliche Stunden zu sehr privatem Gespräch.

Natürlich fing es, kaum daß wir in unserem Wohnzimmer angekommen waren, mit Wodka an, diesmal mit polnischem Zubrowka, den mir Edward Gierek geschenkt hatte und der Breschnew besonders gutzutun schien. Meine Wohnung ist mit Büchern gut gefüllt; plötzlich bemerkte jemand, daß Breschnew sich in einen Sessel direkt unter die vierzig Bände der gesammelten Werke von Marx und Engels gesetzt hatte. Großes Gelächter, sogar Gromyko schmunzelte.

Dann wurde es ernst. Die Gäste wollten noch vor dem Mittagessen über Politik reden, über unsere Beziehungen zur DDR, sehr eingehend über China und schließlich nochmals über Truppenabbau in Europa (MBFR). Also ließen wir die anderen Gäste im Wohnzimmer mit meiner Frau allein und zogen zu viert in mein sehr kleines Arbeitszimmer. Dort gibt es nur drei Sitzgelegenheiten; Genscher muß wohl auf der Bücherleiter gehockt haben, die beiden Dolmetscher standen. Die Stimmung war inzwischen sehr freundlich geworden, aber in der Sache wurden von keiner Seite Zugeständnisse gemacht. Eine Stunde später ging es die Treppe wieder hinunter zu Spargel und Schinken.

Inzwischen waren Brandt, Lambsdorff und Bahr hinzugekommen, es wurde eine ziemlich fröhliche Runde. Die Gäste hatten sich unter meinen Büchern umgesehen und die vielen russischen Schriftsteller bis hin zu Gorki, Scholochow, Pasternak und Solschenizyn entdeckt, und es entspann sich eine Unterhaltung über russische Literatur. Die sowjetischen Gäste konnten sehen, daß wir nicht anhand von Spickzetteln aus dem Auswärtigen Amt redeten, sondern aus eigener Kenntnis - und daß die Deutschen eine ganze Menge von russischer Literatur verstanden.

Natürlich wurde auch über Hamburg gesprochen, über gemeinsame Aspekte der hanseatisch-russischen Geschichte seit dem Mittelalter. Dann kam das Gespräch auf Ernst Thälmann, den aus Hamburg stammenden einstigen Chef der KPD, der von den Nationalsozialisten umgebracht worden war und dessen Gedenkstätte in Eppendorf Breschnew am Morgen besucht hatte. Hamburg als Stadt interessierte die sowjetischen Gäste. Breschnew hatte im Gästehaus des Senats an der Außenalster geschlafen - eine sehr schöne Visitenkarte der Stadt. Danach war ein Besuch des Rathauses an die Reihe gekommen. Zwar hatte es einige Demonstranten von rechts gegeben, aber auch viele freundlich-neugierige Gesichter an den Straßenrändern. In Langenhorn hatten sich, wie schon oft bei Besuchen ausländischer Staatsmänner, viele meiner Nachbarn vor unserem kleinen Vorgarten versammelt, um ein privates Photo zu schießen.

Breschnew wollte übrigens nicht recht glauben, daß die Siedlung der Neuen Heimat, zu der mein Reihenhaus gehört, überwiegend von kleinen Leuten bewohnt wird; die Eigenheime mit Garagen und den Gärtchen vor der Haustür kamen ihm wohl für normale Facharbeiter und Angestellte zu luxuriös vor. Aber er fühlte sich offenbar wohl, es wurden viele Witze erzählt, und es gab viel Wodka und viel Gelächter. Zwischendurch brauchte Breschnew eine Spritze durch seinen Arzt, wozu sich die Herren in unser Badezimmer zurückzogen.

Der Besuch des sowjetischen Staatsmannes, der am Vortage in Bonn mit der Ausfertigung der gemeinsamen Dokumente seinen offiziellen, was das konkrete Ergebnis anlangt, allerdings keineswegs hinreißenden Abschluß gefunden hatte, endete also in Hamburg in harmonischer Stimmung. Am nächsten Tag erschienen die Resümees in den Zeitungen. Die sowjetische Presse beurteilte den Besuch sehr positiv. Das hatte gewiß sowohl innenpolitische als auch außenpolitische Gründe: Breschnew wollte angesichts seiner - übertriebenen - Sorgen über China und angesichts des für ihn unklaren Verhältnisses zu Jimmy Carter seine Europapolitik festigen. Die deutsche und die westliche Presse war mit Recht erheblich zurückhaltender; sie registrierte jedoch und betonte zutreffend, daß in den abweichenden Grundpositionen zwar eine Annäherung, aber keine Verwischung der gegensätzlichen Standpunkte stattgefunden hatte. Einer ging in seinem Lob zu weit: Franz Josef Strauß sprach öffentlich von einem »Meilenstein im historischen Prozeß« der deutsch-sowjetischen Entwicklung. Ich fragte mich, wie er sich wohl geäußert haben würde, hätte er gewußt, daß Breschnew noch drei Tage vorher ein Gespräch mit Strauß hatte absagen wollen, was ich ihm dann während einer Autofahrt ausgeredet hatte: »Was soll ich ihm denn sagen?« Worauf ich ihm geantwortet hatte: »Natürlich dasselbe wie mir, nur etwas kürzer.«

Im weiteren Verlauf des Jahres 1978 zeigte sich, daß die sowjetische SS-20-Rüstung in unvermindertem Tempo weiterging; die Amerikaner machten bei den SALT-II-Verhandlungen allerdings auch keinen ernstgemeinten Versuch, diesen Prozeß zu stoppen oder in SALT II einzubeziehen. Meine Besorgnis nahm zu, und ich lag beiden Weltmächten mit diesem Problem in den Ohren, ohne wirklich Gehör zu finden.

Helmut Schmidt: Menschen und Mächte. 1987

»Deutschland braucht eine starke Sozialdemokratie«

Aus der Abschiedsrede

VON
WILLY BRANDT

Einen sozialdemokratischen Parteitag einzuberufen, um den Vorsitzenden abzulösen, ist eher ungewöhnlich; er ist ja auch »außerordentlich«. Das war uns klar, als ich im März den entsprechenden Vorschlag machte.

Es war seit dem letzten Sommer bekannt, daß ich auf dem nächsten ordentlichen Parteitag für eine Wiederwahl nicht mehr zur Verfügung stehen würde. Zur Nachahmung kann ich solche Vorankündigungen nicht empfehlen. Auch in der Politik gibt es Dinge, von denen spricht man am besten erst, wenn sie spruchreif sind. Auch bei uns Sozialdemokraten, die wir alles andere als eingeschworene Feinde vorausschauender Planung sind.

Bei Traven - in dessen erstem Dschungelroman - ist im übrigen nachzulesen, wie ein mexikanischer Indianerstamm es beim Häuptlingswechsel hielt. Die zogen dem Neugewählten die Hose runter und hielten ihn mit dem nackten Hintern einen Augenblick übers Feuer. Du sollst nicht zu lange auf deinem Häuptlingsstuhl sitzen bleiben, so in etwa könnte man das Bild deuten.

Ich bin ja nun ziemlich lange hocken geblieben. Und natürlich habe ich nicht allen und allem gerecht werden können. Ich bitte um Nachsicht.

Wenn einer nach dem Ertrag dessen fragt, was ihn in Anspruch nahm, darf er jedoch nicht nur an das denken, was gelang. Mir ist es oft genug leichter gefallen, neuen Themen nachzuspüren - und ich denke nicht allein an die Umweltvergiftung -, als danach hart genug am Thema zu bleiben. Als Vorsitzender habe ich den Zusammenhalt der Partei so ernst genommen, daß bisweilen eine ohnehin vorhandene versöhnliche Neigung obsiegte, wo doch der Durchbruch zu neuer Entscheidung gedrängt hätte. Aber welcher Durchbruch? Und zu welcher Entscheidung? Jedenfalls reichte die Kraft nicht aus, die der deutschen Sozialdemokratie not getan hätte zu einer raschen Stärkung und überzeugenden Erneuerung.

Ich will Euch in dieser Abschiedsrede aber auch nicht verschweigen, was mich bei diesem Übergang in einen neuen Lebensabschnitt froh stimmt: Wir haben - unzulänglich, wie so etwas bleiben muß - wichtigen reformpolitischen Ansätzen zur Geltung verholfen, als die Angelegenheiten unseres Gemeinwesens das vorige Mal, in den sechziger Jahren, zu erstarren drohten. Und wir haben - gewiß gegen viel Widerstand - eine neue Politik der Verständigung durchgesetzt, als dies bitter nötig geworden war. Einer, der nicht für Hitler kämpfen mußte, sondern für das *andere* Deutschland arbeiten konnte, durfte mit großer Genugtuung erfahren, daß Friede und Deutschland wieder, oder für viele in Europa überhaupt erst, auf einen Nenner gebracht wurden. Dies entsprach guter deutscher, sozialdemokratischer Tradition.

Trotz der Erfolge: auch die Sozialdemokraten hatten nicht immer recht. Ich bin nicht töricht genug, dies zu bestreiten. Aber wir können ohne Selbstüberschätzung sagen: Nie war unsere Partei an der Seite derer, die Krieg anfingen und Knechtschaft über unser Volk brachten. Wir haben vielmehr dafür gearbeitet, daß aus Millionen geschundener Proletarier und unmündiger Frauen selbstbewußte Staatsbürger werden konnten.

Ich bin heute an dieses Rednerpult getreten, nicht um zu klagen, sondern um zu danken. Ich weiß, was ich der Bewegung schuldig bin, in die ich als kleiner Junge hineinwuchs. Und manches davon ist lebendig geblieben in der Partei, an deren Spitze ich nun so lange stehen durfte.

Ich denke an die vielen, die mir im Laufe der langen Jahre mit Rat und Tat zur Seite standen. Miteinander haben wir einiges auf den Weg gebracht. Mögen andere es neu anschieben und weiter voranbringen. Die Zeiten des mündigen Bürgers sind nicht vorbei. Jedenfalls kommen sie wieder. Trotz reaktionärer Denkfaulheiten. Trotz der Starallüren solcher, denen das Bohren dicker Bretter zu langweilig ist oder zu mühsam. Trotz derer, die weniger für Menschen arbeiten und mehr für ihre Macht, ihren Ruhm.

Unsere Aufgaben sind klar: Die SPD darf sich nicht daran hindern lassen, noch energischer anzugehen gegen die Vernachlässigung deutscher Interessen in der Welt, gegen die Schande hoher Arbeitslosigkeit und sich ölfleckartig ausbreitender Ungerechtigkeit. Ich nenne die Stichworte: aufgeklärte Vernunft, sozialer und ökologischer Humanismus, demokratische Kultur. Unsere Partei muß bleiben, was sie im Kern seit mehr als hundert Jahren gewesen ist: ein Zusammenschluß deutscher Patrioten mit europäischer Verantwortung und im unverdrossenen Dienst am Frieden und sozialen Fortschritt – im Innern wie nach außen ...

Für mich bedeutet dieser Tag, wie vielleicht nicht alle voll ermessen können, einen tiefen Einschnitt. Darüber, was er in der Geschichte der Partei bedeuten wird, will ich nicht urteilen. Jedenfalls nicht heute und an dieser Stelle. Der Platz ist frei, und so wie 1952 von Kurt Schumacher zu Erich Ollenhauer und 1964 von diesem zu mir, so wird das Logbuch auch dieses Mal weitergegeben. Ich habe mich bemüht, es 23 Jahre lang korrekt zu führen.

Es steht, was ich am 23. März zu Protokoll gegeben habe: Das Verlassen der Brücke bedeutet nicht, daß ich von Bord gehe. Nein, ich bleibe an Deck, weil alles andere gegen meine Natur wäre. Gegen das Gesetz, nach dem ich angetreten bin. Gegen das, was uns miteinander verbindet.

Die Wertschätzung all derer, die mir geholfen haben, ist groß. Namen nenne ich nicht. Es wären zu viele. Auslassungen wären ungerecht. Ich meine nicht nur die Kollegen aus den oberen Etagen, sondern vor allem auch die Mitarbeiterinnen und Mitarbeiter, die sich früher und bis zum heutigen Tag um mich herum abgerackert haben. Wer über längere Zeit an der Rampe steht, ist ja auch ein Kollektivwesen: Er bringt unter die Leute, was andere vorbereitet und in eine ordentliche Form gebracht haben. Die eigenen Gedanken haben sich oft mit den Überlegungen anderer untrennbar vermischt.

Ich habe nicht allen gerecht werden können; das hat wohl nicht immer nur an mir gelegen. Sowenig ich eigene Unzulänglichkeiten verberge, sowenig ist es meine Art, über alles den Mantel der lauen Vergeßlichkeit zu breiten. Enttäuschungen, die einem nicht erspart bleiben, haben meine Neugier auf

Mitmenschen nicht schwinden lassen. Ich kann gut vergessen, aber wenn ich nicht will, dann nicht.

Die Zahl der Freunde, von denen ich mich verabschieden kann, nachdem wir miteinander wichtige Stationen passierten, nimmt von Jahr zu Jahr ab. Wer ist noch da aus der Jugendbewegung von vor 33? Wo sind die Kameraden aus dem Exil? Aus der so falsch »illegal« genannten Arbeit? Aus den Jahrgängen, die durch Krieg, Kerker, Lager und Zerstörung gingen? Auch die Zahl derer ist klein geworden, mit denen gemeinsam ich mich angestrengt habe, Berlin durch eine Zeit großer Bedrängnis zu bringen. Und viele sind nicht mehr da von den Genossen, die mich im November 1960 auf den Schild des Kanzlerkandidaten hoben. Wo es dann heißt, Bilanz zu ziehen, da unterscheidet sich ein aufgewühltes Leben doch nicht so sehr von einem, das ruhiger verlief.

Der Arbeiterjunge von der Wasserkante, der in Skandinavien politisch in die Lehre ging, den es von der Spree an den Rhein verschlug und der sich nun nach nahezu einem Vierteljahrhundert im Parteivorsitz verabschiedet: er blickt nicht im Zorn zurück, sondern kritisch auch auf sich selber. Und im Gefühl der Verbundenheit mit allen, denen es zusteht und die es ähnlich empfinden.

Lebensläufe lassen sich nicht auf Flaschen ziehen. Mein Verdienst ist es nicht, wenn ich - vielleicht - der letzte Vorsitzende war, der aus der Arbeiterschaft kam und in der alten Arbeiterbewegung aufwuchs. Es ist gut, wenn den Heutigen der für viele opferreiche Weg meiner Generation im allgemeinen, meiner Parteigeneration im besonderen erspart bleibt. Doch mit dem schweren Weg verbindet sich viel, das sich unauslöschlich eingegraben hat in die Erinnerung: Beispiele unerschütterlicher Treue und ungewöhnlicher Selbstlosigkeit; ein Verständnis von Solidarität, dem nichts Doppeldeutiges anhaftete.

Weshalb sollte ich leugnen, daß jetzt vor mir viele gute Bilder auftauchen: von großartigen Kundgebungen. Von Versammlungen und Konferenzen unterschiedlicher Art. Von fröhlichen Abenden, so die Zeit dazu reichte. Von der vielfältigen Schönheit unserer Landschaften, unserer Städte, der Stätten unseres kulturellen Erbes. Und, nicht zuletzt, von einem Reichtum an Begabungen und Originalen. Manches davon - inmitten des häufig überladenen Terminkalenders - immer auf neue Weise zu erfahren, bedeutete mir nicht nur Abwechslung, sondern Bereicherung.

Die unendlich vielen Sitzungen habe ich jetzt nicht ausdrücklich erwähnt. In vernünftigen Dosen müssen sie ja sein, vergnügungssteuerpflichtig sollten sie auch in Zukunft nicht werden. Wichtig bleibt: mehr *mit* den Menschen als *über sie* reden; in die Gesellschaft hinein wirken, statt nur ihre Schlechtigkeit beklagen; ja sagen zum Leben, statt neurotisch mit ihm zu hadern.

Das sagt Euch in dieser Stunde der bisherige Vorsitzende einer nicht einfachen Partei in einem laut Gustav Heinemann schwierigen Vaterland; ich vermute, nicht wenige werden auch mich häufig als eher schwierig denn einfach empfunden haben. Ändern läßt sich das jetzt nicht mehr.

Es wird niemanden überraschen, wenn ich sage: Gewiß hatte ich gehofft, der SPD werde es noch unter meinem Vorsitz gelingen, in Bonn wieder unmittelbaren Einfluß auf die Regierungsgeschäfte zu nehmen. Das sollte uns nicht zu spät gelingen. Nicht erst im nächsten Jahrhundert, sondern schon bei der nächsten Gelegenheit, denn Deutschland ist mit einer abgestandenen Führung nicht gedient.

Ich kann den Geschichtsschreibern nicht vorgreifen, doch als gesicherte Erfahrung meine ich vermitteln zu können: Deutschland kommt, seiner selbst und Europas wegen, ohne eine starke Sozialdemokratie nicht aus. Es ist klar, daß mit dem Wandel der Gesellschaft auch die sozialdemokratische Volkspartei sich weiterzuentwickeln hat. Daß sie viel Offenheit und Lernfähigkeit braucht. Aber der ursprüngliche Antrieb hat sich nicht erledigt, der Auftrag ist uns anvertraut geblieben. Dazu brauchen wir, dazu braucht Ihr, dazu braucht unser Volk eine starke SPD, die niemandes Privatunternehmen ist. Die uns allen gleichermaßen gehört, keinem mehr als dem anderen. Für die wir alle verantwortlich sind, die an der Spitze freilich noch mehr als die anderen.

Die Nachrückenden sollten nie zu lange damit warten, der Gemeinschaft zu geben, was sie zu geben vermögen. Die aus Überzeugung und Erfahrung sich formende Selbstsicherheit nimmt von einem gewissen Alter an ohnehin nicht mehr zu; es sei denn, sie schlägt um in eine die Wirklichkeit verklärende Form von Altersstarrsinn. Vergeßt trotzdem nicht, daß alte Leute Bürger gleichen Ranges wie die Jungen sein sollten.

Ich muß zugeben, daß die Zweifel wachsen und man sich fragt: Weshalb bist du auf diese oder jene Schwäche eigener Positionen nicht schon früher gekommen? Hättest du deiner Partei durch mehr Ansporn zu Kühnheit und Offenheit nicht noch besser voranhelfen können?

Gewiß erinnerst du dich der Erfolge vergangener Jahre, aber sehr deutlich auch der Niederlagen, zumal solcher, von denen du meinst, sie seien zu vermeiden gewesen. Je mehr dir die Einsicht in menschliche Schwächen, nicht nur der anderen, fast zur Routine wird, desto geringer wird die Chance, den naiven Optimismus deiner Jugendzeit wieder zum Schäumen zu bringen. Hielten sich Enttäuschung und Ermutigung in etwa die Waage, wäre das schon viel. Daß gute Erinnerungen unauslöschlich bleiben, das trifft schon zu. Aber die anderen, die weniger guten, zu verdrängen, hilft nicht, bringt nichts. Fehler sind dazu da, daß man – wenn es irgend geht – aus ihnen lernt, bis zuletzt.

Die Sozialdemokratie hat viel vor sich, Ihr habt viel vor Euch: Offenheit und Gedankenarbeit und Leistungen in der praktischen Politik sind gefragt. Die Stärkung und Modernisierung der Parteiarbeit ist wichtig. Der lebendige Umgang mit dem geschichtlichen Erbe vermittelt leicht die Erkenntnis: Neben guter Gesinnung und soliden Kenntnissen ist eine ordentliche Portion gesunden Machtbewußtseins vonnöten.

Meine besten Wünsche gelten meinem heute zu wählenden Nachfolger im Amt des Vorsitzenden. Sie gelten der gesamten künftigen Parteiführung. Dem Parteitag kann ich die ihm vorliegenden Vorschläge um so leichter zur Unterstützung empfehlen, als ich an ihrem Zustandekommen redlich mitgewirkt habe.

Dies ist der von mir erbetene Abschied aus einem hohen Ehrenamt. Doch sei hier bestätigt: Wann immer mein Rat und meine guten Dienste gebraucht werden, ich werde der deutschen Politik und der deutschen Sozialdemokratie selbstverständlich zur Verfügung stehen.

Wir bleiben miteinander im Dienst – in der Pflicht, hätte ich gesagt, wenn dieses Wort nicht so oft so schrecklich entwertet worden wäre. Also sage ich: Ich bleibe in der liebgewonnenen Arbeit an dem, was wir auf uns genommen haben aus Überzeugung, durch Erfahrung und im Zurückdrängen von Egoismus zugunsten dessen, was auch den anderen bekommt.

Der Ring schließt sich: Es geht dabei nicht nur um die Partei, so wichtig sie bleibt und so sehr sie mir ans Herz gewachsen ist. Aber die Partei ist nicht um ihrer selbst willen da. Sie ist der Menschen wegen da - derer, die sie vertritt, und derer, um die sie sich bemüht.

Es geht um die Rolle, die wir dabei spielen, um den Einfluß, den wir geltend machen können, damit unser Staat - die Bundesrepublik Deutschland - nicht den Zug verpaßt, nicht zurückfällt, nicht zum Vasall wird, nicht absinkt auf das Niveau eines geistig-politischen Armenhauses.

Diese unsere Bundesrepublik muß wieder den Anschluß finden an ein dieser Zeit gemäßes Denken und Handeln. Sie muß sich ohne großen Zeitverlust modernisieren. Sie muß ihr europäisches Gewicht richtig in die Waagschale legen. Sie muß - und sie wird es mit unserer Hilfe. Mit der Hilfe der vielen, die wetteifern möchten im Dienst am Frieden, für Freiheit und für menschengerechten Fortschritt. Und wenn man wissen will, ob ich dessen so sicher sei, antworte ich mit dem letzten Satz, den Léon Blum, der Führer der französischen Sozialisten - Buchenwald überlebend - zu Papier brachte: »Ich glaube es, weil ich es hoffe.«

Nehmt, bitte, meine besten Grüße mit nach Hause und an die Stätten Eures Wirkens. Sagt sie den Mitgliedern unserer Partei und allen, die uns wieder und weiter helfen wollen. Ich wünsche Euch Gutes.

Willy Brandt: Die Abschiedsrede.
Corso bei Siedler. 1987

Ostpreußische Jahreszeiten

VON
MARION GRÄFIN DÖNHOFF

In meiner Kindheit gab es all das, was heute zum Alltagsleben gehört, noch nicht – weder Radio noch Fernsehen, ganz selten ein Auto. Wenn sich einmal ein Auto auf die Landstraßen Ostpreußens verirrt hatte, scheuten alle Pferde, und man mußte froh sein, wenn sie nicht durchgingen. Ich habe es dann erlebt, daß der Bauer vom Wagen sprang, die Jacke auszog und sie dem Pferd über den Kopf hängte, damit es des Teufelswerks nicht ansichtig wurde. Es gab also keinerlei Zerstreuung in des Wortes wirklicher Bedeutung. So waren wir ganz konzentriert auf die Menschen unserer Umgebung, auf die Natur, die Tiere, vor allem unsere Pferde, Hunde und Kaninchen.

Der Rhythmus des Jahres, der immer der gleiche blieb, bestimmte unser Leben, so daß die Bilder der Jahreszeiten sich tief in mein Gedächtnis eingegraben haben: Das Frühjahr, die Erlösung vom langen Winter, kündigt sich an, wenn das Wasser in den Seen und Flüssen blauer wird und das Schilf leuchtend gelb; wenn große Stürme die alten Bäume schütteln, daß die Erde bebt und einem ganz bang ums Herz wird; wenn die Krähen sich wieder sammeln auf dem Acker, der langsam flekkig wird, weil die Feuchtigkeit allmählich abtrocknet. Dann kommen bald die Kiebitze und später die Stare und Störche. Es riecht im Wald nach Frühling, und wenn die Morgensonne durch das erste Grün der Buchen fällt und hier und da ein paar Lichtreflexe auf das feierliche Dunkel der hohen Fichten setzt, dann weiß man, daß die lange Zeit des Winters vorüber ist und auch das Warten auf den neuen Herzschlag der Natur.

Es dauert ja nur wenige Tage in Ostpreußen, bis die endlos lange Starre des Winters sich in strahlende Frühlingspracht verwandelt. Dann brauchen die Kinder doppelt so lang für den Schulweg zum nächsten Dorf, weil es so faszinierend für sie ist, das Wasser aus den tiefen Wagenrinnen der grundlosen Landwege zu riesigen Pfützen zusammenzuleiten. Die Bauern reparieren ihre Maschinen, die rostig geworden sind, und in den Dörfern stehen sie am Abend in den Vorgärten und schauen versonnen auf die frisch geharkten Beete und die ersten Knospen der Sträucher.

Wenig später findet man dann im Park die ersten Schalen der bläulichen Stareneier und hört das unersättliche Gepiepse der ausgeschlüpften Jungen. An den Grabenrändern blühen die gelben Sumpfdotterblumen, und in den Wiesen steht das bläuliche Rosa des Wiesenschaumkrauts zwischen dem hohen Gras, das sich unter der Sense leicht neigt und dann, schön geordnet, in langen Reihen - im Schwatt - zu Boden sinkt.

Die Tage vergehen wie im Fluge, und die Nächte sind kurz. Kaum hat sich der helle Himmel im Westen verdunkelt, dann geht schon im Osten die Sonne auf und spiegelt sich wider im morgendlichen Tau. Und wer wollte sie missen in seiner Erinnerung, die Zeit der großen Ernte, wenn der Wind in kleinen Wellen über die großen Roggenfelder läuft und die graugrünlich silbernen Halme und Ähren im Rhythmus bewegt. Nur ein paar heiße Julitage: die Ähren stehen gelb und stramm, dicht wie eine Bürste, von der die eintönig ratternden Maschinen eine Bahn nach der anderen in ununterbrochener Rundfahrt abrasieren. Auf den Höfen ertönt dann das melancholische Surren der Dreschmaschinen, und zwischen den Ställen hängt der Geruch der schwitzenden Pferde, man hört das laute Knallen der Peitschen, mit dem sie immer wieder unerbittlich angetrieben, viererlang aufs Feld gejagt werden, um eine neue Ladung heranzuschaffen.

Erst wenn es Stoppelfelder gibt, Kilometer von Stoppelfeldern, über die man galoppieren kann, dann beginnt die große Zeit des Jahres. Dann muß man einen Trakehner haben, und im Herbst muß es ein Schwarzbrauner sein. Niemand hat die wirklichen Höhepunkte des Lebens je erlebt, der das nicht kennt, dieses Hochgefühl vollkommener Freiheit und Schwerelosigkeit im Sattel. Die Welt liegt einem zu Füßen, und sie ist schön und jung wie am ersten Tag, mit tausend Farben angetan und von unendlichen Gerüchen erfüllt. Man hört nur das regelmäßige Schnauben und den Hufschlag des Pferdes, das leise Geräusch des Lederzeugs und spürt dann und wann eine kühle Luftströmung, die der Schatten einer alten Eiche am Wegrand verursacht.

Knallrot stehen die Beeren der Ebereschen gegen den lichtblauen Herbsthimmel. Die Birken werden von Tag zu Tag leuchtender in ihrem Goldgelb, und die kurzgefressenen Wiesen sehen aus wie ein alter, fleckig gewordener Samt. Das ist die Zeit, wenn die Elche im Bruch noch heimlicher werden und der große Vogelzug beginnt. In riesigen Scharen ziehen sie dann gen Süden. Die Störche und Stare und das kleine Volk sind längst fort, wenn sich die königlichen Vögel aufmachen: die Schwäne, Kraniche und Wildgänse, die wie Perlen zu einer Schnur gereiht über den rötlichen Abendhimmel ziehen.

Es ist, als nähmen sie alles Leben und alle Freuden mit, denn jetzt beginnen schwermütige, regenreiche, dunkle Wochen. Die Wege werden immer grundloser, mühsam wühlen sich die Gespanne durch den aufgeweichten Rübenacker, und in den Alleen treibt der Wind die Blätter in Wirbeln zusammen. Wenn erst der November begonnen hat, dann muß man oft schon um drei Uhr die Lampen anzünden und ein Feuer im Kamin machen, um die klammen Füße und Hände zu wärmen. Erst die Weihnachtsvorbereitungen reißen die Menschen wieder vorübergehend aus ihrer dumpfen Teilnahmslosigkeit. Jeden Tag haben die Dorfkinder neue Ausstattungswünsche für das Krippenspiel im Gemeindehaus, zahllose Stollen und Pfeffernüsse werden für die Weihnachtsbescherung des Dorfes gebacken, hier und da taucht am Abend der traditionelle »Schimmelreiter« auf, und zwischen das eintönige Getöse seines Brummbasses mischt sich das Gekreisch der Mädchen, die durch Bär, Storch und Schimmelreiter in Schrecken versetzt werden.

Dann beginnt die Zeit der Bücher. Mit fünfzehn Jahren habe ich alles verschlungen, was in den Bücherschränken stand: Thomas Mann, Knut Hamsun, Stefan Zweig, Franz Werfel, Leonhard Frank, Hans Fallada und natürlich Hugo von Hofmannsthal und Rainer Maria Rilke und viele Bände Dostojewski.

Aber kein Autor, auch kein Lyriker, kann poetischer sein als jene herbstlichen Morgen, an denen man noch im Dunkeln zum Pirschen aufbricht. Wenn die Sonne aufgeht und in ihren ersten Strahlen der Tau auf den Wiesen wie Diamanten funkelt, wenn der ferne See durch die Bäume schimmert, dann fühlt man sich dem Wesentlichen zum Greifen nah. Nicht nur die

Augen, die solch unbefleckte Herrlichkeit schauen, nicht nur das Gehör, das die lautlose Stille aufnimmt - in solchen Momenten ist es, als sei der ganze Mensch durchlässig für das Wunder der Schöpfung.

Unnachahmlich so ein Morgen: Niemand weit und breit, die ersten Hummeln wachen auf, dann und wann springt ein Reh ab, fliegt ein Vogel auf; aber das Gewehr ist nur ein Vorwand: nur ja kein Schuß jetzt, der die heilige Stille stören könnte. Alle Wahrnehmungen verdichten sich zur Inspiration, plötzlich versteht man alles, das Leben, das Sein, die Welt. Und es gibt nur noch ein Gefühl: tiefe Dankbarkeit dafür, daß dies meine Heimat ist.

Marion Gräfin Dönhoff:
Kindheit in Ostpreußen. 1988

Der verlorene Osten

VON
KARL SCHLÖGEL

Wenn es kein Bild der Deutschen vom mitteleuropäischen Raum mehr gibt, dann nicht deshalb, weil keines gerettet wurde, sondern wesentlich deshalb, weil die Deutschen unsicher geworden sind, ob sie es aus der Schublade, in der sie es geborgen haben, hervorholen dürfen. Sie sind nicht sicher, ob sich überhaupt jemand dafür interessiert, abgesehen von dem einen oder anderen, der auf persönliche Weise an diesen Raum gebunden ist. Lange Zeit fanden sie ja nicht einmal Zeit und Muße, in den geretteten Stapeln zu blättern; sie hatten anderes zu tun. So radikal sie mit einem Schlag ihre Existenz eingebüßt hatten – nicht nur Haus und Hof, Stellung und Beruf, sondern vor allem die »innere Ordnung« –, so radikal mußten sie nach der Flucht von neuem beginnen, eine Existenz fast aus dem Nichts aufzubauen.

Der Verlust des deutschen Ostens ist nur der zugespitzte Punkt des Verlustes der Stellung der Deutschen im Osten, nur der freilich besonders dramatische und schmerzhafte. Man könnte sagen, es sei die halbseitige Reduktion der deutschen Existenz. Und man ist sogleich erschrocken darüber, vielleicht noch mehr verwundert, daß dies so ohne alle gravierenden Folgen – dem Augenschein nach jedenfalls – für das innere Gleichgewicht der Deutschen geblieben ist. Es läßt sich vorläufig nur annehmen, daß sie so gründlich entschädigt worden sind, daß der Existenzverlust eben wettgemacht wurde durch einen Existenzgewinn an anderer Stelle.

Wer dies vierzig Jahre nach dem Krieg, der alles besiegelt hat, zur Sprache bringt, stößt meist auf die Metapher von der »verheilten Wunde«, die doch nicht ohne Not wieder aufzureißen sei, hört von einer Heilung, die nicht leichtsinnig aufs Spiel gesetzt werden dürfe, und von einer »Versöhnung mit den Nachbarn«, die ernsthaft und behutsam zuwege gebracht worden sei. Doch kommt es vor, daß der aufgewandte Wille nur das Indiz für Machtlosigkeit ist, die gute Absicht und die moralische Wiedergutmachung nur der Beweis dafür, daß es eben immer noch der *Absicht* und der moralischen *Anstrengung* bedarf, um über einen Bruch in der geschichtlichen Lebenserfahrung einer Nation hinwegzukommen. Brüche heilen nicht durch Anstrengung, der beste Arzt hat keine Chance, wenn die Gesetze des Organismus ignoriert werden. Und selbst bei der Heilung, die das Leben rettet, kann ein Defekt bleiben, der die Bewegungsfreiheit oder die Sehfähigkeit elementar reduziert. Der so Geschädigte kann diese Defekte ignorieren und so tun, als könne er springen und reiten wie ehedem - und seine Lebenskraft hängt sogar entscheidend von diesem Nicht-zur-Kenntnis-Nehmen ab -, er kann sich aber auch über die Begrenzungen, die ihm auferlegt sind, ein Bild machen.

Der Deutsche im Osten und der deutsche Osten sind in großen Teilen der westdeutschen Öffentlichkeit immer wieder Gegenstand von Bekundungen des Ärgers. Diejenigen, die vom Osten nicht lassen können, werden mit einem mitleidigen Lächeln bedacht. Am deutschen Osten wird Aufrichtigkeit der Gesinnung demonstriert - oder auch nur schlichte Ahnungslosigkeit, die sich dort nur herausbilden kann, wo jemand bereits völlig in einer neuen Welt aufgegangen, sich dort erinnerungslos eingerichtet hat. Die Reaktionen rühren zu einem guten Teil aus dem Wunsch, sich in der transatlantischen Welt, in der man sich doch mehr recht als schlecht eingerichtet hat, auf keinen Fall stören zu lassen. Paul Fechter wäre mit seiner Meinung, wer den deutschen Osten nicht kennt, kennt die Hälfte der deutschen Welt nicht, heutzutage allein auf weiter Flur. Der deutsche Osten gilt als etwas für die Gestrigen, Ewiggestrigen, die Unverbesserlichen und Unbelehrbaren, die Sentimentalen und langsam Aussterbenden. Daß jene, die damals aus dem Osten kamen, eher als Störfaktor zur Kenntnis genommen wurden denn als Aufforderung und Angebot, sich ein Bild vom Deutschland ohne Osten zu machen - das hat sicher viele Gründe.

Wie konnte man sich mit etwas Zurückliegendem befassen, wo es doch um die Zukunft ging! Wie konnte man verlorenen Höfen und Existenzen nachtrauern, wo man insgesamt mit den

Morgenthauschen Phantasien konfrontiert war? Und als es mit George C. Marshalls Hilfe wieder vorwärts und bergauf ging, gab es wahrlich Wichtigeres zu tun. Die Zeit für Rechthabereien war vorbei, über Grenzen, Quadratkilometer zu streiten, irgendwie illusorisch, wo doch die Macht des Faktischen längst gesiegt hatte.

Die Hauptenergie verwandte man darauf, wieder Tritt zu fassen – und das waren ja nicht wenige – die Schätzungen gehen bis zu 16 Millionen Menschen –, die auf reduziertem Territorium zu »integrieren« waren. Es war ein Wunder, daß es gelang, doch nicht so sehr ein Wirtschaftswunder, sondern ein Wunder des sozialen und kulturellen Organismus.

Wo sich in diesem ruhig revolutionär zu nennenden Vorgang der Formierung einer neuen Gesellschaft, die alle Schichten, landsmannschaftlichen und konfessionellen Begrenzungen, die Deutschland vor dem Krieg geprägt hatten, über den Haufen warf, die Flüchtlinge als Flüchtlinge artikulierten – auf ihren Treffen, in ihren Verlautbarungen –, da hatte das etwas von der Kleinkariertheit, die Emigranten anhaftet, die ihr Land verloren haben, aber doch so tun müssen, als stimme dies gar nicht. So sah es jedenfalls in den Augen einer Öffentlichkeit aus, die zwar auch viel, fast alles, aber eben doch nicht alles verloren hatte.

Das Bild vom Osten war bald das Bild derer, die sich von dort »in den Westen« geflüchtet hatten, es setzte sich zusammen aus böhmischen Pilzgerichten, Naschereien aus Iglau, schlesischen Klopsen, Egerländern und Oberkrainern – eine Kultur als Küche und Folklore. Und selbst ein Stück Vergegenwärtigung der tragischen Symbiose im Osten – die »Danziger Trilogie« – erregte mehr eine herrschende klerikale Moral, als daß sie als ein Stück Trauerarbeit, vielleicht sogar als das nachhaltigste, das es im Nachkriegswestdeutschland gab, aufgefaßt worden wäre. Oskar Matzeraths erotische List setzte die Phantasie mehr in Bewegung als das, was er aus der zurückgebliebenen Optik des Zwergs zu erfassen vermochte. Auch das Licht aus dem Schattenland, den Rhythmus der Sarmatischen Zeit und den Klang der Litauischen Klaviere registrierten wir mit unserem neuesten Welt- und Zeitgefühl: als Lyrik ohne Raum und Zeit, als schönen Klang, ohne dem nachzugehen, woher er stammte.

Es spricht nicht so sehr für die stille Gewalt der Verdrängung als vielmehr für die Kraft der Neuorientierung, für die Vitalität des American way of life im Nachkriegswestdeutschland, daß der beispiellose und mit dem, was nach Versailles geschah, in nichts vergleichbare Vorgang der Rücknahme einer über Jahrhunderte im Osten gewachsenen Stellung so ohne größere Erschütterungen an uns vorübergegangen ist. So etwas vermag nur einer zu überstehen, der sich entscheidet, mit beiden Beinen sogleich wieder Fuß zu fassen; auf einem Bein balancierend läßt sich das nicht bewerkstelligen.

Aber es blieb auch keine andere Wahl.

Wir ahnen heute noch etwas von dem Zusammenhang, aus dem wir herausgefallen sind, von dem Netz, das wir selbst zerstört haben, wenn wir uns in Osteuropa aufhalten. Wie selbstverständlich geben wir unsere Bestellung im Prager Café oder im Restaurant in Budapest in deutscher Sprache auf; wir sind wenig erstaunt, wenn uns die Bibliothekarin der Rigaer Kunstakademie in unserer Sprache Auskunft erteilt; wir sind nicht einmal übermäßig verwundert, wenn uns der Mann, den wir nach dem Ort fragen, an dem die große Wilnaer Synagoge gestanden hat, in deutsch den Weg weist. (Ganz beiläufig zitiert er Goethes »Vom Vater hab ich die Statur...«, ganz beiläufig bemerkt er, er sei im Lager gewesen - auch hier wieder, an jedem »beliebigen« Punkt!) Wir rechnen damit immer noch in einer Weise, in einer Selbstverständlichkeit, wie sie sich ansonsten im Umgang der transatlantischen Community der Touristen, Wissenschaftler, Geschäftsleute und Politiker eingespielt hat, nur daß wir dort genauso selbstverständlich in Englisch reagieren.

Uns stört diese Asymmetrie nicht. Wir entdecken sogar, daß dort mitunter ein Wort in die deutsche Rede einfließt, das bei uns längst aus dem »lebendigen« Gebrauch der Sprache entschwunden ist; etwa, wenn zur Hervorhebung von ganz besonderem das Adjektiv »entzückend« verwendet wird - so etwas kann nur in Kaffeekränzchen oder eben bei Leuten vorkommen, die die Sprache ihrer Jugend nicht vergessen haben. Auch bei Emigranten beobachtet man zuweilen solch altfränkische Wendungen, Überleben von Spracherfahrung wie in einer Konserve. Wir vergessen dann fast, daß die Sprache, mit der man uns freundlich weiterhilft, jene ist, an der man den Feind erkannte. Selbst dieser Sprache Unkundigen ist das Deutsch in einigen Wendungen und Wörtern haftengeblieben: »polizaj«, »Hände hoch und stillgestanden«, »Arbeit macht frei«. Und ist es nicht verwunderlich, daß dort, wo Intellektuelle aus Budapest, Belgrad, Prag und Wien einmal zusammensitzen, sie sich der deutschen Sprache als der »obšče-slavjanskij jazyk«, der »allslawischen Sprache« bedienen, wie es ein jugoslawischer Philosoph einmal scherzhaft genannt hat! Es entspringt nicht der Kulturarroganz, sondern folgt nur der Sequenz, mit der sich Zivilisationen wellenförmig ausbreiten, anzuerkennen, daß es eine Zeit gegeben hat, in der die deutsche Sprache eine Art Lingua franca des mittel- und osteuropäischen Raumes gewesen ist, ja weit hinein in den russischen Raum reichte. Auch in Deutschland hatte es einmal zum guten Ton gehört, Französisch oder Italienisch zu sprechen.

Die deutsche Sprache war ins Land gekommen mit den Siedlern, die in mehreren Wellen, erst im Mittelalter, dann in der Zeit der Gegenreformation und dann noch einmal im 19. Jahrhundert, getrieben von Hungersnöten und Überbevölkerung, in Ostmitteleuropa eine neue Heimat gefunden hatten; oft waren sie von einheimischen Fürsten – wie König Ottokar II. oder König Bela IV. – als Bauern, Handwerker, Mönche, Kolonisatoren ins Land gerufen worden. Die Stadtrechte, die die Stadtwerdung überhaupt erst begründeten, sind zumeist in deutscher Sprache abgefaßt. Was Lübeck, Nürnberg, Wien, vor allem aber Magdeburg einmal bedeuteten – fast eine Art Nabel der Welt –, das wird beim Gang durch ein beliebiges Stadtmuseum im Osten Europas sichtbar, ob in Tallinn/Reval, in Riga, Klajpeda/Memel oder in Krakau, Sandomir und Lublin, in Kronstadt, Lemberg oder Kaschau.

Deutsch war auch die Sprache des Handels und des Geschäfts. Der mittel- und osteuropäische Raum, buntscheckig und miteinander verflochten wie kaum ein anderer, ist es nicht zuletzt infolge der deutschen Siedlung – diese hat nur eine Parallele: das mittel- und osteuropäische Judentum. Dies war ein offenes, aber auch gefährliches Gelände. Dorthin bewegte sich nur, wem keine andere Wahl mehr blieb: hungrige Bauern, die ihre Höfe in Schwaben, Sachsen oder Flandern nicht mehr ernährten, oder die Flüchtlinge des Glaubenskrieges wie die Salzburger, die sich bei Ragnit und Insterburg niederließen, oder die holländischen Mennoniten, die sich an Weichsel und Nogat ansiedelten und später weiterzogen nach Rußland.

Ihrem Ursprung halten sie schon durch die Namensgebung ihrer Neugründungen die Treue: Kassel und Worms oder Heidelberg und Darmstadt an der Schwarzmeerküste; ihren neuen Herren bekunden sie Loyalität: Katharinenstadt oder Alexanderstadt an der Wolga und im Kaukasus. Ihre Lebensweise und ihr Können geben sie weiter, nicht ohne sich so weit anzupassen, wie es die neue Umgebung erfordert: in Siebenbürgen und der Bukowina, in der Batschka und im Banat, in der Zips und Gottschee, in Wolhynien und den Gemeinden der mitteleuropäischen städtischen Zentren. Ihr Einfluß ist größer als ihr zahlenmäßiger Anteil, und ihre soziale und kulturelle Stellung macht sie bald zum Objekt sozialrevolutionärer und nationaler Bewegungen. Die Germanisierung findet ihren Widerpart. Es ist eine Projektion der im Banne der Katastrophe Stehenden, wenn ihnen diese Bewegung nach Osten - über die Aufsegelung der baltischen Küste, über die Mitte von Schlesien aus und über Wien in den Südosten - im nachhinein wie die Formation von Stoßkeilen - »Gruppe Nord, Mitte, Südost« - vorkommt. Es ist eine Projektion, wenn sie im Wappenkreuz des Deutschen Ordens nur den Vorläufer für das Emblem auf den Tragflächen der Stukas sehen. Aber sie haben einen Grund, es so zu sehen; dieser liegt nicht in der Siedlungsbewegung, sondern in dem, was aus ihr wurde.

Der Bogen, der sich von Lübeck bis Reval spannt, ist zerbrochen. Die Skyline, die die Städte an der Küste dem von der See Herkommenden darbieten, ist meist zwar geblieben, doch der Zusammenhang hat sich aufgelöst. Die Diaspora, die sich von der Ostsee bis zur Adria beziehungsweise zum Schwarzen Meer wie eine Inselkette hinstreckte, ist untergegangen. Johannes Bobrowskis »Litauische Klaviere« sind zertrümmert, »Schattenland Ströme« ist in einem grellen Blitz aufgelöst. Es bedurfte der Zerstörungskraft eines dreißigjährigen Krieges mitsamt einem Blitzkrieg-Finale, um im 20. Jahrhundert ein Netz zu zerreißen, an dem ein ganzer Kontinent Jahrhunderte gewoben hatte. In der Vernichtung des mitteleuropäischen Judentums - mit dem Deutschtum die integrative Kraft dieses Raumes - ging das alte Mitteleuropa unter.

Wir wissen nun, warum wir kein unbeschädigtes Bild von

diesem Raum mehr besitzen und selbst das beschädigte nur vorzeigen, wenn wir danach gefragt werden. Die Todesgefahr und Hektik der Flucht ist nicht der Augenblick der Reflexion und der ausführlichen Tagebücher. Von Blitzkriegen und Fluchten von heute auf morgen kann es vermutlich kein Epos geben. In welchem Genre ließe sich denn der Zusammenbruch der Zeiterfahrung erfassen?

Auf die Zeit der Siedler folgt die der Wehrmacht, auf die Entsendung der Magdeburger und Bamberger Mönche die der Stäbe der Sonderkommandos. Die Siedlungsbewegung wird rückgängig gemacht durch die Aussiedlungsbewegung. Auf die Zeit, da verfolgte Hugenotten, Salzburger, böhmische Brüder, schwäbische Bauern ins Land gerufen wurden, folgt die Periode der Vertreibung. Die Abkömmlinge der Wormser und Speyrer Judengemeinden werden ein zweites Mal eingeholt. Die Völkerwanderung von einst ist nichts gegen das Europa der »displaced persons«. Der Zeit der Handwerker folgt die der Zwangsarbeiter. Die Lingua franca wird zur Herrensprache, verachtet und gehaßt. Die deutsche Sprache schrumpft auf den lebensnotwendigen Bestand. Das deutsche Können wird zur Kunst des Tötens. Die technische Überlegenheit ist nun die der Panzer und der Todesfabriken. Die Reichsbahn wird um die Ostbahn erweitert. Sie transportiert zwar immer noch Leute aus Breslau zum Opernbesuch nach Dresden, ihre Leistungskraft zeigt sich allerdings in anderem: in der Verschiebung von Militär und der Deportation von Menschen. Sie wird zum modernsten Kommunikationsmittel der Geschichte: aus ganz Europa schafft sie Millionen von Menschen, ein ganzes Volk in den Raum, der von nun an zur Todeszone wird. Die alten Burgen sind nun die Residenzen der Generalgouverneure. Auf dem Hradschin quartiert sich ein Massenmörder ein, von dem man sagt, er sei begeisterter Violinspieler gewesen. Auf dem Wawel in Krakau übernimmt ein Hans Frank das Regiment im Generalgouvernement. Wien muß sich in seine neue Rolle als Provinzhauptstadt fügen, als Zentrum einer Ostmark. Man übernimmt nicht nur die alten Ordensburgen, sondern baut sogar neue im ganzen Reich.

Neben den alten Hauptstädten der Region entstehen neue: neben Wien Mauthausen, neben München Dachau, neben Berlin Oranienburg, neben Danzig Stutthof, neben Prag Theresienstadt, neben Wilna Ponary, neben Riga Kaiserwald. Und zum insgeheimen Zentrum des Riesenreiches wird eine Stadt in einem ehemaligen Herzogtum, von dem bis dahin kaum jemand Notiz genommen hatte.

Auschwitz, fast am Schnittpunkt der großen Imperien gelegen, die Mitteleuropa einst unter sich aufteilten, in einem Übergangsgebiet, in dem alle Sprachen - Polnisch, Ukrainisch, Russisch, Deutsch, Jiddisch - gesprochen werden, in der Übergangslandschaft von Galizien nach Schlesien, von Mähren nach Polen. Zentral und doch der Aufmerksamkeit der alten Zentren entzogen, wird die Gegend zum heimlichen Reich des Todes. Auch Paul Celan, der Dichter der Todesfuge, kommt aus diesem Grenzstreifen - aus Tschernowitz, etwas weiter im Südosten gelegen, mit einer 1875 gegründeten deutschen Universität.

Die Listen der in die Vernichtungslager Deportierten geben Aufschluß über die Entmischung des Kontinents. In dem Maße, wie die alten Mischzonen aufgelöst werden, in dem Maße werden hier neue Mischungen hergestellt. Freilich über Mitteleuropa hinausgehend, alle Rassen, Nationen, Konfessionen, Parteien und Berufe erfassend. Die kosmopolitischen Zentren verlagern sich in dem Maße, wie die Effizienz der Deportationen zunimmt. Die Mikrokosmen der hauptstädtischen Kulturen Mitteleuropas finden sich wieder im Mikrokosmos der Todesfabriken. Kaum jemand kannte bis dahin die Namen - Maidanek, Chelmno, Treblinka, Sobibor, Auschwitz. Aber dies sind die wirklichen Hauptstädte des Reiches. Ein Lebensraum als Totenreich.

Irgendwann mußte es auch die Herrenmenschen treffen, oder genauer: nicht sie, sondern die Frauen, Kinder, die Zivilisten, die auf Schonung nun nicht mehr rechnen konnten. Der Raum, dessen jahrhundertealte Fundamente, Bögen und Verstrebungen untergraben waren, war aus den Fugen geraten. Aber es dauerte erstaunlich lange, bis dies zur Kenntnis genommen wurde.

Es blieb lange ruhig, noch als längst schon die Ghettos errichtet und die Deportationszüge ausgelaufen waren; man fuhr weiterhin in die baltischen Ostseebäder, während nicht weit die Vernichtungskommandos unterwegs waren; die Postverbindung Königsberg-Berlin war noch intakt, als sowjetische Truppen längst die Grenze zum Reich überschritten hatten.

Deutschland, das alle Brücken abgebrochen hatte, war nun selbst rettungslos verloren, preisgegeben selbst das Deutschland der Frauen und Kinder, der Invaliden und Alten, der Geschändeten und Versenkten. Doch für jene, die für die Zerstörung Kolbergs oder Breslaus die Verantwortung tragen, steht immer noch eine letzte Junkers zur Flucht bereit.

Die vom baltischen Meer in den Kontinent hineinreichenden deutschen Siedlungsräume werden zur Falle, das Kolonistenland zum eingekreisten Kessel; die Ordensburgen, schon längst nicht mehr Zufluchtsorte, degradieren zum bloßen Aussichtspunkt für den weithin geröteten Horizont der modernen Schlacht; die Städte an der Küste, einst Ausgangspunkte für Handel und Wandel, werden im Bombenhagel zum Endpunkt aller Bewegung; die Kirchenglocken von Goldap und Gumbinnen läuten zum schrecklichen Finale, nicht mehr zu Hochzeit und Begräbnis; die Küsten und Haffs, die einst die Kolonisten eingeladen hatten, zum Streifen des Todes - vereist und wie eine reine Zielfläche für Panzerübungen; Schiffe, die einst eine entschlossene und mutige Generation von Siedlern an Land gesetzt hatten, laufen - wenn überhaupt - mit Todesfracht an Bord aus; Bürger, die noch vor kurzem die Königsberger Zeitung oder die Mitteilungen des Konsistoriums zur Kenntnis genommen haben, essen Menschenfleisch.

Der Treck, selbst ein so altmodisches Wort aus Pioniertagen, schleppt sich nun in einer Völkerwanderung ohnegleichen nach Westen. Wie in alten Zeiten werden Flüsse zu Hindernissen, Städte zu Überlebensstationen oder - wie im Falle Dresdens - zum Massengrab, das Eisenbahnsystem, das so reibungslos funktionierte für Krieg und Deportation, verweigert nun seine Dienste. Zu Fuß geht der Weg zurück ins Reich, das bald nur noch das Terrain um die Reichskanzlei sein wird. Es werden Festungen verteidigt von Leuten, die ihre Gaue schon verloren haben; es werden Rathäuser, Patrizierhäuser und Brücken, an denen ganze Generationen gearbeitet haben, binnen einer Sekunde dem Erdboden gleichgemacht. Über die Linie der Massengräber, die auf dem Weg nach Osten angelegt wurden, legt sich nun die Kette der Gräber, die den Weg nach Westen bezeichnet.

Die Bewegung endet, wo sie ihren Ausgang nahm: in Sachsen, in Magdeburg, oder noch weiter westwärts - in Bayern, in

Schwaben oder Niedersachsen, fast an der Grenze, die einst der Limes sorabicus darstellte und die heute von einer anderen Mauer bezeichnet ist. Wie ganz anders wäre es, wenn das verlorene Land nur territorial fremd geworden wäre, nicht auch entfremdet. Wieviel leichter fiele es, das Herderdenkmal am Rigaer Dom aufzusuchen oder das Theater, an dem Richard Wagner Musikdirektor war; fast bedenkenlos könnten wir uns der Festung Küstrin nähern. Wie mühelos könnten wir auf Danzig als die Heimatstadt Schopenhauers oder auf Königsberg, einst die Stadt mit der größten deutschen Buchhandlung verweisen; wie zwanglos kämen uns die »Namen, die keiner mehr nennt« (Marion Gräfin Dönhoff) wieder über die Lippen. Es wäre kein Problem, zu Angelus Silesius oder Andreas Gryphius auch den Raum hinzuzudenken, aus dem sie dichteten. Wir könnten unbeschwert nach Ihlava oder Liberec fahren, ohne Skrupel zu haben, daß sie in unserer Sprache immer noch Iglau beziehungsweise Reichenberg heißen. Wir könnten alle Dichter und Denker des deutschen Ostens aufführen - vom »Magus des Nordens« Johann Georg Hamann bis Arno Holz, von Kant bis E.T.A. Hoffmann -, es änderte nichts am gestörten Gleichgewicht und Selbstbewußtsein.

Wir sind nicht - noch nicht - in der Lage des französischen Touristen, dem es gegeben ist, in New Orleans eben nur den Zauber der französischen Kolonie zu sehen. Es nützt uns wenig, auf Helmuth von Moltkes Gut im schlesischen Kreisau hinzuweisen. Nicht der Kreisauer Kreis hat sich durchgesetzt, sondern die Wolfschanze - und die ist eine Attraktion für die Kinder der Überlebenden und die der Sieger.

Wie kann man nach all dem über Grenzfragen sprechen, wo doch keine Landesgrenzen, sondern eine äußerste, bis dahin nicht vorstellbare Zivilisationsgrenze überschritten war! Der Verlust des Ostens ist nicht wettzumachen in der Revanche, sondern im Vollzug einer Bewegung, die das Wissen um den zerstörten Lebensraum Osten zurückholt in den Westen Deutschlands. Die Bewegung wäre geglückt, wenn auf dem Gesicht, das sich dem verlorenen Osten zuwendet, die Züge eines ebenso anteilnehmenden wie entspannten Interesses an die Stelle von Desinteresse und Verbissenheit getreten sind.

Karl Schlögel: Die Mitte liegt ostwärts. Die Deutschen, der verlorene Osten und Mitteleuropa. Corso bei Siedler. 1986

Auf den Seelower Höhen

VON
WOLF JOBST SIEDLER

Die Seelower Höhen ragen weit in die Oder-Niederung hinein. Der Hang des aus eiszeitlichem Geschiebelehm aufgebauten Plateaus fällt steil zum Bruch hinab. Aus dem Glast der Ebene scheint das silbrige Band der Oder auf, flach und langsam dahinströmend und immer wieder Sandbänke freigebend, die so trivial-poetische Namen wie Ziegenwerder und Große Plage tragen.

Der Bruch, bis in die Mitte des achtzehnten Jahrhunderts hinein die längste Zeit des Jahres überflutet und stets versumpftes Gelände, aus dem sich hier und dort Haufen von Wendenkaten erhoben, die sich mit Wällen aus Kuhmist vor dem Wasser schützten, war seit Menschengedenken während vieler Monate nur mit Kähnen passierbar, weshalb es denn die Sitte der Massentaufen und -trauungen gab. Der Pastor kam, mit langen Stangen sich vorwärts stakend, alle acht oder zehn Wochen im Boote und nahm seine Geschäfte vor; dann versank das von Kürbisanbau und Fischfang lebende und nur notdürftig dem Christentum und der deutschen Sprache gewonnene Land wieder in seine wendische Heidenwelt, die noch bis in die Mitte des folgenden Jahrhunderts anschaulich wurde, weil der märkische Adel auf der alten Tracht bestand, wie denn der Fürstkanzler Hardenberg auf Neu-Hardenberg keinen städtischen Kattun duldete.

Hier wie überall zwischen Wallonien und Sizilien tritt die Wahrheit in Erscheinung, daß die Erhaltung des Überkommenen Anstrengung von oben und nicht Lebenszähigkeit von unten ist. Tradition ist Kunstgewächs und ein artifizieller Vorgang, was denn noch heute jede Fahrt durch die alten Landschaften Europas vor Augen führt: Neben der Vulgarisierung durch den Fortschritt steht die Restaurierung durch das rückwärtsgerichtete städtische Verlangen, das sich in den Besitz der alten Häuser bringt.

Am Ende des achtzehnten Jahrhunderts ist dann der Oderbruch der Gemüsegarten der Mark. Die von Friedrich noch vor dem Siebenjährigen Krieg dem Wasser abgerungenen Pfuhle, das fisch- und vogelreichste Gebiet Preußens, haben nur drei Jahrzehnte gebraucht, um ihre Fruchtbarkeit freizugeben. Die 130 000 Morgen neugewonnenen Landes werden an 1300 Kolonisten vergeben, wozu man Pfälzer, Schwaben, Mecklenburger, Westfalen, Böhmen, Österreicher und Polen ins Land holt, das in königliche, städtische und adlige »Kolonistendörfer« aufgeteilt wird.

Wen die Berliner Gesandtschaften aus aller Herren Länder zum Eintritt in die preußischen Staaten bewegen können, wird für die Dauer von fünfzehn Jahren von allen Abgaben befreit und vor allem samt Kind und Kindeskindern von aller Werbung freigestellt. In den neuen Dörfern aber sind die Kolonisten ihrem jeweiligen Herkommen entsprechend zusammengezogen, so daß denn selbst nach einem Jahrhundert hier der brünette, tausend Schritt weiter der blonde Menschenschlag überwiegt; dem Besucher fallen noch an der Wende zu diesem Jahrhundert in den alten wendischen Flecken die Mädchen der ausdrucksvollen dunklen Augen wegen auf.

Als der König stirbt, ist der Oderbruch Preußens reichstes Raps-, Gersten- und Rübenland. Fünfzig Jahre später, in der Mitte des Jahrhunderts, steht Fontane auf der Seelower Höhe und sieht, wie unten in der Ebene »die ohnehin dicht gelegenen Dörfer in dem endlosen Coulissenbilde immer dichter zusammmenrücken und alles verschmilzt zu einer weitläufig gebauten Riesenstadt, zwischen deren einzelnen Quartieren die Fruchtfelder wie üppige Gärten blühen. Wer hier um die Sommerszeit seines Weges kommt, wenn die Rapsfelder in Blüte stehen und ihr Gold und ihren Duft über das Bruchland hin ausstreuen, der glaubt sich wie durch Zauberschlag in ferne Wunderländer versetzt. Die Feuchte des Bruchs liegt dann wie ein Schleier über der Landschaft, alles Friede, Farbe, Duft, und der ferne, halb ersterbende Klang von dreißig Kirchtürmen klingt in der Luft zusammen, als läute der Himmel selbst die Pfingsten ein.«

Die Landschaft, das Dauernde, hat viel von der weichen Milde bewahrt, eine Camargue an der Oder, nicht nur in ihrer wäßrigen Milchigkeit an das Rhône-Delta erinnernd. Überall

Störche, auf manchem Dach zwei Nester, wie sonst nur an den großen ungarischen Flachseen, überall Sümpfe, Abzugsgräben, Pfuhle, »faule Seen« - Bruchland.

Aber viel fehlt, und alles ist anders. Unten, im schimmrigen Weiß, kein Dorf an Dorf mehr, zur Stadt nahezu zusammenwachsend; nur verstreute, roh aufgeschichtete Gebäude, das ganze flache Drunten gibt nicht einen einzigen Kirchturm preis. Wer mit einem alten Meßblatt gekommen ist, sucht vergebens die kastanienumstandenen Alleen längs der Höhen und wie sie in der Ebene als Akazienreihen von Dorf zu Dorf führen. Nur Kopfweiden, hochgeschossene Pappeln, verwilderter Holunder, Niedergestrüpp. Niemand hier, der dem Nichts Träume abzwingt, kein *Kolonist*, der Linden vor sein Gehöft stellt ...

Sonderbar fern diese Welt der großen Herren, die da über dem Oderbruch saßen, von fernen Tagen träumten. Damals hatten sie mit französischen Kavalieren Bootsfahrten auf der Loire gemacht, sich nach den Gärten der Boboli gesehnt oder dem Park der Villa Medici. Das sind noch märkische Tage, die an ihr Ende zu bringen man aber kräftig mithilft. Dann sind die brandenburgischen Aristokraten zu preußischen Offizieren avanciert und domestiziert, keine Rede mehr davon, daß man heute in schwedische Dienste und morgen in brandenburgische oder sogar in den Sold der Thurn und Taxis tritt, womit der Derfflinger seinen Aufstieg begann. Gusow, das Schloß verkommen, der Park ruiniert, steht für vieles, nicht nur für sich selbst. Durchwandert man das alte Gemäuer, von dem nur ein paar Räume genutzt sind, tun sich plötzlich europäische Perspektiven auf.

Jetzt ist hier nicht Gutsland und nicht Bauernland mehr, nur landwirtschaftlich genutzte Fläche, erkennbar fruchtbar und ohne Geschichte. Nicht nur die »Schloß-Gesessenen« sucht die Erinnerung vergeblich, die sich an die Namen der alten Dörfer heftet; auch die Bauern fehlen, deren über Nacht gekommener Reichtum damals zum »Unsegen« geworden war, wie jene alten Berichte erzählen, die von bäuerlichen *Chaisen* sprechen, Prunkgelagen und allzu aufdringlich zur Schau getragener Opulenz.

Es fiel zu leicht euch in den Schoß,
»Zu glücklich sein« war euer Los.
Wie heißt der Spruch im goldnen Buch?
»Reichtum ist Segen und Reichtum ist Fluch.«

Sonderbar, das heute zu lesen. Längst ist alles verweht, der Segen wie wohl auch der Fluch. Mit der adligen ging die bäuerliche Kultur, auch die hochgebuffte. Agrarindustrie jetzt mit kargem Glück; kann sogar sein, daß es mit dem Auskommen der Landarbeiter besser als früher bestellt ist. Not gibt es jedenfalls nicht mehr, man darf sich durch die Freudlosigkeit, die sich wie Mehltau über alles gelegt hat, nicht täuschen lassen.

Vergebens jedoch sucht das Auge Freiheit, will sich an jenem Überfluß festhalten, der nicht aus dem Reichtum, sondern aus der Heiterkeit kommt. Aber keine Kirmes, kein Maibaum, kein Schützenverein, der im girlandengeschmückten Festsaal zum Tanz lädt; nur Spruchtafeln und Mauerplakate mit rituellen Losungen, in denen friedliche Ackerstädte versprechen, von der Erfahrung des ruhmreichen Brudervolkes im Osten zu lernen.

Woher kommt das Beharren auf der eigenen Unzulänglichkeit, die der Belehrung durch das ferne Rußland bedarf? Mit den Gefühlen des Volkes hat das nichts zu tun, soviel ist sicher. Ist es ein Singen im Keller, mit dem ein Regime sich zu sich selber Mut macht?

Gruß und Dank allen Werktätigen der DDR steht auf den Tafeln, die den Weg zur Oder begleiten. Dies ist die optische Entsprechung zu dem Beifall, mit dem überall im östlichen Reich der Redner sich selber applaudiert. Was für fremde, ferne Verhaltensweisen. *Der Sowjetunion auf ewig brüderlich verbunden*, lautet das Gelöbnis in Seelow. Nicht das Revolutionäre, das uns notfalls für sich einnehmen könnte, ruft das Staunen hervor, sondern die Willfährigkeit in der Selbstdemütigung, die nichts davon wissen will, wie das Ende der Gewaltherrschaft auch das des Landes brachte. Die Siegesmäler, die hier in jedem Dorf den Vormarsch des Gegners noch nach Jahrzehnten feiern, markieren ja nicht nur fremde Triumphe, sondern den übriggebliebenen Eltern auch die Stätten, wo ihre Söhne den Tod fanden.

Zur Herrschaft berufene Imperien legitimieren sich auch darin, daß ihre Lebensform die unterworfenen Regionen zu faszinieren vermag. Im zweiten Jahrhundert will man zwischen Atlantik und Schwarzem Meer römischer Bürger sein, trägt Toga und pflanzt Rebstöcke; im neunzehnten besteht die Welt darauf, englisch zu sein; Dudelsack und »ham and eggs« sind schneller noch als Kanonenboote. Nichts davon hier, es springt geradezu in die Augen, wie in jeden freien Raum die amerikanische Weltzivilisation einschießt.

Erfolgloser noch als in der Schaffung von Wohlstand ist das Großreich im Osten in der Vermittlung jenes Russentums gewesen, das ein Jahrhundert zuvor den Westen so bezauberte. Manche Länder sind zur Herrschaft nicht berufen; nach Deutschland macht nun Rußland die Erfahrung, daß die Ausbreitung seiner Herrschaft mit dem Verlust der Faszination bezahlt wurde. Niemand hier möchte Russe sein.

Nicht immer ist das Land das Bleibende; auch das kann Selbstbetrug sein, Geschichtsvergessenheit im Umgang mit Natur. Dies Land im Osten, östliches Land, was ein gefühlsbeladenes Wort ist, war in seiner melancholischen Eintönigkeit Menschenwerk, fern der kulturgesättigten Fülle des alten Römerlandes im Süden und Westen und eben darum auf ergreifendere Weise geschichtsgeprägt.

Fielen die alten Gemäuer am Rhein, so bliebe es der Rhein, Kulturland und zur Besiedlung auffordernd; die Oderabhänge ohne Kirchdörfer, Herrensitze und Ufergemeinden sind wieder Fluß im Osten geworden, nahezu Weichsel, träger Strom zwischen industrieagrarisch genutzter Fläche, geschichtsloses Land, gestaltloses Land.

Fährt man abends die neunundsechzig Kilometer in das zur Grenzstadt gewordene Berlin zurück, hat die Empfindung nur Gedachtes, nichts Gesehenes zur Bewahrung.

Nach drüben, wo im Dunst der Oder das andere Ufer aufscheint, auf dessen Höhen die versunkenen Namen von Kunersdorf und Zorndorf liegen, versperren Verhaue und Gestelle den Weg; nicht weit von hier gabelten sich die Straßen, tun es wohl immer noch. Bei Dirschau und Schneidemühl gingen sie nach Ostpreußen ab, Fontane fuhr mit dem Schaufeldampfer von Frankfurt nach Schwedt; über Küstrin führten sie nach Stettin und Breslau.

Wie weit ist das alles? Dreihundert, vierhundert Kilometer? Und dann von dort nach Tilsit und weiter nach Memel? Noch einmal fünfzig, einhundert Kilometer? Weiter jedenfalls als nach Flensburg oder Aachen. Reiste man nach Süden, hielte man in München, wenn man das Ende der Strecke erreicht hätte. Im Nebel versunken, nicht nur im wäßrigen Licht des Stromes, eher schon im Qualm der Geschichte. Verlorene, verspielte, verdorbene Geschichte.

Seelow, zu Beginn dieses Jahrhunderts eine der reizenden »Ackerbürgerstädte« des zum Stift Lebus gehörenden Landes, eine Sommerfrische mit dem ländlichen Gasthaus »Schwarzer Adler«, der mit seinen acht Zimmern und zwölf Betten bei 1,50 Mark Logis und 3 Mark Pension erfolgreich gegen das »Norddeutsche Haus« und den »Weinberg« bestand (denn im sechzehnten Jahrhundert waren die Hügel hier bis hinauf nach Schwedt alles Weinberge, die von den gärtengesäumten Höhenrändern den Blick auf die tief gelegenen Fluren und den Strom freigaben), war von der Oderebene her nur mit Mühe zugänglich: ein Ort, gut zum Rekognoszieren und Barrikadieren.

So nimmt es denn nicht wunder, daß die malerische Bastion ihrer Lieblichkeit zum Trotz ein Platz des Ernstfalles ist. Als Preußens Existenz auf der Schneide steht, ziehen sich die Dinge mehr als einmal an der Oder, und zwar an diesem Punkt, wie in einem Brennspiegel zusammen. Dreimal geht es, so mißlich es auch bisweilen aussehen mag, am Ende glimpflich, sogar gut aus; nach dem vierten Mal gibt es Preußen nicht mehr.

Trüge das Auge im Dunst der Feuchte weiter, würde es gleich jenseits des Stromes die flache Erhebung von Zorndorf sehen, wo Friedrich am 25. August 1758 in verlustreicher Schlacht die russische Flut zum Stehen brachte, die das ganze Land in eine Wüste verwandelt hatte, wie der Marquis de Montalembert nach Paris berichtet: »Alles ist eingeäschert, tot, geflohen; man findet keine Menschen, kein Pferd, kein Herdenvieh mehr.«

Die russische Flut, immer wieder. Das Wort reicht in wechselnde Vergangenheiten, geht tiefer ins Gewesene zurück als in die Erfahrung des letzten Anbrandens, das den heillosen Großreichstraum beantwortete und das Land seine Geschichte gekostet hat. Andere Staaten mochten um ihr Recht, um ihre Provinzen kämpfen, für Preußen stand immer sein Bestand auf dem Spiel, Aufteilungspläne gab es in Petersburg, Wien und Paris genug, in Gedanken waren seine Provinzen mehr als einmal verteilt.

Anderes kam hinzu. Die Erfahrung des Kolonisten, Grenzland zu bestellen, Nachbar von unübersehbaren Räumen mit fremdartigen Landstrichen und Völkerschaften zu sein, hat sein Bewußtsein nie losgelassen, in Sehnsucht und Schrecken. Es bedurfte dazu nicht des Gegners, auch der Verbündete blieb unheimlich.

Da er nichts tut als erobern,
Wird er uns nicht übersehn,
Gerne wird er seinen Lobern
Eine kleine Kette drehn,

notierte Graf Platen uralte Bedrohungsängste, als Petersburg mit der Billigung Europas, das sein vernünftiges System über seine romantische Empfindung stellte, Anfang des Jahrhunderts die polnische Erhebung niederwarf.

Unten blinkt der Fluß auf, der einst »Mitte der Monarchie« genannt wurde und jetzt die Grenze Deutschlands darstellt, weshalb denn Fontanes »lachende Landschaft« Sperrgebiet ist und man die halbe berittene Stunde stromaufwärts nach Kunersdorf nicht kann, wo der König fast auf den Tag genau ein Jahr später, nämlich im August 1759, um ein Haar in die Hände von Kosaken fiel und von dem Major Prittwitz nur mit Mühe über die Schiffsbrücke bei Oetscher hierher aufs linke Ufer gerettet wurde.

Und noch einmal Seelow, wieder Kosakenhemden. Hier oben, wo es am unzugänglichsten ist, haben versprengte Regimenter der Grande Armée unter Nansouty Posto gefaßt, und drunten gelingt der Vorhut des Generals Tschernyschew der Ritt über das brüchige Eis der Oder. Der jüngere Marwitz ist von Friedersdorf, das zwei Meilen flußaufwärts liegt, heruntergeritten und beschwört den in russischen Diensten stehenden Oberst Tettenborn, entweder nach Frankfurt zu gehen oder *die Seelower Höhen zu nehmen.* Aber der scheut den Kampf und sucht den Ruhm, läßt Seelow oben liegen und unternimmt unten mit seinen Kosaken Streifzüge auf Berlin.

»Mit solchem Kroop muß ich mich schlagen?« hatte Friedrich bei Zorndorf gesagt, als ihm die ersten gefangenen Kosaken vorgeführt wurden. An der unheimlichen Fremdartigkeit hat sich nicht viel geändert, als sie »auf struppigen Gäulen mit Pelzmützen und Piken« am 18. Februar 1813 die Oderabhänge hinaufreiten; noch Goethe erschreckt sich, als »Kirgisen, Baschkiren und Kosaken« einige Wochen später Weimar befreien. Die abziehenden Offiziere Napoleons hinterlassen die Erinnerung an Requirierungen, Festivitäten und Liebschaften.

Räumliche und zeitliche Ferne verschwimmen ineinander; es bedarf nicht des milchigen Lichts, daß einem Litewkas und Kosakenhemden, Waffenröcke und Russenblusen durcheinandergehen.

Am 16. April 1945, als im Morgengrauen die zweieinhalb Millionen Mann der 1. Weißrussischen und der 1. Ukrainischen Front, denen schon am 4. Februar der Oderübergang gelungen ist und die nun seit nahezu zehn Wochen im überfluteten Bruch zu Füßen der Oderberge stehen, zum Sturm ansetzen und in wenigen Tagen Berlin erreichen, ist hier oben auf den Seelower Höhen der letzte Verteidigungsstand der dünnen deutschen Linien. Der Angriff hat mit einem Trommelfeuer begonnen, wie ihn der russische Krieg noch nicht gesehen hat. Vierzigtausend Geschütze »und Werfer« haben die Russen in einer letzten Anstrengung zusammengezogen; bei Seelow kommen auf den Frontkilometer dreihundert Geschütze. Tschnikow, der unter seinem Oberkommandierenden Marschall Schukow, der mehrmals am Tage mit Stalin telephonieren muß, den eigentlichen Stoß führt, berichtet später, das Mündungsfeuer der im Abstand von drei Metern nebeneinanderstehenden Rohre habe den Himmel auf der östlichen Oderseite in ein gleißendes Morgenrot getaucht, während der Qualm über den deutschen Linien so undurchdringlich gewesen sei, daß die angreifenden Truppen blind ins Dunkle hineingestürmt seien. Oben, auf den flachen Mulden der Anhöhen, die seit Jahrhunderten, lange vor der Urbarmachung der sumpfigen Niederung da drunten, den reizenden Kranz der Randdörfer tragen, gelingt es drei aus der Reserve herangeführten Panzerbrigaden, einer Panzergrenadierdivision und einer Luftwaffenfelddivision, die umgepflügten deutschen Stellungen bis in die Nachmittagsstunden hinein zu halten, am nächsten Tag gehen sie verloren, werden wieder gewonnen, bis am 18. April die 9. Armee General Busses die Seelower Höhen endgültig räumen muß. Es nutzt nichts mehr, daß Hitler persönlich die Genehmigung gibt, vier Volkssturmbataillone mit Omnibussen im Dunkel der Nacht aus Berlin an die Oder zu fahren, wo sie Schukows 1. Gardepanzerarmee, das 11. Panzerkorps und die 8. Gardearmee zum Stehen bringen sollen. Das alles wird ein blutiges Indianerspiel; denn ein paar tausend Mann sollen durch Hinterhalte und Finten den Hunderttausenden Einhalt gebieten; am dritten Tag ist der Weg nach Berlin frei. Dort verbarrikadieren nur noch umgestürzte Straßenbahnwagen, besetzt von Hitlerjungen, die Ausfallstraßen nach Strausberg, Seelow, Fürstenwalde und Zossen.

Am vierten Tag ist alles vorüber, nicht nur der Gefechtslärm. Die ganze Strecke des Landes längs der Oder ist ausgelöscht. Von Frankfurt nach Küstrin und weiter nach Bad Freienwalde hinauf gibt es kein Dorf mehr, fast kein Haus. Was Geschichte war an diesem Landstrich, ist nicht mehr. Vorbei Wendenspuren und Askaniersteine, Ordensmauern und Adelssitze. Noch einmal ist Kolonistenzeit über das Land gekommen, aber wie anders jetzt. Kein »Schwarzer Adler« mehr und kein »Norddeutsches Haus«, nirgendwo mehr Akazienalleen und Kastanienwäldchen; verstreute, schmucklose Landarbeiterhäuser, anfangs, in den ersten Nachkriegsjahren, aus den Steinen der alten zerschossenen Gehöfte und der niedergerissenen Gutshäuser hochgemauert, umstanden von Niedergestrüpp, Fliedergebüsch; kaum ein Baum hier, der älter als dreieinhalb Jahrzehnte ist. Fremdes Neuland, fern von Vergangenheit. Die beiden Restaurants im Oder-Frankfurt heißen »Witebsk« und »Polonia«.

Nun längst zu Ende
graue Herzen, graue Haare
der Garten in polnischem Besitz
die Gräber teils-teils
aber alle slawisch,
Oder-Neißelinie
für Sarginhalte ohne Belang
die Kinder denken an sie
die Gatten auch noch eine Weile
teils-teils
bis sie weiter müssen.
Sela, Psalmenende.

Sah so der Untergang aus, von dem sie all die Jahre über gesprochen hatten, die in der Reichskanzlei am Tage des Kriegsbeginns und die im Bendlerblock, als sie in letzter Stunde das Land zu retten suchten? Was meinte Hitler, als er am 22. April 1938 zu Dönitz von *Finis Germaniae* sprach, wenn es Krieg mit England gäbe? Was hatten sie im Auge im Hauptquartier der Heeresgruppe Mitte im Osten und im Stab des Militärbefehlshabers Frankreich in Paris, was stellten sich Tresckow und Stülpnagel vor, wenn sie den Untergang des Landes beschworen, in den die Gewaltherrschaft Deutschland führe? Den Untergang des Reiches, dessen Traum man bewahrt hatte über das problematische Zweite und das miserable Dritte hinweg? Den Verlust von Provinzen, den Abschied von der Nation? Oder ganz konkret: den Ruin des Landes und seiner Menschen?

Nach dem Kriege wußten sie es nicht mehr, sofern sie überlebt hatten. Fragte man sie danach, die Schlabrendorffs, Gersdorffs und Speidels, so versuchten sie sich zu vergegenwärtigen, was sie damals bewegt und zu verzweifelter Tat getrieben hatte, und fanden nur allgemeine Auskunft: den Ruin habe man gesehen, auf den alles hintrieb, den äußeren und inneren; aber wie der aussehen werde, habe man sich nicht ausgedacht und wohl auch nicht ausmalen wollen. Nur zu begreiflich.

Wer davongekommen ist oder nachgeboren wurde, dem ist das fern wie der Tag von Zorndorf oder Kunersdorf. Unfaßbar das alles, das Sterben wie das Überleben. Was ging in dem jungen Albedyll vor, der die Höhen von Wuhden, einen Steinwurf weit zu Lebus hin, noch bis zum Mittag jenes 16. April hielt, auch weil der Familiensitz Klessin wenig hinter der Front lag? Fünf Tage lebte er noch, dann fiel er am Stadtrand von Berlin. Die davon erzählen, einst Bauern, jetzt Landarbeiter, sind ein-, zweimal in die Stadt gefahren, um sein Grab zu besuchen, obwohl das sinnlose Heldenstück das Feuer einen halben Tag länger auf sie zog, so daß von ihren Häusern nicht einmal die Grundmauern blieben. Dorf und Schloß Klessin sind ausgelöscht. Wiese jetzt, die Karte verzeichnet den Namen nicht mehr, wo einst zweihundert »Seelen« lebten.

Ist der Untergang tatsächlich gekommen, sieht es so aus, wenn die Geschichte ihr *Finis* schreibt? Hat hier das Land zur sozialistischen Nation gefunden, und drüben das andere Land, das einst dasselbe war, zur freiheitlichen Demokratie, die doch so viele immer wollten, auch wohl manche von denen, die jetzt hier irgendwo liegen müssen? Aber die letzte große Offensive des Krieges hat keinen Soldatenfriedhof hinterlassen; vergeblich sucht man in den Dörfern längs der Oder nach den Opfern des Untergangs. Irgendwo, weit draußen, sind zentrale Begräbnisstätten.

Fragen über Fragen, unbeantwortbar alle. Dämmerung zieht herauf, auch Wolken und Schauer. Die Oder ist verschwunden wie das Land hinter ihr. Nun plötzlich zeigt sich, daß nur das Blinken des Lichts auf dem Wasser sie kenntlich gemacht hat; die Ebene, der Bruch ist weiter als gedacht.

Seelow bleibt zurück; immer nur Beobachtungsposten von Geschichte, selber ohne Geschichte, der Name nicht eines Seelowers ist überliefert.

Der Weg zurück nach Berlin ist ein Weg zurück auch in die Vergangenheit; jeder Name hier ruft Erinnerungen an Menschen, Ereignisse, Geschichten herauf, die man gestern noch in der Schule lernte. Friedersdorf, von wo damals im Februar 1813 Marwitz herüberritt, liegt kaum fünf Minuten weit. Erst der Augenschein macht deutlich, wie hier alles auf ein paar Dutzend Meilen beisammen lag; es war ein kurzer Ritt von Massows Steinhöfel, dem Lieblingsort Tiecks und Gillys, zu Finckensteins Matschdorf oder von der Lietzener Komturei Hardenbergs zu den Lestwitzens auf Kunersdorf, immer nur bestenfalls eine Stunde. Dergleichen sieht man nicht, wenn man liest, daß Bismarck von Kniephof am Abend nach Trieglaff hinüberritt, um bei Marie von Thadden zu sein.

Also Friedersdorf. Reizlose Landschaft, gestaltloses Dorf; war es wohl immer. Was den Platz wichtig machte, waren die Marwitzens, die hier seit Jahrhunderten saßen und fast in jedem Glied in die Geschichte des Landes verwoben waren. Im alten Herrenhaus, das auf wunderliche Weise das Wohngefühl der Renaissance in barocken Formen ausdrückte, bis dann Schinkel einen gründlichen Umbau vornahm, hängen sie alle in nachgedunkelten Porträts: Johann Friedrich Adolf, der sich dem Befehl Friedrichs verweigerte, als Antwort auf die Plünderung des Schlosses Charlottenburg durch sächsische Truppen das sächsische Schloß Hubertusburg zu verheeren, und der, weil es gegen die Ehre ging, lieber den Abschied nahm. Friedrich August Ludwig, der nach der Katastrophe von Jena und Auerstedt in den revolutionären Ideen des Freiherrn zum Stein und den ökonomischen Theorien seines Gutsnachbarn Hardenberg eine Bedrohung der ständischen Grundlagen des alten Preußen sah und seinen anderen Nachbarn, den Finck von Finckenstein, gewann, namens der lebusischen Stände gegen die umstürzlerischen Vorhaben keine *Petition*, sondern einen *Protest* einzulegen, und der dafür auf die Festung Spandau ging; und Alexander, der aristokratische Freund der Rahel Levin, Schwarmgeist und Staatsdenker, »in sieben Sprachen und fünf Wissenschaften zu Hause«. Als er mit siebenundzwanzig fällt, hinterläßt er Konvolute fragmentarischer Schriften zur Philosophie, zur Geschichte, zum Recht.

Das ist die schwere Zeit der Noth,
Das ist die Noth der schweren Zeit,
Das ist die schwere Noth der Zeit,
Das ist die Zeit der schweren Noth,

schrieb Chamisso, Flüchtling aus Paris, seinem Freunde Hitzig in den Tagen der Todesnachricht. Übrigens saß Chamisso gleich nebenan, nämlich bei Itzenplitz auf Kunersdorf, wo er ein Herbarium über die Flora des Oderbruchs anlegte und den »Schlemihl« schrieb. Als vom Felde Schreckensnachricht auf Schreckensnachricht kam, half der Refugié den Landsturm exerzieren. »Mit euch unterzugehen, will ich nicht verneinen«; so an Varnhagen in diesem Mai 1813.

Der unscheinbare Ort, vierzig Insthäuser und ein ländlicher Herrensitz, Kartoffeln und Roggen, war Preußen auf unnachahmliche Weise - pauvre und idealisch, geistreich und voller Standesgefühl.

Die Literatur ritt an der Tete, soviel sah man und liebte man, dichtete auch wohl selber. Aber besser war es schon, wenn auch die Schreibenden Aristokraten waren, wie Achim von Arnim auf Wiepersdorf, Friedrich de la Motte Fouqué auf Nennhausen, Friedrich von Hardenberg, der sich Novalis nannte, die Schwerins auf Tamsel drüben jenseits der Oder oder eben Adalbert von Chamisso. So ganz war Goethe doch kein Standesherr. Als der ältere Marwitz ihn 1806 beim Herzog von Weimar trifft, gibt er ein allerliebstes Urteil: »Wenngleich der natürlich freie Anstand des Vornehmen sich vermissen ließ.« »Es gebrach eben«, kommentiert Fontane, »ein unaussprechliches Etwas, vielleicht die Hohe Schule des Regiments Gensdarmes.«

Und dennoch, was für eine Welt, diese ländlichen Gutshäuser, mit jedem von ihnen ein halbes Dutzend Namen verbunden, die etwas bedeuten, meist Generäle, oft Minister, auch Diplomaten oder Kammerherren. Alle mit hochfliegenden Ideen und kargen Mitteln, keine ungarischen oder schlesischen Magnaten, große Verhältnisse auf kleinem Grund. Alles hier hat Allüre, selbst der Gartensaal, der eigentlich nur ein Zimmer zum Park ist.

Es ist nichts mehr da. Nichts hier in Friedersdorf, kein Schloß mehr, keine Bibliothek und keine Ahnenbilder. Nur die Erinnerung hat sie heraufgeholt, der Platz selber ist leer. Das Gutshaus, an jenem 4. Februar, als sie bei Seelow über die Oder gingen, nur mäßig beschädigt, ist ein paar Jahre nach dem Krieg, fast gleichzeitig mit den Stadtschlössern von Berlin und Potsdam, gesprengt worden, wie auch die ländlichen Schlösser von Kunersdorf und Schulzendorf, wo die Pfuels saßen; Finckensteins Reitwein wurde erst vor ein paar Jahren abgebrochen. Die Steine sollten an die Neusiedler aus Schlesien, Ostpreußen und Pommern verteilt werden, wozu es aber nicht mehr kam; da war schon die Kollektivierung da. Aus der alten Feldsteinkirche noch aus der Ordenszeit hat man gleich nach dem Krieg die Marwitzsche Gutsloge gebrochen wie gleich nebenan im Kloster Friedland auch.

Inzwischen hat die Zeit ihr Werk getan. Die Kirche, die für Fontane in den Marken nicht ihresgleichen hatte, weil das Braun der die Empore tragenden Pfeiler mit dem Weiß des Marmors der Sarkophage und Büsten und dem Bunten der Gemälde »ein glückliches Sichvermählen« eingegangen war, so daß die Gottesstätte etwas heiter Anregendes hatte, ist wieder verfallene Feldsteinkirche geworden und mit rostiger Kette versperrt. So sah sie wohl aus, als nach der Askanierzeit das schreckensvolle Interregnum die blühende Mark in eine Wüste verwandelt hatte. Nur vierzig Jahre, und auf dem Friedhof kein Grabstein mehr und kein Kreuz, nicht einmal gestürzt, zerbrochen und überwachsen. Alles eingeebnet, Waldboden mehr als Gottesacker, verwilderte Natur.

Nur draußen, vor dem verriegelten Tor, ein gepflegtes Efeugeviert mit polierter Marmortafel: »Ruhm und Ehre den Helden der Sowjetunion«. Nebenan, im zerschossenen Podelzig, danken die Märker auf metergroßem Spruchband »Dem Marschall G.K. Shukow«. Gleich gegenüber der Gedenkstein für die Toten des ersten Krieges ist abgebrochen wie überall hier. Deutsche Tote gibt es nicht.

»Wählte Ungnade, wo Gehorsam nicht Ehre brachte.« Auch dieser Stein ist bis zur Unkenntlichkeit verwittert und überwuchert. Vielleicht ist die Erinnerung genug.

Was für heiter stimmende Namen an jeder Weggabelung. Pimpinellenberg, Beresinchen, Gottesgabe, Güstebiese, Berlinchen und dann der prosaische Zickenberg, der um die Jahrhundertwende poetischer Monte Caprino wird. Neues Land, Kolonistenland, man muß sich Namen finden, gestern waren ja hier noch Hochflächen im Luch. Auch scheint man ein gelassenes Verhältnis zu sich selber gehabt zu haben; daß Belvedere zum Bruch nicht paßt, wußte man.

Das Poplige ist geblieben, das Poetische dahin. Nun gibt diese Welt nichts mehr her, nur Gerste und Kartoffeln; nicht einmal die Wirtshäuser sind mehr da, die Gartenwirtschaften und Sommerfrischen. Kießlings »Wanderbuch für die Mark Brandenburg« von 1914 zählt sie noch alle auf: »Bothes Gasthaus« in Güstebiese, gleich drei Hotels und zwei Restaurants in Berlinchen und die »Villa Bergfrieden« auf dem Zickenberg.

Wo sind sie geblieben, was haben sie angerichtet, daß sie dem Neuen geopfert wurden? Nun hat man zwischen Oder und Spree Mühe, auch nur eine Wirtschaft zu finden, wo man einkehren könnte. Erst am Stadteingang nach Berlin, wo sich der Wegweiser nach *Slubice* findet (69 km), was der jenseits der Oder gelegene Teil Frankfurts ist, finden sich Gaststätten. Schwer zu begreifen, weshalb mit den Schlössern auch die Wirtshäuser fallen mußten, neben der hohen Poesie auch die geringe. Nur die verdrießliche Prosa blieb.

Keine Karte, kein Wegweiser gibt die Richtung nach Neu-Hardenberg an, dem Sitz des Fürst-Kanzlers, Geschenk des Monarchen nach den Befreiungskriegen. Was Fouqués Nennhausen auf der anderen Seite des Stromes war, literarischer Mittelpunkt der Romantik, Salon im Bruch, war Neu-Hardenberg auf dieser Seite des Barnim - Bühne und Text zugleich des Stücks, das Klassizismus hieß. Langhans hatte den ländlichen Gutshof Quilitz 1785 bis 1790 in antikischer Manier umgebaut, Schinkel ihn dann 1820 aufgestockt, Pückler den Lennéschen Garten in einen englischen Park verwandelt; die Skulpturen von Schadow und Rauch. Nicht ein Name preußischen Stilwillens zwischen 1780 und 1820, der an diesem Gesamtkunstwerk nicht beteiligt gewesen wäre.

Es kann nicht sein, daß mit dem Schloß auch der ganze Ort verschwunden ist. So folgt man, der Karte von damals vertrauend, der alten Landstraße, die von Seelow über Gusow, wo der achtzigjährige Derfflinger - sein Epitaph von Schlüter - die letzten Jahre seines Lebens mit seinen Zedern und Zypressen zubrachte; dann macht sie eine Biegung und führt nach Kunersdorf, das Friedrich dem Lestwitz schenkte, weil der ihm die Schlacht von Torgau gerettet hatte.

Aber kein Neu-Hardenberg, nur ein Angerdorf namens Marxwalde. Lange baumgesäumte Straße, die eingeschossigen alten Häuser geben den Blick auf die Felder frei. Nicht malerisch, aber voller Charakter; Anlage nicht des achtzehnten Jahrhunderts, sondern früherer, wendischer Zeiten. Aber merkwürdig klassizistisch die axiale Gliederung, so sah die Landbaukunst des älteren Gilly aus.

Plötzlich eine Vision: das Schloß, Hardenbergs Neu-Hardenberg. Kein märkischer Adelssitz, kein englisches Landhaus, kein aus der Landschaft gewachsenes Château, das noch seine Steine aus den umliegenden Bergen geholt hat. Ganz Schloß, sentimentalischer Wille zur Klassik, fremd in die Äcker gebaut, strenge Gesimse, heller Putz, nichts von draußen aufnehmend, alles stolz verneinend und überhöhend, draußen der Barnim, drinnen Athen.

Der Anblick macht lächeln, wie hinten auf dem Vorwerk auch Schinkels Molkenhaus in Form einer Basilika. Welche Anstrengung der Empfindung und des Gedankens, wie verlangend das Sehnen nach der Antike, Traum in die Rüben gestellt. Hier also saß der Reform-Kanzler Preußens zwischen Jena und

Waterloo, ein großer Kunstsammler, der auf die Rückführung seiner nach Paris entführten Sammlungen ausdrücklich verzichtete, weil er auf dem Wiener Kongreß die Restitution der geraubten Kunstgüter nicht mit Entschiedenheit verlangen könne, wenn er mit den öffentlichen Interessen zugleich seine eigenen fördere.

Was blieb, kann mehr schmerzen, als was versunken ist. In Friedersdorf kommen einem Phantasie und Erinnerung zu Hilfe, hier bleibt nur verhunzte Gegenwart. Das Schloß, leer und ruiniert, in der Auffahrt eine fünf Meter hohe Pyramide als Erinnerungsmal für die fremden Gefallenen, davor eine Spruchtafel, die der ruhmreichen Roten Armee für die Befreiung dankt und ewige Waffenbrüderschaft gelobt. Wo Hardenbergs geliebter französischer Garten im Geschmack des achtzehnten Jahrhunderts war, jetzt ein Postament mit dem übergroßen Kopf von Karl Marx, der englische Park Pücklers verwilderte Wiese, Haselnußgestrüpp, verfallene Gartenarchitekturen, Baracken für allerlei Gerätschaften, zerbrochene Brunnenschalen. Aus dem Teich mit seinen von Blechen gezeichneten Schwänen ist inzwischen morastige Wiese geworden.

Keine Melancholie über allem, auch nicht Poesie des Verfalls, nur Heruntergekommensein. Wahrscheinlich ist es gut, daß es Marxwalde heißt; es gibt Neu-Hardenberg nicht mehr.

Unwirkliche Gespensterauffahrt vor dem Schloß. Räder drehen sich, der Kies knirscht. Ist es der Wagen Friedrichs, der dieses Gut seinem Retter vor den Kosaken bei Zorndorf schenkte und jetzt befremdet die Aufführung eines Herrensitzes sieht: »Prittwitz, Er baut ja ein *Schloß*?« woraufhin der gleich das Dach auf das Erdgeschoß setzt und den Ausbau seinem Nachbesitzer überläßt? Ist es die Kutsche, die Humboldt, Schinkel und Rauch aus Berlin hierherbringt, wo sie der Hausherr und sein Schwiegersohn, der Fürst Pückler, schon erwarten? Oder der Wagen, der, bald nach dem 20. Juli, den letzten Hardenberg auf Neu-Hardenberg abholt und nicht mehr zurückbringen wird?

Kein Rad auf Kies, längst ist die Auffahrt zu überwachsenem Pfad geworden, nur ein paar Kinder spielen. Zerstoben, was diese Schlösser einst bevölkerte, keine preußischen Aristokraten mehr, die Schlachten und Verse machen, keine geistreichen Jüdinnen, die lange Briefe an märkische Junker richten.

Wo die Handwerkersöhne aus den umliegenden Landstädten, Schadow aus Saalow, Schinkel aus Neuruppin, Hackert aus Prenzlau, der geadelte Humboldt aus Königsberg in der Neumark, jetzt polnisch?

Konstantinopel steigt herauf, um 1500, eine Generation nach dem Fall. Weithin unbeschädigt hatte die Kaiserstadt den türkischen Sturm überstanden, aber die Menschen waren gegangen, die Nobilität und die Beamtenschaft, Kaufleute und Künstler; nur die Kirche war auch damals geblieben. Noch heute zeugen die byzantinischen Einsprengsel in Oberitalien von den Zugewanderten aus der eroberten Stadt. Sie selber war nur noch ein Schatten, ferne Erinnerung ihrer selbst. Der Traum vom Rom an der Grenze Asiens war ausgeträumt.

Abgeräumte Bühne, verbrannte Kulissen, die Spieler sind gegangen, das Publikum auch. Schemenhaft sinkt das unbewohnte Schloß zurück. Über fremde Straßen geht es in die Stadt. Irgendwo weisen Schilder nach Wroclaw und Szczecin.

Was, wenn nicht dies, ist ruinierte Geschichte?

Wolf Jobst Siedler: Wanderungen zwischen Oder und Nirgendwo. Das Land der Vorfahren mit der Seele suchend. Corso bei Siedler. 1988

Rede zum Tag der Deutschen Einheit am 3. Oktober 1990

VON
RICHARD VON WEIZSÄCKER

In der Präambel unserer Verfassung, wie sie nun für alle Deutschen gilt, ist das Entscheidende gesagt, was uns am heutigen Tag bewegt:

In freier Selbstbestimmung vollenden wir die Einheit und Freiheit Deutschlands. Wir wollen in einem vereinten Europa dem Frieden der Welt dienen. Für unsere Aufgaben sind wir uns der Verantwortung vor Gott und den Menschen bewußt.

Aus ganzem Herzen empfinden wir Dankbarkeit und Freude – und zugleich unsere große und ernste Verpflichtung. Die Geschichte in Europa und in Deutschland bietet uns jetzt eine Chance, wie es sie bisher nicht gab. Wir erleben eine der sehr seltenen historischen Phasen, in denen wirklich etwas zum Guten verändert werden kann. Lassen Sie uns keinen Augenblick vergessen, was dies für uns bedeutet.

Es gibt drinnen und draußen drückende Sorgen; das übersehen wir nicht. Vorbehalte unserer Nachbarn nehmen wir ernst. Auch spüren wir, wie schwierig es sein wird, den Erwartungen gerecht zu werden, die uns aus allen Himmelsrichtungen erreichen. Aber wir wollen und werden uns nicht von Ängsten und Zweifeln leiten lassen, sondern von Zuversicht. Entscheidend ist der feste Wille, unsere Aufgaben mit Klarheit zu erkennen und gemeinsam in Angriff zu nehmen. Dieser Wille gibt uns Kraft, die Alltagssorgen ins rechte Verhältnis zu bringen mit unserer Herkunft und Zukunft in Europa.

Zum ersten Mal bilden wir Deutschen keinen Streitpunkt auf der europäischen Tagesordnung. Unsere Einheit wurde niemandem aufgezwungen, sondern friedlich vereinbart. Sie ist Teil eines gesamteuropäischen geschichtlichen Prozesses, der die Freiheit der Völker und eine neue Friedensordnung unseres Kontinents zum Ziel hat. Diesem Ziel wollen wir Deutschen dienen. Ihm ist unsere Einheit gewidmet.

Wir haben jetzt einen Staat, den wir selbst nicht mehr als provisorisch ansehen und dessen Identität und Integrität von unseren Nachbarn nicht mehr bestritten wird. Am heutigen Tag findet die vereinte deutsche Nation ihren anerkannten Platz in Europa.

Was dies heißt, erkennen wir an der Bedeutung von Grenzen. Kein europäisches Land hat so viele Nachbarn wie wir. Durch Jahrhunderte ist wegen der Grenzen Gewalt angewendet und unendlich viel Blut vergossen worden. Jetzt leben alle unsere Nachbarn und wir selbst in gesicherten Grenzen. Sie sind nicht nur durch den Verzicht auf die Anwendung von Gewalt geschützt, sondern durch die tiefe Einsicht in ihre veränderte Funktion.

Unsäglich hart für die Menschen war der erzwungene Heimatverlust. Neuer Streit um Grenzen aber verliert jeden Sinn. Um so zündender ist das Verlangen, ihnen ihren trennenden Charakter zu nehmen. Alle Grenzen Deutschlands sollen Brükken zu den Nachbarn werden. Das ist unser Wille...

Die Hoffnung auf Freiheit und auf Überwindung der Teilung in Europa, in Deutschland und zumal in Berlin war in der Nachkriegszeit nie untergegangen. Und doch hat kein Mensch die Vorstellungskraft besessen, den Gang der Ereignisse vorauszusehen. So erleben wir den heutigen Tag als Beschenkte. Die Geschichte hat es dieses Mal gut mit uns Deutschen gemeint. Um so mehr haben wir Grund zur gewissenhaften Selbstbesinnung.

Nach dem Ende des Zweiten Weltkrieges wurde die Teilung Deutschlands der zentrale Ausdruck der Teilung Europas. Sie entsprach nicht dem einvernehmlichen Willen der Sieger, vielmehr war sie die Folge ihres Streites. Der verschärfte Ost-West-Gegensatz verfestigte sie. Doch werden wir uns damit nicht herausreden. Niemand bei uns wird vergessen, daß es ohne den von Deutschland unter Hitler begonnenen Krieg nie zur Teilung gekommen wäre.

Im Zeichen des Kalten Krieges und unter dem Schutz des atomaren Patt entfaltete sich nun über vierzig Jahre hinweg der Wettbewerb der gesellschaftlichen Systeme zwischen Ost und West. Diese Phase geht jetzt ihrem Ende entgegen.

Die sowjetische Führung unter Präsident Gorbatschow hat

erkannt, daß Reformen in Richtung auf Demokratie und Marktwirtschaft unausweichlich geworden sind. Diese Reformen wären aber ohne Freiheit zur Erfolglosigkeit verdammt. Daraus wurden mutige Konsequenzen gezogen, auf eine Bevormundung der Verbündeten verzichtet und ihre politische Selbstbestimmung geachtet. So kam es zu den historisch beispiellosen friedlichen Revolutionen in Mittel-, Ost- und Südosteuropa. So wurde die freie Entscheidung der Deutschen für die staatliche Einheit akzeptiert.

Noch ist ein Erfolg des Reformkurses, wie ihn die sowjetische Führung ansteuert, vielfach bedroht. Aber sie hat sich schon jetzt ein historisches Verdienst erworben. Und viele Menschen, darunter wir Deutschen, haben dafür Grund zur Dankbarkeit.

Unser Dank gilt den Bürgerbewegungen und Völkern in Ungarn, in Polen und in der Tschechoslowakei. Die Menschen in Warschau, Budapest und Prag haben Beispiele gegeben. Sie haben den Weg zur inneren Freiheit in der DDR als Bestandteil eines gemeinsamen geschichtlichen Prozesses aufgefaßt und ermutigt...

»Wir sind das Volk«, mit diesen vier einfachen und großen Worten wurde ein ganzes System erschüttert und zu Fall gebracht. In diesen Worten verkörperte sich der Wille der Menschen, das Gemeinwesen, die res publica, selbst in die Hand zu nehmen. So wurde die friedliche Revolution in Deutschland wahrhaft republikanisch. Daß sie nach beinahe sechzig Jahren bitterer Unterdrückung erfolgte, macht sie nur um so erstaunlicher und glaubwürdiger. Demokraten hatten sich zusammengefunden, mit dem Ziel der Freiheit und der Solidarität, beides in einem ein Auftrag für uns alle.

Zu danken ist heute aber auch den Bürgerinnen und Bürgern im Westen. Ohne das Vertrauen der Völker in uns Deutsche hätten wir uns nicht vereinigen können. Dieses Vertrauen ist mit dem Leben der Bundesrepublik in vierzig Jahren gewachsen. Unsere Bevölkerung hat sich in der freiheitlichen Demokratie und im europäischen Bewußtsein verwurzelt.

Die Deutschen sind berechenbare, zuverlässige und geachtete Partner geworden. Das hat die innere Zustimmung unserer Nachbarn und der ganzen Welt zu unserer Einheit ganz entscheidend gefördert.

Nun sind aus den vier Worten viele Tausende geworden. In einer schier unglaublichen Leistung sind Vereinbarungen und Verträge zustande gebracht worden, die uns heute die Einheit nach innen und außen besiegeln lassen. Die Materie war oft schwer durchschaubar. An Konflikten fehlte es nicht. Der Zeitdruck wurde immer wieder enorm. Tag und Nacht wurde gearbeitet. Das können wir ja, wenn es darauf ankommt.

In Zukunft wird noch mehr als eine Unklarheit aufzuhellen, mehr als ein Streit zu schlichten sein. Alles in allem aber kann man über das vollbrachte Werk nur staunen.

Und ich möchte der verantwortlichen politischen Führung in beiden bisherigen deutschen Staaten, den gesetzgebenden Körperschaften und nicht zuletzt den vielen ganz vortrefflichen Mitarbeitern in den Ämtern für ihre Arbeit danken. Ihre Hingabe an die Sache war beispielhaft. Die geleistete Arbeit trägt ihren Lohn in sich selbst.

Die Form der Einheit ist gefunden. Nun gilt es, sie mit Inhalt und Leben zu erfüllen. Parlamente, Regierungen und Parteien müssen dabei helfen. Zu vollziehen aber ist die Einheit nur durch das souveräne Volk, durch die Köpfe und Herzen der Menschen selbst. Jedermann spürt, wieviel da noch zu tun ist. Es wäre weder aufrichtig noch hilfreich, wollten wir in dieser Stunde verschweigen, wieviel uns noch voneinander trennt.

Die äußeren Zwangsmittel der Teilung hatten ihr Ziel, uns zu entfremden, nicht erreicht. Widermenschlich, wie Mauer und Stacheldraht waren, hatten sie den Willen zusammenzukommen nur um so tiefer erfahren lassen. Wir empfanden es vor allem in Berlin, dieser Stadt von zentraler Bedeutung in Vergangenheit und Zukunft. Die Mauer täglich sehen und spüren, ließ uns nie aufhören, an die andere Seite zu glauben, auf sie zu hoffen. Jetzt ist die Mauer weg, und das ist das Entscheidende.

Doch nun, da wir die Freiheit haben, gilt es, in ihr zu bestehen. Deutlicher als früher erkennen wir heute die Folgen der unterschiedlichen Entwicklungen. Die Kluft im Materiellen springt als erstes ins Auge. Auch wenn die Menschen in der DDR mit der Mangelwirtschaft alltäglich in ihrem Leben konfrontiert waren, das Beste daraus gemacht und hart gearbeitet haben – das wollen wir nicht vergessen –, trat das Ausmaß der Probleme und damit der Distanz zum Westen doch erst in den letzten Monaten ganz klar hervor.

Wenn es gelingen soll, das Gefälle bald zu überwinden, dann bedarf es dafür nicht nur der Hilfe, sondern vor allem auch der Achtung untereinander.

Für die Deutschen in der ehemaligen DDR ist die Vereinigung ein täglicher, sie ganz unmittelbar und persönlich berührender existentieller Prozeß der Umstellung. Das bringt oft übermenschliche Anforderungen mit sich. Eine Frau schrieb mir, sie seien tief dankbar für die Freiheit und hätten doch nicht gewußt, wie sehr die Veränderung an die Nerven gehe, wenn sie geradezu einen Abschied von sich selbst verlange. Sie wollten ja nichts sehnlicher, als ihr Regime loszuwerden. Aber damit zugleich fast alle Elemente des eigenen Lebens von heute auf morgen durch etwas Neues, Unbekanntes ersetzen zu sollen, übersteigt das menschliche Maß.

Bei den Menschen im Westen war die Freude über den Fall der Mauer unendlich groß. Daß aber die Vereinigung etwas mit ihrem persönlichen Leben zu tun haben soll, ist vielen nicht klar oder sogar höchst unwillkommen.

So darf es nicht bleiben. Wir müssen uns zunächst einmal gegenseitig besser verstehen lernen. Erst wenn wir wirklich erkennen, daß beide Seiten kostbare Erfahrungen und wichtige Eigenschaften erworben haben, die es wert sind, in der Einheit erhalten zu bleiben, sind wir auf gutem Wege...

Nun sind wir mitten in der Arbeit. Ein besonders schweres und bedrückendes Kapitel ist die Erblast des Mißtrauens, die uns der Staatssicherheitsdienst hinterlassen hat. Die Kraft des Systems ist gebrochen. Aber noch lebt das Trauma.

Die Verarbeitung kann nicht von außen erfolgen. In dieser Frage gibt es keine externe salomonische Autorität. Wer den Vergiftungen ausgesetzt war, kann am ehesten zur Entgiftung beitragen.

Nicht die politische Idee des Staates als solche war das Böse, sondern ihre Gleichsetzung mit der absoluten Wahrheit. Man glaubte sich in ihrem Besitze und maßte sich an, sie jedermann aufzuzwingen. Und der Staatssicherheitsdienst wurde dafür das Instrument. Mit ihm verkehrte sich der moralische Anspruch der Führung in tiefste Unmoral. Mit ebenso banalen wie rücksichtslosen Mitteln wurden Bürger ausgespäht, bespitzelt, erpreßt und korrumpiert, Denunziantentum geschürt. Am hinterhältigsten war die Methode, Opfer zu Mittätern zu machen.

Menschlich unzumutbar und rechtsstaatlich unerträglich wäre es, über die Stasi-Herrschaft einen Mantel des Vergessens zu breiten. Recht und Gesetz nehmen ihren Lauf. Bei der Behandlung der Akten darf der erforderliche Datenschutz nicht zum Täterschutz werden. Dabei wird aber niemand die Zweifelhaftigkeit der Aufklärungsmittel verkennen.

In einem System, das ohne Lüge nicht auskommt, können auch Akten lügen. Es gibt politisch-ethische Verantwortlichkeit, die nicht geahndet werden kann. Schuld reicht weiter als Strafbarkeit. Im übrigen war manches, was nachträglich als Schuld erscheint, in Wirklichkeit etwas ganz anderes. Es war oft die Folge gewissenhafter Selbstprüfung unter schwerem äußeren Druck.

Seelische Wunden werden nur langsam heilen. Der Abbau des Mißtrauens braucht seine Zeit. Aber er ist lebensnotwendig. Durch den Versuch einer totalen Verfolgung würde er mißlingen; dadurch kämen wir nur selbst in die Nähe gefährlicher Moralisten. Ziel ist eine Gerechtigkeit, der es nicht um Vergeltung geht, sondern um Aussöhnung und inneren Frieden.

Vordringlich sind jetzt die Sorgen um die wirtschaftliche und soziale Existenz. Das alte System ist nicht zuletzt an seiner ökonomischen Krise gescheitert. Um so wichtiger ist es, daß die Menschen in der ehemaligen DDR ihre errungene Freiheit nicht als neuen Notstand erleben.

Sie haben sich für die im Westen bewährte Soziale Marktwirtschaft entschieden. Die Währungsunion ebnete den Weg zur Freizügigkeit der Menschen und zur wirtschaftlichen Initiative. Rechtliche Voraussetzungen für Wettbewerb und soziale Sicherheit wurden vorangetrieben.

Doch ein Ordnungssystem allein erzeugt nicht wirtschaftliche Leistung. Sie ist das Werk der Menschen. Soziale Marktwirtschaft vollzieht sich nicht in Gesetzbüchern, sondern im Denken und Handeln der Menschen. Dazu gehört die Erfahrung, daß es Freiheit ohne Zumutungen nun einmal nicht gibt, daß der Aufschwung nicht über Nacht kommt. Die Betroffenen wissen es am allerbesten. Der Einschnitt ist für viele tief und hart: umlernen, umstellen, umziehen, suchen, neu anfangen. Aber die Erfahrung lehrt, daß sich die eigene Initiative immer lohnt.

Nicht weniger entscheidend ist unsere Zusammenarbeit im vereinten Land. Wir müssen jetzt solidarisch handeln - in aller ureigenstem Interesse. Für den wirtschaftlichen Aufbau in den neuen Bundesländern tragen wir nunmehr zusammen die Verantwortung. Wir sind gemeinsam am Erfolg interessiert. Denn was nicht gelingt, wird auf Dauer die Deutschen im Westen ebenso belasten wie die Deutschen im Osten. Unser Verfassungsauftrag lautet, allen Deutschen vergleichbare Lebensverhältnisse und Entfaltungschancen zu gewährleisten. Hierzu zählt auch eine offene und faire Einstellung gegenüber unseren ausländischen Mitbürgern.

Oft hört man heute, niemandem solle etwas genommen werden, es komme nur auf die Verteilung der Zuwächse an. Das ist schön gesagt in der Marketingsprache zeitgemäßer politischer Kommunikation. Bei nüchterner Betrachtung würde jedoch auch dies nichts anderes bedeuten als die Vertagung des Teilens auf die Zukunft. Das kann dann für viele menschliche Schicksale zu spät sein.

Nach einem chinesischen Sprichwort verwandeln sich Berge in Gold, wenn Brüder zusammenarbeiten. Es muß ja nicht Gold sein, und vor allem geht es auch nicht ohne Schwestern. Aber kein Weg führt an der Erkenntnis vorbei: Sich zu vereinen heißt teilen lernen. Mit hochrentierlichen Anleihen allein wird sich die deutsche Einheit nicht finanzieren lassen. Öffentlich und privat gilt es umzudisponieren, um mitzuhelfen, einzusparen, um zu geben. Viele gute Beispiele zeigen, daß es geht, so bei Krankenhäusern, Schulen und Universitäten, bei Betrieben und Verbänden, Vereinen und Familien. Auch Städtepartnerschaften können sich zu sehr soliden Ecksteinen unserer Lebensgemeinschaft entwickeln.

Keine noch so kluge Theorie, keine noch so ausgefeilte Kalkulation ersetzt die grundlegende Erfahrung der Menschen aller Kulturen und Religionen, daß der Mensch sich dem anderen erst dann wirklich zuwendet, wenn er mit ihm teilt. Wirklich vereint werden wir erst sein, wenn wir zu dieser Zuwendung bereit sind. Wir können es. Und viele, ich glaube die meisten, wollen es auch.

Der Nationalstaat ist nicht am Ende. Wer aber glaubt, die Zukunft allein mit ihm meistern zu können, der lebt in einer vergangenen Zeit. Die wichtigsten Aufgaben kann heute keine Nation mehr allein lösen. Die modernen Systeme denken und funktionieren nicht national. Dies gilt für die Sicherheit und die Ökologie, für die Wirtschaft und die Energie, für den Verkehr und die Telekommunikation. Souveränität bedeutet in unserer Zeit Mitwirkung in der Gemeinschaft der Staaten.

Die Europäische Gemeinschaft hat dazu ein überzeugendes Modell geschaffen. Sie hat nationalstaatliche Befugnisse, und zwar gerade solche, die für eine friedliche Nachbarschaft von entscheidender Bedeutung sind, übernational zusammengefaßt. Im Systemwettbewerb zwischen West und Ost sind von ihr die maßgeblichen Impulse für Reformen im Osten ausgegangen.

Der Kalte Krieg ist überwunden. Freiheit und Demokratie haben sich in allen Staaten durchgesetzt. Nicht durch Zwang von Vormächten, sondern aus freien Stücken können sie nun ihre Beziehungen so verdichten und institutionell absichern, daß daraus erstmals eine gemeinsame Lebens- und Friedensordnung werden kann. Für die Völker Europas beginnt damit ein grundlegend neues Kapitel in ihrer Geschichte. Sein Ziel ist eine gesamteuropäische Einigung.

Es ist ein gewaltiges Ziel. Wir können es erreichen, aber wir können es auch verfehlen. Wir haben keine Zeit zu verlieren. Wir stehen vor der klaren Alternative, Europa zu einigen oder gemäß leidvollen historischen Beispielen wieder in nationalistische Gegensätze zurückzufallen.

Vorrangig sind jetzt greifbare Perspektiven für die wirtschaftliche und soziale Entwicklung der Länder Mittel-, Ost- und Südosteuropas. Die neu erworbene Freiheit muß sich verwurzeln können. Deshalb darf sie nicht in Not verkommen. Die Europäische Gemeinschaft kann dabei entscheidend helfen. Vor allem von ihr wird es abhängen, wie es in ganz Europa weitergeht.

Uns Deutschen kommt dabei eine Schlüsselrolle zu. Wir erheben unsere Stimme für eine konstruktive und gemeinsame Ostpolitik des ganzen Westens. Wenn jetzt alle Deutschen wieder unmittelbare Nachbarn der Polen geworden sind, dieses für uns so wichtigen Volkes, dann ist es unsere Aufgabe, darauf zu dringen, daß es zwischen der Gemeinschaft und Polen nicht in fernerer Zukunft, sondern in allernächster Zeit zu einer Assoziierung kommt. Ähnliches gilt für die Tschechoslowakei und Ungarn.

Die Sowjetunion, um ein weiteres Beispiel von zentraler Bedeutung zu nennen, bedarf auf ihrem unvergleichlich schwierigen Weg einer engen europäischen Zusammenarbeit. Die Sowjetunion will die alte Distanz zu Europa überwinden. Sie hat erkannt, daß die Einigung Deutschlands dafür kein Hindernis ist, sondern geradezu eine Voraussetzung. Das ist die wichtigste Botschaft der wahrhaft bedeutenden Zwei-plus-Vier-Konferenz. Und wir alle wissen, daß die zukünftige Stabilität in Europa von einem maßgeblichen Beitrag Moskaus abhängt. Die Westgrenze der Sowjetunion darf nicht zur Ostgrenze Europas werden...

Voll im Westen integriert und dem ganzen Europa zugewandt, so lautet die Aufgabe des vereinten Deutschlands. Wir werden ihr gerecht, wenn es später einmal heißt: Das entscheidende Kapitel zur Einigung des ganzen Europa nahm seinen Anfang mit der Überwindung der Teilung Deutschlands.

Unsere Mitverantwortung unter den Völkern gilt besonders der Umwelt. Nicht alles, was Menschen technisch und ökonomisch fertigbringen, dürfen sie der Natur zumuten. Es geht um mehr als nur um die Bewohnbarkeit der Erde für den Menschen. Menschen können zerstören, was sie nicht geschaffen haben und worüber sie nicht verfügen dürfen: die Schöpfung. Diese Freiheit haben sie sich genommen. In der Verantwortung der Freiheit wird sich zeigen, ob sie ethisch und damit am Ende auch biologisch überlebensfähig sind.

Die Aufgabe ist im wahrsten Sinne global. Sie stellt sich weltweit für jeden Staat, für Länder, für Gemeinden und für den einzelnen. Sie ist allgemein und daher auch die politischste Frage, der wir uns gegenübersehen. Beim neuen Anfang unserer Nation muß sie eine klare normative Antwort finden.

Das Grundgesetz gilt nun für alle Deutschen. Im Einigungsvertrag haben wir vereinbart, daß wir uns mit den Bestimmungen über Staatsziele befassen wollen. Es geht um Verfassungsaufträge, die nicht unter dem Vorbehalt einschränkender Gesetze stehen sollen, sondern den Gesetzgeber wie uns alle verpflichten.

Gibt es zur Ergänzung unserer Ziele ein dringlicheres als den

Schutz der Natur in ihrer Rechtlosigkeit? Haben wir eine größere Aufgabe, als die Schöpfung zu bewahren und damit die Nachwelt zu schützen? Ich kenne keine.

Heute, liebe Landsleute, begründen wir unseren gemeinsamen Staat. Wie gut uns die Einheit menschlich gelingt, das entscheiden kein Vertrag der Regierungen, keine Verfassung und keine Beschlüsse des Gesetzgebers. Das richtet sich nach dem Verhalten eines jeden von uns, nach unserer eigenen Offenheit und Zuwendung untereinander. Es ist das »Plebiszit eines jeden Tages« (Renan), aus dem sich der Charakter unseres Gemeinwesens ergeben wird.

Ich bin gewiß, daß es uns gelingt, alte und neue Gräben zu überwinden. Wir können den gewachsenen Verfassungspatriotismus der einen mit der erlebten menschlichen Solidarität der anderen Seite zu einem kräftigen Ganzen zusammenfügen.

Wir wissen, wieviel schwerer es andere Völker auf der Erde zur Zeit haben. Wir haben den gemeinsamen Willen, die großen Aufgaben zu erfüllen, die unsere Nachbarn von uns erwarten.

Die Geschichte gibt uns die Chance. Wir wollen sie wahrnehmen, mit Zuversicht und mit Vertrauen.

Und die Freude, wir haben es gestern abend gehört, die Freude, die wir empfinden, sie ist ein Götterfunken.

Die Autoren

KONRAD ADENAUER

1876 bis 1967, 1945 Gründungs- und Vorstandsmitglied der CDU; 1948/49 Präsident des Parlamentarischen Rates; 1949–1963 erster Bundeskanzler der Bundesrepublik Deutschland.
Von ihm erschienen im Siedler Verlag: Rhöndorfer Ausgabe. Briefe 1945–1953. Teegespräche 1950–1963 (8 Bände 1983 ff.); Briefe über Deutschland (1986). Theodor Heuss/Konrad Adenauer: Unserem Vaterlande zugute. Der Briefwechsel (1989).

HARTMUT BOOCKMANN

geboren 1934, ordentlicher Professor für Mittlere und Neuere Geschichte an der Universität Göttingen.
Von ihm erschienen im Siedler Verlag: Mitten in Europa. Deutsche Geschichte (1984, zus. mit H. Schilling, H. Schulze u. M. Stürmer); Stauferzeit und spätes Mittelalter. Deutschland 1125–1517 (1987); Die Gegenwart des Mittelalters (1988).

KARL DIETRICH BRACHER

geboren 1922, Professor für Politische Wissenschaft und Zeitgeschichte an der Universität Bonn.
Von ihm im Siedler Verlag: Geschichte und Gewalt. Zur Politik im 20. Jahrhundert (1981).

WILLY BRANDT

geboren 1913, 1957–1966 Regierender Bürgermeister von Berlin; 1964–1987 Parteivorsitzender der SPD; 1966–1969 Außenminister; 1969–1974 Bundeskanzler; 1971 Friedensnobelpreis; seit 1976 Präsident der Sozialistischen Internationale; Ehrenvorsitzender der SPD.
Von ihm im Siedler Verlag: Die Abschiedsrede (1987).

WALTER BUSSMANN

geboren 1914, Professor emeritus für Geschichte; Mitglied der Bayerischen Akademie der Wissenschaften, lebt in Karlsruhe.
Von ihm im Siedler Verlag: Zwischen Preußen und Deutschland. Friedrich Wilhelm IV. (1990).

MARION GRÄFIN DÖNHOFF

geboren 1909, Journalistin; seit 1946 bei der Wochenzeitung »Die Zeit«, 1968 Chefredakteurin, 1973 Mitherausgeberin.
Von ihr erschienen im Siedler Verlag: Preußen - Maß und Maßlosigkeit (1987); Kindheit in Ostpreußen (1988); Bilder, die langsam verblassen. Ostpreußische Erinnerungen (1989).

ALEXANDER FÜRST ZU DOHNA-SCHLOBITTEN

geboren 1899, übernahm 1921 die Leitung der Familiengüter in Ostpreußen; im September 1939 einberufen, im Herbst 1942 mit der 6. Armee in Stalingrad eingeschlossen. Nach dem Krieg übersiedelte er nach Basel.
Von ihm im Siedler Verlag: Erinnerungen eines alten Ostpreußen (1989).

ERNST ENGELBERG

geboren 1909, 1949–1959 Professor für Geschichte an der Universität Leipzig; 1960–1974 Institutsdirektor an der Akademie der Wissenschaften Berlin.
Von ihm erschienen im Siedler Verlag: Bismarck. Urpreuße und Reichsgründer (1985); Bismarck. Das Reich in der Mitte Europas (1990).

JOACHIM FEST

geboren 1926, Publizist und Schriftsteller (Hitler, 1973); seit 1973 Mitherausgeber und Leiter des Kulturteils der »Frankfurter Allgemeinen Zeitung«.
Von ihm erschienen im Siedler Verlag: Die unwissenden Magier. Über Thomas und Heinrich Mann (1985); Im Gegenlicht. Eine italienische Reise (1988).

LOTHAR GALL

geboren 1936, ordentlicher Professor für Mittlere und Neuere Geschichte an der Johann-Wolfgang-Goethe-Universität Frankfurt am Main; seit 1975 Herausgeber der »Historischen Zeitschrift«; Mitglied der Bayerischen Akademie der Wissenschaften.
Von ihm erschienen im Siedler Verlag: Bismarck. Die großen Reden (1981, Hrsg.); Bürgertum in Deutschland (1989).

EIKE GEISEL

geboren 1945, Studium der Soziologie in Bonn, Köln und Berlin; freier Autor, lebt in Berlin.
Von ihm im Siedler Verlag: Im Scheunenviertel (1981).

INGRID GILCHER-HOLTEY

geboren 1952, Studium der Geschichte und Politischen Wissenschaft in Marburg und Heidelberg; arbeitet zur Zeit an ihrer Habilitationsschrift.
Von ihr im Siedler Verlag: Das Mandat des Intellektuellen. Karl Kautsky und die Sozialdemokratie (1986).

ULRICH VON HASSELL

geboren 1881 in Anklam/Pommern; 1909 Eintritt in das Auswärtige Amt; 1932–1938 Botschafter in Rom; gehörte zu den bestinformierten Köpfen des deutschen Widerstandes; am 29. Juli 1944 verhaftet, am 8. September 1944 zum Tode verurteilt und in Berlin-Plötzensee hingerichtet.
Von ihm im Siedler Verlag: Die Hassell-Tagebücher. 1938–1944. Aufzeichnungen vom Andern Deutschland (1988).

VICTOR KLEMPERER

1881 bis 1960, Romanist; 1947 erschien sein legendäres »LTI - Notizbuch eines Philologen«, eine Untersuchung über die Sprache des Dritten Reiches. Seine in den Kriegsjahren entstandenen Erinnerungen erschienen 1989 in zwei Bänden unter dem Titel »Curriculum Vitae. Jugend um 1900«.

KÄTHE KOLLWITZ

1867 bis 1945, bedeutendste deutsche Graphikerin und Bildhauerin des zwanzigsten Jahrhunderts.
Von ihr im Siedler Verlag: Die Tagebücher (1989).

BRUNO KREISKY

1911 bis 1990, österreichischer Politiker. 1953–1959 Staatssekretär; 1959–1966 Außenminister; 1967–1983 Vorsitzender der SPÖ; 1970–1983 Bundeskanzler.
Im Siedler Verlag erschienen seine Memoiren: Zwischen den Zeiten. Erinnerungen aus fünf Jahrzehnten (1986) und: Im Strom der Politik. Erfahrungen eines Europäers (1988).

HEINRICH LUTZ

1922 bis 1986, zuletzt ordentlicher Professor für Geschichte der Neuzeit an der Universität Wien; Mitglied der Österreichischen und der Bayerischen Akademie der Wissenschaften.
Von ihm im Siedler Verlag: Zwischen Habsburg und Preußen. Deutschland 1815–1866 (1985).

HEIKO AUGUSTINUS OBERMAN

geboren 1930 in Holland, Professor für Theologie in Tucson, Arizona.
Von ihm erschienen im Siedler Verlag: Wurzeln des Antisemitismus (1981); Luther. Mensch zwischen Gott und Teufel (1982).

HEINZ SCHILLING

geboren 1942, ordentlicher Professor für Neuere Geschichte an der Justus-Liebig-Universität Gießen.
Von ihm erschienen im Siedler Verlag: Mitten in Europa. Deutsche Geschichte (1984, zus. mit H. Boockmann, H. Schulze u. M. Stürmer); Aufbruch und Krise. Deutschland 1517–1648 (1988); Höfe und Allianzen. Deutschland 1648–1763 (1989).

KARL SCHLÖGEL

geboren 1948, Studium der Philosophie, Geschichte, Soziologie und Slawistik; seit 1990 Professor für Osteuropäische Geschichte in Konstanz.

Von ihm erschienen im Siedler Verlag: Moskau lesen (1984); Die Mitte liegt ostwärts (1986); Jenseits des Großen Oktober. Das Laboratorium der Moderne. Petersburg 1909–1921 (1988).

HELMUT SCHMIDT

geboren 1918, 1961–1965 Innensenator der Stadt Hamburg; 1969–1972 Bundesverteidigungsminister; 1972 Bundeswirtschaftsminister; 1972–1974 Bundesfinanzminister; 1974–1982 Bundeskanzler. Seit 1983 Mitherausgeber der Wochenzeitung »Die Zeit«.
Von ihm erschienen im Siedler Verlag: Eine Strategie für den Westen (1986); Vom deutschen Stolz. Bekenntnisse zur Erfahrung von Kunst (1986); Menschen und Mächte (1987); Die Deutschen und ihre Nachbarn (1990).

KLAUS SCHOLDER

1930 bis 1985, zuletzt ordentlicher Professor für Kirchenordnung an der Universität Tübingen; 1970 Mitglied der Synode der Evangelischen Kirche in Deutschland (EKD); 1982 stellvertretender Vorsitzender der Friedrich-Naumann-Stiftung.
Von ihm erschienen im Siedler Verlag: Die Mittwochs-Gesellschaft (1982, Hrsg.); Die Kirchen und das Dritte Reich. Band 2. Das Jahr der Ernüchterung. 1934. Barmen und Rom (1985); Die Kirchen zwischen Republik und Gewaltherrschaft (1988).

HAGEN SCHULZE

geboren 1943, Professor für Neuere Geschichte an der Universität der Bundeswehr München.
Von ihm erschienen im Siedler Verlag: Weimar. Deutschland 1917–1933 (1982); Gibt es überhaupt eine deutsche Geschichte? (1989); Die Wiederkehr Europas (1990).

HANS K. SCHULZE

geboren 1932, ordentlicher Professor für Mittelalterliche Geschichte an der Philipps-Universität Marburg.
Von ihm im Siedler Verlag: Vom Reich der Franken zum Land der Deutschen. Merowinger und Karolinger (1987).

FERDINAND SEIBT

geboren 1927, ordentlicher Professor für Mittelalterliche Geschichte an der Ruhr-Universität Bochum.
Von ihm erschienen im Siedler Verlag: Glanz und Elend des Mittelalters. Eine endliche Geschichte (1987); Karl V. Der Kaiser und die Reformation (1990).

WOLF JOBST SIEDLER

geboren 1926, Verleger und Publizist. 1954–1955 Feuilletonredakteur der Berliner »Neuen Zeitung«; 1955–1963 Feuilletonchef des »Tagesspiegels«; 1963 Eintritt in die Ullstein-Verlagsgruppe; 1967–1979 Verlagsleiter; 1980 Gründung des eigenen Verlags.
Von ihm erschienen im Siedler Verlag: Auf der Pfaueninsel (1986); Wanderungen zwischen Oder und Nirgendwo (1988); Lob des Baumes (1990).

FRITZ STERN

geboren 1926 in Breslau, Professor für Geschichte an der Columbia University New York.
Von ihm im Siedler Verlag: Der Traum vom Frieden und die Versuchung der Macht. Deutsche Geschichte im 20. Jahrhundert (1988).

FRANZ JOSEF STRAUSS

1915 bis 1988, Gründungsmitglied der CSU, 1961–1988 deren Vorsitzender; 1949–1978 MdB, 1953–1955 Bundesminister für besondere Aufgaben, 1955/56 für Atomfragen, 1956–1962 der Verteidigung, 1966–1969 der Finanzen, 1978–1988 Bayerischer Ministerpräsident.
Von ihm im Siedler Verlag: Die Erinnerungen (1989).

MICHAEL STÜRMER

geboren 1938, ordentlicher Professor für Geschichte an der Friedrich-Alexander-Universität Erlangen; Direktor der Stiftung Wissenschaft und Politik.
Von ihm erschienen im Siedler Verlag: Das ruhelose Reich. Deutschland 1866–1918 (1983); Mitten in Europa. Deutsche

Geschichte (1984, zus. mit H. Boockmann, H. Schilling u. H. Schulze); Scherben des Glücks. Klassizismus und Revolution (1987).

WALTER TAUSK

geboren 1890 im schlesischen Trebnitz als Sohn eines jüdischen Kaufmanns; Vertreter für Möbel und Textilien in Breslau; 1933 Entzug sämtlicher Lizenzen. Bei der ersten großen Razzia in Breslau 1941 wurde seine Familie verhaftet und vier Tage später nach Litauen deportiert. 1988 erschienen im Siedler Verlag seine Tagebücher aus den Jahren 1933–1940.

HENRY ASHBY TURNER

geboren 1932, Professor für Geschichte an der Yale University. Von ihm erschienen im Siedler Verlag: Die Großunternehmer und der Aufstieg Hitlers (1985); Geißel des Jahrhunderts. Hitler und seine Hinterlassenschaft (1989).

MARIE »MISSIE« WASSILTSCHIKOW

1917 bis 1978, entstammte einer russischen Fürstenfamilie, die 1919 in den Westen emigrierte. Während des zweiten Weltkriegs arbeitete sie in der Informations- und Kulturpolitischen Abteilung des Auswärtigen Amtes und hatte Kontakt zu den Verschwörern des 20. Juli 1944. Lebte nach dem Krieg in London.
Von ihr im Siedler Verlag: Die Berliner Tagebücher der »Missie« Wassiltschikow 1940–1945 (1987).

RICHARD VON WEIZSÄCKER

geboren 1920, 1969–1981 MdB; 1973–1979 stellvertretender Vorsitzender der CDU/CSU-Bundestagsfraktion; 1979–1981 Vizepräsident des Deutschen Bundestages; 1981–1984 Regierender Bürgermeister von Berlin; Mitglied der Synode und des Rats der EKD; bis 1983 Präsident des Deutschen Evangelischen Kirchentages; seit 1984 Bundespräsident.
Von ihm erschienen im Siedler Verlag: Die deutsche Geschichte geht weiter (1983); Von Deutschland aus. Reden des Bundespräsidenten (1985).

CIP-Titelaufnahme der Deutschen Bibliothek
Der historische Moment
Ein deutsches Lesebuch
1. Aufl. - Berlin: Siedler, 1991
ISBN 3-88680-406-2

Der Siedler Verlag ist ein gemeinsames Unternehmen
der Verlagsgruppe Bertelsmann und von Wolf Jobst Siedler

Schutzumschlag: Werner Rebhuhn, Cuxhaven
Satz: Bongé + Partner, Berlin
Druck: Mohndruck, Gütersloh
Buchbinder: Lüderitz & Bauer, Berlin
Printed in Germany 1991
ISBN 3-88680-406-2